厦门社科丛书

中共厦门市委宣传部
厦门市社会科学界联合会 编

厦门

故迹寻踪（四编）

刘瑞光 著

海峡出版发行集团 | 海峡文艺出版社

图书在版编目(CIP)数据

厦门故迹寻踪:四编/刘瑞光著;中共厦门市委宣传部,厦门市社会科学界联合会编. —福州:海峡文艺出版社,2025.4
(厦门社科丛书)
ISBN 978-7-5550-4073-6

Ⅰ.K295.73

中国国家版本馆 CIP 数据核字第 2025GM8471 号

厦门社科丛书

厦门故迹寻踪(四编)

刘瑞光　著
中共厦门市委宣传部　厦门市社会科学界联合会　编

出 版 人	林滨
责任编辑	林鼎华
出版发行	海峡文艺出版社
经　　销	福建新华发行(集团)有限责任公司
社　　址	福州市东水路 76 号 14 层
发 行 部	0591－87536797
印　　刷	福建新华联合印务集团有限公司
厂　　址	福州市晋安区福兴大道 42 号
开　　本	787 毫米×1092 毫米　1/16
字　　数	360 千字
印　　张	22.75
版　　次	2025 年 4 月第 1 版
印　　次	2025 年 4 月第 1 次印刷
书　　号	ISBN 978-7-5550-4073-6
定　　价	58.00 元

如发现印装质量问题,请寄承印厂调换

自序

不知不觉地，"厦门故迹寻踪"系列竟也成书四册，汇文230余篇。

"故迹寻踪"的写作初衷，缘起于对乡土过往的探知欲求。平生接受的教育，让我们总怀着"胸怀祖国，放眼世界"之心，去追寻"志在四方"之梦。然而，一旦静下心来，却会发现对自己脚下这块有着生养之恩的土地，我们的了解实在太少太浅。在职业生涯的最后阶段，我从事的教育督导工作，使我能有机会在全市六个区之间行走，从城市到乡镇，从海屿到山区。一路上行色匆匆，乡容村貌，山光水色……总是擦身而过，无暇一亲其芳泽。直等到退休赋闲，才能启动行走之路，重新打量这片河山。

日渐发达的城乡道路交通，为行走城乡提供了极大的便利。只要愿意，以"公交加步行"的方式，就可以到达自己想到的地方，比如往北与南安交界的翔安小盈岭，往南与厦岛隔水对望的漳州南炮台；也可以攀爬石壁山岩，零距离地揣度碑铭石刻；也可以穿行于城市的毛细管，吸纳市井间阊的烟火气息……以半天的时间，就可以低成本地做一次自由自在的"微旅游"，完成一次愉悦身心的户外运动。

探询如烟往事，问道于村野是一途径，寻迹于故纸又是一途径。和前人相比，我们拥有更大的幸运，现代化的网络资源，提供了丰富的资料库藏和便捷的技术服务。在史籍中跋涉，我们可以穿越回已逝的时空，贴近感受先人们的欢乐和悲伤。

厦门的历史，诚然不如别地的悠久漫长。然而，其生命的历程，却有非同一般的热烈和精彩。战乱纷争、天灾地祸、政权更替、民人迁移……这片东南海隅，要比人更多地承受牺牲与磨难，也要比人更快地接纳各类文化的冲击和交融，而行进于现代文明的前列。往事并不如烟，先辈们以文献著述、地志史传、报章杂志、随笔札记，甚至诗词民谣、传说故事等形式，为我们留下了丰富的文化库藏，为我们预备了能够透视过往的窗扉。

"走"之，"读"之。凡有所得，付之于笔，逐渐地有了些文字的积蓄。这些本拟自娱自乐的私藏，被老友陈小杰、陈亚元等侦知，皆劝说"独乐乐，不如众乐乐"。于是，从2015年春节开始，以"海峡问史"之名，在"海峡博客"和"新浪博客"同步开博，网文系列取名"走读厦门"。

2020 年春，再移文微信公众号，网名不变。

所谓"走读"，其"走"，在寻山访水，走街问巷；其"读"，在品文阅史，查缉旧事。走寻乡土之"物"与"地"，探寻其背后之"事"与"人"，无论时势大局或俗世民情，无论名流贤达或升斗小民……

2017 年春，厦门社科联的李文泰老师通过陈亚元联系上我，有意向把我这堆"走读"的网文转化成纸书。于是，也就有了以后的《厦门故迹寻踪》，及其续编、三编和四编的相继面世。

为能与旅游导览相区别，我将史料的引用当作"寻踪"的侧重。愚以为，与其喋喋不休地主观发言，不如让前人现身说法、史料自身说话。然而，要想从浩如烟海的故纸堆中，寻觅合适的史料，却是实实在在的"苦力活"，对人的"坐功"、眼力和脑力极具挑战。其感觉，则如同沙中淘金、荒原寻宝一般，茫无头绪者有之，无果而归者更有之。然偶有所得，则如博彩中奖一般，让人大喜过望。倘再获稀见史料，更催人多巴酚迸发，手之足之，舞之蹈之。史料之择得，却也仅是"寻踪"的起步。其后还须有整理、解读、辨析、选择、求证等系列工序，直至梳理成文。无论其他，单是旧报刊书籍的文字辨认、断句、标点、录入，就耗时耗力，尚且耗神。但每有获得，则使人深陷其中，乐此不疲。

囿于个人的学养和功力，我的文史"研究"只能以"不文不史、亦文亦史"而称之，只是借助随笔散记的方式，对乡土作"碎片"式的回顾。这种"碎片"式的叙述，缺乏系统性和理论性，而且还是浮浅的，甚至桀误屡现。于今，忝将拙作奉献给关注厦门历史的朋友，就教于大方之家。倘有同好，能从中读得些以为有意思的情节，或能寻得些也许有用的线索，于我而言，则将幸莫大焉。

《厦门故迹寻踪》诸编的问世，得益于众师友的鼎力相助。首先是厦门社科联李文泰、陈戈铮老师的支持荐举，评审组专家的审评把关；海峡文艺出版社更为本书的出版投注极大的力量；朱家麟、汪毅夫、何丙仲诸友，热情为本书作序，以勉词赞语为余助力；更还有众多认识的与不认识的、熟悉的与不熟悉的朋友，在常日里和网络上的持续关注和加持……这才使我的"故迹寻踪"能艰辛而顺利地行走到今天。

"走读厦门"，总有走不完的路途，看不完的景物；总有发现不完的故迹，讲不完的史事……随着网络资源的继续丰富，更多的史料还会不断地展现，也将会一次次地刷新我们对历史的认知。除了"故迹寻踪"之外，我们还可以有讲不完的"厦门故事"。

刘瑞光

2024 年 11 月

目录 ▌

街衢巷陌篇

石刻碑铭篇

参考书目 / 354

我苦苦地寻找（代跋）/ 356

旧址遗构篇

同安钟楼 ▎

同安城区钟楼，为纪念同安"护国战役"及烈士庄尊贤、潘节文而建。

庄尊贤，字育才，灌口安仁里徐厝后人。幼读书，至 15 岁即营米布商业。及壮，遭家不造，父母妻子相继染疫亡，茕茕孑立，愈思以其身为国家死。时清政不纲，外交失败。尊贤怆怀时局，念非改革政府无以图存。遂入同盟会，与同志庄右南发起"公益社"及"农务分会"，组织"天然养生畜牧公司"，集工 200 余人，密聘有军事学识者训练兵法，阴图扩充同盟会，鼓吹革命。辛亥武昌起义，尊贤亲率灌口健儿光复泉、漳两郡，所有费用概外洋捐款及自己私资，未尝征取诸民也。革命成功，解甲归里，毫无权利之心。迨袁氏僭位，改元洪宪，尊贤义愤填胸，复召集旧部于灌口寨仔湖、蜘蛛湖、白虎岩、山口庙等处，请保定军官学校毕业生潘节文为教练官，与士卒同甘苦。士卒素有非为者，尊贤朝夕劝解，继以痛哭，皆感激用命。凡先后进逼严溪、林墩等处，军皆捷。民五年（1916）五月五日朔夜，率革命军 180 余人攻城，身先士卒，与潘节文俱殁于阵，年四十有一。[①]

1915 年袁世凯复辟帝制，全国反对浪潮迭起。厦门虽僻处海隅，亦有激流涌起：

厦门为通商巨埠，一般人民思想极为开通，拥护共和之心，亦甚挚近。因广东、浙江均相继独立，急拟脱离袁政府，表同情于护国军。惟因袁军大批来埠，一时尚难得手云。[②]

灌口再度成为革命党人的聚集地。

---

① 吴锡璜纂：《同安县志》卷 34 忠义，方志出版社 2007 年版，第 1002 页。该书校注："民五年五月五日朔夜，应为民国五年五月初二夜，公历 1916 年 6 月 2 日凌晨。"
② 《福建义师之发轫》，《盛京时报》1916 年 5 月 18 日。

灌口为天然险要之区，可通漳泉。距厦门不过十余里。该地附近有天马山，山内有天星寨、猪哥寨、白虎岩、天柱岩等处，素为党人聚集之所。自癸丑二次革命失败后，党人麋集于此者达2万余人，与居民相安无事。自海外购运无烟枪五千余杆，其余皆为后膛枪及土用之穿山龙铳。日以整军经武为事，待时而动。①

灌口的革命党人武装，为"福建下游护国军"第二支队，庄尊贤（育才）任支队长。1916年4月，护国军与北洋军队，在灌口东辉山口庙激烈交战：

近自粤浙独立，党人聚此者益众，以一部分驻于山口庙，为厦中唐（国谟）旅长闻知。于4月22日，拨步兵一连、炮兵二排，携大炮二尊到灌乱捕商民至30余人，被毙者2人。又肆行抢劫，全灌商场为之罢市。北军驻于前场地方，以人地生疏，又不谙地理，畏不敢进。至23晚，始令所掳商人为先导，近前攻击，党人出而迎击。两军交锋，战至夜半，各休兵而息。24晨，党人以大旗一面，书一黄字，竖于庙顶之山，其旁并树200余面小旗，以壮观瞻。人则潜伏于径侧之丛林中。北军起视，以为党人移驻山上，望旗进攻，开炮射击。党人窥北军上山殆尽，勃然而发，截其归路。北军始知坠其术也，乃反而交绥，枪声隆隆，震于远近。战至午后三时，北军败退。党人亦不追逐，收兵而息。是役也，两军皆有死伤。北军死者80余人，党军死者不甚多云。

是晚，北军遣人至厦告急，请军赴援。25日，唐旅长又遣步兵1连、炮兵20余人，携大炮2尊、机关枪1架，赴灌助战。至灌口时，将机关枪驻于距山口庙3里之地。党人亦遣人至天星寨请添兵助战，两方军容皆有可观。党人则分布各地，围射北军。北军但以机关枪乱发，连战两昼夜，然两军死伤无几，而居民中死者，乃至百余。党人以势不敌，收兵罢战，乃退向天星寨而去。北军亦不追逐，即回厦告捷。厦门汪（守珍）道尹、唐旅长为之置酒燕劳，以嘉其功。②

山口庙一战，护国军未能取胜，但斗志更烈：

党人自山口庙退回猪哥寨后，集天星寨、白虎岩、天柱岩各党人会

① 《厦门近事纪》，《神州日报》1916年5月10日。
② 《厦门近事纪》，《神州日报》1916年5月10日。

议，以株守此地不思进取亦甚无谓，乃议决先后密赴同安县城附近潜伏，以图举事。现在赴同安者，已有大半。同安城内之绅商中，亦有革命党人与之秘响潜通。该县知事为之寝食不安，电省请兵。已由李（厚基）将军拨军队数百名，前往防剿。日昨尚有滞在猪哥寨之党，犹张厥声势，通牒于厦门军官，谓："尔等目不识丁之军士，只能供人驱策，不明大义。义军驻此，汝等竟敢侵犯。前日之战，非败也，乃以蹂躏灌口乡民为不忍耳。汝其有能，盍到本寨背城一战，以决雌雄。"厦门军官接牒后，现已预备军旅，将拨队前往矣。①

5月底，北军再次攻打灌口，护国军拼死迎战，乘胜攻打同安城：

> 5月杪，伪旅长唐国谟，亲率北军千人，仍携开花炮、机关枪多尊，围攻灌口。该部民军以困守一隅，未便与他处民军联合，拟先占同安县以为根据地。
>
> 6月1号，首领庄育才等遂自率队进攻同安。讵是日，适逢大雨，溪流骤涨，不得渡，乃绕道他行。致为驻同北军所侦知，星夜请厦军拨队驰救。翌日，民军遂与北军战于同安之西北。民军勇气百倍，一以当千。北军死伤枕藉，因急逃入同安县闭城固守，民军肉搏前进。烈士潘节文率前锋越城先入，与北军巷战，战龋甚多。不意，北军援兵续至不绝。卒以众寡不敌，遂致身陷重围，流弹中股，犹伏地射击抗敌，以至于难。后队闻潘死，皆愤不欲生。烈士庄育才率队复进，与北军战于北门。北军婴城死抗，相持至日暮。庄身先士卒，中弹死。余众乃暂收队。3号早，民军复返攻激战，经日不克，乃将全军撤退。是役也，民军以少攻众，锐不可当。虽同安未得占领，然北军死伤甚伙，气为之夺。②

庄尊贤（育才）殉难，时年41岁。有诗悼曰：

> 大业艰难甚，英才日陵替。
> 茫茫宇宙间，前哲复谁继。
> 多感庄烈士，慷慨除专制。
> 立马看山河，征兵为营卫。
> 风尘一布衣，杀敌三军誓。
> 同安十数战，铁骨城下瘗。

---

① 《闽南各属之风声鹤唳》，《神州日报》1916年5月27日。
② 《闽南护国军血战记》，《时事新报》1916年6月24日。

> 黄土有余馨，付与江山丽。
> 虎狼顾却步，狐鼠仍依势。
> 多难立苍茫，忠贞怀所契。①

军事教官潘节文同日殉难。潘氏略历：

> 潘君节文，字奕敬，号燕玉，闽之永春人，与宋君渊源同乡。天资聪颖，8 岁能诗，父与祖父均极珍爱，顾时教以大义。年 12 应县试，与宋君并列前茅，声名藉甚。州人士咸称为双才子，然尚未订交也。既而科举废，学校兴，宋君视学永春，欲访无由，乃亲造其家。知因贫不能就学，因为筹措入省垣陆军小学校。课暇，辄以吟咏自娱。毕业后，升入南京陆军中学校。辛亥革命，宋君任闽南安抚使，编练军队，悉资擘画。南北统一，仍就学金陵。嗣入清河陆军第一预备学校。癸丑之役，偕诸同志据守吴淞炮台。事后，仍北上肄业。见袁政府益肆横暴，悲愤交集，屡发为诗歌，署名"离恨"，载于京师《顺天时报》中，于袁氏多微词。卒业后，部送奉天入伍。期满，升入保定陆军军官学校，译兵书，设诗社。日与京保英杰联结。中日交涉事起，合同志为文泣告全国父老，抗拒要求，力筹战备。签约之日，慷慨激昂，几不欲生。由是恨袁政府至深，誓非推翻不可。未几，帝制发生，乃大喜，谓奸谋已揭，今后为民请命，不患师出无名矣。于是，一面驰书宋君，一面联络同志。不转瞬，云南独立，黔桂响应，粤亦有勃发之势。君迫于卒业考试，不能出校。及试竣，遂招同学数十人，南下入闽，与宋君商榷进行，议定即入泉州组织民军。谋泄，奔至厦门。得父书，促归。不愿，径往灌口，偕福建护国军第二支队支队长庄育才攻入同安，身先士卒，与袁军剧战十余次。士卒见其奋勇前进，无不争先恐后，所向披靡。当酣战之际，君手持刀枪，追逐于炮烟弹雨之中，杀敌十数人，不幸股中一弹，立殒。时维民国 5 年 6 月 2 日辰刻，年 25。著有《军中吟草》《战略战术详解》《不良兵之教育》等书。②

潘节文能诗，发悲时悯世之叹，作金戈铁马之声。如《满江红》词：

> 怅望中原，到处是凄凉景象。问谁具、丹心一片，悲歌回荡。妖雾狼烟迷日月，荆天棘地潜魑魅。看狂澜汹涌大江东，腾千丈。

---

① 陈熙亮：《哭庄育才烈士》，《宗圣学报》1917 年第 2 卷第 6 期。
② 《潘节文阵亡纪略》，《益世报》1916 年 7 月 30 日。

文字狱，专制网，箝舆论，罗民党。痛元勋亡命，官僚鞅掌。武力将尽公理夺，强蛮不恤人言谤。二年来法律与弁髦，是同样。[①]

烈士殉难后，"骸骨埋城下凡五稔。（民）12年4月，自治军前敌司令张贞筹款，迁葬于霞翟保车路墘，为筑烈士纪念碑"。[②]

民国17年（1928）7月8日，同安为烈士举行追悼会：

上月（7月）8日早，张贞、许卓然由厦乘电轮到集美，转乘同溪汽车，到霞露汽车站下车，进公园内休息。闻同安知事早知张师长到同，致祭庄潘二烈士，追悼会已在公园内设席预备招待。查庄育才、潘节文二烈士，民5在同安城阵亡，遗骸移葬霞露车站之旁。此次会场，乃设在二烈士墓陵。一切筹备，暨由同安县知县负责。会场布置颇宽大，搭一台在墓台之前，于左右均有布帆遮盖。四周悬挂挽联，墓之前及左右，即用生花扎成三个门。台上中挂孙中山先生遗像，左挂庄烈士遗像，惜潘烈士无挂遗像，殊为缺憾。是日，各界赠送挽联挽轴，多至数百。到会者，多至数万人。党之要人有许卓然及各级党部党员，军界有师旅长，政界有县知事，社会有各学校、各团体，集美有男女学生及军乐队。是日午后2时开会，张师长主席，先读孙总理遗嘱，行礼如仪，奏乐、主席献花、宣读祭文。毕，许卓然演说，次陈仲赫演说二烈士生平史略。张师长及其他要人，亦有演说。毕，由潘节文之弟潘和文致谢词，杨荷莲代表庄烈士家族致谢词。至4时散会。是晚，尚有阳翟学校学生在该会场演新剧。演毕，复对观众声明，9日晚再演云。此外，又有霞露社庄某映中国影片，附近乡人往观者甚众。[③]

1930年，张贞、陈延香等再鸠资建造同安钟楼。

同安钟楼：位于同安区大同镇南门街。为纪念护国战争时期殉难于光复同安战役的庄尊贤、潘节文二烈士而建成于1930年。钟楼坐北朝南，五层砖混结构，建筑平面呈正方形，四面折坡攒尖顶，通高23米。底层边长4.33米，下承石砌方形台基，高1.08米，每边长9.3米，南面有石登阶7级。第三层正面额墙镌横题楷书"庄潘二烈士纪念钟楼"。第四、五层立墙逐层收分内缩，形成四周连通栏廊过道。第四层四个立

---

① 潘节文：《剑影庐遗稿》，永春桃源潘氏宗亲会2011年编印。
② 吴锡璜纂：《同安县志》卷34忠义，第1003页。
③ 《同安追悼庄潘二烈士情形》，《南洋商报》1928年8月3日。

面原各嵌置圆形时钟一面，今已不存。第五层南立面额墙镌横题楷书年款"中华民国十九年"。今钟楼周边的石埕、护栏，系 1987 年重修时增建。①

① 厦门市文物管理委员会，厦门市文化局编：《厦门文物志》，文物出版社 2003 年版，第 129 页。

集美学村

　　1923 年的闽南，"南北反"正火热上演。是年 8 月，粤军第一路军司令黄大伟领兵进驻同安，其麾下第一师师长张毅，先行移师集美，兵锋直指厦岛。驻厦"闽军"总司令臧致平，急忙调兵抵抗。集美学校陷入交战区内：

　　（黄大伟）复由同安增派一团到集美校，驻扎师范部、雨盖操场、手工室及宿舍一部分外，又有一部分驻乡间祠堂及小学校舍，每日皆由乡派米自行造饭。而高崎方面，闽军亦有增防消息，开枪示威，隆隆不绝，有一二流弹射至小学墙壁。当经由校发出快邮代电一通，分致各军首领，请其爱护学校，勿划集美为战线。并函托黄复初（黄廷元）先生，请臧司令饬高崎军队勿再向集美开枪。同时校中运载粮食帆船两只，为水警扣留，复由校分函臧司令、水警署，请准自由行驶。并托林校长邀同蔡雨村谒臧面陈一切。经允许以两只帆船揭明旗帜，来往运载。粤军方面日来正在龙王宫、岑头等处，封禁船只。①

　　集厦交通，因此断绝。"臧部之兵，守在崩坪尾、牛家村、高崎一带，见有渡船之帆点，则开铳乱击。而粤军一面据于集美、排头、东屿、嵩屿一带，逢有渡船即封去。是以船只不能往来。数日间，林文庆先生与臧部要求保护集校之船。至 29 日午后，方才应允。而在集美之粤军方面，当由叶校长与聚在集美之粤军长交涉耳"。②

　　9 月 3 日，"集美学校中学部八组侨生李文华、李凤阁乘帆船赴厦门，行至大石湖，被闽军臧致平部枪击。李文华身中三弹，李凤阁中一弹。两天后，李文华死于医院"。③

　　兵火无情，集美学校紧急向南北各路军头要人呼吁：

---

　　①　《战争中之集美学校消息》，《南洋商报》1923 年 9 月 13 日。
　　②　《战争中之集美学校消息》，《南洋商报》1923 年 9 月 14 日。
　　③　纪念陈嘉庚先生创办集美学校七十周年筹备委员会校史编写组编：《集美学校七十年（1913—1983）》，福建人民出版社 1983 年版，第 33 页。

窃敝校为闽南文化之重要机关，自开办以来，迄今已届十稔。计中学水产商科、男女师范、小学、幼稚园各部，共有学生2000余人。不独八闽子弟多受甄陶，即两粤青年亦接踵而至。敝校主陈嘉庚、敬贤二君毁家兴学，一视同仁，其热诚毅力，为薄海所景仰，其艰难缔造之学校，亦为各界所爱护。民国7年，闽粤发生战事，集美曾驻军队，维时敝校方在草创时代，而弦诵不辍、晏然无恙者，皆赖各军长官之切实保护也。近自闽局不靖，泉漳金厦戎马倥偬，各部军队经过集美者，先后无虑万余人。敝校为维持秩序起见，竭诚招待，不敢惮劳，照料容有未周，心力实已交瘁。现已于15日开学，20日上课，校员学生冒锋镝而莅校者，绳绳不绝。虽风鹤交警，而敝校之积极进行如故也。惟沿海戒严，交通阻梗，学生之负笈偕来者，岸上防军辄向船开枪，流弹四射，危险堪虞。应请通饬贵部队伍，凡揭敝校字旗号、往来厦门船只，准与通行。庶于军事教育，两无妨碍。比日同厦战云弥漫，集美与高崎隔岸对峙，诚恐发生冲突殃及池鱼，务乞诸公俯念敝校主兴学之苦心，勿划集美为战线，并饬驻防军队，特别保卫，俾敝校得以照常上课，2000余学子不至流离失所。想诸公提倡教育，夙具宏愿，必能传令前敌部队，随时维护也。敬布腹心，伏希鉴俞。福建私立集美学校叩簡。[①]

"将集美划出战线以外，永为公共保护之地"之议，首先获得黄大伟和张毅的响应。黄张的支持，有其自身考量。黄大伟认为，不管与臧致平是战是和，"将来黄部地盘，即在闽南，欲得地盘，必先收拾民心。集校为闽南文化之重心，各属青年，均肄业其间。保全集校，自得闽南各界之好感"，故黄张"首先赞成学集美学校之议，并愿任发起"。[②]

有了黄部的保证，集美学校校长叶渊，"即嘱秘书课草拟以集美学村为中国永久和平村请愿书，分致全国各机关、各军政长官、各名流签字承认，并将派人亲赴福州、漳州、汕头、广州、上海、杭州、南京、北京、保定、天津、洛阳等处请求"。[③]请愿书开篇道：

窃维民国成立，画分学区，虽有法律之规定，而无实力之保障。十余年来，战争不息，或移学款为军费，或借校舍为兵营。戎马倥偬，而

① 《战争中之集美学校消息》，《南洋商报》1923年9月14日。

② 《集美学校村主张划出战线，永为公共保护地》，《时事新报》1923年10月5日。

③ 《集美学校村主张划出战线，永为公共保护地》，《时事新报》1923年10月5日。

教育濒于破产。此可为浩叹者也。集美僻处海滨，自创办学校以后，未尝受军事上重大之影响，良以私立性质，经费由校主独力负担，经济上可无恐慌之虞。抑亦以校主兴学之苦心，为全国所崇拜，同具爱护之情，自无侵扰之事。当闽疆多故之际，而敝校弦诵不辍，晏然无恙者，赖军政长官之尊重教育特别保护也。乃自厦局不靖，旷日持久，集美与高崎对峙，不幸亦在战线之列。交通断绝，战机危逼。同人等犹锲而不舍，宁冒危险而不忍引去者，诚恐炮火无情，校主十载经营之成绩，一旦荡然以尽。故于无可如何之中，犹欲勉为设法保全也。奔走呼吁，幸荷各方面之谅解，允为保护。但一时之请求，未足保持永久之安全。为教育前途计，拟以集美学村为中国永久和平村。敬恳诸公签名承认，俾资信守。想诸公热心教育，当亦乐为赞成也。①

在递交北京政府教育部的呈文中，集美学校又将其诉求集中为公约四条：

（一）公认集美学校设立地为学村。

（二）集美学村之四至，北以天马山为界，南尽海，东暨郑延平王故垒及鳌头宫。

（三）学村范围内，不许军队通过、驻此、毁击及作战。

（四）有破坏前项之规定者，即为吾人之公敌，当与众共去之。②

此事关乎嘉庚景行与教育大计，故请愿书发出后，各路军中大佬立表赞成：

粤军师长张毅保证，"拟撤退驻防队伍，并愿诸公公认集美为教育区，将来无论何项战争，划出战区之外，共同保护，无相侵越"。

闽军总司令臧致平表示，对"所请签字承认之处，实所极端赞成"。

杨汉烈则率叶定国、庄文泉、黄炳武、陈亮、陈国辉、王振南、秦望山、黄克绳等一干民军头领表态，彼等因久深景仰陈嘉庚兄弟办学义举，"数年来未尝有一兵一卒之侵入，此后尤愿特加爱护"，倘若有"侵扰或轰毁该校者，即为吾闽公敌，当与众共弃之"。③

福建军务督理孙传芳亦通电全国，愿"函复省议会如议备案，并严令该地方官及驻在军队随时认真保护，不得稍涉侵扰"。④

① 《福建集美学校之请愿》，《民国日报》1923 年 10 月 5 日。

② 《集美学村之进行》，《新闻报》1924 年 3 月 31 日。

③ 《赞成集美学村之函电》，《民国日报》1923 年 10 月 14 日。

④ 《孙传芳保护集美学校之通电》，《大公报》1923 年 10 月 30 日。

中央直辖滇军总司令部亦有公函，对以集美村为"中国永久和平村"之"伟谋宏谟"，"敝军极端赞成"。①

闽省议会也通电"大总统、国务院、内务部、教育部、参众两院、各省督军、督理、省长、省议会、各团体、各报馆"等，表示对集校之举"本会同人极表赞同"，并"函请军民当局予以承认"。②

旅沪福建同乡会除通电赞同外，亦"函请闽厦各地当局及粤军民军首领予以承认"。③

全国各界赞同者纷纷：

> 现国内人士，纷起赞同。复函承认者，有上海《时事新报》馆东张东荪、上海《申报》馆史量才、泉州嘉福学校吴桂生、南方大学江亢虎、潮梅粤军总指挥部、福建实业厅、闽军总司令部、永春湖洋吴旅长、东路第一军第二路司令部、寰球中国学生会、国立暨南学校赵正平、福建暨南总局等，极风发云涌之象云。④

广州政府以"广东大本营内政部"部长徐绍桢名义批示，请愿书"所呈请各情已悉，业由本部电致粤闽民政长官，转知各统兵官，对于该校特别保护"。徐氏并饬令粤闽两省长官，"请贵省长转致两省统兵长官，对于该校务宜特别保护。倘有战事，幸勿扰及该学校，俾免辍废，则莘莘学子永享和平之利矣"。⑤

对请愿书，北京政府的"内阁总理孙宝琦，及颜惠庆、顾维钧、张国淦、程克、薛笃弼、吴毓麟、李鼎新、王克敏诸阁员，均已亲笔签字赞成。并闻由教育总长张国淦会同侨务局总裁毕维垣合词呈请大总统将以明令发表，承认集美学村为永久和平村"。⑥

"集美学村"的成功，撩动了厦人的和平心。厦门治安维持会，发起设立"自治区域"的运动，"以求自脱于政潮、兵祸之漩涡"。其政治诉求有四：

> 一、在合法政府未成立前，厦岛暂行自治，以避南北战祸，保全国

① 《承认集美学村之要牍》，《民国日报》1923 年 11 月 4 日。
② 《赞成集美学村之继起》，《时事新报》1923 年 10 月 19 日。
③ 《闽同乡会致集美校函》，《民国日报》1923 年 10 月 30 日。
④ 《赞成集美学村之踊跃》，《时事新报》1923 年 10 月 22 日。
⑤ 《承认集美学村之要牍》，《民国日报》1923 年 11 月 4 日。
⑥ 《集美学村得法律保障》，《时事新报》1924 年 3 月 2 日。

际贸易。

二、缩少现有军队，以能维持住民之安宁为限度，拒绝未来军队，以免攘夺相寻。

三、次第接收各种行政机关。

四、着手组织县议会，选举县长，及进行其他自治事项。[①]

厦门的"自治"计划，一经提出，涉厦各军也有反应。

黄大伟表示，"若臧致平肯许厦人自治，军民两政交还厦人自理，则我永不有攻厦之举，并愿担任疏通各军，不致与臧为难。不则，臧如将军政自摄，民政先还厦人，亦无不可"。黄的意思是，臧氏如能放弃"闽军"名号，改称"保卫司令"，只以"保护地方为限度"，自己也能接受。

王永泉也表态赞成厦人自治，并云"如臧氏愿此下台，王愿使臧平安归浙，担保不受何方为难。若臧不愿退出，苟肯诚意让厦人自治，臧军只任保护厦岛治安，不加入南北漩涡，王亦不吹毛求疵，立即停止进攻厦门"。

臧致平则来得干脆，将各机关人员与军队人数名单开列，报告厦门治安维持会，声言"厦人如肯接收民政，其民政机关人员如何任用，皆由厦人主裁，渠不欲过问。现有军队亦愿收束"。

臧致平如此表态，反让地方犯难。各团体集会开议，若依臧言而行，军政、民政由厦人自理，则有两种困难：一是"地方之治安，能不发生困难否"；二是如请臧致平以"保卫司令"维持治安，军队的"饷项必厦人自筹"，该饷款何来？"欲向商家筹之，但各商家因迩来地方不靖，市场冷落，已不堪负此巨款。若向资本家筹措，资本家正有此世外桃源之鼓浪屿可住，何肯破其悭囊"。讨论至此，"自治"一议也就无法实现了。[②]

和平的实现，是一条漫长的路。1924年2月25日，集校又发生学生李裕阔被枪击案。尽管之前，校方反复交代各处驻军，学校雇有"帆船航行集厦之间，运载教员学生及学校用品，日凡数起"，请求认明标志，"勿加枪击"。如遇有需要特别戒严，"船只万不能航行之处，并希就近通知五贯保卫局，转达敝校，以便预行告诫，免使员生冒犯危险"。请求得到各军队的同意。2月25日午，"有运船自厦来集，当在牛家村检查之时，对岸排头军队，连开三枪，以致龙溪籍学生李裕阔，弹中肩部，伤势甚重"。李裕阔"年甫16，新自南洋吧城回国就学，竟遭无妄之灾"。集美学校紧急致函王献臣部，要求"迅饬排头、水头军队，如遇敝校运船航行，或在沿岸候验之际，勿予

① 《厦人弭兵之呼吁》，《南洋商报》1923年9月24日。
② 《厦门自治之动机》，《时事新报》1923年10月9日。

枪击，以利逡行，而免危险"。①

据闻，在各界压力下，王部第三师李鸣皋旅长，"亦深以为憾，拟派员到集美道歉，并查办排头军队"等等。②

1923年，集美学校的"永久和平学村"请愿，在叶渊等人的奔走呼吁下，"已得南北政府及全国军政长官、在野名流，一致赞成，先后签字承认"。其最直接的成果，是"当戎马倥偬之际，两军互相轰击，并未伤及敝校之楼宇"。1924年，同安马巷之间又酝酿新的战机，集美学村再临兵火威胁。学校再度担心"黉序竟化为灰烬，生徒或沦于沟壑"，"陈嘉庚兄弟十载艰难缔造之事业，一旦破坏以尽"，遂再发布宣言。其要曰：

（一）勿在集美学村范围内作战。
（二）军队经过集美，勿任意占住校舍。
（三）校船往来，勿加扣留或枪击。
（四）军队或其他人员，勿在学村内藉端掳人、扰乱治安。
（五）勿拿乡长及校役校工为挑夫。

学校表示："以上5项，系最低限度之希望，如能得请，则敝校可以照常进行。虽兵火仓皇，犹可弦诵不辍。苟不得请，则学村失其保障，而闽南文化之命脉，亦断丧于无形矣。"③

要让偌大的中华大地真能容下安静的书桌，道路确实漫长。

---

① 《福建王部军队枪击学生之所闻》，《南洋商报》1924年3月12日。
② 《枪伤集美学生之交涉》，《南洋商报》1924年3月15日。
③ 《集美学校之宣言》，《南洋商报》1924年4月30日。

鼓浪屿 "日本领事馆旧址"

厦门日本领事馆，始设于清光绪元年（1875）：

1874 年，日本任命的 "台湾都督" 西乡从道为到台湾琅峤（今恒春）讨要 "牡丹社事件" 的赔偿费而首次来到厦门。当时随他同来的陆军少佐福岛九藏，后来担负了日本在厦门的最初领事馆的工作。其后，在 1887 至 1896 年间，厦门事务由福州领事馆兼管；直至 1896 年 3 月上野专一领事到任之后，厦门日本领事馆才再度开设。

1895 年日本强占台湾之后，与台湾隔海相对的厦门在日本的对华政策中日益占有重要地位。日本的企图是不仅占据台湾，还要占据海峡对岸的福建，从而攫取、独霸在中国南部的权力（台湾总督府官房调查课曾对中国南部进行了各方面的调查，就是这一企图的一部分）。因此，厦门的重要性增加了，日本在厦门领事馆的建设也于 1897 年开始进行。地段选在鼓浪屿鹿礁路 26 号，以毗邻英国领事馆、靠近通往厦门本岛的栈桥为择地的条件。1898 年，领事馆建成。①

首先建成领馆主楼：

楼坐西南朝东北，砖石结构，共 3 层（包括地下防潮层），建筑面积 800 多平方米，为英式建筑风格。立面为清水红砖外墙，局部双坡红瓦顶。楼四周有连续拱券外柱廊，并以闽南陶瓶构件装饰柱廊栏杆和屋顶的红砖女儿墙。正立面底层中部主入口为与石砌防潮层等高的石阶。②

1928 年之后，日人又在领馆主楼东南侧建设日本式住宅和警察署大楼各 1 幢。警署楼高四层，其地下室内 "设有专门拘禁、刑讯中国人的小牢房 5

---

① 伊藤聪：《厦门日本领事馆的建设及台湾总督府在厦门的活动》，郭湖生等主编：《中国近代建筑总览·厦门篇》，中国建筑工业出版社 1993 年版，第 13 页。
② 《厦门文物志》，文物出版社 2003 年版，第 142 页。

间，每间面积 6 平方米"。①

日领馆的警所，1915 年时已经设立，其间并附有监狱与拘留所。1916 年，野心勃勃的日人，欲将警权扩张至厦岛，遂于 11 月 15 日在箭道（今开平路与古营路之间）设"大日本领事馆厦门警察分所"。继而，警所再移至台民聚居的梧桐埕，升格为"警察署"。日本警察无视所在国主权，不问国籍随意捉拿民人，激怒了全厦民众，乃至全国民众。一场旷日持久的抗议风潮因此而起，史称"厦门设警事件"。②

驻厦日领馆，原属普通等级。1936 年 11 月 1 日起，日人将其升格为"总领事馆"，"管辖范围扩大到闽南、闽西和广东潮汕等地。其馆务直属日本外务省，受日本驻南京大使馆管辖"。③ 报称：

> 查厦门日领馆于同治十三年设立，迄今已 70 年。厦门虽最初为五口通商之一，但并非巨埠，领馆地位并不高。迨台湾割于日本，台湾 500 万人口，百分之九十原为闽南漳泉人移住，至是一转而为日本籍民。而漳泉事实上仍为其祖国故乡，旅厦台湾人亦有万众，以是日领馆地位乃转重要。民 4 以后，日领馆内附设日本警察署，凭借领判权及特殊原因，执行其警察权及司法权，管理日本籍民，且形成一种特殊地位。籍民恃此背景，在厦门一切行动，亦成一特殊现象。
>
> 九一八后，旅厦日侨及籍民向日政府请愿，将厦门日领馆升格为总领事馆。日外务省经提交内阁通过，提出议会，迭次均以升格后预算增加不能通过，延未实现。
>
> 去年台湾总督府再次催促，本年议会始通过此项预算。外务省乃于 10 月 31 日，以部令发表驻厦门日本领事馆自 11 月 1 日起，升格为总领馆。日领事馆即于是日下午奉到命令，11 月 1 日，遂正式改称总领事馆。同日鼓浪屿日领馆门前，亦改悬"驻在厦门日本总领事馆"招牌。公文图记，咸均改称。内部组织，亦将依总领事馆官制改组。3 日，旅厦日侨及籍民，乃有庆祝日领事馆升格之举。日领山田发表谈话"本领事馆升格为总领事馆，关系方面早已论及，因预算关系延未实现。本领事馆管辖之居留民已达万余人，仅次于上海青岛两地，事务与总领事馆无异，今始实现，实有过迟之感"云云。首任总领事，有现任领事山田

---

① 《厦门文物志》第 143 页。

② "设警事件"情事，参见《厦门故迹寻踪（三编）》之"梧桐埕"文。

③ 福建省地方志编纂委员会编：《福建省志·外事志》，方志出版社 2004 年版，第 31 页。

升任说。馆内附设之日警署署长，将升任警视。厦门领事团领袖领事，原为英领马尔定兼任，因驻厦英、美、法、荷、西班牙等国，均非总领事馆，故 3 日已改推日领山田兼任领袖领事。查厦门日侨仅二三百人，台湾日籍民，已向日领馆及我公安局登记者 9600 余人，尚有渡闽而不向领馆及我政府登记者。据台湾《新民报》去年统计，旅厦台湾人总数为18000 余人，占厦门全人口十分之一云。①

又是"总领事"，又是鼓屿公界的"领袖领事"，然而日人的风光，持续不了多久。1937 年"七七事变"爆发，全面抗战开始。8 月份，日人开始撤侨。日领翼护下的籍民，瞬时惶惶然起来。

查日当局派轮运载该侨民返台，至昨日为止，计一周间 13 次，每轮约 600 人，计载回者为 7000 余人。连同提前自动返台之妇孺，总计约一万二三千人。此外逃洋逃港者，不下 3000 人。避匿不归者千余人。现在厦候轮，尚有数千人，日领馆员，昨仍分向厦鼓密查匿避不归之台人。一经发觉，即予拘禁，强押登轮。②

眼睁睁地看着前业尽毁，日台侨民有百般的不舍：

留厦日台侨民，以总撤退在即，25 夜在鼓屿日本俱乐部聚餐，苦中作乐，狂歌彻夜，至天明乃止。昨晨（即 26 日）10 时许，鼓屿新路头博爱医院屋上，突然现悬挂红旗一面，长约 3 尺，高约 1 尺。同时该日本俱乐部射出一种类似庆祝所用烟火炮，初时黑烟一缕，爆发后火星下射。计自 10 时许起，每一分钟射放一弹，共发 6 炮。炸发时，初闻如迫击炮声，在空中爆烈后，则与机关枪声无异。屿上各国侨民，初甚震骇，后经工部局及会审公堂通告，乃知真相。至该面红旗，挂至午后 3 时许，始行撤去。③

8 月 28 日，日本领事馆宣告闭馆：

驻厦日领事馆，于昨（28）日上午 11 时，始确定实行下旗撤退归去。当时驻鼓屿之日领馆，先将正中高处之金菊图徽解除。其屋顶所架

---

① 《厦门日领事馆升格》，《申报》1936 年 11 月 5 日。
② 《台人回台一周间计七千余人》，《江声报》1937 年 8 月 26 日。
③ 《博爱院插红旗，日台人放乌烟》，《江声报》1937 年 8 月 27 日。

设机关枪一挺，亦由日水兵 3 人，登屋解下，即搬落电船，载往日舰。同时在鼓未返之日台侨民，齐集日领署，分批转乘电船，载下长沙丸。而由日领馆电请工部局巡捕长巴士凯到馆，由该馆负责人，将领馆财产及警署、日本俱乐部、博爱医院等一切，点交巴氏，请代看管。至下午 4 时 45 分，日领馆乃举行下旗归国典礼。由代理总领高桥茂及日籍秘书主仪。高桥茂不著礼服，仅穿便衣，与该秘书各执绳之一端，高呼三声，徐徐将膏药式之日本国旗降下，慎重折叠，收藏匣中。

当下旗时，日领馆前后四周，由工部局巡捕长巴士凯、副捕长胡锡基，率捕探戒备，不许闲人通过。迨下旗后，日领高桥茂乃率各馆员等，整队步行，由巴氏等沿途护送至码头，换乘日领馆电船，驶向港仔后，径登日舰。至 5 时许，两舰一轮同时离厦。追风驱逐舰在前，长沙丸居中，夕张旗舰在后，鱼贯开出。今者厦海已无日舰，厦市已无日人矣。惟厦禾鼓间，尚有一部台人，因不愿归去，故事前避匿。闻将于日内联请我当局予以收容。日台侨民在厦产业，则由日代总领高桥茂列表，托由英领马尔定，将送我厦门市政府点收保管。高桥茂临行，并电话向李市长告别，称此次返国，仍望不久之将来，再行到厦畅叙，共事中日两国间之和睦邦交云云。①

当日人再度返厦，不是前来"畅叙"，而是带来奴役。1938 年 5 月，厦门沦陷。当月，日人即策划复馆。

冈山特派员鼓浪屿报道：……26 日乘坐××航班经台湾抵达厦门的内田总领事来到对岸鼓浪屿，就被迫关闭已久的我总领事馆开馆事宜，拜会了担任驻该地各国领事团主席领事的法国领事，经过商谈，对方承诺给予方便。另外，我陆战队之前从未踏进鼓浪屿共同租界一步，因此我方提出要求，派陆战队一支部队上岸守卫领事馆。②

卷土重来的日领馆，在鼓屿只有短暂的停留，就迁往鹭江道 44 号原"海港检疫所"。1942 年 10 月，总领馆与"兴亚院厦门连络部"合并，馆址再迁至深田路 42 号大楼。

鼓浪屿警察分署，仍设于鼓屿日领馆原址内。原先的地下监狱，成为关

---

① 《日领昨率侨民离厦》，《江声报》1937 年 8 月 29 日。

② 《海军纪念日佳期，总领事馆开幕》，《台湾日日新报》1938 年 5 月 30 日；转引自李向群主编：《见证：1938 厦门　日寇入侵厦门前后报刊史料汇编》，厦门大学出版社 2015 年版，第 180 页。

押抵抗人士的囚牢。"在刑讯室里，日本警察常使用柔道摔打、拷刑、灌煤油、灌辣椒水、夹棍、滚钉、香灸、火烙、倒悬、狗咬等种种酷刑，残害我无辜被捕的同胞和抗日志士。在日寇酷刑下丧生、残废或下落不明者难以计数。一旦落入魔窟，幸被保出，也已致残，甚至是具尸体。"①

恶贯满盈，总有报应。1945 年 8 月 15 日，日本天皇宣布无条件投降。消息传来，"8 月 18 日，厦门市民庆祝胜利大游行，伪组织便全部瓦解，汉奸份子及平时无恶不作的奸徒，皆纷纷落海逃走。伪警察也脱下了老虎皮各自亡命。台湾浪人领袖林木土、李进登，及日人福本、长用等二十几个人，在厦门港偷放敌陆军小汽艇落海逃亡。8 月 31 日，一日间敌陆军机关和领事馆重要人员 90 余人，乘汽艇由厦门港逃走"。②

新到任不久的日本总领事永岩弥生，开始了洽降的新任务。9 月 17 日，记者采访了前来漳州请降的永岩领事。曾经不可一世的侵略者，已丧失了往日的骄横：

> 永岩之态度，极显自然和悦，为记者以往所见之日本人中之仅有者……记者乃询其对于日本发动侵略战争并感想。永岩转现羞寂，沉思良久，答曰：此乃过去之事，吾人可不必提及，现中国已为战胜国家，日本臣民为追悔过去之错误，皆谨遵天皇降诏，诚意缴械投降。记者询其对中国之认识，永岩答称：中国人爱好和平与日本一样，宽大则过之。唯盼仍以宽大之大国风度，对我战败国家。言毕，极现盼祷之神色。记者乃告之曰：中国之宽大，日本统治者非不知之。余意日本民族乃非爱好和平者，此次战争若非中国与美、英、苏诸同盟国家，一本维护人类和平正义而坚持到底，则今日之世界，已不堪设想矣。同盟国家为保证世界永久和平计，对发动侵略战争之罪犯，必不能宽恕。对爱好和平之民族，必一律平等视之。永岩唯唯称是。③

曾经凶焰万丈的鼓屿鹿角路 24 号，最后只剩下一片静寂。当年的地牢壁上，还深深镌刻着被难者以手指甲和竹片刻下的乱世心声：

> 愿为太平狗，不作乱世民。
> 乱世民多屈，牢中受苦辛。
> 看人骨肉离，财命委尘灰。

---

① 陈建盛：《前日本驻厦门领事馆概况》，《厦门文史资料》第 17 辑。
② 李果真：《厦门动乱象》，《东南日报》1945 年 10 月 2 日。
③ 《中国宽大为怀——厦门日领对记者谈》，《东南日报》1945 年 9 月 27 日。

比予惨更甚，聊可慰精神。

战事几时息，日华何日□。

干戈祈早罢，重作太平人。①

---

①　方文图：《日本驻厦领事馆警察署地下监狱调查记录》，《厦门文史资料》第10辑。

曾厝垵 "红楼"

曾厝垵 "红楼"，曾是厦门侨师校址。

　　厦门国立第一侨民师范学校旧址：位于厦门曾厝垵，俗称红楼。旧址坐西北朝东南，系曾厝垵著名印尼华侨黄洁传、黄大厝于民国 8 年合资兴建的私人住宅。该宅由前后两座双层红砖洋楼、护厝及天井组成，平面布局呈 "回" 字形。占地面积 2600 平方米，系近代西式建筑。厦门国立第一侨民师范学校于民国 34 年租用曾厝垵红楼为校舍。中共闽中、闽西南、城工部三个系统的党组织先后在侨师建立党支部并进行革命活动。①

　　1941 年 2 月，国府教育部与侨委会，联合创办侨民师范学校于福建长汀县。1942 年 7 月，为与新增粤省第二侨师相区别，学校更名 "第一侨民师范"，简称 "第一侨师"。1945 年，第一侨师迁厦：

　　（民）34 年 8 月，抗战胜利，于冬季迁于厦港区曾厝垵仓里社。入校学生不限省籍、性别，唯特别招考华侨子弟入学。膳宿医药学杂各费一律豁免。现学生 8 班，生数 230 余人。校舍距市 8 里，背山面海，山水清丽，林木幽美，诚为读书佳地。经费来源由国库支给云。②

　　滨海黉舍，碧水蓝天，十足的读书好所在，谁料竟有风波生于萧墙之内。1947 年 6 月 24 日，临近期末，晚间 9 时许突有学生代表十余人，谒见校长陈永康，并提 4 点要求：（1）假期留校自由；（2）废除壁报版检查制度，又凡学生团体之选举代表不由学校圈定，以符民主自由精神；（3）清算去年寒暑假同学离校膳费；（4）依部令师范三年级的学生毕业 45 人之旅行参观费应

---

① 厦门市地方志编纂委员会编：《厦门市志》第四册卷 41 文物，方志出版社 2004 年版，第 3205 页。

② 民国《厦门市志》卷 12 学校志，鹭江出版社 2021 年版，第 359 页。

由校内供给。学生的更大要求是撤换校长，因现校长有"劣处"13 条，如：任用私人；虚报膳费；能力薄弱；尅扣膳费；好名无实；处处刻薄；自私自利；强蛮成性；浪费公款；怂恿校医舞弊；感情用人；假公济私；破口谩骂，似无知识之人等等。校长陈永康"自觉领导无方"，遂向教育部请求辞职。①

校长请辞，风波顿息。大部学生离校回家，陈校长赴京辞职。然而南京方面却传来"解散侨师"消息：

> 教育部顷代电市府，以前据国立第一侨民师范学校校长陈永康暨该校教员等呈报此次该校风潮情形，以事先闻学生对学校有所请求，经召集会议，请各导师向学生善为劝导，未得效果。学生即群集会议室楼上下，将校中电话线剪断，全校门户上锁，并散发传单，监视教员，强迫签字，提出无理要求多项，鼓噪喧嚣，暴力威胁，复胁迫校长缴出印信、电部辞职等情。查该校学生此种行为，违法荡纪，形同暴动。而该校教职员既未能协同校长纳学生于正轨，且少数教职员意有操纵指使嫌疑，殊堪痛心。着即将该校解散，所有该校教职员另行聘用，学生另行登记。凡为有鼓动学潮之学生开除学籍，协助鼓动之学生不予登记。除派本部督学高其冰前往督导该校校长彻底整顿，并分别令知该校校长、福建省教育厅及咨请福建省政府查照外，特电希就近派员协助办理为要。②

教育部的意思，即解散原校，重新组校，教师另聘，学生另行登记，对"犯错"学生按程度分"开除学籍"和"不予登记"处理。所谓"不予登记"，亦即变相开除。

教育部派出特使高其冰，抵厦后宣布处理办法，"（1）开除学籍，学生 3 名；（2）不予登记 7 名；（3）留校察看 8 名；（4）其余学生一律具'悔过书'，准予续学；（5）校长陈永康受申诫处分；（6）定 9 月底开学"。③ 受处分学生，各有名单。

在校学生闻讯，情绪骤然高涨。众以为事情是大伙做的，不能单让十人背锅，"设此十人必须受处分，则全体同学愿受记过之处分，以减轻十生之罚"。④ 学生要求高氏收回成命，遭拒。学生会议决定，在继续请求收回成命和向社会寻求援助的同时，自 17 日起在校学生绝食两天。

学生们言信行果。绝食期间，仅以开水充腹，人人面呈饥色，仍坚称

---

① 《国立侨师发生校潮》，《江声报》1947 年 6 月 26 日。
② 《国立第一侨师，教部下令解散》，《江声报》1947 年 8 月 15 日。
③ 《厦门侨师学潮解决》，《大公报》1947 年 8 月 20 日。
④ 《侨师学生绝食》，《江声报》1947 年 8 月 19 日。

"绝食两日之后，如未得圆满解决，必要时将再绝食以示抗议"。①

校方却铁心木肠，咬定学生必须签具"悔过书"，若拒签，21 日起将停发学生膳费。同时又函请市宪兵队派宪警入校，"勒令盘据学校之无学籍学生离开学校"。②

一班穷学生，断其膳费，即断其生路。要想活命，唯有向慈善的益同人公会和友邻的厦大学生自治会求助。初时，益同人"允借侨师学生食米，市当局以此举势将助长学生意气，有碍学潮解决，特令阻止，不得拨借"。厦大学生会"代向社会人士劝募维持费，闻仅得 50 余万元"。③

双方缠斗，毫不退让。或邀会各界，或发贴布告；或责"违法荡纪"，或斥"贪污渎职"。眼见已到 8 月 26 日，学生"已被停膳 6 日，有亲友接济者尚可度日，其枵腹抗议者，日子一久，卧床不起，为数不鲜"。④

终于，经厦大学生邀请，市长黄天爵应允出场转圜。黄市长提出三点解决办法：

（一）学生可自具悔过书，但内容须经审查认可。

（二）如能证明确未参加学潮，经学校认可者，可免具悔过书。

（三）已开除及令退学之学生，如确能悔过，准给转学证书，但不能再提出任何要求。⑤

市长的折中方案，征得高督学认可，学生们亦答应接受，"惟请将悔过书中'破坏教育' 4 字，改为'违反学校纪律'"。⑥ 学校也应允"留校已登记悔过学生，准自 8 月 27 日起开膳"。⑦ 一场"倒陈风波"至此结束。

新的学期，又起新的风波。1948 年 3 月，教员王某与教务组长林某的一场纠纷，引发侨师女生的怒火：

上学期结束，王请假归乡，时即接林之电报嘱他"本学期不必再来校执教，原因详另信"。王因不知就里，本学期开学仍来校中。近日林

---

① 《国立侨校僵局仍未打开，学生继续断炊》，《江声报》1947 年 8 月 20 日。

② 《国立侨师校长等关于派警进校事有关函件》，厦门市档案局，厦门市档案馆：《近代厦门教育档案资料》，厦门大学出版社 1997 年版，第 699 页。

③ 《侨师学潮如解决，应归功坚壁清野》，《厦门大报》1947 年 8 月 26 日。

④ 《侨师事件仍未解决》，《江声报》1947 年 8 月 27 日。

⑤ 《侨师学潮可能解决》，《江声报》1947 年 8 月 26 日。

⑥ 《侨师学潮可能解决》，《江声报》1947 年 8 月 26 日。

⑦ 《侨师学潮已告平息》，《江声报》1947 年 8 月 29 日。

信始由福州转寄来厦，谓系王曾与女生发生接吻等越轨行为，全校师生共知，群情愤激，情势恶劣云云。王阅信后，执以质林，因起纠纷。事为学生所知，认为对女同学有所侮辱，群起要求校长彻查。如该女生确有非礼应开除，如事出捏造则林应撤职。闻该校学生自治会对此事亦将有所表示云。①

女生集体停课，进而罢课抗议。经多方斡旋，此次局部风波得以平息：

国立侨师因"接吻"事件引起全体女生公愤的风潮，经有关方面奔跑斡旋后，始以问题人物教务组长林岩琛的引退和亲笔致函向全体女生道歉为条件而告平息。据悉：该校女生此次行动获取胜利后，曾于前晚举行聚餐会，以示庆慰。②

1948年4月，陈永康请辞获准。原晋江石光中学校长王廷芳接掌侨师。学生欢迎新校长到来，并"提供改进校务意见。对良好教师，希望能于下学期继续在校任教；而一二发生问题之教师，如学期初酿成风潮在办公室与同事打架，有背师道者，则望勿再续聘，以整饬校风"。③

王廷芳亦有心整饬校风，旧任教员拟概不聘用。然而，整顿未行，校园又起波澜。其时正处物价日涨、钱币日薄时期，教育部拨发的经费却发生故障，教职员的六七月份生活补贴，久久未能到位；学生的膳费，又被错发至广东华侨中学……教员索薪，学生躁动，校长自然先成众矢之的。

侨师校长王廷芳莅任未久，即发生财政不清事件。曾经教部派员来厦调查，认为各教员所控各节，事尚属实。王氏自觉对将来工作发生困难，日前电教部辞职，闻已核准。遗缺经派林鹤龄接充。④

新校长的日子也不好过。1949年1月，校园再起波澜：

本市国立第一侨民师范，本学期自新校长林鹤龄接事以来，尚称安谧。不料际兹学期行将结束之时，学生忽传训导处曾有黑名单拟就，欲将十余名学生以操行不及格名义加以开革。群众哗然，当即决议暂停考

---

① 《国立侨师发生风波》，《江声报》1948年3月15日。
② 《侨师风潮已告平息》，《江声报》1948年3月25日。
③ 《侨师新校长接收视事》，《江声报》1948年6月12日。
④ 《侨师校长闻由李鹤龄接充》，《星光日报》1948年8月30日。

试，向学校表示四点：一为在本学期结束前应将操行成绩公布，以安同学之心。二为假期间准同学自由留宿，不得强制离校。三为期考考期应自 3 日顺延两天，由 5 日开始。四为训育处主持此次黑名单编制者离职。校方允许将考期延长，其余再行解决。空气渐趋和缓，谅不致另起漩流。①

几日后，校长林鹤龄以"操劳过度，体力不支"，② 向教育部提出辞呈，学校交由许汝铁管理。

换校长也换不掉苦日子：

> 迩来政局和战与迁都不定，各地公立学校经费来源，也陷停顿。其影响所及，本市厦大师生惑厄慌张之后，国立侨师亦步入恐慌困境。因为 2 月份薪俸各教师均未领到，学生又多系全公费，开学期近，纷纷返校。学校当局对此庞大学生膳费，无法应付，前日特贴出布告，将寒假延至 3 月 3 日。至于何时注册，应另候通知。一方面教师为解决日常生活费用，经多数提议，将校中所有铁柜器具及军乐器变卖，将所得款大家均分使用。③

延至 5 月，日子更加难熬，学校只能提前放假。但有六七十名员生，滞留校内。其"有家可归者，因无路费，不能动身；而家乡正在战争状态中者，即有路费，亦不能回家，何况没有路费"。④ 留校人员，每日仅靠一餐稀饭度日，而"长此以往，一餐稀饭亦恐无法维持"。⑤

公款不可信，官厅不可靠，要活命唯有自救。当下办法唯有两条，一是谋求海内外校友救济，一是上街义卖。6 月 7 日，学生们端着香烟走上街头：

> 侨师的活命义卖队，昨日出发各处义卖。每队 10 人左右，男生女生各持"吉人士"和"苹果"的香烟，沿街向各商店求售，价钱由各商店自送。有的三包烟送了 10 元银圆，有的送了 5 元、3 元不等。学生们非常礼貌，不过分勉强。听说虽然成绩不见多好，但在义卖时却也碰到了

---

① 《侨师又闹风潮》，《星光日报》1949 年 1 月 5 日。
② 《侨师易长》，《江声报》1949 年 1 月 11 日。
③ 《国立侨师经费未领到，教师提议卖校产度日》，《星光日报》1949 年 2 月 7 日。
④ 《侨师提前放假，员生生活无着》，《星光日报》1949 年 5 月 15 日。
⑤ 《侨师师生生活困难，校友总会发动筹济》，《江声报》1949 年 6 月 6 日。

几位富有同情心的商人，非常慷慨地捐助，并对学生们的生活表示关怀。据说现在留校的学生为数尚多，如果不是各界能够多予帮助，将来生活至堪考虑。义卖队学生对记者说：除了感谢商人们的同情的援助外，还希望政府当局对他们多多帮忙云。①

义卖活动，进行三天。6月中下旬，部款和膳费总算陆续汇来，生存危机暂时解除。但更大危机接踵而至。8月，逃至广州的教育部致电侨师：

> 查该校经决定自（民国）卅八学年起暂停办理，所有校产交由福建省教育厅接收，学生仍予保留原有公费待遇至毕业为止，交该厅分发该省立师范学校肄业。除分电外，仰于本年8月10日前办理完竣，并将经过情形会衔呈报为要。②

学生欲求抗争，然国府已无暇自保，遑顾一校。临歧挥别，侨师学生自治会致信全校同学：

> 侨师……她是从苦难中生长起来的。长汀而漳平而厦门，迁居三个地方，跋涉600多里。从民国30年10月至今38年8月，还差2个月才是够8岁。虽然经过周元吉、郑坦、陈永康、王廷芳、林鹤龄、许汝铁等6位校长及200多位教职员的惨淡经营，尚未能达到她的最高的理想。但这是客观环境与条件的限制，我们要怪谁呢？唯可惜者，伟大的保姆，她的10届儿女四五百人，今后要从哪里去取得最亲密的连系呢？还有3届已怀孕而未出生的儿女100左右人，要依归谁呢？天下间最可怜的，也莫过于失去了母亲的儿女了！③

希望，总会有的。1950年8月，侨师复校：

> 本市前国立侨民第一师范学校，于去年春季为国民党伪政府所解散。本市解放后，人民政府重视师范教育及该校光荣历史，积极筹划复校。刻已筹备就绪，决改名省立厦门师范学校。先招一上学生两班，定额100名。除本市外，并将于漳、泉两地分设考区。投考资格，以初中毕

---

① 《侨师义卖获得同情》，《江声报》1949年6月8日。
② 《第一侨师奉令停办》，《江声报》1949年8月11日。
③ 《妈妈：苦啊?! ——侨师学治会给同学的一封信》，《星光日报》1949年8月12日。

业及有同等程度或同等学力者为限。同时并将登记前侨师所有尚未毕业的学生，帮助其复学。招生委员会业经组织成立，日内即可正式招生。校址则暂时附设于省立厦门中学。[①]

复校后的"侨师"，改名"福建省立厦门师范学校"，旋又改"福建省厦门师范学校"，简称"厦师"。而昔日的曾厝垵"红楼"，另经改建而成"文联"大楼。红墙火热依旧，但却风烟散尽，物易人非。

---

① 《侨师改名复校》，《厦门日报》1950 年 8 月 19 日。

大千旅社

海后路春光酒店，旧名"大千旅社"。旅社创办于20世纪30年代，其时情况大略如次。

　　商号：大千大酒店

　　创立沿革：厦门为通商大埠，商业繁盛，甲于全省，近且新兴都市，为华洋往返必经之地，对于大规模之旅社，尚属不多，致千里重洋跋涉之各界士女，每苦无舒适栖身之所。该店主人有鉴及此，为欲使各界往返便利起见，不惜巨资，特创办于本埠海后路。周围二百余方丈，开幕至今四周年，设备极甚完美。

　　基金：国币80万元

　　营业种目：旅社、中西大菜、各色烟酒

　　地址：厦门海后路

　　创办者：曾仰望

　　成绩概况：逐年均有盈余

　　特种要项：该店地居海滨，交通便利，居住事宜，招待周至，自建5层大厦，房间百余号，为现代最新式之设备，单房2元至10元，一律7折计算，为厦门唯一之大酒店。①

大千旅社实际开山者，乃为曾仰望之父曾上苑。曾上苑，杏林曾营乡人。年少家贫，下南洋谋生，从业米行，发达而成缅甸巨富。

清宣统三年（1911），闽浙总督松寿奏报朝廷，请求为捐资助学者褒奖。奏文道，缅甸中华商会议员、仰光中华学堂董事曾上苑"于本年三月间，由仰光教育总会派遣回闽调查学务。因闽省城中等商业学堂拟附设华侨商业学堂经费不敷，特为捐助七兑洋银2000元"。所谓的"七兑"洋银，是当时潮汕地区发行的纸币，曾上苑捐出的七兑银，据松寿说，可折合库平银1365两有余。松寿说，曾氏虽称"不敢仰邀奖叙"，但朝廷却不能埋没他"急公好

---

① 林文庆编：《厦门名胜摄影大观》，1935年刊行。

义之忧"。根据朝廷往例，建议"由俊秀给奖监生，并加道员职衔"。即授予平民出身的曾氏以监生学历，并享受道员的政治待遇。朱批"该衙门议奏，钦此"。①

1919 年，曾上苑"携巨资返乡，定居鼓浪屿安海路 38 号，建西式别墅数幢。曾上苑积极参与闽南交通运输等公共事业建设，相继投资创办厦门电灯公司、自来水公司、民产公司、东方汽水厂、漳嵩汽车运输公司。1930 年，发起创办同马灌角汽车路公司，拥有汽车 8 辆，每日自同安经马巷至小盈岭往返 18 班次，自同安经灌口至角尾往返 8 班次，缓解了闽南沿海地区商旅不便的问题。斥巨资在轮渡海滨建造一座功能齐全、高档豪华的四层大楼，即大千旅社，名噪一时"。②

树大招风。风头劲健的大千旅社，却为曾氏引来祸殃。1934 年 3 月 17 日夜，曾上苑遭匪徒绑架。消息传出，瞬间成为社会头条。事后，据曾上苑本人向报界透露，事件之过程如下：

3 月 17 日晚曾氏由大千旅社出，欲乘自备汽船渡鼓回家。已有二陌生人在船，称为司舵、司机友人，想搭船渡鼓。船至中流，忽见汽船后拖一小舢板。顷刻，舢板内跃出 4 人，执有器械。4 人跃上汽船，控制住曾与司舵、司机。汽船改道往大屿方向驰去。船抵大屿，登岸，已有 20 余人守候。在草寮中，蛰伏三昼夜。20 日晨，一行人分乘三艘帆船，行经崩坪尾、过宝珠屿，至吴灌（鳌冠）登陆。再经新坡、下洋（霞阳），行走山路，最后抵达同安、长泰交界的天柱山。山居 4 日，有 4 名匪徒日夜看守。曾氏窥其一人，常受同伴欺压，似乎可为内援。于是"托其转央其兄为线人，并告以果得脱，当重酬。得其同意，其兄乃为予带书至厦"。曾氏长子曾仰望得信之后，26 日晚赶至同安，向驻军请求派兵解救。驻军当即派兵一连，约 150 人，由线人为向导，27 日午前赶到天柱山。"时众匪外出，留守者仅二匪，为报线二人绐（骗）出击毙，予遂被救脱险"。③此后的事，报端又有报道：

> 大千旅社东曾上苑，自由同安脱险返厦后，客有往访者，其家人辄以病辞，及戚亲非最密切者，亦不获见其一面，故外间遂多认为曾果患病，实则曾于返厦之越日，已乘轮远渡重洋，仍过其"番客"生活矣。④

---

① 《闽浙总督松寿奏侨商曾上苑捐学请奖片》，《内阁官报》宣统三年（1911）九月，文海出版社印行。

② 洪卜仁主编：《厦门华侨纪事》，厦门大学出版社 2017 年版，第 214 页。

③ 《厦门被绑华侨曾上苑脱险记》，《申报》1934 年 4 月 1 日。

④ 《曾上苑远走高飞》，《昌言》1934 年 4 月 19 日。

倘若只有饮食住宿，偌大的大千洋楼就太平淡了。能让大千名声显赫的，还靠它顶层的"黑猫舞场"。

自打厦门开放为商埠，娱乐精神便日渐渗入岛民细胞。1928年鼓屿已有营业性舞场之设：

> 厦门鼓浪屿近亦有跳舞场一所，附设于"美国旅馆"之中，租金每月170元。主办者为上海银行界名人黄奕住君之公子。该场自开幕以来，营业极佳。每晚收入，可达700元至多。开销而外，尚可余数百元。缘厦门之有舞场，以该场为最早，且至今尚无继起者。①

"幸运"衰落，"黑猫""蝴蝶"竟起。两家都从事舞业，东家也都是台湾籍民。黑猫之状况为：

> 查黑猫舞场之舞女，多聘诸上海、日本、菲律宾、台湾等有名舞星，以供翩跹起舞。门票概免，一元三跳。其营业时间每日下午9时起至2时止。其外，冰水茶烟约须5角以上。但逢每星期三、六、日，7时起9时止，开茶舞会。唯于星期三茶舞会后，是夜由10时起至12时止，特举行黑灯舞，并有奖品，以资鼓励。每月又有举行一次化装会，助一般舞客之兴趣。现该舞场经理曾金狷为谋营业发展，拟扩大场所，设计种种新式布置，完全改良现代化之用具。另有加聘各地最著名舞女，现设有菲律宾乐团伴奏。②

所谓的"一元三跳"，即是购买一元钱的舞票，即可与舞女共跳三支舞曲。舞女再凭舞客所给的舞票，兑换报酬。有些舞客跳得抽风了，一跳数票的事也不鲜见。

黑猫的竞争对手蝴蝶舞场，设于思明南路的南星乐园顶楼。南星乐园是当时厦门为数甚少的五层楼房，"楼上可演京班电影，又设旅馆、跳舞场、中西餐馆等，破天荒用电梯升降"。③ 这等电梯，遂成为当时的广告噱头。

> 蝴蝶在思明南路，地处市中心，舞场面积，可容舞客一二百人。乐队6名，均斐列滨（菲律宾）人，演奏歌曲，尚可一听。舞女计有上海、台湾两帮，总数卅余名。申籍以空谷兰、华美云、金蕙芳、朱飞媛、

---

① 民德：《鼓浪屿之幸运舞场》，《中国摄影学会画报》1928年第4卷第166期。
② 《最新厦门快览》，1935年印行。
③ 《最新厦门快览》。

崔赛莲、姊妹等色艺较佳，台湾中以招弟、金弟最为出色。金蕙芳曾受过中等教育，文墨颇好，人亦和气，尤擅歌唱，《夜来香》《人面桃花》两阕尤为拿手好戏。每歌此曲，掌声雷动，风头极健，有厦门舞国歌后之誉。该场人才完整，招待周到，场主又善经营，上月由一元三跳，为五跳，坐台5元，茶类3角，每逢星二四六日举行茶舞，奉送茶点营业方针，显然系在模仿上海。①

其时，觊觎厦市舞业市场的也大有人在：

> 厦门舞场有蝴蝶、黑猫两家，虽然设备尚称完备，但苦于每元三跳，价格过昂，经济情形稍次者只好望洋兴叹。最近有人计划在中山路大华饭店筹设一个较大众化的舞场，资本预定1万元。场即设在该饭店六楼。舞女方面，将聘上海和台湾各若干人，并以住在该饭店之舞女为练习舞女。舞票为谋大众化，法币一元可买六张。万一因特殊原因，营业性质之舞场不克实现，则将在三楼，设一非营业性质之舞场，不备舞女，不雇乐队，而以留声机代之。这个舞场的设立，乃为便利旅客起见。凡该饭店旅客，自携伴侣或征召妓女者，都可以在场中翩翩起舞。咖啡一杯只收两毫，其余酒菜等物都照该饭店定价出售，当然最大的目的，还是想于酒菜和饭食方面增加饭店本身的营业收入。②

作涉足其间之想的，还有新兴的"厦大旅社"：

> 厦门舞场有蝴蝶、黑猫二家，营业尚不恶。最近厦大旅社东洪雪堂，亦注意及此，特将六楼加盖，改设舞场，设备华美，布置整洁。日前以其妻招治名义，呈请驻厦门日领署准予设立舞场，供人娱乐。盖洪之厦大旅社，系以招治名义向日署备案也。惟日领则予以驳回不准。洪复以其友名义，向法国领事署请发舞场营业执照，法领花芬嫩又批驳不准。③

时局动荡，舞场遇冷。1937年日侨撤离，黑猫舞场宣告关张。等得1938年5月后台民曾金猬重返厦门，昔日舞池却已花落别家。

> 市内之正式舞场，唯蝴蝶与羽衣两处。蝴蝶经营已久，而羽衣可谓

---

① 《厦门舞市》，《跳舞世界》1936年第1卷第11期。
② 《厦门将新开跳舞场》，《电声（上海）》1935年第4卷岁暮增刊。
③ 《舞场鼎足而三难》，《厦门大报》1936年5月13日。

新进。各场舞女有二三十名之数。该两号立场实有些不同。

蝴蝶近于应付华方，而中日兼应，址在思明南路（瓮菜河），经理郑德铭，三楼咖啡馆，四楼舞场。舞女概属沪女以及台湾与本市之女性。

羽衣多日女，而台湾女性亦有之。址在海后路大千旅社四楼，石川兵马氏个人经营。于（民）二十七年十一月三日开业。各场舞客络绎不绝矣。①

抗战胜利，百业复苏，厦城舞业重整旗鼓。其时打出旗号的舞场有百乐门、仙乐、国泰和好莱坞4家。"一个在青年服务社楼上，一个在大夏旅社楼上，一个在大千楼上，一个在思明南路以前南星戏院的旧址"。② 设在大千的叫"仙乐"，继而又改称"复克"，门面改卖咖啡。弃舞从饮，全市舞场皆然：

> （民国）35年6月中旬市政府突下一张禁令，说奉省政府命，以跳舞为奢侈娱乐，糜烂青年生活，而专业舞女中，多充斥淫娃荡妇，破坏风纪，莫以此为甚，特加严厉禁止。舞厅的经理、大班、洋琴鬼，接奉这道命令，虽然也曾一时如丧考妣，但他们有的是偷天换日的本领，停止营业不到一星期，地下舞厅产生了。他们挂着"酒楼""咖啡室"的招牌，暗地里仍是蓬蓬拆拆。当时警察局，曾为这事大伤脑筋，遂重申严令，从事破获。于是，他们不得不暂停营业了。这时，舞女慌了，大班慌了，洋琴鬼慌了，急急忙忙组织了一个请愿团，由五六位红舞女代表，晋谒市长黄天爵、社会科长丘启明，并招待新闻界，请求设法救济，并请代为解决职业问题。然而，禁令是一问题，救济又属另一问题，结果是"不准所请"。
>
> 碰巧在刚要禁绝的时候，海上忽来一只美国军舰。大家知道，洋鬼子的脚底是滑溜的，到达一个都市，没有舞跳，比坐牢还苦。这时当局为顺应英、美、菲使馆的要求，为"维系国际友谊"，乃在严令的条文下，加注了一条："为适应友邦人士需要，国际联欢社每星期六准开一次茶舞会。"于是，一般舞男舞女，便群趋于国际联欢社（即前仙乐舞厅）。
>
> 由于国际联欢社"周末茶会"的按期举行，惹动了商人们的生意经。渐渐的，各舞厅又复活了，不过所不同的，是变成地下舞厅。这时，偏巧当局财政收支不平衡，为了多收一点娱乐捐来抱注，也就半闭着眼睛任他们去干。于是，由秘密而成公开，蓬拆之声，日夜不辍，只不过

---

① 杨滴翠编：《新厦门指南》，华南新日报社1941年版。
② 《厦门舞场辞典》，《厦门日报》1947年12月18日。

人们不能看到有"舞厅"或"舞场"字样的招牌罢了。这样热闹了近半年，不知是谁向省里告了一票，省主席刘建绪大为震怒，严下手令，彻底禁绝。于是便于去年夏末又宣判了"死刑"。①

市府"禁舞"，奉的也就是上峰指令，而现实中却是市库空虚、财政短绌。舞场老板头脑活络，想出了官商相悦的"寓征于舞"招数：

> 本市舞场自去年奉令禁止后，各舞场均以变相咖啡厅出现，以吃咖啡为名，而以地下跳舞为号召。迩来舞场老板异想天开，呈请当局寓禁于征。且市库支绌，故予特准各舞场秘密跳舞。日来各舞场大加刷新，今起先后复业。……惟昨今两日，本市三家舞厅"复克""鹭江""厦大"，已在门外张置牌衔，广事宣传，给舞迷狂男舞女以大安慰，今后可大乐其乐矣。②

1948年后，厦岛武人如麻。有名号的就有：要塞部、海军巡防处、宪兵三团、闽南师管区司令部、警察局、水警局、自卫总团部、新兵征集所、联勤第101供应站、空军第32供应分队、联勤第16卫生器材分库、联勤108无线电台等等。物价飞涨，军爷们凭着丁点军饷，难以维持适合的生活。因而找地方"劳军"，是最"合适"的办法。然而，市库无钱，最优选还是"义舞"。抽取部分的舞场收入，接济军饷。既救济军爷，又救济舞女，更救济舞客的"跳舞瘾"和老板的"赚钱心"。1949年1月，"义舞"正式上场：

> 昨（11）日起开始义舞。本市一些富豪巨贾、公子哥儿、流氓、地痞，昨夜纷纷地往丽池。是晚甫卸任之本市警局长余钟民亦莅临丽池。一时乐声齐响，对对舞影翩翩。置身该处，恍如另一境地，令人忘记了门外朔风冻僵了多少贫民。③

无奈时局不济，"舞禁"即便废弛，舞业却也不禁而禁了：

> 时局紧张声中，本市盛极一时的舞场，已步入萧条的境地。公子哥儿们在烽火漫天的今日，亦无心蓬拆拆了。最近本市丽池等舞场纷纷呈请军副差补会，请减轻军副的负担数字，否则行将闭门。④

---

① 《厦门"秘密"舞厅前仆后继》，《周末观察》1948年第5卷第5期。
② 《厦门是一独立国，跳舞无形开禁了》，《厦门大报》1947年8月11日。
③ 《劳军义舞昨开始》，《厦门大报》1949年1月12日。
④ 《本市舞场步入萧条》，《江声报》1949年8月25日。

福星旅社

寮仔后的"福星栈"，是厦埠的老牌客栈。宣统时节，"福星栈"已作为知名品牌向外埠推介：

> （厦埠）官客栈共 5 家：三山馆、福星馆、万利栈、三升馆、悦来馆，均在寮仔后街。每日 1 角 8 分。供饭不供菜，如要供菜，再加 1 角。[①]

那时的"福星栈"，充其量也只是普通的"官客栈"，招待一般的官绅之流。"福星"的"明星"之路，则始于它易手林滚而更名"福星旅社"之后。

> 林滚，又名回中，人称"贼仔滚"，以其作贼出身也。初居"上宫"，即今大同路林姓祠堂附近。从交结匪类入手，既已有获，则设赌兼放高利贷。时夕阳寮娼妓称盛，娼妓及带班伊嫂之乏金应用者，多从林借贷。久之，有台浪人吴廷万者，尝在夕阳寮开酒馆娼妓，为福星栈之保镖。林与吴认识，由其牵引，遂将关仔内地盘移于夕阳寮。先占福星栈，改为福星旅社，雇闽人林鹿皋为军师，交结地方官吏，仍旧放高利贷，设特种赌馆。[②]

清末以来的厦埠，有一类生猛凶悍的台氓，自恃有"籍牌"作护符，有日人作靠山，欺行霸市，作奸犯科，横行无忌，自成一股黑恶势力。其最知名者，名号"十八大哥"。林滚者，便是"十八大哥"之大哥。"大哥"们一面与地方势力争强斗狠，一面不断挑战官兵军警。闹腾最凶的，有民国 2 年（1913）的"台纪事件"、民国 12 年（1923）的"台吴事件"、民国 13 年（1924）的"台探事件"。其中"台探事件"交战最烈：

---

① 《上海指南》；熊月之主编：《稀见上海史志资料丛书 4》，上海书店出版社 2012 年版，第 367 页。

② 鲁钝：《从十八大哥到角头好汉》，《江声报》1948 年 9 月 26 日。

（1924 年）2 月 2 日，厦门侦探队在瓮菜河击毙 1 名私带枪支抗拒检查的台湾浪人，引发 80 余名浪人与军警大规模冲突，双方各有死伤。日本领事馆为此与驻厦闽军总司令臧致平交涉，并调日舰来厦示威。在日本领事的压力下，臧致平将警察厅长陈为铫免职。

6 月，台湾浪人陈跷全等人到厦门九条巷金凤妓院寻衅，刺死中国海军侦探李有铭。驻厦海军为此包围麦仔埕台湾浪人头子陈粪扫住宅，双方进行激烈枪战，各有死伤。日本领事馆向漳厦海军司令部交涉，日海军也在厦登陆示威。后双方谈判，达成妥协：台湾浪人陈粪扫等人由日方遣返台湾，中国方面将原侦探队长李清波枪毙。时称"台探事件"。①

武装冲突，给无辜民众造成巨大伤害。台湾李友邦评曰：

因为台氓之能在厦门活动，在烟馆、妓馆、赌馆，常隐藏匪类。或傲慢对待厦探，以致冲突，继而武装互杀。首先是浪氓绑架厦人，侦探搜索而获，与浪氓吵闹，终而至动武装，这一次的械斗有林滚、柯阔嘴、陈龙江、谭某、傅某等集流氓之大成和厦探对抗。这一次两方的损失不要说，身在其内的台人，因不知械斗事，由汕头来厦上陆买东西而被杀死者有之，因出外买东西在途中被杀死者有之，所死者无辜的台民居多。②

1933 年 3 月，厦门市政改造，道路拆迁涉及林滚的义和街房产。林氏暴力抗拆，殴伤员警。市工务局报告称：

本市五崎顶、义和街改建马路，兴工已久，两旁房屋亦早经通知限期拆卸，其中有 25 号门牌房屋一所，早已搬空。惟逾期多时，仍抗不拆卸。本局以其阻碍工程进行，当于本日 9 时，派警两名，会同工人代为拆卸。正在工作之际，突有日本籍民多人，将两警所持长枪两枝，及工人所带工具，悉行抢夺，并将两警包围痛殴，内有一警被殴重伤，势极危殆，恐有性命之虞。似此纠众抗令，抢械伤警，实属不法已极。③

---

① 《厦门市志》第一册大事记，方志出版社 2004 年版，第 42 页。
② 华训：《为前厦门"台吴台探"事件告福建父老同胞书》，《热流》1939 年特辑第 2 期。
③ 《日籍民林滚伤警案，市筹处缉凶追械严惩》，《江声报》1933 年 3 月 23 日。

事涉邦交。经艰难交涉，日领表示"对殴警之日籍民，愿负责惩办，并由署派员赍函，订期偕林滚到局，正式道歉。受伤之二警，则视其伤势如何，定赔偿医药之程度"。① 有此保证，工部局方得"派警会同公安局保安队 32 名，前往义和街，将 25 号林滚之屋，及其他各屋约七八间，均一律拆卸"。②

暴力抗法的"贼仔滚"，此时已混成"台湾绅士"。自 1928 年起，林氏当上"台湾居留民会"议员、学部委员会委员。在台湾居留民的花名册上，林滚公开的产业有福星旅社洋行和蝴蝶舞厅、咖啡馆。在暗地里，林氏又是厦门最大鸦片公司"鹭通"的主要股东。

"福星旅社洋行"，是林滚的发迹地与发财地。福星"实为烟赌场走私之机关。其旅社底层设有地下牢狱。即名为旅社，前绑人私刑之所，遗迹尚存。其上有灯塔，指示海外走私船只"。③ 洋行多种经营，但主业还在赌博和放贷。

赌博，是"福星"的头项业务。"晨光路福星旅社，台人林滚所设之大博场。该场为厦市最著名且最大者，所有天九、十二枝、番摊、摹宝均备。每日博徒以十百计，输赢以万计"。赌场"设旅社二层后楼，门则由旅社楼下 37 号客房入"，启锁而入，"床后有门，门列梯以登二楼，抵博场须经三门、四转折"。④

1931 年 7 月，厦市警察机关与日领署联合，对厦市几家名气最大赌馆进行警告谕止，并捣毁部分赌具，福星旅社自然也在其中。然"谕"而难止，被捣的赌场当晚依旧开张不辍。"被毁之六场，最先恢复者，亦即最先被毁之东南酒楼，于 6 日晚 6 时许即行开场。次则福星馆，亦 6 时许开场。是晚两场均加紧戒备。除严守门户外，并于马路口遍布台人十数，如两军对垒中之布哨焉。"⑤

与赌配套的是高利贷。福星放贷的主要品种，叫"日仔利"。

所谓"日仔利"者，是专对贫民阶级剥削至最后一滴血的又一途径。顾名思义，即借贷按日生息。贫民穷无立锥，告贷无门。与其坐以

① 《义和街籍民殴警案，日领表示负责惩凶及医药》，《江声报》1933 年 3 月 24 日。

② 《殴警夺械案，工务局经允日领署以道歉及赔偿息事》，《江声报》1933 年 3 月 25 日。

③ 《日在厦横行之台湾败类"十八大哥"的末路》，《江声报》1946 年 1 月 20 日。

④ 《快举！昨尽毁市内日籍赌场》，《江声报》1931 年 7 月 7 日。

⑤ 《日籍游民横恣如是，赌场毁不一日即恢复》，《江声报》1931 年 7 月 8 日。

待毙，何如饮鸩止渴，日仔利便应运而生。计某方侨民营此业者，共60余家。借款时，须有3家连保。利息议定，实行先扣。款领到后，按日清还，隔日不还，递加罚金。再逾借期，重新生息，母子相因相陈。三五月后，便积重难返了。譬如借洋10元，先扣利息1元5角，实付8元5。自借后次日起，每日偿还2角5，至40日偿清。如4日不还足1元时，便10倍处罚10元，加作本金。至最后还期，通知书下，分文不容宽贷。迫而鬻妻卖子者有之，跳海服毒者有之。无一悻免，惨不忍闻！有以日仔利法计算者，谓以1元作本，过一年后，可得母利4500元。天下的重利盘剥还有较此为甚的么？[1]

为确保债利的顺利回收，福星馆"内设地牢、特别室。一般借高利贷无力偿还者，多被掳禁吊打。地方警吏罔敢撄其锋，甚且向之卑颜取容"。[2]

惧怕囚禁的借贷者，找"小典"相救。"小典"，在典当业中典期最短、利息最高。厦市小典从业人员，多为台湾籍民：

厦市某方侨民营小典业者约200间。有1000元资本者，可向领署请照开业。是途大都收受赃物。赃物一入其间，失主虽知，亦无奈何。典期一月，逾期将货拍卖。期内取件，母利并还，利率之苛，与其他典铺相埒。宵小有恃无恐，益肆无忌惮。厦市窃风大炽，便是小典诲盗所致。[3]

福星也设小典，其"利率之高，赎期之短，破一切惯例，官亦不敢问也"。[4]

1945年光复，罪孽深重的林滚顺理成章地银铛入狱。报载：

本市台人林滚为战前厦门台人中所谓十八大哥之一，当时藉日本势力，为所欲为，收罗一班无耻浪人作爪牙，贩毒走私，开设赌场，强占寮仔后妈祖宫地建筑福星旅馆，于该馆内暗设地牢，时常掳人监禁私刑。厦人受其荼毒者不知凡几。但国军157师来厦，畏罪逃台。其福星旅馆经被没收充公。迨本市收复，林滚即企图收回逆产。闻当局以林罪昭彰，

① 征东：《厦门剪影》，《申报周刊》第1卷第36期。
② 鲁钝：《从十八大哥到角头好汉》，《江声报》1948年9月26日。
③ 征东：《厦门剪影》，《申报周刊》第1卷第36期。
④ 鲁钝：《从十八大哥到角头好汉》，《江声报》1948年9月26日。

经予拘禁。惟林恃其孽财，托人奔走，声言不久即可获释云。①

其罪行也公之于众：

> 林奸滚，年52岁，台湾台北洲人。自幼在台游荡不羁，不容于台湾总督府。民4年流亡厦门，初习农事，旋即经营糖业。在台厦之间，专事走私漏税。嗣后开设旅馆于厦市寮仔后，内设赌场烟馆，并贩卖烟膏，专事勾引一般地痞浪人，结党营私，自立为"十八大哥"之首领。其党羽100余人之多。同时复极力巴结敌国在厦官员，出入敌国领事馆，以为后盾。民廿二年林复开设蝴蝶舞厅，以交结豪阔，声势益大。民国23年，杜起云妄冀组织"华南国"，林奸为虎作伥，与之勾结协助。事败之后，杜为政府正法，林奸则以台籍关系，逍遥法外。抗战爆发后，林奸曾一度奉令回台，旋复来厦整理旧业，开设大福行于沪、港、汕、厦等地，专事贩运粮食土产与敌交换肥粉杂物。汕头沦陷后，林奸又受许丙之托，在汕代表许丙经营九八行，专事收买钨矿资敌，罪孽昭彰。经肃奸会令缉，嗣由林奸自行投案，并经肃奸会移送高一分院依法治罪。②

林滚敢"自行投案"，全凭其脱罪的自信。

> 兹查林入狱后，替其奔走者大不乏人。其理由以林在沦陷时，并无为非作恶，情有可恕。据记者调查，林滚于157师入厦后，即逃汕头、澳门一带，原性不改，仍恃敌人势力无恶不作。其不敢在厦横行者，系因彼在厦孽产颇多，企图收回管理。故特易地为恶，以掩世人耳目而已，非真改过从善、可从宽释放也。③

1946年9月25日，法庭宣判"一、林滚烟毒案，免诉；二、林滚赌博重利案，免诉"。④ 正义女神又一次被遮蔽双眼。

林滚尽管脱得了罪，却保不住福星。1946年8月报章宣告：

> 厦门华侨服务社，系市长倡设，由侨界闻人蔡杰士主持其事。兹该

---

① 《台湾莠民林滚入狱》，《江声报》1945年12月21日。
② 《厦金点奸录》，《厦门大报》1947年6月15日。
③ 《林滚企图活动出狱》，《江声报》1945年12月27日。
④ 《七台奸定谳》，《江声报》1946年9月25日。

社筹备数月，已告就绪，经订定本月 4 日开幕。社址为晨光路，即战前福星旅社原址。楼宇宽敞，规模颇大。其内部初步设备完成者，有公寓、餐厅、浴室，及阅书报室、娱乐亭榭等。其业务为出入国侨旅之招待、向导、联络、信托、舆夫、代办船务、解答困难，乃至咨询报道政令之设施、指导回国侨生之学业，暨其他有关华侨福利事项。据称："务使往来侨胞置身其中，俨若第二家庭，而不觉羁旅之苦。"该社尤要之任务，则为诱导侨胞，投资于生产建设，以期复兴祖国，繁荣故乡，庶可减免游资泛滥、转滋弊害云。①

昔日的寮仔后、晨光路，今日已变身为鹭江道一段。晨光路上的"福星旅社"，再经拼装重立于鹭江之滨。俏丽的外壳，已不再是旧貌的重现。

---

① 《本市华侨服务社定四日开幕》，《江声报》1946 年 8 月 2 日。

▌中华戏院

厦语惯将"戏院"称作"戏园"。"戏园"一词，又起自"茶园"。早时有闲人士逛本地茶园，图的不单饮茶品茗，看戏找乐才是最大的追求。清光宣年间，本地茶园繁多，寮仔后有大观茶园、水仙宫有聚英茶园、提督路有咏乐茶园、鼓浪屿龙头有绛仙茶园等。但名气大、资格老的，还数"天仙"和"中华"两家。

1908 年，光绪皇帝、慈禧太后相继宾天，全国依例禁止一切娱乐。天仙茶园却凭着园主玛甘宝（华名黄瑞曲）的日斯巴（西班牙）籍民身份，照样锣鼓喧天、笑语喧哗，于是闹出不小的外交动静来。闹到最后，天仙茶园只能易主经营。[①]

中华茶园的生意，就做得稳当许多。该热闹时热闹，该发展时发展。跟着潮流，一步步地完成"戏园""戏院""影院"的版本转换。地志记曰：

> 中华电影院即原中华戏园，地点在田仔墘（现南田巷）。清光绪二十八年（1902）邵利杏初建时称中华茶园。邵利杏逝世后，该园由其子继承。当时为二层木结构建筑，场内设圆桌藤椅，可容纳观众 500 人，开始以售卖果点伴演戏曲招揽观众。辛亥革命前夕，茶园改为砖木结构。民国 7 年（1918）后，以演戏为主，主要上演京剧、闽剧、潮剧、梨园戏、提线木偶、魔术、杂技等。[②]

1909 年电影戏登陆厦门，给茶园带来新的机遇：

> 法国电戏公司来厦，本拟租田仔墘为戏室。后缘该地崎岖不平，改租广东会馆开演，已有多天，而远近往观者寥寥无几，且演场狭小，容人无多。兹查得本年二三月间，日本戏来厦，即租邵某田仔墘之空地开

---

① "天仙茶园事件"情事，参见《厦门故迹寻踪（三编）》之"水仙宫"文。
② 厦门市地方志编纂委员会编：《厦门市志》第四册卷 40 文化，方志出版社 2004 年版，第 3027 页。

场，男女来观者摩肩接踵，坐位常满，是以决意移徙田仔墘。已与邵某议定每月租价50金，赶紧雇工扫除粪土、筑架、围墙，定本拜六夜移居开演云。①

得此机缘，中华茶园兼营起电影来，名字也随着改叫"戏院"。

1922年，"中华茶园"改名为"中华戏院"，经理邵贞邦向香港百代公司租映美国卓别林喜剧短片，以及多集美国惊险片《黑夜盗》《宝莲历险记》等，在厦门首创戏院放映电影之举。1923年，上海商务印书馆活动影戏部摄制的《爱国伞》《大义灭亲》《莲花落》等影片，陆续在"中华戏院"放映。②

神奇的电影，极大地刺激着厦人的好奇心和视听享受。有诗道：

倏忽电光一现间，迷离仿佛到蓬山。
何人夺取仙姬影，来做人间榜样看。③

在中华戏院带领下，同业伙伴不断增多。1928年时，厦门的影业情况：

厦门电影院共有5个，其中莲光社是海军界组织，设在闽厦警备司令部后，不是专营电影业，兼有俱乐部性质，到那里的都是军政界人物。我们小百姓很不容易问津。禾山影戏院新设立，附在禾山美人宫某制造公司内，离厦门很远，不过有马路，可通汽车，院址狭小，座位40余。放映多个公司旧片。除就附近农民村妇之外，寥寥无几。每日营业收入约数金。以上两个影剧院外，在营业上竞争者惟三春、中华、青年会三家而已。

中华资格最老，院址在田仔墘，设备简陋，券资低廉，所映多为神州、上海等公司二三年前旧片。光线既不清晰，而断折又多。每使观者感觉不快。然间亦有佳片，但如尼姑做满月耳。因牌子老的关系，营业上亦颇不恶。近因公安局禁止男女同座，该院将女座设在偏楼，有时鸳鸯艳侣，竟令分坐，东西遥望，谈心无从。上流社会中，近亦稍稍裹

① 《电戏易居田仔墘》，《厦门日报》1909年11月23日。
② 厦门文化艺术志编纂委员会编：《厦门文化艺术志》，厦门大学出版社1999年版，第440页。
③ 李印山：《看演电影戏》，《印山诗草　鹭江游记》。

足矣。

　　青年会在小走马路，地点适中，设备完善，映场宽大，约容 600 余人，惟多为外品，鲜有国产。观众以女界及学生较多，因地处热闹，深夜归家，不虞抢劫之患也。

　　三春电影院，设立车加辘，海维公司隔壁。开未几时，座位 400 余，设备最佳。放映机系燃炭精，映片以明星、友联、复旦等公司新片居多。惟券资之昂，为各院冠。营业收入，平均每日百余金。[①]

这时节，电影引领着社会时尚。除了戏院以外，市面上还有影片公司，如海维公司、厦门影片公司、闽光影片公司等，"家庭有喜庆事，可以连机租映，每夜 30 元。但片非外国即本国旧片，粗劣不可看"。[②]

1928 年，中山路开工建设。道路竣工之后，中华戏院见势头大好，迅即将门面从狭窄的南田巷转向坦荡的大马路，楼房也改成钢筋水泥结构。

厦门的市政改造，为电影行业带来了勃勃的商机。1931 年，厦门已是戏院林立了。在 1928 年的基础上，厦岛又新开了思明戏院、龙山戏院、开明戏院、南星乐园和中山公园影戏园；在鼓屿，则有延平戏院、屿光戏院、鹭江戏院和大东旅社剧场等等。

然好景不长，随之而来的世界性经济危机，吞噬了多少艺术梦和发财梦：

　　厦门自改建市区以来，楼屋巍峨，富丽甲于全省，戏院及各娱乐场所，亦应运而兴。计戏院有中华、思明、开明、中央、南星、新世界、龙山、百宜八家。

　　其中最巨者为新世界，资本 20 万元。去年废历元旦开幕，收入最多时，每日至 1500 余元，少亦数百元。目前每日平均则仅收百数十元，每月约收入 5000 元，而支出须 10000 元，月亏 5000 元左右。

　　次为思明电影院，开设于民 18 年，除新世界外，该院资本最多。院址系自建，故每月仅纳院址建筑费百余元，不必纳院租。该院月须支出 3000 余元。目前每日平均收入一百三四十元，除去片租，实际仅收入 70 元左右，故每月亦亏折千元左右。

　　次为中华电影院，资本 7 万余元。民 19 改映声片后，营业颇发达，每日约收入 400 元。该年度获利万余元。去年营业渐衰落，本年 2 月起迄今，每日平均仅约一百二三十元，除片租外，每月收入约共 2000 元。但支出须 4000 余元，每月竟亏蚀 2000 余元。查该院创设迄今，盈亏相

---

① 叶逸民：《电影在厦门》，《电影月报》1928 年第 8 期。
② 叶逸民：《电影在厦门》，《电影月报》1928 年第 8 期。

抵，尚亏蚀万元元。

其余中央、南星两家已因亏折停映。开明、龙山、百宜三家亦决于本月底一律停业。①

此外更坏的消息，还如影戏院改作堆栈、发电机用以辗米等。中华、思明毕竟是行业老大，在危机中艰难地挺立着。

厦门的影戏院佟多，虽然几家因营业失败而停歇，但剩下来的已足够满足影迷们的欲望。堂皇富丽的思明影院和中华影院便是福建首屈一指的两大戏院，安设最新式的有声机，开映外国影片和一流的国产影片。在不景气的现状下营业不振，自是意中事。然而它们各以最大的努力支撑着这都市的繁荣。专门开映国产影片的一流戏院只有开明一家，今年的夏天一度停歇。9月1日重整旗鼓，整饬内部，映的是《桃李劫》《大路》《风云儿女》《新女性》等上流国产片。这是中上社会的娱乐场所，开业以来，营业不恶。但他们还得时常弄些半价票等等花样以招徕顾客。于此可见不景气中营业的困难。②

1938 年厦门岛沦陷，电影业陷入低谷：

厦门市自失陷之后，"思明""中华""开明"这几家影戏院，均皆停业。但×伪两方为求振兴市面、恢复旧观起见，曾勒令三戏院重新开张，不然没收生财。惟三院院主有的逃亡在外，仅委托伙友代管，自不敢作主。有的恐复业后，或藉此引祸，故宁愿由日伪方没收。八月上旬遂在日伪方经营下而复业。"思明"改名鹭江戏院，所映各片，类多海上从前各公司旧片，来源由一福建影片公司供给。鹭江戏院为汉奸雷某任经理，座价分一二三角，每日开映两场，为下午 2 时半、8 时两场。近一月来，时映日方影片，并一度开演日本戏，班名"浪花歌声团"，舞女日朝籍均有，均以彻底牺牲色相麻醉观众，但看客以×兵为多。③

1941 年日伪的《新厦门指南》，作如此报道：

市内戏院计有鹭江本院、鹭江分院、大同戏院、龙山戏院、开明戏

①《娱乐场中表现闽经济衰颓》，《大公报》1933 年 8 月 26 日。
② 茜子：《鹭岛小记》，《社会新闻》1935 年第 13 卷第 4 期。
③《失陷后的厦门电影院》，《电声》1938 年第 7 卷第 37 期。

院，以及厦门港厦门戏院 6 处。

鹭江本、分院：原均市营。本院于民 26 年 7 月 21 日重开，分院于民 27 年元旦复办。两院专映电影。最初之入场者仅百余名，至民 28 年委共荣会接办。该会尽慰安宣抚之使命，至今成绩大著，每日各均有 800 元之收入。影片本由海军供给，继则由台湾配映。现又与中华影片公司合同，逐月有不少名贵国片献映。

大同戏院：大同的地点，适居大同路的中心，几年来是全市独一的京戏馆。它是由张氏家族自治会产生的。最初以首映小公司和大公司二影院的影片出现于厦门。因设备上和办理上的关系，使他不能支持永久而夭折，许久他是静寂无声。假使没有不适处，他确是全厦一座美丽的戏院。在观众方面认定适合为京戏馆，不久就有人把他改演京戏了。由这也就是全市独一京戏馆的由来……

开明戏院：仍与雷潜夫氏合营电影，营业颇有成绩。现时市内的戏剧，就是电影最普遍。

龙山戏院：即纯粹排演歌剧（台湾歌仔戏），其唱念口白一般易晓，故普通阶级与妇女辈多就之。

厦港厦门戏院亦演歌剧，间亦映电影，其规模较小。①

享有盛名的思明戏院和中华戏院，被强制改名为"鹭江戏院"的本院和分院。1942 年 5 月 18 日晚，思明戏院"因片库内温度过高，积存的 100 多部影片自燃起火，戏院的仓库、机房和观众厅全部被烧毁"。②

接办大同戏院的，是新加坡华侨、原新世界娱乐场经理汪昌庆。汪氏又和人合资开办"金城戏院"，"院址在大元路（赖厝埕），面积约 50 余方丈，座位有 1000 余席"。③

抗战胜利，戏院复业。1947 年出版的《厦门大观》记载：

> 本市计有中华戏院、思明戏院、开明戏院、大同戏院、金城戏院、龙山戏院以及鼓浪屿戏院等 7 家。其中龙山系演歌仔戏，戏题多为"二度梅""孟丽君"等社会剧。其他各院均为开映电影。中华、思明、开明多映外国片，时亦穿映新拍摄之国产片。大同、金城以映演国片为主，票价较低，颇受中下层者之欢迎。鼓浪屿戏院设于鼓岛，与中华、开明

---

① 杨滴翠编：《新厦门指南》娱乐戏院，华南新日报社 1941 年版。
② 厦门市地方志编纂委员会编：《厦门市志》第四册卷 40 "文化"，方志出版社 2014 年版，第 3027 页。
③ 杨滴翠编：《新厦门指南》娱乐戏院，华南新日报社 1941 年版。

同属和乐影业公司，故选演影片，多待厦门映过后，再搬上鼓银幕。①

尽管时局艰难，电影依旧是社会时尚。有竹枝词道：

> 欧化东渐电影尊，鹭江风气大推翻。
> 每逢佳节新年序，女女男男入戏园。②

在以后的岁月中，厦门戏院屡经变迁。龙山戏院，旧业荒弃；开明戏院，故址不存；大同戏院，遭人遗忘；金城戏院，更名鹭江剧场之后，如今化身"老剧场文化公园"。只有中华戏院、思明戏院还坚挺着，但也日渐寂寥，只有标志性的塔式顶楼依稀还记录着逝去的辉煌。

---

① 吴雅纯：《厦门大观》娱乐场所；"同文书库·厦门文献系列"第五辑（8），厦门大学出版社 2022 年版，第 165 页。

② 施耀亭：《鹭江竹枝词》，刘瑞光校注：《厦门竹枝词辑注》，厦门大学出版社 2023 年版，第 146 页。

龙山戏院

后厅衙，"原为清五营五厅等军事机关所在地"。① 1928 年后，曾氏家族自治会在此创办龙山小学，同时盖建龙山戏院。其地也因此被厦民称作"龙山"。

1930 年报章透露："龙山戏院，系悦群公司所组。去秋动工，今春落成。惟厦人崇国历綦虔，故迟至废历正月十二日开幕。"② 是年的"废历"（旧历）正月十二日，为公历 1930 年 2 月 10 日。

创办之始，戏院自我定位在京剧上。戏院有广告道：

> 厦地幅员广大，不乏娱乐场所，惟游目骋怀之京戏，尚付厥如。使周郎癖者，仍抱向隅之叹。本公司有鉴于此，爰集同志，租赁龙山戏院，专演京剧，将来该剧所有盈余，除开销外，愿捐充公益事业。言出必行，并非饰词。除星期日上午 9 时至 11 时止，特演一场，专为招待军警外，其余惠顾诸君，请谅鉴斯衷，购票入场，俾血本有资，公益有赖云云。③

该文被称为"广告奇文"，有道："新开戏院之门面语，不曰振兴市面而曰充捐公益，实剧界广告得未曾有之奇文。顾旨非仅在宣传，盖兼冀感动仗势看白戏者之恻隐观念，少作不速客，用心诚良苦矣。"④

龙山戏院招徕客源，以"男女合演"为噱头，标榜"上海男女京班"。好事者起底戏班，"班底乃厦门乡下班，名金章班。特台柱陈桂林、王雅亭、刘艳芳、李金茂、王子云等，乃聘自上海者耳"。金章班与龙山的合作就两个月。合同期满，"龙山易新福星班，亦厦门乡下班"，台柱有上海名角武生韩春来、须生牛桂芬夫妻，并邀留前金章班名角继续出演。⑤

---

① 厦门市民政局编：《厦门市地名志》，福建省地图出版社 2013 年版，第 559 页。

② 馥苏：《龙山戏院之广告奇文》，《罗宾汉》1930 年 3 月 17 日。

③ 馥苏：《龙山戏院之广告奇文》，《罗宾汉》1930 年 3 月 17 日。

④ 馥苏：《龙山戏院之广告奇文》，《罗宾汉》1930 年 3 月 17 日。

⑤ 馥苏：《龙山戏院易班底》，《罗宾汉》1930 年 4 月 17 日。

龙山戏院出演的，并不限京剧一个戏种。地方最热门的歌仔戏，也在此喧闹登场：

　　厦门《思明日报》1930年5月至10月的广告版不断有刊登霓生社在厦门龙山戏院演出的广告，演出剧目相当多，其中有"孝子感动天地大好戏《大舜耕田》""义仆杀生为主大悲剧《九更天》""梁祝同学结为生死夫妻《山伯英台》""特演千古义妖传《雷峰塔》"等等。在广告中标明"台湾歌剧霓生社名班"或"霓生社女班"。为了吸引观众，显示剧目的特别之处，抑或显现剧团的技术实力，有些剧目如《雷峰塔》特别标明："此剧夜间开幕内中布置改仙洞景花园绣楼水景水族其外种□巧妙了。"当时演出的票价，日场特等小洋六角，头等小洋四角，普通小洋三角；夜场特等小洋八角、头等小洋五角、普通小洋三角。①

随着与外界的交往日渐频繁，厦市民众的观戏口味也日渐复杂。1931年6月，龙山戏院也赶着潮流，演起电影戏来。报章消息："厦门龙山戏院现在租给姓沈的开映影戏，合同一月半，租400元。"②

此时正是有声片（声片）和无声片（默片）的交替时期。1931年的《新银星》杂志介绍厦门影院，分有"声片戏院"和"默片戏院"二类。中华、思明戏院归前类，开明、龙山归后类。

　　龙山戏院……本来内部的整顿不及别家的地方很多，后来已经重再刷新，才可与其他各院一比妍媸。座位也有一千左右。券资与"开明"大同小异。从前所映的片子全是国产片，后来复渐渐改映德国"乌发"公司的片子。营业的盛况看影片而定，好的片子观众自然很多，但是坏的片子却就差了。自从开幕以来，经营不遗余力，希望会够与他院并驾齐驱。③

随着世界经济的遇冷，厦门影业也开始由盛转衰。1936年时，厦门本岛原本十几家的影院戏场，缩减到中华、思明、开明、南星、龙山等数家。各家戏院放映影片，也各有专攻：

---

① 曾学文：《厦门戏曲》，鹭江出版社1999年版，第92页。

② 《罗宾汉》1931年6月4日。

③ 叶痴樵：《影片在新兴都市厦门之发达前后观》，《新银星》1931年第4卷第33期。

　　现在厦门共有 6 家影院，一等院如"思明""中华"皆开映外片（思明间亦开映国片，然为数甚少），专门演映国片者，竟无一家。这也许是国产片太少的缘故吧！素来称为国产片大本营的开明戏院，亦已改映二轮外片了。所余仅"南星""中央""龙山"等开映国片，但都是不能再旧的旧片，目前国产片在厦门，可说已无地盘了。①

戏院专攻的选择，为戏院的经济底子和看客的需求所决定：

　　厦门的观众，大概要分为中层以上的小资产阶级及下层小资产阶级两部分。前者是包括学界、机关、洋行之职员等，他们从前是喜欢看恋爱、神怪、冒险、侦探等"巨"片，近来因为社会的纷乱、生活的不安定，对这些片子渐渐就觉得空虚，而想看那些比较对他们的精神上有点补助的影片。从各戏院所开映的较有内容的外片，尤其是近年来联华、明星的片子之受观众热烈的欢迎，就可以看出来。后者的观众是包括下层的船夫、手工、工人，以及一般没有受教育的大众。他们的程度是很低的，封建思想又很浓厚，过去的传奇、神怪、武侠的故事，深印他们脑中，所以过去国产神怪武侠之受欢迎，欢迎者就是这大部分大众。现在虽然已有一小部分要看较有内容的社会片，可是龙山及中央两戏院如果开映起《火烧》《大侠》等巨片，即依然还是冲破戏院的门。②

所谓的"火烧""大侠"，即当红影片《火烧红莲寺》和《关东大侠》。《火烧红莲寺》是明星公司 1928 年拍摄的武侠神怪片。影片一上映，瞬时引爆票房狂潮。在厦门，"红莲寺"也是一烧再烧，不知烧过多少回。明星公司见利市大开，便接着 3 年拍摄续集，一直续到了 18 集。当明星公司准备将《火烧》推进至 36 集时，当局坐不住了，对《火烧》进行封杀。封杀依据，是 1930 年颁发的《电影检查法》。其规定"提倡迷信邪说者"为不得核准上映。1931 年 9 月，厦门电影院检查委员宣布：

　　查上海明星影片公司摄制之《火烧红莲寺》，内容荒唐不经，有违《电影检查法》第二条第四款之规定，经本会第 11 次委员会决议，禁止映演，业经训令该公司遵照在案。③

---

① 老八舍：《厦门电影院的畸形现象》，《电声》1936 年第 5 卷第 18 期。
② 华灵：《谈谈厦门的电影》，《电影画报》1934 年第 16 期。
③ 《〈红莲寺〉确已禁映》，《江声报》1931 年 9 月 8 日。

其时，被列入禁映行列的，还有方言影片。1934 年天津《益世报》报道：

> 厦门将有一家"闽南影片公司"出现，他们所要拍摄的则全是厦门语的声片。虽然现在还只是一个消息，但我相信这计划有实现的可能。原因很简单，这类片子得以畅销于福建潮汕及有许多福建侨胞居住着的南洋一带。事实上，那里的多数观众到现在还听不懂国语的对白。如《姊妹花》等片在南洋放映时，还时常用无声而加字幕说明的拷贝。①

这看似一个好消息，标题却称之为"推行国语之大敌"。此时有一家名叫"暨南"的小公司，冒着风险摄制厦语有声片《陈三五娘》。瞻望该片前途，社会上议论纷纷：

> 最近中央电影检查委员会严禁以各地方言拍摄之声片，因此，盛传一时之厦门语对白之《陈三五娘》亦在被禁之列，不得开拍矣。关于严禁方言声片的事，我们认为这似乎是过于牵强的事情，难道因为拍方言声片便会把全国的语言闹成不统一吗？我们敢肯定是一定不会的。②

人们以为，厦语片要想不被禁，要么重做国语对白，要么就只能在厦门和南洋地区显摆了。

厦门沦陷后的龙山戏院，又退回到单纯演戏的时代。

> 龙山戏院：即纯粹排演歌剧（台湾歌仔戏），其唱念口白为一般易晓，故普通阶级与妇女辈多就之。③

台湾歌仔戏的献艺，有一段"爱莲社"的活动记录：

> 民国 28 年（1939）5 月，台湾歌仔戏爱莲社在厦门龙山戏院演出，受到群众欢迎。是时，厦门商会会长陈基看中戏班，派王胡归任班头，前往接管戏班。爱莲社在厦门先后演出了《山伯英台》《孟丽君》《三闹地狱阴阳塔》等剧目，并以机关布景吸引观众。不久，戏班改名复兴

---

① 未明：《推行国语之大敌，厦语将继粤语出现银幕》，《益世报》1934 年 7 月 29 日。

② 《江声报》1934 年 10 月 21 日，"影座"专栏。

③ 杨滴翠编：《新厦门指南》，华南新日报社 1941 年版。

社。这时歌仔戏名艺人月中娥从新加坡来厦门参加戏班演出，她在《火烧楼》中饰演刘月英，深为观众赞赏。但至次年下半年，厦门戏景不佳，戏班营业不好，不少艺员离班谋生，班头王胡归亦返回台湾。这时留在厦门的艺员，为谋生计，由歌仔戏名艺人赛月金和子都美商议，召集艺员重组戏班。赛月金和子都美提议废除原戏班等级工资制，艺员不分主次，每人每天戏金5角。这项提议大家表示一致同意，故班名就叫同意社，由李东生任班头。不久，又从台湾来厦门一个新兴社，也被陈基接管，并与同意社合并。此后，戏班在厦门、金门、浯屿、斗美、大担、小担等地演出，蜚声一时。主要艺员有小生赛月金、武小生子都美、花旦味如珍、丑角锦上花，被誉为歌仔戏的"四大柱"。①

抗战胜利后，龙山戏院亟待恢复。龙山堂董事会布告曾氏族亲：

> 龙山戏院于沦陷期间，受敌伪拆毁。兹决定修筑，以收入之一部分充龙山小学经费。经进行募股及开始修建工作。凡我宗亲愿意投资者，请从速到中山路108号新民智印书馆或龙山堂事务所认股为证。②

1948年2月，修复后的龙山戏院重新开业。报载：

> 本市曾氏龙山堂附属之龙山戏院历来开演歌剧，因组织未能健全，办理又欠完善，以致不能持久，旋开旋歇。近本市曾氏人士以歌剧确能深入民间，又鉴于往昔歌剧团，因有伤风化而为社会人士所鄙视，决心加以改良，俾成为民间良好戏剧。特由该堂董事会出头整顿，拨出巨款，扩大经营，将该院重新翻盖。现已全部竣工，焕然一新，较前完善。内部布置，亦已就绪。并以巨金于月前派员赴台聘请著名男女歌剧全班至厦演唱。全班男女艺员60余人，均系较有修养之优秀角色。服装布景，全部新制。全班已于昨日带同全棚场面抵厦。闻前此在本市最享盛名之女角月中娥、赛月金、冲霄凤，武生李敬楼、三花东一笑亦在被邀之列。决定明元旦起开演，是本市又增一娱乐场云。③

地方戏之外，龙山还兼演歌舞：

---

① 《中国戏曲志·福建卷》，中国 ISBN 中心出版社 2000 年版，第 482 页。
② 《修建龙山戏院募股启事》，《江声报》1947 年 11 月 24 日—12 月 2 日。
③ 《龙山戏院重整锣鼓，明日起演唱》，《立人日报》1948 年 2 月 9 日。

本市龙山戏院，自光复后，经该院董事会集拨巨资重新翻盖，积极整顿，决以最新姿态出现，为本市娱乐界增色。经在该会努力之下，改装工程经于日前完竣，焕然一新。拟于近日内开幕。首期已邀定由沪抵厦之蝴蝶少女歌舞团登台表演。查该团为最新之歌舞集团，由歌舞专家曼珍、技术大家王维新领导，内分歌舞、技术、话剧三组，全体40余人，阵容完整，在京沪汉一带久负盛名。此次因赴港经厦，适值该院重新开幕，乃以重聘留厦表演，届时当为一般歌舞迷者所欢迎。①

1949年后，龙山戏院还在不断变化中：

解放后一度为驻军鹭艺京剧团租用演出，1956年私立龙山小学归政府接办，随之将该戏院归市教育工会，经维修后命名为"教工之家"，成为教工业余歌舞团、话剧团及其他文化娱乐活动的主要场所，一度对外放映电影和安排专业剧团演出。②

如今的"龙山戏院"，已远离了文化与娱乐。"龙山"一名，也日渐被后人遗忘。

---

① 《龙山戏院将演歌舞》，《星光日报》1949年5月14日。
② 厦门文化艺术志编纂委员会：《厦门文化艺术志》，厦门大学出版社1999年版，第472页。

中山公园之运动场与司令台

1931 年建成的中山公园，最具时代特色的，便是其中的体育元素。

民国 18 年后，在厦门中山公园内修建足球场和 400 米跑道的田径场，还建了多个篮球场、排球场和网球场，形成综合性体育场，一度成为全市群众体育中心。[1]

体育运动场位于公园中轴线上，最引人注目：

入（南）门约百武，有纪念碑当中，碑后可容万余人之广大运动场，中筑司令台，场边树木荫翳，秩序井然，场左水门汀路隐藏于茂林之下，场之尽处则魁星河，全长约 300 尺。[2]

司令台是运动场的配套。其设计方案：

一、效用：有运动场便有比赛，有比赛便有发号施令之人，故筑台以居之，非高位置，便指挥也。

二、位置：在运动场以北，与音乐亭对峙。

三、形式：采中国式，为三开间敞厅，四面可以瞭望。

四、面积：台宽 32 尺，深 24 尺，高 10 尺。

五、构造：台墙花岗岩石造成，台板及敞厅为钢条三合土。

六、布置：台上为敞厅，柱仅 8 根，以免遮断视线。厅高 20 呎，备司令休息之用。台下为极大之厅，备运动员休息之用。

七、经费：约 2500 元。[3]

---

[1] 《厦门市志》第 5 册卷 43 体育，方志出版社 2004 年版，第 3370 页。

[2] 厦门市政府统计室编：《厦门要览》公园，1945 年编，第 69 页。

[3] 《厦门中山公园计划书》司令台计划图说明书，漳厦海军警备司令部印行 1929 年，第 35 页。

司令台还未等筑就，又增加计划外功能，兼任"精武体育会"会馆。成立于1924年的厦门精武会，有厦、鼓二分会。虽然活动搞得风生水起，但就是场地阙如，训练竞赛只能借地于赖厝埕的大同学校和鼓浪屿的普育学校。一年后，辛辛苦苦在黄厝河觅得一方隙地，欲建筑会所。岂料赶上1928年开辟中山路，新会址恰也在征用之列。幸得警备司令林国赓关照，才有乔迁之举：

> 本埠精武会成立有年，其成绩颇为社会人士所称许。兹闻本市官厅，自司令以下均关心提倡国技，国府省府早有明文，厦市亦应积极倡导。故经准将中山公园内之公共体育场之司令台，改建厦门精武体育会会所，并以将来该体育场管理之责委诸该会。尚有本埠热心家及有声望者赞成，对该会均愿与以充分之助力。故该会现已组织建筑新会所募捐委员会，积极进行矣。[①]

中山公园公共体育场的首场大型赛事，是1935年的福建省第五届运动大会：

> 第5届全省运动会于民国24年（1935）9月11日至13日在厦门市中山公园体育场举行。名誉会长陈肇英、陈仪、蒋鼎文，会长郑贞文，副会长王固磐、陈联芬。参加比赛的有闽侯、永春、同安、漳浦、厦门、长泰、龙溪、晋江、莆田、金门、福清、建瓯、海澄、仙游、诏安、德化、南安等17个市县的589名选手。比赛项目，男子设田赛、径赛、全能、游泳、足球、篮球、排球、网球、棒球、国术10个项目；女子设田径赛、游泳、篮球、排球、网球、垒球、国术7个项目；此外还有竞走、举重、入水（即跳水）3个表演项目。大会期间，厦门各中小学校参加了多项的团体表演。比赛结果厦门获男、女总锦标。[②]

9月15日，省运会假市府大礼堂举行闭幕式及给奖典礼，省教育厅长、省运大会会长郑贞文致闭幕词，其中道：

> 厦门对体育一项，比较全省各地是最发达的。去年省运，夺得总锦标，今年又夺得省运总锦标。这可以希望的，就是想以厦门为中心，把

---

① 《精武会消息》，《江声报》1928年10月27日。

② 福建省地方志编纂委员会编：《福建省志·体育志》第十章运动竞赛，福建人民出版社1993年版，第246页。

体育推广到全省。①

1937 年 5 月，厦门首届全市体育运动会，也在中山公园举行。大会特邀驻锡厦岛的弘一法师谱写会歌，其词道：

> 禾山苍苍，鹭水荡荡，国旗遍飘扬。
> 健儿身手，各献所长，大家图自强。
> 你看那，外来敌，多么狰狞！
> 请大家想想，请大家想想，切莫再彷徨！
> 请大家，在领袖领导之下，把国事担当。
> 到那时，饮黄龙，为民族争光！
> 到那时，饮黄龙，为民族争光！②

5 月 21 日，市运会正式举行：

> 厦门市第一届运动会 5 月 21 日在中山公园开幕，会期 5 日，参加中小学及业余共 47 单位，选手 1084 人。竞赛结果，成绩优良，破省纪录者 3 项：
> （1）撑竿跳高决赛业余甲组第一名蔡子显，成绩 3.34 米，打破其本人（民国）25 年 5 月在泉州第三绥靖区运动会造成之 3.31 米纪录。
> （2）女子铅球决赛，中上甲组第一名洪琼珠，成绩 9.23 米；第二名林素卿，8.99 米。均破 8.73 米之省纪录。
> （3）女子 400 米接力决赛，中上甲组第一名双十中学，成绩 59 秒 3。破 60 秒之省纪录。③

自 1936 年以来，四川百余县旱魃肆虐，大会遂搭车为灾区募集赈款。会场义卖，由大会贩卖部承担。具体由毓德、慈勤、中华三校女生操作。女生们寻思，"司令台上皆官长及太太、社会闻人、官绅巨贾，到此贩卖，较有成绩"。然义卖女生一登司令台，即遭警察局长喝退，声言"秩序要紧"，

---

① 《省运会昨闭幕，郑贞文闭幕词》，《江声报》1935 年 9 月 16 日。

② 《厦门第一届运动会歌》，《李叔同诗全编》，浙江文艺出版社 1995 年版，第 189 页。

③ 《厦门市运动会》，《勤奋体育月报》1937 年第 4 卷第 10 期。

"女生一片热诚，至此如沃冷水"①。此次义卖活动，仅维持一天半时间，所得善款也仅二百四五十元。区区善款，何足赈灾。大会决定，用最后一天的门票收入作为补充。

不仅体育竞技，偌大的公共运动场也是政治力量的展示场。

1936年，国难当头。12月13日，有千人参加的"民众救亡歌咏大会"在此举行，"义勇军进行曲"在此唱响，全厦为之振奋。全社会的军事训练也在此进行，不同阶层、不同职业、不同年龄的人们，穿着同一颜色的制服，排着齐整的队列，迈着统一的步伐，发出宏亮的吼声，全厦为之震撼。

在厦门沦陷的苦难日子里，这里也是战斗的前线。1938年10月8日，中秋之夜，"日伪政府在中山公园举行'庆祝'活动，抗日组织'血魂团'成员向主席台掷手榴弹两枚，日伪死伤数人"②。1942年的7月1日晚，"日伪在公园举行'庆祝'活动时，爱国人士向主席台掷手榴弹，日伪死伤多人"③……

1946年5月，胜利后的厦市民众在此追悼殉难的同胞：

> 本市阵亡将士暨殉难同胞追悼会，于昨（11）日上午8时，假中山公园公共体育场举行，到各学校、各机关、各团体、各保甲长，计77单位。总主席黄天爵市长致祭，李禧宣读祭文并全体向抗敌阵亡将士暨殉难同胞俯首默念3分钟。继由黄市长、黄书记长谦若、周冰心、庄金章等相继演说，语极哀痛。当奏乐时，天色阴森，哀声震播，对殉难壮士之浴血牺牲，深表哀悼与敬意云。④

战后的厦门百业待兴，体育界也计划重启中断10年的全市体育赛事，拟在1947年6月3日举行第二届市运会。然而举办的日期，由6月3日延期至6月16日，接着再延至7月1日，再接着延至新的学期……

第二届市运会之所以展期，原因多样。但最大的问题，还是经费。其时运动会比赛的主力在学校，然依各学校当局所言，"各教职员已为薪、水、米、盐等自顾不暇，奚有心于体育"⑤。

1949年3月，市体育协会之倡办市运会呼声再起：

---

① 《市运会田赛昨开始严肃会场秩序 停止贩卖赈灾》，《江声报》1937年5月23日。

② 《厦门市志》第1册大事记，第49页。

③ 《厦门市志》第1册大事记，第50页。

④ 《本市各界追悼殉难军民》，《星光日报》1946年5月12日。

⑤ 《饭吃不饱奚能运动》，《江声报》1948年1月28日。

　　本市自复员后迄已 4 年，因环境经济及其他条件限制，全市运动会迄未举行，然实有举行之必要。结论：为市运动会以经费为最大问题，如修理场地跑道等工程浩大，费用颇巨。现应先造具预算，拟定竞赛规程，向市府建议。①

待等市运会真正召开，已是时代巨变。1951 年 9 月《江声报》消息：

　　中山公园的运动场已开始整修，以备 10 月中旬举行全市运动大会之用。目下田径运动所用的沙坑已经挖好，足球场的杂草也已铲平，将重新装置球门。至球场周围的跑道，亦准备翻新，以利比赛。②

中山公园运动场从此步入其体育活动的黄金时代：

　　第一届市运动会于 1951 年 10 月 12—16 日在中山公园体育场举行。
　　第二届市运动会于 1952 年 1 月 1—4 日在中山公园体育场举行。
　　第三届市运动会于 1955 年 5 月 1—15 日间歇进行 5 天，地点在中山公园体育场。
　　第四届市运动会于 1956 年 9 月 16—23 日间歇进行 3 天，地点在中山公园体育场。③

---

① 《市体育协会建议举行全运》，《星光日报》1949 年 3 月 21 日
② 《市运会昨开始报名，公园场地正重新修整》，《江声报》1951 年 9 月 18 日。
③ 《厦门市志》第五册卷 43 "体育"，第 3350 页。

同安莲花"同字厝"

同安莲花山区有知名建筑"同字厝"。

> 同字厝：在同安区莲花镇埭柄村，为大土匪叶定国 1924 年所建。建筑群为砖木结构，鸟瞰为"同"字形，故称同字厝。主厝前落硬山布瓦顶，金字脊；中楼二层卷棚顶；后楼二层布瓦顶；前为平屋，有护厝与后楼连接。①

厝主叶定国，字硕豪，别名打石兜。民国 6 年（1917）时，叶以"自卫乡里"之名，拉起地方武装。在盗匪如毛、军阀遍地的闽南，叶周旋于各路武装力量之间，或匪或官，或官或匪；或四出游击，劫杀掳掠；或据守山区，独霸一方……势力逐步坐大。

民初同邑，盛产罂粟。罂粟所生"烟苗捐"，为武人利源。叶定国赖此支持军饷，亦赖此发家致富。财源尽入一家门，必招致他人妒恨。

1925 年，北洋系泉州军阀孔昭同部，因烟捐与叶氏相龃龉：

> 省军 45 团王（成芳）团长，原将军队驻扎城内，分防各乡重要地。而民军叶定国所部，则驻褒美、莲花等处而已。顷据切实之调查，谓目下烟苗收成时期，正烟款征收时期也。同邑烟款之巨，为全省冠，致引起各军阀之纷争，蹂躏地方，无有宁岁。近日叶定国氏亦垂涎斯款，将军队进驻西北一带各乡，欲与省军争收烟费。王团长见不能制，亦将所部调赴东方之新墟一带，以同安烟苗之出息东方为多故。目下两边军队，各按剑相持，大有勃勃欲动之势，恐将来两不相让，战事自是而兴矣。②

北洋系漳州军阀张毅，也因捐税与叶氏失和。于是孔张密议，共取叶部。1925 年 12 月，"孔昭同部王成芳军联同张毅部李芳池，于 2 日实行分路进迫

---

① 《厦门市地名志》，福建省地图出版社 2013 年版，第 765 页。
② 《同安省民两军之调动》，《南洋商报》1925 年 4 月 3 日。

叶之故乡莲花山"。孔张联军，节节推进。3日下令总攻击，"晚李芳池又挥军进攻，叶部死力拒抗，大战一夜。叶定国本人亲抵澳内指挥，岂料长泰已被粤军围困，叶闻悉之下，仓皇失措，乃率残队退守撼内。省军4日午后，遂入莲花山，缴械二百余枝，俘虏颇多。叶定国于4日晚率残兵300人，由撼内窜长泰之林墩，狼狈不堪"。当叶定国全盛之时，曾于澳内、莲花山、长洋三地营有"三窟"。李芳池据乡民线报，发兵间道袭攻长洋，缴获守卫枪械，"搜出子弹3万发，高丽参十余斤，金器手饰甚多"。①

1926年1月，泉漳联军再度出击，叶军再次败退，逃入同安、南安交界的黄巢山、梧峰山一带。张军断绝叶部粮道，千人部队日食难以为继。叶氏乃将余部五六百人交付叶定胜代领，亡命鼓浪屿。

1926年10月，国民革命军东路军入闽。叶定国寻到咸鱼翻身机会，迅速投靠东路军，归编为"新编军独立第一团"。"新编军"属民军，与东路军第11军和投靠党军的闽海军，有诸多不合，最后以兵戎相见。叶定国驻守莆田部，遭海军陆战队追杀，败回同安莲花山。其时，"新编军"原闽南民军各部，尽成东路军与福建省府的通缉令下贼。1930年，官军再度发兵清剿：

> 莲花山巨匪叶定国，自经兜剿后，颇具戒心。近为预防官军袭击起见，乃弃其匪巢数处（在山麓，系洋楼），而移居深山老巢。且日前曾派其党羽，将同莲车路三角埕、湖井社、冈头3处，挖掘壕沟，各宽约5尺、深1丈，意在阻滞官军前进。所以日来叶匪部下，仍在附近各乡骚扰，派饷派枪，掳人勒赎之事，时有所闻。当地驻军，为求彻底肃清积匪，解除民众痛苦计，特于本月10日，由营长统率数百人，并附带迫击炮、机关枪各两门助战。该队于午前9时，到达莲花山，入乡搜索。时匪已先期闻风逃窜。嗣后军队虽搜寻深山十余里，亦未见匪迹。该队伍于午后2时，始返同安。查教导团每次进剿莲花山，均未能达到相当目的，殊令人感慨云。②

1930年8月，行政院取消对叶定国等人通缉。众多的闽南绿林兄弟，再获官方"身份认证"，重新进入官军行列。

时下当局以杜绝罂粟种植为急务，同安莲花山区更是重点整治地区：

> 查莲花山为叶定国之老巢，其周方数十里，尽为其势力范围。当查禁烟苗专员顾访白等于前月底冒险至莲花山查铲烟苗时，叶定国用其狡

---

① 《叶定国被解决之经过》，《申报》1925年12月22日。
② 《教导团两次进剿莲花山之成绩》，《南洋商报》1930年1月31日。

猬手段，而允负责督促乡民自行铲除。敷衍专员去后，叶更变本加厉，唆使乡民加紧栽种，并公然强召附近乡民开会，迫令不得将烟苗毁除一枝一叶。如政府查禁，彼自有办法对付，尽可负责保护。不听其命者，将加倍抽捐云云。由是各乡之懦者迫于威胁，愚者乐于图利，而莲花山一带，前种之烟苗果已收浆，而本不种者亦忙于整地播种矣。驻漳州之49师张（贞）师长，虽曾函电严令铲除，讵意言者谆谆，听者仍然藐藐。49师驻同之军士教育队，乃于26日，派武装学兵50余名，协同民团常备队30余人，及县政府警卫十余人，由李队长亲自率领，赴西区橄榄岭各乡，督令乡民铲除烟苗。不意乡民竟敢恃势抗令，当场捕获重要乡民十余名，缴获手枪1支，押回县府法办。此尚在莲花山之边壤，而未入叶定国之真势力范围也。①

两天后的28日，县长邱峻带同警备队8名，教育队长李良荣带同队兵20名，再度进入莲花山区铲烟。"乡民远见队兵前来，先退避山上，邱李见该处烟苗累累，即入乡欲觅乡长，责令具结。然而乡长及丁众，均已逃之夭夭。无已，即令队兵分途毁烟。毁不数亩，叶文资即指挥乡民带枪赶至，将队兵截分两路猛击。相持一两小时之久。队兵卒因众寡悬殊，且战且退。邱峻被迫，带卫队逃向角尾，转车至嵩屿来厦。29日再由厦封同美第3号车返同。教育队安抵队部者凡40人，余排长周志坚及队兵6名不知去向"，"是役教育队兵并未损失1人，乡民则受创3人、死1人"。②

失联的周排长及6名兵士，"系逃向灌口而去，然后转至马巷。迨30日下午方抵队部"。但李良荣以为周排长等人，大概率地"被匪众抓去"。翌日（29）上午8时，李良荣带兵80余名，会同县府警备队、安溪、同美、同马等汽车路公司护路队、补充连等150余名，分乘汽车7辆，抵达南山，开始拯救行动。李良荣本意在逮捕乡长。不料乡民早有备在先，前一夜即沿途放步哨，并派队防守各要隘，一面派人至城打听消息。

李良荣领兵下乡，同安县城顿时兵力空虚，县长邱峻暗觉势头不妙：

邱县长见教育队内部无兵，急令补充连全部开大西门警戒，护路队集西北门警戒。一面赴电报局拍电报告漳州师部。适电线阻滞，至零点钟始得通话。话甫及半而全城商民闭户，西郊枪声继起。未几教育队、县政府方面亦密闻枪声。补充连、护路队则退散城外。监狱已未决人犯（内四团寄押30余名、铲烟拿到之种户20余名），劫放一空。县署、教

① 《闽南烟苗铲除难》，《时事新报》1931年1月11日。
② 《同安乱事前后》，《南洋商报》1931年1月17日。

育队公私物被劫无遗。当时入城之匪徒与乡民，一由新塘埔追踪而来，一系褒美乡民匪叶文滋部，由大路尾进小西门，一系梧吕乡民匪柯兴邦部，由溪边入中山路，约计有枪匪徒百余人，中驳壳枪 40 余杆，杂色短枪二三十杆，皆便衣而佩有子弹带、干粮袋（人多知为叶旧部），各乡乡民跟来约数百人，亦多持械及鸣锣助势。指挥匪部者为叶文滋（查叶文滋与柯兴邦同为叶定胜之连长），打劫约 2 小时。据报县府损失公款各项有 3000 元左右，私人损失约亦相等（阃署职员至被褥帐等均一无遗留，教育队损失亦不少）。其时出城之李队长则率队方与匪民战于南山后，至傍晚 5 时余始由后宅乡回城。漳州师部闻报，即派特务营两连赴同维秩序（到同约下午 5 时半）。该部未到之十余分前，东乡三秀山下著匪陈棍又率匪三四十名入城向县署、教育队攻击，追援队到始散。①

同城失陷，各路兵马闻讯来援，城内始告安定。邱峻、李良荣并不肯罢休，仍向上峰请援，于是驻泉州部队、驻马巷部队纷纷入同，莲花山区压力山大。最终，叶定国答允放弃兵力抵抗，服从铲烟行动，种烟各乡亦从之行。同安烟苗的铲除工作，总算看到了熹微的曙光。

自东路军入闽之后，叶定国退居二线，叶军行动由叶文龙等主持。然而外界对叶氏的行踪，依然猜疑不断，何况在时局动荡之秋。1933 年 6 月，叶氏在报章登载声明一则。

> 启者：本人关心桑梓，从事革命，至北伐功成。自顾年老力衰，解组归田，专心实业，种植香蕉、红柑诸果子，并作淡薄生理，以虞老景。身外事毫不干预。历历可证。不意，昨承驻同安郑团长雅意，示一函谓，有诽言架诬本人受日人运动。闻之惊异。盖本人虽少读书，颇知忠孝节义，断不至背国家、弃桑梓、忘父母宗族，而甘受此万古臭名。是必奸人架诬捣乱治安，好乘间取利。经着层表白答复，又恐远近未能周知。特此声明，谅高明者，必不为此辈所惑矣。此报。②

据媒体侦查，叶氏确实在安享田园之乐：

> 叶定国部之上月结束后，全部退入莲花山。叶本人自前年将莲花山遍种芭蕉红柑，历年收入甚丰。队伍暂令分散。近又再扩充黄梨桃李，漫山遍野，均为果树。地不须已业，工又可义务，生果满树，虽不观顾，

① 《攻陷同安县城源源本本》，《南洋商报》1931 年 1 月 27 日。
② 《同安叶定国要事声明》，《江声报》1933 年 6 月 12 日。

无犯之者，宜乎利之厚矣。故叶目下优游自在，诵经礼佛，待时而动，亦殊适意。近报载安同交界溪内山地等乡，叶部迫收军费万余元。叶对此犹极力否认云。①

虽说叶定国"隐莲花山种植"，然"其部下者骚扰如故"。官府发问道，"叶本人果有心约束所部，非无办法。但叶不尔"。② 更何况，叶氏头顶"同安皇帝"称号，同邑他匪作乱，也难逃干系。

1938年4月12日，叶定国毕命于莲花山寨内，各种猜测纷起：

莲花寨主叶定国，实非病死，系遭雷殛。当12夜大雨滂沱，雷电交作。叶在寨中吸食鸦片，佣妇进粥，叶披衣而起，即于此时触电丧命，佣妇同死，云云。又叶之寨中，日前被省当局派员会同同安县府警探到寨，搜获鸦片膏万余两云。③

叶定国一死，替多少人消除心患：

同安民军首领叶定国，于"洗手"后在莲花山家乡，广置田园，雇工耕种。每年农作物及果树生产之收入，已甚可观。而又经营土产肥料糖油等大宗商业，资金既厚，可得垄断，获利犹丰。更有一项巨额收益，即为种植烟苗，或收买烟土，炼膏发卖，其盒装莲花标烟膏，畅销各地，成为公开之秘密。年来烟禁虽严，彼之私烟营业，曾不稍受影响。又同安、长泰之绿林豪客，类皆出其门下。故叶虽洗手多年，仍得暗中指挥，若辈莫敢或忤。然叶诵经拜佛已10年于兹，地方慈善事业，偶亦捐资赞助。故近年来毁之者虽多，誉之者亦不无其人。今据确实，叶已于12日在莲花山本宅病死。或谓同安从此少了一个做汉奸之人物矣。④

① 《叶定国满山桃李皆免本得来》，《江声报》1934年3月8日。
② 《杨用斌谈决肃清海盗》，《江声报》1934年9月6日。
③ 《警探搜查莲花寨》，《江声报》1938年4月21日。
④ 《莲花寨主叶定国病死》，《南洋商报》1938年5月17日。

■ 港仔后"张镇守使别墅"

鼓浪屿港仔后，有"厦门镇守使"别墅，为闽南军阀张毅旧宅。

"厦门镇守使"一职，始设于 1917 年。时任福建督军的李厚基，有请设文案：

> 闽省地居边要，下游一带，海线蜿蜒，地形险阻，交通迟滞，奸宄易藏，加以民俗强悍，勇于私斗，伏莽滋多，时虞窃发。前清设提督于厦门，设总兵于漳州，良以地险民强，非有专阃大员坐镇其间，不易为治。按之现在情势，尤不可视为缓图。厦门一岛，近接台澎，漳属各县，多邻粤境，更宜简员驻守，以资镇慑。拟请于厦门道属十二县设厦门镇守使一员，驻思明县；汀漳道属二十县设汀漳镇守使一员，驻龙溪县。庶于国防边防均有裨益。[①]

"厦门镇守使"主领"厦门道"军事，其下有莆田、仙游、思明、晋江、南安、惠安、安溪、同安、永春、德化、大田、金门等 12 县。1924 年 2 月，北洋政府免前任唐国谟之职，改委张毅接任"厦门镇守使"。

张毅，字仲刚，河北沧县人，乱世之中，先后投附李厚基、许崇智。民国 12 年（1923），又改投黄大伟，任黄部闽粤边防军第一师师长。周荫人督闽时，张氏再投周，任福建陆军第一师师长。孙传芳入闽，又改投孙部，改其部"边防军第一师"为"福建暂编第一师"。孙传芳等为笼络张心，遂借直系军阀首领吴佩孚之力，向北洋政府申请授予张毅"厦门镇守使"一职。

吴佩孚、孙传芳等宠溺张氏，用意颇深：

> 张毅被任为厦门镇守使，已见明令。此事之发动，实于闽粤大局有极大之影响。盖臧氏盘踞厦门，不独有碍闽局，且为南北统一之梗。年

---

① 《李厚基请设厦门汀漳两镇守使以唐国谟、臧致平分任镇守使密电》；中国第二历史档案馆编：《中华民国史档案资料汇编》第 3 辑军事（1），江苏古籍出版社 1991 年版，第 857 页。

前孙传芳、王永泉迭与洛吴往返磋商，非得一实力充厚者任驱臧之责不可。惟一时人选难得。最近孙王以驻扎同安之师长张毅，率众万余，且闽厦毗连，用兵尤便，特电洛吴推毅，请转电中央任张为厦门镇守使，责令收复厦门。吴极以为然。故于去腊张师驻京代表钱崇坡赴洛时，嘱其征张同意，并晓以此举关系北洋团体及南北大局，如有饷械不济时，自当源源接济。钱当以意电张，张深感吴氏及孙王推重之意，亦复电承诺。故洛电保来京。前日由陆部提出阁议通过，当晚发表。闻张氏方面，现正厉兵秣马，一俟中央讨伐命令颁发后，即行率队赴厦就职云。①

厦门镇守使冠名"厦门"，衙门署馆当然设于厦门（时称思明县）地面。然而，此时的厦门全岛为臧致平"闽军"所占。张毅若想真正做成"厦门镇守使"，非驱逐臧氏以代之不可。

经多方共同努力，1924年4月臧致平终于率师离厦。然而，截获厦岛实际控制权的，却是驻闽海军。杨树庄的闽海军，名义上归属北洋政府，却不受北府节制，区区张毅及其"镇守使"更不在其眼中。

坐不上镇守使席位的张毅，只能寄希望于孙传芳等后台大佬。

兹闻张毅对于镇守使一席，仍不肯放弃，近有电致孙传芳，略谓师长前经中央明令任为厦门镇守使，因军书旁午，未获入厦就职。现臧部败入长泰，肃清可期；杨化昭及逆军远窜闽边，扑灭在即。师长拟率部入厦就职，请予电请海军知照，刻日退出厦门。以中央威信，俾免发生误会云云。②

闽海军谋厦甚久，得厦不易，岂是说退出就退出的。于是，海军方面使出"釜底抽薪"策，"以杨树庄有得厦之劳，厦门理应归其驻守，故联电北廷请界杨树庄以海疆防御使名义，而裁撤厦门镇守使，另委张毅以要职"。③其电文云：

查厦岛四面滨海，地实险要，已可屏障闽省下游，且可控制粤省海防。臧致平频年盘踞，负固自雄，勾通闽南土匪，骚扰闾阎，百业凋敝，民不聊生。今幸仰仗仁威，将厦岛克复。臧部失其巢窝，其残众不日亦可一律肃清。厦门本设有镇守使，曾经中央任命张毅充任，而张毅始终

---

① 《张毅枕戈待旦》，《时事新报》1924年2月25日。
② 《张毅仍力争厦门地盘》，《益世报》1924年5月2日。
③ 《张毅就厦门镇守使职情形》，《南洋商报》1924年5月26日。

未能到任。现海军陆战队，进驻防守，似无须再设镇守使之必要。惟恳
将该处划作海军要港，操演军舰，并请以闽粤海疆防御使移驻于此，而
将镇守使一缺裁撤。惟张毅带军有年，著有勋劳，拟恳予优异位置，以
示调剂。务恳迅予核准施行。似此则孙（传芳）督理无南顾之忧，而海
军得归宿之所，两有裨益，实非浅鲜。闽局幸甚，海军幸甚。①

海军话说得委婉，只提"调剂"。而厦门商界却以张毅恶名，直接要求
取消镇守使一职：

> 厦门总商会于日昨有电到京，请政府即行取消张毅厦门镇守使职，
> 并明令裁撤厦门镇守使缺，责成海军驻厦维持治安，俟市自治会成立，
> 海军亦在撤退之列等语。②

张毅及其后台，对此百般不愿，"张毅以彼受北廷之委任之先，不愿以
镇守使之头衔束之高阁，废置不用"。③ 既然登厦不成，不如抢先来个"隔空
登位"。

5月7日，张毅的"厦门镇守使"就职典礼在漳州举行。就职仪式，极
尽铺张。省方孙传芳、周荫人，均派代表临礼场致训词。典礼上，张毅慷慨
宣言：

> 今日为毅就厦门镇守使之辰，乃蒙督理帮办遣派代表，及各界人士
> 联袂光临，不胜荣幸之至。特于此短少时间，一述生平之志愿，想亦诸
> 君子所乐闻焉。毅一介庸愚，他无所长，自问对于国家地方之治乱，固
> 未尝一日或忘。民国肇造以还，内乱频仍，知武备为常务之急，遂弃读
> 而从戎。厕身行伍之初，即抱定一种百折不挠之目的。目的云何？拥护
> 国家，维持地方而已。故凡有危害国家、扰乱地方之不良份子，无论其
> 为何人，誓必扑灭之而后快。十年来效力疆场，历无数之艰难，不背斯
> 旨。设心如此，竟究有益于国家与否，造福于地方与否，毅不敢自信。
> 今蒙各方之宠命，暨理帮办之殊遇，忝任新职，责繁任重，深惧弗胜，
> 惟有益自勉励，兢兢业业，认定前旨，实力做去，成败利钝，非所
> 计也。④

---

① 《张杨争厦之风潮》，《南洋商报》1924 年 5 月 28 日。
② 《请裁撤厦门镇守使》，《益世报》1924 年 5 月 16 日。
③ 《张毅就厦门镇守使职情形》，《南洋商报》1924 年 5 月 26 日。
④ 《张毅就厦门镇守使职情形》，《南洋商报》1924 年 5 月 26 日。

好个"认定前旨，实力做去"，一股"决心履厦之意，溢于言表"。①

海军尽管与张有争厦嫌隙，但毕竟是北系同僚，也给个面子发电致贺。致电之余，海军也顾虑张氏真的"履厦"，"乃下特别戒严令，对漳同往来船只，搜查尤严，方冀可防范未然"。②

一向跋扈的张毅，并不买海军贺电的情，依旧"电杨树庄请移交厦门"，并"动员两旅以上之兵力，移逼临厦一带海岸"。③厦岛再度全民焦躁：

> 张毅于5月7日在漳州就厦门镇守之职，于是张军来厦之声浪日益扩大。隔江之霞洋（霞阳）、五贯（鳌冠）等处，昨到张部第一师军队，约二营之众。浮宫墟亦开到第一师两团之军。刘五店之割园（桂园）社亦由同安开到一营。张氏图厦，已有箭在弦上之势。而海军亦在沿海一带，已严密布防。五通之楚观舰、高崎之江元舰、大担之海容舰，皆彻夜燃放探海灯。五通之陆战队，一到傍晚时不许小船近岸。④

社会上谣诼纷出。更有甚者，传言张毅已单刀赴厦。海军戒严总指挥马坤贞与警察厅长杨遂，紧急合衔布告，警告"倘有不逞之徒，故意造谣惑众，当即严拿究办，决不姑宽"。⑤

张毅与杨树庄相持不下，最终还需后台人物出面转圜：

> 张毅与杨树庄争夺厦门问题，久未解决。现洛方（洛阳吴佩孚）对此已提出三条件：一、厦门准归海军管辖，但权限上只及海面及炮台为止，所有民政财政，应归还省政府。二、张毅之厦门镇守使，系经中央任命者，不能即予取消，以保中央威信，惟可不就厦门设立公署。三、每月须由厦门捐税项下，拨二万六千元，以充张毅之镇守使及第二师经费。
>
> 海军以第一问题，厦门所任用之官吏，皆系电请省长加委者，海军本不过问。第二问题，反对张毅之为厦门镇守使，系属厦门之民意，海军但以张不在厦就职，免致误会冲突即可，余皆不问。第三问题，则须

---

① 《张毅就厦门镇守使职情形》，《南洋商报》1924年5月26日
② 《张毅就厦门镇守使职情形》，《南洋商报》1924年5月26日。
③ 《张毅就职后之厦门》，《申报》1924年5月15日。
④ 《张杨争厦之风潮》，《南洋商报》1924年5月28日。
⑤ 《张杨争厦之风潮》，《南洋商报》1924年5月28日。

海军军饷得有着落，方可分润他人。①

无论军事威胁，还是权势干涉，张毅终究没能登上厦门岛设署办公，就只能隔着厦鼓海峡，在鼓屿港仔后的"镇守使馆"里，做着"镇守使"梦。

1927 年，张毅寿数已尽，7 月 26 日被潮梅警备司令部枪决于汕头中山公园。鼓浪屿港仔后路 74 号的张毅房产，亦受查禁：

> 海军闽厦警备司令部，昨（11 日）派员到鼓浪屿会同工部局，往港仔后标封张毅一洋楼，并没收所有一切物件，令雇工搬回司令部收存。自上午 9 时起，至下午 3 时许始搬完，大约有 40 余担。②

张氏产业充公，首先受益的是鼓浪屿图书馆。鼓浪屿图书馆，倡办于 1923 年 12 月。倡办伊始，经费、图书、馆舍一应俱缺。筹办者组 6 支筹捐队伍，分向社会各界筹款筹书。书籍和款项，很快有了着落。但馆舍一项，却久久难以解决。1924 年 7 月 10 日，开办鼓浪屿图书馆临时阅览所，也只能利用暑假期间借普育学校临时一用。

1927 年 7 月，厦门已是"党军"天下。市党部议决，"将鼓浪屿港仔后张毅逆产三层楼房全座，充为中山图书馆"。有文曰："收彼豺狼之窟，藏吾河洛之书。牙签共鉴，沾丐孤寒。榜曰中山，纪元勋之丰功伟绩；采来硕果，保国粹于亿万斯年。"③

旧日武人之家墅，变身文化之乐园：

> 该馆馆址在鼓屿港仔后延平公园之东，其西北为龙头山日光岩，有明郑延平王水操台故址。西有延平王开凿之国姓井，为 300 年古迹。馆舍三层洋楼，下层为礼堂，二楼为书库及办公室，三楼为阅览室，风景清幽，设备书架椅桌，均系美国图式，极为适用。④

其后厦鼓的沦陷、光复、解放……中山图书馆亦屡经变化，先后更名"厦门市立鼓浪屿图书馆"（1942）、"厦门市立第二图书馆"（1945）、"私立中山图书馆"（1947）、"中山图书馆"（1953）和"厦门市图书馆鼓浪屿分馆"等。

---

① 《洛吴对厦海军之条件》，《益世报》1924 年 6 月 19 日。
② 《海军标封张毅住屋》，《南洋商报》1927 年 4 月 20 日。
③ 《鼓浪屿创设中山图书馆》，《新闻报》1927 年 7 月 12 日。
④ 《中山图书馆十年历史》，《江声报》1935 年 10 月 10 日。

1963 年 3 月，中山图书馆与海关签订《暂换房屋协议书》，迁入中华路 4 号原海关俱乐部。旧日的"张镇守使别墅"，经拆建而为民居，现今门牌为"晃岩路 41 号"。

▌"猪栊" 与屠宰场

厦市屠宰场，土语呼作"dī lòng"。替代成文字，或为"猪垄""猪弄""猪廊"，窃以为还是"猪栊"为妥。"栊"者，《康熙字典》释义"养兽所"。① 周长楫先生的《厦门方言词典》有词条"猪栊"，释为"屠宰猪的地方"。②

屠宰场，原名"屠兽场"，地图上也标作"屠畜场"。旧时厦市猪牛类的宰杀，"向无一定地点，私家僻地，均可宰杀，以致市面时常发现染病兽肉。市人不慎，往往购食，因而生病"。故而公安局与总商会协定，于浮屿角外辟一场地专用于屠兽。该地"横阔十一丈，直深九丈，后面临海，空气颇为充分，水道亦深便利"。经查勘集议，众皆称善。③

1927 年 10 月，屠兽场成，"厦门所有屠户 60 余家均迁入场内"。④ 此时厦市屠兽业务，由屠宰公会的金和兴商号掌控。金和兴见全厦屠业集于一地，大喜。讵料事与愿违：

> 屠兽场之设，原为注重卫生之谋，在未建筑以前，金和兴屠宰途，以为仍可操纵自由，故加征汤水资大银 1 元，此外续收原有之屠宰税，每头加派大银 2 元，以为集还建筑之垫款。所有内部事务，均归金和兴之主持。及开办后，公安局以金和兴系属屠宰牲口之营业者，不能兼理卫生之检验，盖恐其中弊害滋多，贻累群众。乃特改"金和兴屠兽场"为"公安局屠兽场"，一面续委场长 1 人、医士检验员 4 人，以监督之，务达卫生之防患而后已。故遇有宰杀病猪瘟猪，及各牲口之染有疾病者，一律禁阻，不许宰杀。各屠户现在既如此，皆反悔不置云。⑤

---

① 《康熙字典（检索本）》，中华书局 2010 年版，第 561 页。

② 周长楫：《厦门方言词典》，江苏教育出版社 1993 年版，第 3 页。

③ 《厦门公安局讨论建筑屠兽场》，《南洋商报》1927 年 6 月 2 日。

④ 《厦门政法志》编纂委员会编：《厦门政法志（1906—1990）》，厦门大学出版社 1997 年版，第 35 页。

⑤ 《屠兽场与菜市》，《南洋商报》1927 年 10 月 27 日。

1930 年，地方官厅颁布《厦门市公安局屠宰场暂行规则》，规定公安局在屠宰场，设置"场长一员、检验医员若干员、检验助手若干员、会计一员、文牍一员、书记一员、稽查若干员、警长若干名"。场长接受"局长之指挥监督，并卫生科之指导"；医员及助手"管理兽类之检验盖印，及场内一切卫生之注意"；稽查及警长"察查私宰或违法屠宰、违章售卖等事项"；场警则负责"维持场内秩序，帮同长官检查各屠户有无偷漏及违规情弊"。①

屠宰行当，不仅多血，而且多金。屠业征税，除屠宰正税，另有猪肉卫生附加捐、善后附加捐、检验市政及建筑屠兽场费等名目，以日宰 5000 牲畜计算，屠宰各税自是不小的收入。屠宰征税收捐，向由金和兴包办，其后金和兴改名金和成，包捐业务延续：

> 国民政府上台后，民国 18 年（1929）1 月起福建省开始整理财政，屠宰税由财政厅委任屠宰行业"金和成"号认额承包。厦、禾、鼓屠宰税每月正税大洋 2500 元，课款直接解厅。此外教育附加捐每月计缴大洋 1050 元，市政补助费小洋 800 元，折合大洋 571.43 元，屠兽场检验费大洋 2550 元，卫生猪肉附加捐小洋 150 元，折合大洋 125 元。以上附税由本行业按月向各处缴纳。②

利益分沾，各得其宜。1933 年财政当局改变既定规则，龃龉由此而生。据金和成称：

> 自去年（1932）起，每月缴财厅屠宰税 3200 元，全年 38400 元。另补助公安局月 1500 元，路政局（现改工务局）月 571 元 4 角 3 分，教育局 1500 元。去年范其务接长财厅，12 月 1 日曾来令本途，命先交两个月保证金 6000 元；12 月 16 日复电令各种捐税，一律加四征收。对屠宰税则拟全年征 15 万元，谓如不能照额缴厅，则须卸缴。本途以屠宰正税，每猪一头征 4 角，连善后附加 6 角，合为 1 元。愿照部章交纳，不愿以年额 15 万元承包。因以前年额仅 38400 元，今一旦增至 15 万元，本途实无力负担也。几经接洽无效，财厅乃改委李栋材来厦承办。③

双方屡次接洽无效，财厅乃改委李栋材接办屠宰税。李栋材上任后发现，

---

① 《厦门市公安局屠宰场暂行规则》，厦门市公安局秘书处编：《警政年刊》，1930 年 6 月至 1931 年 6 月，第 108 页。

② 厦门市财政局编：《厦门财政志》，厦门大学出版社 2000 年版，第 75 页。

③ 《厦门屠宰途罢业》，《新闻报》1933 年 3 月 28 日。

以每猪一元的标准征税，远不能完成省财政厅交办的任务。便向省财厅力争将每猪的公安、教育、路政补助费三种附加增至一元，加上之前的征税，每猪须纳税二元。金和成很不乐意。他们认为公安等三项补助费，只是"乐输，并非附加税"，"只可由本途直接补助，不能归税局带征"。① 当局断然拒绝了屠业的要求，屠宰公会则以再度罢业回应。

1935 年 4 月思明县改为厦门市，原公安局下辖的屠宰场改归市财局管理。在职责上，增加了对"灌水肉"的查处和待宰牲畜的检疫，屠宰税的征收也转入屠宰场手上。

1945 年战后的厦岛，物价通涨，柴桂米珠。1946 年 5 月报章消息：

> 闽省物价以厦门为最高，白米老秤每斤 700 元，每市石已近 10 万元。且因米价一高，各物相继跟涨，尤以公务人员最感切肤之痛。市府收入原有限，两个月前赖征收妓捐 1000 万以为挹注。目前物价飞涨，公教人员人心动荡，挂冠而去者已有财政、警察两局长。此外工务局长郭宗太、卫生局长柯恺以财政困难，政务计画未能实现，分别递呈辞职。教育局长叶书德、主任秘书吴春熙均有倦勤意。其他请假者亦颇多。②

肉价跟随物价跳涨。1947 年 4 月，每斤猪肉平价 1800 元，而市场价却为 9500 元。之后的 7 月至 11 月，5 个月中逐步涨至 12050 元、18000 元、22000 元、22500 元、32500 元。③ 肉价不断攀升，屠宰税亦跟风而进，日高日上。满市场的肉摊上，堆积的尽是怨气。

屠业最大的烦心事，还有"军肉"的供应，即以低廉的平价将猪肉售与军宪警人员。

经报时下军宪警人数，全市为 3069 人，每月需配量 3613 斤半的平价肉。心不甘情不愿的屠户们，与官府又摩擦出了火花：

> 本市屠宰公会理事长江玉显，因供应军肉亏损问题，被市长手令逮捕清理。案发，该屠业一致表示如不将该理事长省释，决予一致停宰抗议，各情经载昨报。兹悉该工会要求省释江玉显，不得要领。昨(4) 日晨全市屠砧已一致实行罢宰，以示坚决。故市民昨整天几尽无肉食，唯鲜鱼商贩见市上无肉，遂乘机抬高价格。黄花鱼每市斤售价 36 万元，其他杂鱼及蔬菜亦告随后跟奖。现屠宰工会以军肉议价，只定每斤

---

① 《厦门屠宰途罢业》，《新闻报》1933 年 3 月 28 日。

② 《物价上涨，民生急待改善》，《大公报》1946 年 5 月 13 日。

③ 《厦门零售物价》，《福建省银行季刊》1948 年第 1 卷第 3~4 期。

4 万元，核与目前门市价每斤售价五十四五万元，相差十余倍，亏损过巨，市府虽有议定将戏票船资附加拨补，尽皆空雷无雨，徒使屠户画饼充饥。如不获完满解决，今（5）晨恐仍难复业云。①

在经济萧条的时代，最可怜的到底还是那些炊无粮、食无肉、居无安的升斗小民。

---

① 《抗议理事长被捕，屠业昨日罢业》，《江声报》1948 年 7 月 5 日。

永安堂旧址

　　1922 年 8 月，虎标万金油成功抢滩上海。同时登陆的，还有头痛粉、八卦丹、清快水等仰光永安堂虎豹大药房的同系列产品。万金油号称"能治男妇老幼内外各科，或搽或食，百发百中"。就连"猪牛牲畜等，有疾病及皮肤破烂时"，也不妨一试。①

　　在病疫横生、医药短缺的时代，万民企盼的就是这等"包治百病"的"圣药"。于是，购销热紧跟着广告潮席卷而来。商界同人见"虎标"如此利好，万般艳羡，效仿之风随之而生。各种以狮、猴、熊、鳄、麒麟为商标的"万金油""万宝油""万应油"等踊跃上市，源源不绝。面对汹涌而来的"冒混影射"，打伪维权成了永安堂的一项主业。

　　1924 年据线报，厦门车加辘有万安堂药房，出售"金钱豹"牌"奇效万金油"，其"现用商标形式彩绘之大体，包装之纸色装潢，瓶盒之大小高低，内标之式样，影像之位置，无一不与永安堂相近似"②。永安堂遂以"有心冒混"之名，控告万安堂主于厦门地方官厅，然事"竟不能解决"。永安堂代表乃赴省会，具呈于省长公署及实业厅。省长萨镇冰体恤侨民创业苦衷，"即令实业厅长出示，禁止冒混，并勒令万安堂将其伪制之万金油销毁，此后不得冒混。并有明文到厦，训令思明县及警察厅，从严究办，竭力保护"。③ 永安堂的厦门打伪获得成效：

　　　　仰光永安堂虎豹行，因厦门万安堂吴拱璠冒制万金油，于商业前途有碍，特派代表胡珍灿、珍弄回厦交涉，并赴省垣控告。迄今数月，前经萨省长令厦门警察厅查复，后指令厦警厅并训令思明县，勒令万安堂将其冒制之万金油，勒令停止发售。厦门警察厅长奉令后，于 3 月 27 日令第二署萧署长派警察数名，到车加辘勒令万安堂，将其冒制之万金油

---

　　① 《普及众生》，《民国日报》1925 年 8 月 16 日。
　　② 《厦门吴拱璠以豹标假冒虎标万金油上诉平政院判决完全失败矣》，《南洋商报》1927 年 1 月 12 日。
　　③ 陈嘉谟：《永安堂代表回厦续》，《南洋商报》1925 年 1 月 7 日。

停止发售。如再发售，则必拿办。①

孰料吴某不肯服输，便以民告官，将省长公署告上京都主管行政诉讼的"平政院"，永安堂亦为同案"参加诉讼人"。经两年时间的等待，平政院审判厅最终判决，"福建省长公署之处分，并未违法，应予维持"，吴氏败诉。②

永安堂陷足万安堂官司期间，厦门方面的打伪行动并未停顿：

> （1926 年）4 月 17 日上午 10 点钟，警察厅派员率警 4 名，到城内砖仔埕，破获假冒永安堂虎标万金油 2 箱，计约 300 余打，又空玻璃瓶一桶，标头印刷品一皮箱。捕获假冒药油要犯吴关云、李宗保二名。即将该犯连同伪造据证，解至警厅。查虎标万金油，原为仰光永安堂胡文虎所创造，早已呈请官厅禁止假冒在案。不料假冒之案，屡次发生。故该堂常派代表来厦密查。日前查获某号所售虎标万金油，表面商标形色稍异，特向买一瓶，验之，果系赝鼎。因是呈报警厅，饬警搜查。惟据李供称，内外各埠，多有贪其价廉，向之交易者。审员大怒，以为此等奸商，贪图利己，不顾害人。顷已严饬警察勒令代售伪油各店，务将伪油悉数销毁云。③

1926 年 2 月，虎标永安堂将总厂、总行迁至新加坡。此后，虎标永安堂名气愈加大发，生意愈加扩大，仿效药也愈加增多。1930 年永安堂报告，已发现伪药 12 家，其中打头的就是"厦门纪心斋鸡标万应油"。这类药，所用的商标药名或装潢包样，与永安堂的药品"多有相冒混之处"。④

无穷无尽的"伪药"缠身，永安堂所能做的，只有寻求官方的保护。1932 年 9 月间，永安堂一揽子"将兽类，如猪、猫、熊、兔、狗、鳄、牛、羊、豹、豺、狼、马、鹿等标，径向实业部商标局呈请注册"，并获商标局照准。⑤

1933 年 6 月，福建省政府应永安堂咨请，通令省内 64 个县政府，对虎标系列药品出示保护。通告曰：

---

① 《假冒万金油案已结束》，《南洋商报》1925 年 4 月 14 日。
② 《厦门吴拱璠以豹标假冒虎标万金油上诉平政院判决完全失败矣》，《南洋商报》1927 年 1 月 12 日。
③ 《警厅破获假冒虎标万金油》，《南洋商报》1926 年 5 月 7 日。
④ 《虎标永安堂特别启事》，《民国日报》1930 年 12 月 9 日。
⑤ 《龙溪县政府布告（建字第 36 号）》，《江声报》1934 年 10 月 18 日。

虎标永安堂所创制虎标万金油、头痛粉、八卦丹、清快水四种药品，功力神效，活人无数，每岁畅销海内外，其数至可惊人。即以福建一省而论，穷乡僻壤，无所不届。其药力之灵验，有口皆碑，无庸多赘。近查福建省辖内，假冒影射虎标药品之奸商，实繁有徒。此种不法行为，不特有碍虎标永安堂之权利，且害及民众之卫生。虎标永安堂主人有鉴及此，因呈请福建省政府通令全省军政各机关，出示保护。业经蒙省政府批准令民政厅照办。民政厅即通令省会公安局，及福建全省64县县政府，出示保护。严禁假冒影射在案。现闽侯县政府已先出示禁止假冒影射，兹特制版刊之于左，使一般奸商知所注意！①

厦门官厅不敢落后，立即发布告示，称"冒牌影射，必干咎戾，合行布告，仰本市商民一体知照云"。②

推销"虎标"产品，闽南是个大市场。1933年10月，永安堂大药房厦门分行宣布开张，产品由代理上升为直销：

本堂创制万金油、八卦丹、头痛粉、清快水等良药，中外风行，活人无算，效力灵验，有口皆碑。年来在闽南销路日广，仅有代理难以供应，而各方复纷纷致函星加坡总厂，请在厦门设立分行。本堂因此特择定厦门镇邦路（即旧名港仔口）门牌50号（电话932）新建四层洋楼为行址。一俟装修完竣，随即宣告开始营业。总求采购便利，供给充足，销路普遍，付货迅速，以副爱护虎标良药诸同胞之雅意。谨此通启。③

11月17日，永安堂再刊启事，宣布厦门分行"现已装修完竣，择11月20日正式开始营业"，"无论本埠及各属来行采购，及函电订购，莫不欢迎"。④

胡文虎不愧营销高手。1934年10月，永安堂厦门分行大搞"周年庆"，胡文虎又把推销花样玩出新高度：

胡文虎近由德国定制轻气球一个，该球用电汽发动，能飞升天际，高可数千尺。球之下端系以绳及布织成虎标药品广告。由地面仰观，各

---

① 《福建省政府通令全省六十四县县政府出示保护虎标药品，严禁奸商假冒影射》，《江声报》1933年6月15日。

② 《市处布告——取缔冒牌，保护虎标药》，《江声报》1933年6月22日。

③ 《虎标永安堂开设厦门分行启事》，《江声报》1933年10月1日。

④ 《虎标永安堂厦门分行开幕启事》，《江声报》1933年11月17日。

样毕肖。该球先由德运抵星加坡升放，又转运汕放演。现特派放球技师孙集永与胡茂经，昨日抵厦，定 17 日在厦门永安堂分行天台放演云。①

1935 年，永安堂为业务扩张的需要，将行址迁往中山路：

> 本堂自制虎标万金油、八卦丹、头痛粉、清快水四种良药，治病灵验，早蒙中外人士所赞许。本厦行因镇邦路旧行址，不敷应用，兹订于5 月 1 日，迁于中山路门牌第 224 号，自置七层洋楼新行址，照常营业。恐未周知，特此谨告。民国 24 年 4 月 16 日。②

新楼的启用，激发了永安堂更大的营销欲望。"虎标"的广告，不仅能做上天际线，也能做到山体石壁上。1937 年永安堂租用虎头山石壁绘制虎标广告。不知何故，施工方闽南广告公司，将原先批准的广告面积 800 平方尺，"溢出许可范围四倍以上"，从而引起工务局的注意。工务局以闽南广告公司违约为由，撤销永安堂与闽南广告所订契约。由工务局与永安堂直接订立租约，"在虎头山西南石壁上面积 800 方尺，作为虎标广告地位，定期 3 个月为限"。③

胡文虎是"万金油大王"，亦是慈善大家。其施惠于厦人的，不止于"虎标"一端。厦门的凤屿监狱、中山医院建设，皆获其巨金赞助。对大同中学、双十中学、群惠学校等，亦助学有功。其他各类赈灾捐赠，则难以计数。

1945 年战后恢复，虎标永安堂一面继续维权打伪，一面参与进国内的复兴建设：

> 以"中国洛克菲勒"闻名于世之胡文虎氏，在过去曾以巨资援助中国革命运动及对日抗战。现又准备致力于复兴中国之大业。胡氏近由港经厦门、福州至上海，更于今晨抵南京，此为五年来重访首都之首次。胡氏对中央社记者谈，在过去数月内渠进行组织福建经济建设公司，开发福建，其资本额为国币 300 万万元，其中 100 万万元已过付。胡氏并谓该公司不久即将开幕，欢迎国内外华人投资。公司内分设若干部门，内有运输、电力、水力。④

---

① 《永安堂轻气球明日演放》，《江声报》1934 年 10 月 16 日。
② 《虎标永安堂厦行迁移新址启事》，《江声报》1935 年 4 月 26 日。
③ 《厦门市政府公报》1937 年第 25 期。
④ 《胡文虎致力复兴事业》，《星光日报》1946 年 12 月 15 日。

1946 年 11 月 15 日，"福建经济建设股份有限公司"发起人大会，在厦门举行开幕典礼，116 人参加。大会选举经建公司筹备委员会，胡文虎为当然委员。11 月 18 日，筹备会第一次会议，在厦门永安堂召开，胡文虎又票选为常委会主任。

经建公司奉行的是三大目标，"一为建国而努力，二为家乡而努力，三为侨胞谋出路"。① 但国内之行让热心家心寒：

> 11 月 27 日，永安堂主人飞到福州，这是今后事业根据地的省会，酬酢一番是需要的。在福州三天，受到公开的欢迎和招待，同时也受到半公开反对和驱逐。抗战前到处受人欢迎，列队献花，万人空巷的热烈情况，回想起来，该有不胜今昔之感吧。

> 29 日，老人怀着寂寞的心情飞返香港。在国内飞行一转，使他感到安慰的是：万金油始终销行不衰，出品不多，到处供不应求。使他感到失望的是，人们对于他已经没有战前那么热烈和尊重了。②

1992 年，永安堂主人再度成为社会热点：

> 厦门市侨办在省政府作出归还胡家房产决定后，积极进行落实归还胡家在厦门房产的工作。在厦门市房管部门的支持下，很快就退还了产权并在胡仙博士未正式前来接管前，将所收的房屋租金，悉数存入专门户头，并于今年一月根据胡家提供的有效法律文书，将腾空了的房产连同所有权证书，一并发给了胡仙博士。③

永安堂的新主人，很快地将中山路房产作出了新的安排：

> 侨谊商厦，是在胡仙博士对厦门侨务经济工作大力支持下创办起来的。1991 年底，厦门市人民政府将中山路永安堂产权退还给胡仙博士。当时，胡仙博士即明确表示，要将该房产的全部收入用于福建，用于厦门的慈善公益事业，要建立胡文虎基金会。获悉这个消息后，厦门侨谊经济贸易发展公司，当即向胡仙博士表示，愿意以租赁的形式经营该处房产。经厦门市侨办出面撮合，胡仙博士表示愿意将该房产租赁给侨谊

---

① 《经建发起人大会昨举行开幕典礼》，《江声报》1946 年 11 月 16 日。
② 《永安堂主人的悲哀》，《文汇报》1946 年 12 月 15 日。
③ 《厦门归还胡文虎房产》，《鹭风报》1992 年 12 月 30 日。

公司。今年 3 月，双方签订了为期 9 年的租赁合同。据悉，侨谊商厦今年上交的租金，将用于修缮永定的虎豹别墅等事项。今后，胡文虎基金的受益将面向全省各地包括厦门经济特区。①

---

① 《胡文虎的永安堂装饰一新》，《鹭风报》1993 年 10 月。

山水輿地篇

龙船礁

鹭江北端，有龙船礁在焉。其地因"早年每逢端午节龙舟赛后，龙舟搁置礁上"，故名；又因"常有渔船在礁上晒网"，而别名"帆礁"。① 方言中"帆"与"篷"音近，故"帆礁"又作"篷礁"。清人张锡麟有《篷岛夜泊》：

> 篷窗缭绕风声细，沙渚苍茫月色多。
> 自笑诗成题石壁，千秋烟雨任消磨。
> 注：四面环海，土人曰篷礁。②

1926 年，厦市开始修筑鹭江堤岸。第一期工程，由龙船礁始。1931 年，旧日岛礁化身平地，名曰"龙船礁新区"。新区内有海滨路、芦山路、罗浮路与龙船礁巷纵横，新貌焕然。

当初，周醒南填筑龙船礁，即"大肆宣传将来要建个国际大码头。龙船礁是划定为货栈区，海关大楼、常关大楼都要迁址到这个区"，③ 以此吸引各路财神解囊投资。尽管厦门海关也极想将旧楼改换新楼，但一经盘算，搬迁须购地三块，以"建造新的海关办公楼、两个验货场和两个码头"。此笔开销必定繁浩，官府买单自然无望，只能以地易地，而"原有海关办公楼本身，可能售款不多"；更何况，工程未动，腐败先行，"已有人正试图在整个交易中捞取钱财"。④ 风险重重，海关大楼、货栈新区等系列美愿，到头还是化为泡影。

周醒南计划落空，土地投资商们投下的巨资跟着打了水漂。印尼柯姓华侨，为周氏所惑，承买下"两段地皮，一段盖座五层的大写字楼，一段建货栈，准备捷足先登地来迎接国际大码头。结果房子盖完了，共计投资 20 多万

① 厦门市民政局编：《厦门市地名志》，福建省地图出版社 2013 年版，第 518 页。
② 转引自杨纪波：《龙船礁巷》，《玉兔篇》，第 56 页。
③ 郭景村：《厦门开辟新区见闻（1926—1933 年）》，《鹭江春秋》，中央文献出版社 2003 年版，第 188 页。
④ 《厦门海关历史档案选编》，厦门大学出版社 1997 年版，第 316 页、317 页。

元，而大码头连个影子都没有。因此这两幢大房子就空着很长的时间没有利用"。①

集美学校校友会，则盘算在龙船礁建造会所。1930 年 8 月，校友会向海内外校友劝募建所资金，预定总数为 10 万元。10 月，校友会"向厦门同益公司，购买帆礁地皮 65 方丈为会址，每方丈价 390 元"，但"捐款不敷，即以地皮为抵押品，向丰益钱庄称贷以付之"。至 1931 年 12 月，"因借款须还，而建筑费又艰于筹措，空拥地皮，尚无兴工之能力，且厦市受世界不景气之影响，地价亦有跌落之趋势。遂由丰益之绍介，将帆礁地皮售出。除扣起捐款本息，及清偿债务而外，尚有盈余"，其"收益计 599 元 1 角"。②

与集美校友会交易的"同益公司"，疑是"通益公司"的误写。1929 年 2 月时，通益公司联手宏利公司和香潮公司，合资 30 万，向市政当局购买地块。之后，三公司又与本地水果途商签约，打算在龙船礁盖建水果蔬菜市场。开发商们以为，在龙船礁贩卖水果，天时、地利、人和皆尽占得。与龙船礁相接的提督路头，清代以来就是本地的果蔬贸易聚散地，"鬻贩杂果、芋头、盐笋"和"各乡地瓜"。③ 在提督路头的带动下，提督街及其周边的磁街、老叶街、打铁街等，也步入水果菜蔬贸易的行列。宏利们以为，将水果市场向龙船礁迁移，既符合官方市政改造的大局，又与商家售货、买家购物、果船运输等传统习惯接轨。

精明的开发商，在现实面前还是落败了。早在宏利们设计水果市场之前，当局已和侨商杨德从的长裕公司有约在先，要在即将开辟的宏汉路（今镇海路）建设水果市场，长裕为此投资 50 多万元。1932 年 6 月，宏汉路成。次年 1 月，路政处发布通告：

> 查草仔垵堤岸边宏汉路之西，划为果子行贸易场所。业经先后通知，并派员参与该商开会，指导一切。现该处业已建筑完竣，限本年 2 月底一律迁往贸易。务必先事筹备，如限搬移，勿得托故推延，所碍市政。此不独利便市区进行，即该商营业前途亦可藉此发展也。仰各果子行即便遵照，特此通告。④

开发后的宏汉路水果市场，空有店面却没店家，水果途商无人响应。焦急万端的投资方要挟当局，请将市场 50 间屋"悉数收归公有，发还该行建筑

① 郭景村：《厦门开辟新区见闻（1926—1933 年）》，《鹭江春秋》第 188 页。
② 《集美学校 20 周年纪念刊》，1933 年，第 388 页。
③ 道光《厦门志》卷 2 "分域略"，鹭江出版社 1996 年版，第 31 页。
④ 《漳厦海军警备司令部临时路政处通告》，《江声报》1933 年 1 月 19 日。

款"。① 钱囊空空的官府，唯一办法只能再令"市内水果商行，务于 6 月 15 日以前，一律迁往宏汉路新行营业"；同时下令运输水果之果船，只能"在宏汉路前码头起卸，其余码头不准停靠"。②

迫于强令，6 月 10 日厦市水果行大搬迁。已迁 30 家，未迁 13 家。未迁商家中有 5 家，凭其外籍身份拒不听命。

最受伤的还是宏利、香潮、通益三家公司，建好的大批店屋闲置无用。于是，三公司致书当局称，厦区广大，"断不能只限于宏汉路，他处不准再建水果营业第二商场"之理；且说水果商场也可经营"薯芋菜蔬，与水果同类者"。若能建第二水果市场，"与长裕行两无所损"，当局又能得个"公平"的好名声，何乐不为？③

为争创第二果市，一些"行动派"店家，则"悬挂洋牌，搬移龙船礁，营业水果摊"。④ 官府也不愿示弱，派警捉拿领头的 7 名店东，由此又引来一番外交干涉。

进入 1934 年后，厦市地产随世界经济萧条而日趋疲软。鹭江道龙船礁"沿海一带新填海地，当时每一平方丈兑 2000 元，现在欲售 1200 元，亦无人过问"。⑤ 社会上一场反对周醒南、杨德从"倒卖国土"的"反周运动"，正勃然兴起。宏利等三公司，等来了反攻倒算的机会。1934 年 5 月，宏利建业公司致书"反周会"，倒查周氏堤工处旧账，声请"反周会"支援。其文道：

> 敝公司民 18 向堤工处订购龙船礁海地，全部 1900 方丈。除通益、香潮所购外，敝公司购四分之二，得地 950 方丈，计三公司缴纳报效费 8 万大元，填筑工程费 30 万大元，总共 38 万大元。当时明约工程限一年完成，并由三公司认献海地 400 余方丈，指明为建筑水上公安局及铁路局之用。讵堤工处工程迟缓，历 35 个月，方告完竣。公司损失不可胜计。而所谓建筑水上公安局等地 400 余方丈，竟尽数被堤工处所私卖。其地价至少 10 万元以上。且案图说，鹭江道及海滨道，各宽 6 丈，现缩少各宽四丈，余地 200 余方丈，除敝公司因联带关系，向周醒南收买 93 方丈，缴纳 38000 余元外，尚存 100 余方丈，地价又在 5 万元以上。此外又增加堤岸费 2 万大元。是敝公司被周额外勒索现银 58000 余大元，失地 500 余方丈，约 10 万余元。（民）21 年与水果业本途商订之预租契

① 《厦门的不景气，水果行七厘无人承租》，《江声报》1933 年 5 月 16 日。

② 《市筹备处布告，着水果行迁移宏汉路》，《江声报》1933 年 6 月 1 日。

③ 《龙船礁所建店屋，请准为水果第二商场》，《江声报》1933 年 7 月 3 日。

④ 《水果商六人仍拘押》，《江声报》1933 年 10 月 27 日。

⑤ 《一落千丈之厦门地价》，《江声报》1934 年 5 月 4 日。

约，就所填筑地抽出一部分建筑水果商店。乃周醒南私与奸商杨德从订立特许宏汉路为水果商店专利之契约，朋比为奸，私相授受，赶迁甚急。现敝公司经将行政处分违法情节，诉愿建设厅，请准取消原处分在案。兹幸贵会成立，请于清查堤工处账务时，准将敝公司被周醒南哄骗勒索部分，一并清查，有无列入堤工账内，藉明周醒南之责任，以便请求惩处云。①

诉求的最终目的，归结到恢复龙船礁水果第二市场的合法地位。但诉求仍被省建设厅给驳回了。

宏汉路的水果商场，好景并不长。经营几年后，众店家也各自搬到龙船礁芦山路营业。此后，帆礁成了"厦门最热闹的菜市场，其批发时间以早晨5—8点最热，零售则是全天候的。民国26年（1937），因填海建设的需要，厦门市蔬菜行又迁回镇海路。此时，厦门市的蔬菜青果业发展到206家（包括水果行）"。抗战胜利后，"幸存的菜行从镇海路再度迁回帆礁经营，商号主要有康兴、顺发、新顺和、瑞泰、瑞丰、良成等约50多家，一直延续经营到中华人民共和国成立初期"。②

厦市的市政改造，成就了龙船礁新区，也成就了鹭江堤岸和码头。在龙船礁新区沿岸，建立的新式码头有：第一码头，俗称"担水码头"；第二码头，俗称"龙船礁码头"或"典宝码头"；第三码头，俗称"罗浮路头"。

码头虽新，然而陋习依旧。码头生意，依然由各族姓把持。第一码头归"后麝纪"，第三码头归"丙洲陈"。而第二码头的情况，更为复杂。该码头"陈姓出资3000元补助路政处建造，纪姓未知其详，以为公家所造，将来均可通行"。初时，公安局禁止在此起卸果菜，陈纪两造也还相安无事。但后来禁令开放，"该处果菜得以自由起卸者。于兹数月，故屡起争端，未能解决"。③

1934年5月，当局联合市商会邀集两姓代表议定，"第二码头由陈纪两姓平分，南部属陈，北部属纪，并规定水果菜蔬等货由陈方工人搬卸，各项离货，则由纪方搬运，以均权利"。④ 两方代表皆感满意，遂签字为凭。

代表满意，底层的陈姓工人却不乐意，认为"公安局对该案似系判决，不类调解"，而且"解决办法，纪姓实占优势"。于是将怨气往纪姓宣泄：

① 《周杨之害》，《江声报》1934年5月16日。

② 《厦门市志》第三册卷24"商业"，方志出版社2004年版，第1829页。

③ 《呈报处理陈纪两姓码头争执及陈阿砖等击毙纪鸿分别拘获凶犯解办始末情形请鉴核由》，厦门特种公安局：《警政特刊》1934年。

④ 《陈纪两姓分南北各占一部》，《江声报》1934年5月12日。

（5 月 12 日晨）集合洪本部密议，分三路出发，水陆并进。比 10 时许，遇有纪敲等 2 人，在海面运载面粉赴典宝渡头，即被陈姓三工人持枪追击，幸未命中。11 时许，复有陈姓 3 人，伏在菜场角开枪，数响而散，仍未伤人。至 12 时，船员纪鸠参加新运大会，游行散队后，返至洪本部与河仔墘交界之同美柴米店门口，即被陈姓工人十数名追捕，开枪狙击，身中三弹，旋告毙命。①

闹出人命大案，当局不敢怠慢，警局先后逮捕涉案的 8 名陈姓人员，并交送法庭。

虽有官威律令，也无奈械斗频出，打斗势头愈加凶猛。1935 年 10 月 20 日，"灌口菜船到厦，原泊典宝（码头），纪姓拉之泊于担水巷（码头），因此又起争执，卒至械斗。各集百余人，或持扁担，或拾石角，打得落花流水。后经水陆警探弹压，始纷纷逃散"。②

"丙洲陈"子弟素称勇猛，不仅与纪吴两姓同安乡亲斗，本家亲族也不放过。1948 年 7 月 19 日，一场自家火拼发于龙船礁区域：

丙洲虽是陈姓一姓聚居，却因房子朝向的不同而有东西南北角之分。第三码头是本市蔬菜果子起卸地方，为了争取起卸的权利，东西两角曾为此发生争执。虽经该姓族长调解，但彼此仍不相让。据说发生血案的以前，双方曾各开秘密会议，决定以真刀真枪相见，并约定谁受伤致命，遗属生活问题由那些未死的人负责。到了昨天早上，冲突遂告发生，双方开枪互击，没枪的就以木棍或刀刃作为武器。一时鹭江道、洪本部、菜行、磁安街一带枪声像连珠炮似的响个不休。东西两角并非彼此列阵械斗，而是各个作战，有的闯进商家店屋楼上居高临下，有的占住人行道的柱子权作堡垒，看见对方的人就开枪射击。谁知螳螂在前，黄雀在后。甲正注精会神想向乙放一枪，不料丙却暗里向乙瞄准。据估计前后共放了一两百发。枪械有汤姆生，有驳壳，有大曲七等。幸亏彼此射击术欠准，结果仅伤了个陈臭殿，和一个守中立的南角的陈怡和……当双方大事斗殴的时候，鹭江警所急报上峰派队弹压，市警局遂令保警队和刑警队出动。但到了出事地点，双方早已闻风逃开。有的把枪械寄存别人家里，有的则四散避匿。③

---

① 《昨河仔墘命案，纪鸠遇伏枪杀》，《江声报》1934 年 5 月 13 日。

② 《昨日陈纪二百余人聚斗》，《江声报》1935 年 10 月 20 日。

③ 《陈姓工友自相械斗，东西角昨火拼激烈》，《江声报》1948 年 7 月 20 日。

1948 年 8 月 15 日，陈纪再肇事端。第一码头纪姓与第二码头陈姓，"因争卸货物，双方发生冲突。由抛掷石块而至枪火猛烈，相持时间达 30 分钟之久。长短枪声卜卜，约达二三百发"①。警方弹压，械斗始息。当日夜晚，双方又隔空放枪。次日"早晨复起冲突，一时石块交飞，枪声又起"。当局传讯双方负责人，进行和平调处。就在枪声的陪伴之下，双方终成协议：

> 窃陈纪二姓向无积怨，复无权利相争之处。此次不幸因细端误会，致起争执。兹经同人等协议，自本日起双方各自负责切实制止。至于双方责任问题（包括双方伤情重轻、医药、赔偿）另候调查竣事，由双方订期再议，采取和平解决，以求善果。至于肇事人由双方协议人负责调查，于二日内追送交浮屿警局依法惩办。倘任何一方有违反协议之举，协议人应负全责。纪姓代表人纪忠圣，陈姓代表人陈金聘。②

一纸空文，岂能羁縻众猛好斗之心。1949 年 3 月有消息传来，川走集美厦门的集美电船，"要舍弃第一码头，转靠第三码头"。③ 陈纪子弟又开始磨刀霍霍，伺机而动。集美电船公司有集美学校参股其中，电船主要运载集美学校学生，无多大油水可挣。为些许蝇头小利而将动干戈，众猛关乎的不仅是经济效益，更是"家族荣耀"了。

① 《陈纪工友开火》，《星光日报》1948 年 8 月 16 日。
② 《陈纪码头工友昨晨复起冲突》，《星光日报》1948 年 8 月 17 日。
③ 《为了码头权益之争，纪陈工友酝酿暗潮》，《星光日报》1949 年 3 月 9 日。

厦鼓轮渡码头

　　自鹭江海堤填筑以来，各式码头亦跟随开建。至1930年底，鹭江东岸已建成各式码头28座，内有甲种码头4座，停泊火轮船；乙种码头6座，停泊内地各种轮船；丙种码头18座，停泊小电船和舢板。[①] 遗憾的是，渡客频繁的厦鼓之间，依然靠舢板摆渡，专用码头阙如。

　　1932年底，报传越南侨商陈劫余，将莅闽考察，"拟集资开采龙岩矿务，筹筑厦门鼓浪屿过海电船码头"等。[②] 然陈氏此行，结果却不甚了了。

　　1936年10月，厦鼓之间开设轮渡新闻正式传出：

　　　　厦门鼓浪屿间，现决改用轮渡。其计划及预算，均经市政府呈省府核准，向交通银行商借10万元备用……今夏台湾人有创议集资举办厦鼓间轮渡者，但恐引起海上各姓之反对，且台人此举亦属侵权。因是市政府乃决定自己举办。拟于厦门鹭江道及鼓浪屿各建一铁趸船码头，长60尺，购柴油轮两艘，往返行驶，每艘可载客120人，由市政府向交通银行借款10万元，即以此码头及渡轮为抵押，按月拨还本息，二年偿清。草约已由厦交通分行呈总行请示。渡轮两艘及铁趸码头，已决由上海明锠机器公司承造。[③]

　　既然是"官办"，招标、贷款料必轻松搞定。谁知前途仍风波重重。

　　世代靠摆渡养家糊口的双桨船工，担心双桨客源将因轮渡而断绝。民船工会致书官厅，代表船工请求，要么准许轮渡由船工集资自办，要么给予失业救济。抵制轮渡，演变成一种行动。1937年6月27日的雨夜，来历不明的数十人闯入浮屿角轮渡趸船工场，将竣工在即的趸船撑走，抛弃于鼓屿后海面，任其漂浮。

　　1937年7月1日，厦鼓轮渡正式开航。然而是日，江面即生波澜。因鼓

---

① 《民16至19年底厦门建设一览》，《江声报》1932年4月14日。

② 《陈劫余筹设厦鼓电船及龙岩矿务》，《江声报》1932年12月13日。

③ 《厦门鼓浪屿间将举办轮渡》，《大公报》1936年10月22日。

屿一方，新设码头建设未竣，厦鼓渡轮只能借用旧码头起落。工部局却以"厦鼓轮渡创设，对该局双桨牌照费收入不无减少"为由，禁止电船靠岸卸客，致使"自厦开鼓全船乘客无法登岸，全数乃由原轮船载回厦门"。最后由市府出面交涉，应允由市工务局每月暂付鼓屿工部局 150 元，弥补其双桨牌照费损失，电船方允复航。①

工部局该年度的报告书，对此亦有记载：

> 本年中厦门市政府工务处，与本局订立合约，创设厦鼓轮渡。盖本局体念此后双桨船户生活之比较困难，特准豁免其牌捐。是岁入意外受亏，且轮渡码头之增派警探，加备电灯，岁出自然膨胀。故不得不由轮渡月征租税弥补亏损焉。从兹厦鼓交通上显有进步。②

轮渡开办未及期年，即遭厦鼓沦陷。轮渡被日商福大公司强占，原有 4 艘渡轮，至战后仅余 3 艘，"码头浮船及船只已破损"。③

战后，轮渡回归。其时物价狂涨，轮渡负债甚巨。市府生怕负担不起，便改轮渡"官办"为"商办"，招商承包经营。此后，轮渡承办权三度易主：

1946 年 4 月 1 日至 1946 年 9 月 31 日，由永泰行承办。

1946 年 10 月 1 日至 1947 年 10 月 1 日，由万兴行和民船工会联合承办。

1947 年 10 月至 1949 年 10 月，由新轮渡公司承办。

其实不管谁当家，渡轮的安全，始终是绕不过的难题。

光复之初，厦鼓轮渡有渡轮"厦安""厦禾""厦兴"三艘。厦安轮"船身为集美学校所有，内部机器为中国银行所有，由敌伪拼凑而成"，不久即被集美学校索要回去。厦禾轮，在"拖带起卸救济品驳船时损坏"，一直处于待修状态。只剩下厦兴轮在厦鼓间唱独角戏，因"川走不息，机器颇受损坏"，终于被迫停航。④

万兴行承包期间，有"厦兴""厦禾""海兴"渡轮三艘，1946 年 4 月 30 日三船遭双桨船工或毁或沉。虽经修复，"厦禾""厦兴"景况皆甚不佳。

> 现"厦禾""厦兴"两轮均老朽不堪。当局不早设计修葺，而尚勉强维持行驶。该两轮船身破漏，有朝不保夕之概。水恒洋溢舱中，机件亦腐坏。中途停顿，任波漂流，每日发生十数次之多。乘客对此均不满

① 《厦鼓轮渡纠纷解决》，《大公报》1937 年 7 月 6 日。

② 《鼓浪屿工部局报告书（1937 年）》，第 7 页。

③ 《厦门交通志》，人民交通出版社 1989 年版，第 60 页。

④ 《厦鼓轮渡不绝如缕》，《江声报》1946 年 3 月 6 日。

意。最使人惊骇者，尤以客已满舟，犹任意售票，无普通常识。乘客争先恐后，不知利害，均攀登而上，致船偏簸一方，殊有相当之危险。[1]

1946年9月，"厦禾"轮几毁于风：

前日台风袭厦，猛烈异常，海陆均蒙受损失，厦鼓交通顿时宣告断绝。轮渡4艘，其中3艘受损。双桨多艘毁沉。迨至昨晨风势稍戢，厦鼓交通乃告恢复，但轮渡仅有厦禾一艘往返而已。至晚9时许，该轮乘客百余名由厦渡鼓，至江中机件突然损坏，该轮在黑暗随风跟浪漂流。登时船上乘客哗然，大起恐慌，求救之声不绝，状至危险。直漂流至洪本部江面附近，始有一海关电艇前来救援。因该艇艇小力微，乏力将轮拖回，最后乃有招商局之汽艇驶来拖回，而登彼岸。乘客饱受一场虚惊，乃告脱险。[2]

同年11月，"厦兴"几毁于火：

厦鼓轮渡厦兴号于昨下午1时许，载客百人左右，由鼓开厦。至塔仔附近，司机纪乃成添加电油，因有人抽烟，触及电油，火势甚炎，冲出机房之外。司机纪乃成及司舵黄文意面部及衣服均着火外，搭客黄希宏（前轮渡员，现在海军炮艇任职）见火势猖獗，急取船员棉被掩扑，亦被波及。另一搭客衣袖亦着火。少数善泅水之人睹状，急跃入海中。当火起时邻近电艇，急行赶至。卒由亚细亚阳台山号用灭火器灌熄。搭客则由救济署、中央银行等电艇搬载至厦。[3]

他如因机件故障而中途断航、随波漂流之事，更是时见报端。

1947年6月10日，"厦兴"轮"载客驶至半海，突因机件损坏，船即随浪漂流在东坪海面"。[4]

1947年8月7日，"厦兴"轮"驶至鼓海附近，机件发生障碍，而轮上司机等，以时近12时，竟置之不修理。船中乘客以咫尺天涯，上岸不得，小舟见有机可乘，复高索渡资，每名500元"。[5]

---

① 《五通惨案，或重演于厦鼓》，《江声报》1946年9月30日。
② 《暴风雨袭击下的灾区》，《江声报》1946年9月27日。
③ 《昨厦鼓轮渡船中途突起火》，《中央日报》1946年11月25日。
④ 《厦鼓轮渡多流多病》，《厦门大报》1947年6月11日。
⑤ 《昨夜轮渡中流断航》，《厦门大报》1947年8月8日。

1947 年 8 月 15 日，新入列的"金华"轮，"驶至半海，机件突生障碍，欲行不得。是时适值潮流湍急，一时控制不住。且该船又无铁锭及号笛设备，故随海潮飘流而去"。①

1947 年 8 月 16 日，"金华"轮"由厦开鼓，中途不幸机器又告不灵。彼时潮流颇急，无能控制，仍然只好随波向嵩屿方面流去"。"厦兴"轮奉命驶援，自身"机件亦告障碍"。②

1947 年 8 月 18 日，"厦兴"轮"甫离鼓码头，机件即告失灵。虽无风浪，惟已失自主，只随流飘荡至海关码头附近"。③

停驶漂流之事，大都发生在深夜。乘客惊吓状态，可想而知。社会舆论指责承包商黑心，不舍得花钱改善渡船；承包方则责怪市府，物价同涨却不许船票提价。

1947 年 10 月 1 日，"新轮渡公司"接盘轮渡。东家虽易，而痼疾依旧。

1947 年 11 月 1 日，由旧船改造的"九龙江"轮，"至中途，机件突告不灵"，"于海中飘流，历一时许"。④

1947 年 11 月 27 日，"九龙江"号机件失灵，临时租用的小汽船也随后机件失灵。原有的"厦禾""厦兴"二轮或修或坏，厦鼓轮渡遂告断航。⑤

1947 年 12 月 1 日，"厦兴"轮启行，"甫离岸数码，机件即告失灵。因海潮湍急，波浪甚大，厦兴轮遂随浪飘流，至三丘田码头附近，始得抛锚"。⑥

1947 年 12 月 28 日，"九龙江"轮"中途机件失灵，遂告停流海中，随风逐浪，危险殊大"。"厦亨"轮驶近营救，途中"亦告机件受碍。二船互绑，再飘流海中"。⑦

1948 年 4 月 11 日，新船"轮渡 4 号"，行驶中"司舵竟将船驶撞礁石。船尾破裂，船后铁舵折断，破孔入水，妇孺震惊"。是晚，"厦禾"轮"由厦开鼓，甫行海中，进退机复告不灵，船身不能前进。斯时适因潮涨甚急，该船随潮被流至第五码头海面"。对航二轮集体告病，遂由帆布艇一艘临时搭客。帆布艇航行不久，"再告机件失灵"。厦鼓再告停渡⑧。

---

① 《轮渡机件不灵，随波飘到嵩屿》，《江声报》1947 年 8 月 16 日。
② 《轮渡再告漂流》，《江声报》1947 年 8 月 17 日。
③ 《非至渡客死，当局醉不醒》，《厦门大报》1947 年 8 月 19 日。
④ 《轮渡财多身弱》，《厦门大报》1947 年 11 月 2 日。
⑤ 《机件失灵，昨晚轮渡停航》，《江声报》1947 年 11 月 28 日。
⑥ 《轮渡改换面目，仍是多愁多病》，《厦门大报》1947 年 12 月 2 日。
⑦ 《厦鼓轮渡哀歌》，《厦门日报》1947 年 12 月 29 日。
⑧ 《轮渡一夜两样事故，一只触礁一只漂走》，《江声报》1948 年 4 月 13 日。

此时的轮渡票价，正随市面物价暴涨，日高日上。有打油诗道：

> 评议宝座我当头，擅准票价增不休。
> 狐群□然偏狗党，强把民膏作应酬。①

说的是官商勾结，船资飙升。尽管票价飙升，渡客依然"夜半惊魂"。

1948 年 10 月，新轮渡公司接办一年，据报公司已"向厦门港汪炎辉造船工场定制新式电船一艘"，"并向美国定购最新油渣引擎一台，以备装配该船"，② 总算是有了好消息。

然而，更多的还是坏消息：

> 厦门轮渡码头浮坞，因年久失修，生锈破损，昨晨 10 时许，有数处破洞被海水浸入，下沉数尺。经轮渡公司派人用棉被阻塞漏洞，始勉强支持。惟该公司以市府不准加价，无法修理为理由，即乘机藉词停航，致来往过客望洋兴嗟，深表不满。③

1949 年 7 月，又传恶耗：

> 厦鼓轮渡 4 号轮，昨晚 8 时许由厦驶鼓，至半海，与外来之内港轮相碰。该轮渡机件即告失灵，随浪流至西仔渡头海面。乘客大受惊骇。嗣由该公司 5 号轮驶往拖至鼓轮渡码头云。④

这大概是在给旧时代一个告别礼吧。

---

① 《厦事感咏——轮渡增票价》，《厦门日报》1948 年 1 月 18 日。
② 《厦鼓轮渡公司，添造新式电船》，《星光日报》1948 年 10 月 29 日。
③ 《浮坞失修漏水，轮渡昨曾停航》，《江声报》1948 年 11 月 8 日。
④ 《厦鼓渡轮飘流出海》，《厦门大报》1949 年 7 月 5 日。

黄家渡和龙头渡

民国时，台湾诗人王少涛游历厦门，作鼓屿渡头诗二首：

黄家渡

潮声绿涨黄家渡，山色青横白鹭洲。
海树斜阳秋万里，徐徐双桨拨归舟。

龙头渡

斜阳绿树隐红楼，带水盈盈接海流。
舟子渡前争唤客，轻艘双桨集龙头。[①]

早时的黄家渡，仅是木制的简易码头。1926 年华侨大亨黄仲训斥资几十万元，将码头周边海滩填平，新建码头一座，因名"黄家渡"。

黄家渡以南有龙头渡，客货兼载的双桨小船在此泊靠，故又名"双桨码头"。

双桨即舢板，是厦鼓两端渡客往来的主要交通工具。清末英国传教士麦嘉湖，有过亲身体验：

我们来到一个码头，发现周围聚集了大量的舢板，每艘船的船头都指向登陆处，并用钩具插入筑成码头的石板之间，使船牢牢地固定在某一位置上……这些舢板可以舒适地让两人就座，桨手站在船尾，脸朝船头，而乘客坐在船的前方。舢板很安全，它们全天候地横渡海湾，确实很少发生事故。当然，本地人租用舢板时，人数要远超两人。有时看见多达 12 或者 14 人挤在船头和船中，直到船吃水很深，看上去似乎只要再受一次海浪的冲击，船就会连同乘客一同沉入海底。[②]

---

① 王少涛著：《王少涛全集》，台北县文化局 2004 年版，第 410 页。
② 〔英〕麦嘉湖著；龙金顺等译：《中国南方掠影》"第四章 厦门"，鹭江出版社 2015 年版，第 134 页。

黄家渡、龙头渡，是由鼓渡厦的主要渡头；由厦渡鼓，则可从水仙宫、妈祖宫、岛美、港仔口等渡头搭乘。和往轮船上拉客载货的双桨不同，对渡厦鼓的双桨，价格明白合理，故风评尚佳。光绪三十二年（1906）时的行情：

> 厦门与鼓浪屿遥隔一水，港面颇阔，来往人多，两岸渡船如梭如织。前每渡船载客 8 人，每人渡资 8 文。以每遇狂风时虞倾覆，现订定新章，每渡只准载客 6 人，渡资每人 10 文，不许过额多载，如违提究。[①]

1930 年的行情是：

> 其往返厦鼓间者，则有定价，日间凑伴每人铜元 7 枚，特雇小洋 2 角，可坐 6 人。夜间凑伴每人 1 角，特雇 4 角，限坐 4 人，年节加倍。[②]

码头争载是常事。1935 年 11 月，厦鼓双桨船工拒绝对方在自家地盘载客，专门渡江群殴。经调解定下规矩，双方船户只许在对方码头下客，不许载客。尽管空载蚀本，但也换来鹭江水面的平静。

一年后，江面平静再被打破。1936 年 10 月 13 日，民船工会召开紧急会议，主议题与新建轮渡有关。民船工会称当下官府创设轮渡，"虽事属便利交通，然对于水上数千民船工友及数万工友家属之生活，并未兼筹并顾"。为求双桨生计和公共交通之两便，最好的办法莫过让轮渡由民船工友集资自办。[③]

官府以"公共交通事业官办为宜"回绝了船工的请求。但却有人直接逾越谕令，擅设渡轮：

> 厦门台湾公会……竟于本年（1937 年）4 月 1 日起，私设电汽轮渡，往返厦鼓，假称载医院护士为名，实行发卖载客预约券，每本大洋 2 元，即可用搭载 60 次。厦鼓乘客，利其迅速便利，载资低廉，无不趋之如鹜，致全体双桨所恃仅有之生活，均被剥夺殆尽，甚有终日不得一饱者。其痛苦之甚，实不堪言。查厦鼓摆渡，为数百双桨工友生活之命脉，近年遭逢景气不振，收入锐减。维持衣食，尚感困难，更何堪横受

---

① 《渡船不准逾额载客》，《申报》1906 年 3 月 11 日。

② 陈佩真等：《厦门指南》第六篇，"同文书库·厦门文献系列"第五辑（6），厦门大学出版社 2022 年版，第 249 页。

③ 《厦鼓轮渡，民船请自办》，《江声报》1936 年 10 月 14 日。

意外之剥夺。况轮渡关系海面交通，为政府建设之计划之一，尤不容外籍之人得以越俎代庖。①

在官民的共同反对下，"台湾公会"被迫停止侵权行为。但厦鼓轮渡的实现，却是刹不了车的事。厦鼓舟子只能退步，请求失业救济。1937年6月，鼓浪屿民船分会260户工人联名请愿，请当局能"示信于民，迅筹救济办法，拯民等于水火"。②

自构思创设轮渡始，官府就许诺救济船工，并有"救济厦鼓失业双桨船工友委员会"组建。然而如何救济，方案始终秘不示人。船工们称之为典型的"口惠而实不至"。

1937年7月1日，厦鼓轮渡正式开航。7月21日，厦鼓双桨宣布全面罢海。

是日晨7时，"各工友遵约，将厦鼓各码头双桨全部停泊于厦鼓两岸"，厦鼓水面只有工务局的渡轮独自往来。赶巧的是，原本二艘渡轮此时偏偏坏了一艘，"自晨至晚，鹄立厦鼓两岸码头候船者，随时有数百人之多"。此日，鼓屿的船工情绪尤为激烈，"8时许，群起骚动。对于由厦赴鼓之客准予登陆，而于由鼓过厦之客则向前阻止，不许登上轮渡过海。同时对轮渡驶鼓，亦鼓噪不许靠岸。一时形势，甚为紧张"，工部局"急派探捕劝止"。鼓屿船工200余人，又结队"至龙头街掠取食物"，"各饭店、各食物店，均被抢食一空。食后各向店东称，我等因难忍饥饿，故向贵店光顾。所该款项，请为记账，改日奉还"。下午，厦鼓船工400余人往市府请愿，市长李时霖亲出接见。李市长称，政府本无救济工友生活的法定义务，然为人道计，决定以36000元为救济资金，"创办一种农业，安插失业工友，务使你等子子孙孙之生活得有保障"，在此种救济办法未实行前，另又"拟定临时津贴，每人每月4元，藉资救济"。并称还有永久救济办法正在计划中。船工们"认为满意，欢然而归"。③ 是日晚7时15分，厦鼓交通恢复。民船工会决议向每户船户抽收5分，共260户，其钱款作为龙头街店户损失的补偿。

市府的救济工作，报章进行追踪：

> 厦鼓轮渡实行民船工友之临时救济，已决由7月份起，每人每月补助4元。其永久救济办法，亦在计划中，据闻10日内即可解决。但救济

---

① 《厦鼓轮渡官办，台湾公会擅设汽船卖券载客》，《江声报》1937年5月16日。

② 《鼓屿民船请市府救济》，《江声报》1937年6月28日。

③ 《厦鼓桨船昨晚复业，将推代表参加救济会》，《江声报》1937年7月22日。

范围，系限于龙头、黄家渡、岛美、水仙路、妈祖宫、港仔口等6渡头之船工。而鱼仔路头、同文路头、西仔路头、和记路头、三丘田、河仔下、新路头等船户，以无损失，不在救济之列。①

为防止有人混取救济，专设的"救济委员会"对失业双桨进行登记，登记时间10天。结果显示，"厦门双桨登记数目225只，鼓浪屿267只，合计482只"。②

1938年3月31日，市府社会科召集厦鼓双桨船工代表，表示救济船工一节"政府未尝忘怀，特为时局影响，借款艰难，致未切实办理"，现市长已令救济会召开会议"切实商定救济办法"，并"饬属筹款，以应救济之用"云云。③

然而，救济未至，岛难爆发。在厦岛沦陷的日子里，厦鼓双桨船工，共同饱受敌伪的摧残，"所有船只，多遭敌伪摧残，无从营生。因是改业者有之，避往内地者有之，幸存者仅十分之一"。待等厦鼓光复，船夫重整旧业，"鼓浪屿双桨有120艘，厦岛约70艘有奇，仅为战前二分之一"。④

光复后的鹭江，繁忙依旧，双桨与轮渡的宿怨也依旧。1946年4月17日，轮渡的一次失败的航行，导演出双桨船工的再度大规模罢海：

> 盖轮渡自归商办后，除以"厦兴号"常川外，近又有该处商借"海兴"电船一艘与"厦兴"对航行驶。所有搭客类皆搭乘轮渡往来，遂致影响双桨收入。双桨工友原已大感不快。昨午轮渡"海兴号"载客由厦渡鼓，至近鼓屿海面，机件损坏，随波飘荡。将近附龙头码头，因船未能靠岸，轮渡船夫呼援于停泊鼓屿码头之双桨工友，求为协力拉船靠岸，双桨竟皆目视不援，轮渡卒乃自行设法靠岸。惟该码头原属双桨载客起落之处，当时码头警士为维持秩序，欲尽逐双桨离岸。由是双桨与轮渡误会更深，认为警士受轮渡指使，随即停运，卒成双桨罢海。而据民船工会称：双桨工友近常来会诉述厦鼓民船收入，几已全部被轮渡占夺，双桨工友生活日困。⑤

罢海船工要求，"轮渡限定一艘行驶，每次须停留15分钟"，市府"以

---

① 《十四渡头民船工友请一视同仁，统予救济》，《江声报》1937年7月30日。
② 《失业双桨登记400余只》，《江声报》1937年8月8日。
③ 《市府未忘救济厦鼓船工》，《江声报》1938年3月31日。
④ 《厦鼓海面双桨仅及战前半数》，《江声报》1946年3月26日。
⑤ 《为生活受威胁，厦港舟子罢海》，《江声报》1946年4月19日。

轮渡系为便利交通，不允其请"。最后由商会出为调解，议定轮渡客票每名加收5元，将用于救济工友。① 此闹尚未消停，更大乱子接踵而至。

4月29日晚，轮渡"厦禾轮"与鼓屿双桨发生碰撞。次日上午，鼓屿双桨工人百余人，驾小舟30余艘，直抵鼓浪屿轮渡码头，将停泊码头的"厦禾轮"船员及轮渡职员围殴，"并将厦禾船身及机件全部折毁后，转往英领署前海面，将海兴轮折毁凿沉"。另一艘渡轮"厦兴轮"，刚驶近码头，双桨舟子又一拥而上，再将船员扭打，搭客们被赶落小舟，然后将船凿沉。警察赶至，开枪弹压。船工再度啸集，欲殴警察。市警局得讯，急派保安队、水警大队增援。于是，鼓屿双桨工人集体罢海，并封锁海面。厦岛来的载客双桨，悉被强迫载回，厦鼓交通全面告断。②

此后一周余，厦鼓水面只剩双桨摆渡。当局被迫向海军要港部商借前日军登陆艇渡客，以维交通。

1946年9月，第一轮轮渡承包商永泰行承包期满，新一轮招标由万兴行得标。之前，市府曾有规定，无论何方得标，都须民船工会参与合办，并拥有一半股权。此举颇遂船工心意，众人"乃倾粒积血汗，或向亲友告贷，踊跃入股"。谁料战后的物价飞涨、员工增薪，逼得轮渡负债累累。提高票资又遭市府拒绝，船工蒙受损失至巨。③

1947年9月，第二轮承包期满，承包权转移到"新轮渡股份有限公司"手上。万兴行和船工们大感不满，以为轮渡亏损皆拜市府不肯提高票价所赐。前时承包，曾有"原承包人有优先承租之权"之规定，而如今"市府并未征求原承包人继办与否，竟组织新公司"，明摆着就是严重的失信。而这"新轮渡公司"的"资本定额10亿元，内经建公司3亿元，银行界3亿元，市府官股2亿元，而以2亿元招自民间股本"，明摆着又是"以官豪资本垄断民间福利事业"。④

民船工会提出三选一方案，或将三年救济金36000元按时下白米市价折算给付；或从电船所有票价抽三成专门救济民船；或让民船参与投资，股本占在半数以上。⑤ 然而，市府无视民船要求，强行接管轮渡。于是，新一轮罢海开始。10月1日，接管之日码头与电船不见一人，民船客运亦一同停摆。接管人员无从接管，渡客更是望洋兴叹。⑥ 第三日之后，方有部分双桨

---

① 《鼓屿舟子暴动，毁沉轮渡三艘》，《江声报》1946年5月1日。

② 《鼓屿舟子暴动，毁沉轮渡三艘》，《江声报》1946年5月1日。

③ 《民船工友发冤启，揭轮渡黑幕》，《厦门大报》1947年9月21日。

④ 《民船工友发冤启，揭轮渡黑幕》，《厦门大报》1947年9月21日。

⑤ 《民船工会三要求，请轮渡任择其一》，《江声报》1947年9月25日。

⑥ 《市府昨日接收轮渡，厦鼓罢海断绝交通》，《江声报》1947年10月2日。

重新渡客。

当局不得不重新直面双桨救济之事。此次市府的方案是：以两年为期，每月转业民船10只，被转业的民船发给转业辅助金，每船300万元。这些接收转业辅助金的民船，必须是龙头、妈祖宫、水仙宫等码头的民船，并且已经在市府社会科登记在册。民船转业辅助金的出处，从轮渡票资项下提取，按月交由"民船工友转业辅助委员会"保管应用。[1]

虽说是渐进转业，逐步救济，但处于"救济"与"转业"之外的舟子，仍须为生存而斗争。

1947年11月27日晚，轮渡各渡轮，或因入坞维修，或因机件失灵，"自6时半起，轮渡即告停航"。渡头小舟"遂乘机抬高渡价。聚伴者每人1500元或千元不等，专雇者每只索价达15000元以上"。[2]

传统的双桨，如今已无法与渡轮竞争。舟子们的"生财"之路，只能仰祈于厦鼓渡轮的故障了。

---

① 《救济厦鼓双桨决定辅助转业》，《江声报》1947年10月9日。
② 《机件失灵，昨晚轮渡停航》，《江声报》1947年11月28日。

厦港避风坞

厦港古时有"澳仔"港湾，由西南向东北延伸，抵达演武亭前。澳仔与海相隔有半岛一座，人称"玉沙坡"。玉沙坡又分北南二段，分别以"沙坡头"和"沙坡尾"称之。

有玉沙坡的庇护，澳仔就一天然的避风地。前人有诗句，"厦港渔村海作田，玉沙坡尾泊渔船"，[①] "白鹭洲边玉作沙，帆樯摇荡起惊鸦"[②] ……咏的就是当年的港湾景象。

20 世纪 20 年代的市政建设，打破厦门岛的天然格局。玉沙坡和澳仔港湾，也成为鹭江沿岸改造规划中的一部。

初版的改造计划，遵照厦港鱼行业的意见，保留澳仔入海口的一段湾面，让渔船停泊避风。其规划，"由打石市路头起向东弯折，成一类似梯形之港湾，堤线至此成一巨大之缺口。其外面长度近 2000 尺，将来本拟在此 2000 尺之断口，仍筑特别之海壁，仅留南北两口，以便船只之出入"。[③] 建成后的避风坞，将依傍着鱼行密集的鱼行口，方便渔获的交易。

厦港渔民却不赞同。他们"以为该处难以避风"，因此"请愿改筑于沙坡头后之海湾以内"，也就是在沙坡尾一段。市政当局也算开明，采纳了渔民的意见，"避风坞之建设，根本为渔船生命起见。渔民既有若是请愿，当然接受其所提议"。[④] 于是，沙坡头后的澳仔湾面，被填筑成民生路等街区；而沙坡尾，从此也有了避风坞一段小小的水面。

虽说沙坡尾有了避风坞，但充其量也就是临时建筑，渔需设施设备都等着添补完善。然而几年过去，渔民们心心念念的后续建设，始终没有动静，

---

① 王步蟾：《鹭门杂咏》，《小兰雪亭诗集》，"同文书库·厦门文献系列"第 1 辑（1），厦门大学出版社 2016 年版，第 52 页。厦港避风坞前事，参看《厦门故迹寻踪》之"厦港玉沙坡""沙坡尾避风坞"等文。

② 黄瀚：《玉沙坡》，《禾山诗钞》中卷，"同文书库·厦门文献系列"第二辑（2），厦门大学出版社 2017 年版，第 166 页。

③ 彭禹谟：《鹭江海堤计划概述》，《福建省建设厅月刊》第 3 卷第 6 号，1929 年 6 月。

④ 彭禹谟：《鹭江海堤计划概述》。

坞内却惨状横生。1931年7月，厦港160户商铺人家联合致函有关机关：

> 窃民等素操渔业，以船为家，一遇飓风，危难万状。所赖以保障者，避风坞也。前时民等所恃无恐之天然避风坞，经路政处填充公路，乃指定电灯厂后至福海桥之小港地点作民等避风坞所。阅今多年，尚未开浚。港道浮浅，实难容避。现又被杉行石铺杉石乱围于港口、港内，而沙船及各种小舟亦任意系缚，港口几塞。似此唯知己便，不顾人危，若遇飓风，再碍两难（坞未开浚，港道浮浅，一遇飓风，不足够避，一难；港口本狭，又围杉石舟船乱缚，一遇飓风，阻碍船运，多启争端，二难），民等危险，诚难言状。为此故特沥情环恳钧长察核，俯准出示严禁，并乞转咨路政处从速开浚，以杜危机，而安船运，实为德便。[1]

工程延滞，其实未必尽出于懒政。沙坡尾的避风坞，实在入不了市政当局的慧眼。他们以为，这样的避风坞，容量实在太小，而要扩大就要拆迁。拆迁的本钱，却又太大。他们有着自己的打算：

> 厦门避风坞原于沙坡头，则自打石字路头起，向南至电力公司前2000尺缺口止。近经堤工计划两处：一在镇北关外，俾全港货船、渔船、小轮船为避风坞；一在笕箬港筑避风坞，使小电船、舢艇等入避风波。亦于最短期间完成之。[2]

所谓的"镇北关外"，也就是今天厦大白城海滩外的那片湾面。当局的建设思路是：

> 镇北关下胡里山外，有天然之海湾也。其面积比较沙坡尾之坞为大，其位置又近于渔船进口之方向，其布置有天然之胡里山伸出海中，与最险恶之波浪来向约成直角，实为一强固之破浪堤也。现在厦门市区扩大，惟因地形之限制，难得平坦之地区。沙坡尾后，自大学、民生两路通后，新市区已应时建筑。默察将来市区繁荣，必发于厦门大学。今既有镇北关外天然港湾，如能增添人为工程，则其结果与功效当较沙坡尾后之坞为大。其利益不仅能使沙坡尾填成新市区，增添公家之收入而已也。[3]

---

① 《厦港渔民商店请辟避风坞，并取缔滥系船只》，《江声报》1931年7月18日。

② 《厦门工商业大观》"第三章 市政"，1932年。

③ 《路政处拟筑镇北关避风坞计划书》，《江声报》1932年12月29日。

而具体的工程，当局也有计划：

> 胡里山伸出之部分，为一天然之截浪堤，再沿沙滩与波浪并行方面，填筑石块。防浪堤暂定1500尺（高出海关潮标零度上14尺），内部沙滩大半已为填筑鹭江堤挖深。其有应挖之部，仍可利用挖深，以至零度以下4尺为度。内海汽车路再筑斜坡堤岸一部分，则避风坞成矣。①

理想是完美的，但计划只在纸上。走船之人，实在不能靠画饼充饥。眼看着盛产台风的季节即将来临，他们焦虑地致书当道：

> 本市自革新以来，市政日臻繁荣，对海上安全保障从未顾及。操水上生活者，无日不在危险中。当每年夏秋之候，港面常受海洋巨风浪之打击。在堤岸未筑以前，尚有浅平沙坡可以逃避。现沿岸伸筑高堤，浅滩变成陆地，沿陆既均深港，无异汪洋。设有升旗山警报恶讯，其如避险无地何。追溯民国5年废历七月廿六日之风灾，港内船只无论机器帆橹桨，均一无所留。又同年八月初四日之灾患，亦受损失过半，人命死亡，数以千计。殷鉴前辙，不寒而栗。近年长江一带，常发生江涨水灾，损失之惨，令人痛心，政府亟谋设防补救。厦港飞灾实较江涨尤为厉害。查江涨不过江水高涨，来势非急；而厦港水灾更加巨风暴浪之助威，水上生活实有朝不保夕之堪虞。鉴往思来，避风坞之设，实急不容缓。查厦埠浮屿角海滩、鼓浪屿内厝澳、厦港电灯厂边，与鼓浪屿升旗山脚等处，均有天然避风之良坞，若加以建筑，施以设备，则水上数万谋生之苦力，各获保险。其建筑费所需，应不甚巨。素仰钧长关怀民瘼，用敢恳请准予饬令工务、公安两局负责设计建筑，以安航业，而维民命，实感德便云。②

"厦港电灯厂边"的避风坞，也就是沙坡尾避风坞。此坞不但没加建设，反将被填没。厦港民愤异常：

> 市工务局拟将厦港避风坞填为陆地，嗣经厦港保民反对，因而中止填筑。惟近复派工往填，已填好四分之一。厦港保民以该避风坞，闻系厦港商业非鲜，乃派吴安民于昨日下午3时，请市筹备处制止工务局填

---

① 《路政处拟筑镇北关避风坞计划书》，《江声报》1932年12月29日。
② 《驳船工会呈市处，请于厦鼓分设避风坞》，《江声报》1933年7月30日。

筑。市处对此允令工务局缓再继续填筑，并一面派员前往查勘。如可保留原有之避风坞，即当保留云。①

说是"保留"，顶多也就是"备胎"。当局的眼光，仍然死盯在镇北关外：

> 本市自建筑堤岸以来，往来于内港之帆船鱼船，均苦无处停靠。前路政处曾拟辟厦港避风坞，以便寄泊。惟其处地狭，容纳船只无多。故现工务局曾拟改设他处。然无适当地点，迄未解决。至兹乃闻该局已拟在胡里山至海港检疫所间，辟一避风坞，外围筑以防波堤，坞内沙土则加以挖深，如此可容纳一千号帆船。计须工程费20万元。此款现在设法筹集。如能凑足，即行兴工开筑。否则，仍开筑厦港避风坞云。②

当局的暧昧态度，让厦港的团体和个人很不满意。厦港民众召开"保民大会"，自发成立"厦港筹建避风坞委员会"，并议决自行筹款建设避风坞。此案提出，甚获市政当局赞许。工务处特发布公告：

> 去年8月间，奉思明市政筹备处令，据厦港公民代表吴安民等呈请，依照原定计划开辟旧坞，以利渔运等情，饬查到局，当将上述情形呈复在案。嗣复据该代表等呈请，收回已售地段，由保民组织筹建厦港避风坞委员会，负责筹款建设等情前来。本局以此种建设当属可行，经派员与该代表及购地人磋商收回地区办法，并拟定建设避风坞具体方案，以利进行。现查一切计划及关于坞边应收用之区地，业已规定，除呈报外，合行布告。凡管有该收用范围内之地者，务须于一个月呈验正式契据，以凭给价收买。逾期不缴，以公地论。不得藉故阻扰，切切此布。③

除了收回已售出的地块，对破坏避风坞的不良行为，工务处也作明令禁止：

> 查厦港避风坞工程，现正积极筹备建设。其第一步，即在浚深坞底泥土，以便低潮时船只可以停靠，故对于附近居民倾倒垃圾于坞内者，

---

① 《厦港避风坞将填为陆地》，《江声报》1933年8月4日。
② 《市工务局拟建设大规模避风坞》，《江声报》1933年9月7日。
③ 《避风坞界内民有地段，限一月缴契俾给价收买》，《江声报》1934年2月11日。

亟应从严取缔。兹由本局议定，取缔倾倒垃圾规则三条如左：1. 凡倾倒垃圾于避风坞范围内者，查出责令掘起；2. 凡违犯本规则二次以上者，除责令将垃圾掘起外，并处以1元以上10元以下之罚金，以充避风坞建设费；3. 取缔倾倒垃圾事宜，责成筹建厦港避风坞委员会办理。如有违犯本规则三条者，准由委员会拘送到局罚办。①

然而，卡住建坞脖子的，还是经费的短绌。避风坞的兴筑工程，全部"约须4万余元"，原计划向渔户征募一部分，但省方不准。其余的办法，唯有卖地。"筹建避风坞委员会"，"现有地600余方丈，每方丈以旧价80元计算，则全部脱售，可得4万余元。而以目下地价低落，如每方丈以五六十元脱售，则全部仅可得3万左右元"，工程费用如果"善行处理，尚可应付"。②

1938年5月之后，厦港避风坞的状况，更加惨然。延至1949年，情况仍未好转：

> 厦港避风坞，为本市渔民及过境船舶避风之处，关系渔民之生命财产至大。该坞因历年失修，致淤浅不堪，尤以港口沙砾被水冲积，几濒塞绝。船舶进出，颇感艰难。若不急予修浚，一任溃坏，一旦飓风袭击厦海，船舶避风无地，将招致不堪设想之损失。因此，市渔会乃于前日委托熟谙工事者测勘。据称：单以港口稍加疏浚，至少须挖掘70立方丈。每方丈工资需白米2市担，共应白米140市担。而该会因经费匮乏，乃于昨代电市建设协会，要求如数拨款协助，以便鸠工清竣，而利船舶云。③

镇北关外建避风坞，早成旧案，为人忘却。沙坡尾避风坞，才是厦港渔民避风保命的唯一。

在新的时代里，避风坞有过几次修整，如1957年的一次：

> 厦港避风坞前（12）天开始动工修建。修建后的坞口底宽将由原来的7公尺，扩大至20公尺，顶宽将达到26公尺。可以让两艘4丈长的大钓艚自由对开进出。坞底将比原来挖深1公尺，小潮时较大的渔船也可以顺利出入。全坞修竣以后，可容大小渔船300到500艘。
> 厦港避风坞总面积有31000平方公尺，是渔民的"家"。解放前坞

---

① 《避风坞内倾倒垃圾罚则三条》，《江声报》1934年3月2日。
② 《避风坞工程殊迟滞》，《江声报》1935年2月28日。
③ 《渔会请贷款清浚避风坞》，《星光日报》1949年3月12日。

内泥沙淤积，人民政府在 1952 年曾经疏浚过一次。但由于坞内受山洪和海潮夹带的泥沙的淤积，现在坞内泥沙约有 50 公分厚，坞口也堆积了大堆海沙，大艘渔船已无法进坞。[①]

1969 年，厦港避风坞再作大规模整治。工程涉及水产、航管、交通等多部门，动用市区、郊区、惠安、龙海等 11 个公社的 120 多艘大小载泥船和 800 多名劳力，耗时 8 个月，清除淤泥 8 万多立方米，挖去坞底岩石 3000 多立方米。1970 年元旦避风坞重新启用：

> 修建后的厦门港避风坞，可停靠大小船只 300 多只。114 米长的堵口防沙堤伸向深海，成为拦流沙、挡巨浪的铁臂。屹立在防沙堤上的两座高高的导航灯标闪耀着红光，指引着船舶安全进坞。新建的 3 座码头分布在坞的四周，可供千担以上渔船同时装卸渔货。宽 3 米、全长 369 米的石砌马路，平坦坚固，可供汽车通行，及时地把水产品送到工厂、农村、市场。坞深水清，载重量千担的渔船，不受大小潮水的限制，畅通无阻。它不仅是我市内外海渔船和运输船的一个良好的避风港，也是一个较完善的民用运输港。[②]

这种格局延续多年，基本保持，直至坞内泊舟消失。此后的避风坞，又成别样风光。

---

① 《厦港避风坞再次动工扩建》，《厦门日报》1957 年 6 月 14 日。
② 《厦门港避风坞工程胜利竣工》，《厦门日报》1970 年 1 月 3 日。

鳌岗与朝天宫

朝天宫，位于厦门古城西门之外，是厦城老牌宫庙之一。有竹枝词道：

[序] 西城外有飞凤穴，里人建朝天宫以镇，谓之"飞凤朝天"。

城西阙耸碧霄高，丹穴居然凤振毛。

五色祥云扶翠辇，排空隐隐列仙曹。①

朝天宫又称"上宫"，不知起盖于何年，但重修却与施琅有关。《鹭江志》载曰：

上宫在西门外，坐鳌岗面海，祀天妃。御赐"神昭海表"匾额。将军施琅平台时，祷神默相，后军中乏水，祝之得泉。大兵抵鹿耳门，水涨数尺，联舰并进，遂获全胜，皆神所赞，表奏建庙旌勋。雍正年间，钦赐祀典。②

康熙二十二年（1683），施琅率军征台。凯旋之后，施琅捐资在厦门城边重修朝天宫。施琅刻碑记曰：

皇帝御极二十有二年冬，余平海凯旋至止（此），总兵罗士鉁进曰："厦之城西，有天妃祖庙旧址，今海疆底定，请为重兴。"余乃捐俸以与，罗总兵概董其事，复募有心力者共之，既告成，爰记之云。③

同时又奏报朝廷，请为妈祖加封。康熙皇帝顺应臣心，"敕建天妃神祠

---

① 萧宝棻：《鹭江竹枝词·飞凤》，刘瑞光校注：《厦门竹枝词辑注》，厦门大学出版社 2023 年版，第 3 页。

② （清）薛起凤主纂：《鹭江志（整理本）》，鹭江出版社 1998 年版，第 29 页。

③ （清）薛起凤主纂：《鹭江志（整理本）》，第 29 页。

于其原籍莆田县湄洲，勒有敕文以纪功德，随又加封天后"。① 妈祖由此从"天妃"升级成"天后"。

雍正三年（1725）、四年（1726），台湾监察御史禅济布、福建水师提督蓝廷珍先后上章，奏请为妈祖"亲洒宸翰，制成匾额"，并声言要将御匾复制三份，"一奉于天后原籍圣祖敕建之祠，一悬于厦门镇祠中，一悬于台湾府祠中"。② "厦门镇"，指的便是水师提督衙门所在的厦门城。

雍正皇帝爽然应允，按翰林院拟好的字样，题写下"神昭海表"四字。

雍正四年（1726）九月十二日，雍正题字到厦。蓝廷珍召集文武官员，"郊迎至署，恭设香案，望阙叩头"。礼毕，召工匠制作匾额。同时又将御书摹本和设计好的匾式分送湄洲、台湾两地。是年十二月十一日，"所有厦门天妃神祠"题匾悬挂完竣。数日之内，台湾、湄洲两地官员陆续报告，悬匾仪式已分别于十一月二十八日和十二月十一日举行。③

在为妈祖申请牌匾题词的同时，蓝廷珍也不忘为妈祖的先辈申请追封，欲使"圣德弥彰而神功愈显"，④ 雍正爽然应允。

朝天宫旁旧时有林氏宗祠，供奉林氏列祖列宗。民间的歌仔册唱道：

> 林氏宗祠好地理，坐城向海真合宜。
> 洋装体式格外气，大姓宗亲多无比。
> 中龛进主五千二，边龛二千也不止。
> 进有祖先大福气，春冬二祭万年期。⑤

林姓是厦门的大族，其宗祠自然气度不凡。金门文士林豪作诗道：

> 忠孝家传异姓王，于今庙貌有辉光。
> 九闽苗裔分枝远，一水禾江衍派长。

---

① 赖都：《为天后效灵请御书匾额事题本》，《妈祖文献史料汇编（第一辑·档案卷）》，中国档案出版社 2007 年版，第 26 页。

② 禅济布：《为请赐天后祠匾额事奏折》，《妈祖文献史料汇编（第一辑·档案卷》，第 24 页。

③ 蓝廷珍：《谢恩疏文》，《妈祖文献史料汇编》（第一辑），第 27 页。

④ 蓝廷珍：《题为神功显著仰恳睿鉴特加恩褒事》，《妈祖文献史料汇编》（第一辑），第 25 页。

⑤ 《改良厦门市镇歌》，王见川等编：《台湾宗教资料汇编》第 2 辑第 2 册，台北博阳文化事业有限公司 2010 年版，第 89 页。好地理，好风水。外气，洋气。进主，逝者牌位摆入祖厅内。

回溯藩封垂燕翼，新修寝宇枕鳌冈。

衣冠跄济如云集，莫忘诒谋俎豆香。

肇基未就世途更，赖有吾宗贤父兄。

白鹭洲中成众志，金鳌背上萃群英。

楼收螺髻如屏列，门俯鸥波似镜清。

千里助工情自厚，应思缔造费经营。①

林氏宗祠又称"林忠孝祠"。与妈祖庙不同，忠孝祠里妈祖的神像是站立姿态。李禧言道："厦地朝天宫有天后立身像，人谓像原坐身，适帝昺过此，像起立致敬，帝不及命之坐，故植立至今云。"李禧称其说"不值一哂"。②

另有较为靠谱的说法，在列祖列宗面前，林默娘仅是小辈，当然不宜高坐，就只能一旁站立了。

朝天宫所处之地，称为"鳌岗"。"鳌"字当头者，大多关涉文化。宫庙旁原有紫阳书院，只是后来迁往厦港去了。《厦门志》记曰："紫阳书院，前在西门外朝天宫，康熙年间移厦门港。"③

清末民初，有"宝善小学"借地朝天宫。

宝善小学：该校为许葆桢等创办于清宣统元年。假朝天宫为校舍，历任校长：许葆桢、萧培榛、叶根源、吴录修、杨景文。民国6年（1917）停办。④

继宝善之后，则有林氏宗族子弟学校"鳌岗小学"。

该校为厦门长林家族自治总会创办。民国8年（1919）2月由林昆陵、林志义、林清溪、林古徒、林庆生等发起，名曰"鳌岗小学"。初设于思明东路，继建筑于大同路69号，聘林觉为校长。校舍宽敞，建筑

---

① 林豪：《厦门西城外新建闽林始祖晋安郡王祠堂告成喜而有作，示当事菽庄先生暨梅国、景松、淑星、淑材诸君子二首》，《诵清堂诗集》"小巢居五草"，卷12；《台湾先贤诗文集汇刊》，台湾龙文出版社2006年版，第283页。

② 李禧：《周仓坐像》，《紫燕金鱼室笔记》，北京广播学院出版社1995年版，第110页。

③ 道光《厦门志》卷2"分域略"，鹭江出版社1996年版，第42页。

④ 民国《厦门市志》卷12"学校志"，鹭江出版社2021年版，第379页。

堂皇，设备完善，生数发达。（民国）27 年（1938），厦岛沦陷，员生疏散，校具被敌伪摧毁。（民国）34 年（1945），厦土重光，由林纯仁等倡议复校，（民国）35 年（1946）冬，重组董事会，开始募捐，重新设备。（民国）36 年（1947）2 月开课，聘林英仪为校长；7 月林君辞职，林泉声接长，努力经营，生数骤增。现开 8 班，生数 350 人。前毕业 12 届，450 人。校舍间格 12 间，面积 60 方丈。经费来源取给于基金及学费，并派员海外募捐，以资进展云。①

1931 年时，省府见失学儿童过多，便拟在全省推行"强迫教育"，并特设"义务教育试验区"于闽侯、厦门二地。厦地"城市试验区"，设于城区中心处。所办学校，称为"简易小学"，专为正式小学门外的失学儿童而设。"试验区"致学生家长"通知书"言：

> 本试验区义务简易小学校课室，已设备在雅化女学校后面及朝天宫前进。兹定 6 月 1 号，凡未就学之儿童（6 岁起至 15 岁止），不论从前有无经调查员登记，为其父兄保护人者，均须于是日送儿童入上面指定学校就学。如再延误，本试验区为普及儿童教育起见，唯有遵照福建教育厅督促就学办法第 10 条办理，将保护人姓名在通衢公布，或科以罚金。②

简易小学将原定初级小学的 4 年教学内容，择要于 3 年内完成。学校的校舍、设备等，名符其实地简易：

> 校舍：共二处。一在大同路朝天宫内，计教室二，面积各 324 方尺。原由走廊加盖成的，从前为警兵驻所。大门内两边厅作为办公之用，面积各 36 方尺。所剩天井一，面积与教室同，作为露天礼堂和唱游之所。另一处是思明东路雅化女校比邻，是向民家借用的。本可为两间教室之用，后因种种阻碍，只剩面积 260 方尺的住房，仅够为一教室。所以校舍面积是非常地狭小，而光线、空气、方向，都没有一样适用的。③

---

① 民国《厦门市志》卷 12 "学校志"，第 355 页。
② 《昨日起思明实行强迫教育》，《江声报》1931 年 6 月 2 日。"雅化女学校"，在傅厝巷内，即后来的思明小学，现在的思北小学的分校区。
③ 郭养钟：《思明城区义教简小几个实际困难问题》，《义务教育》1932 年第 3 期。

这般"简易小学"也未能维持多久，就被学制仅一年的"短期小学"所代替。

鳌岗最热血的一段情事，发生在厦门抗战的前夜：

> 本市鳌岗小学，倡组儿童抗敌后援会，曾经发出宣言，呈请党政机关备案。昨晨，该会集合儿童200余名，内分步枪队、大刀队、歌咏队、宣传队、国术队、救护队等，由朝天宫鳌岗小学出发，经民国路、司令部口、中山路，直进轮渡码头，沿鹭江道一带，转过开元路、思明北路、大同路、镇邦路，即在海后路教育人员战时工作团会议厅，由郑科长亲临训话三点：（一）读书时应勤修课程。（二）课余应负救亡工作。（三）要训练强壮体格，预备将来杀敌云云。最后，儿童代表致谢词，再集队游行，沿途歌咏，高喊口号。①

鳌岗小学倡组"儿童后援会"的建议，得到广泛的响应：

> 本市鳌岗小学林志林及民校陈汉春，倡组儿童抗敌后援会，参加者有岐西保儿童抗敌大刀后备队，负责人孙嘉禾；怀德保儿童抗敌歌咏宣传队，负责人洪炳煌；连西保儿童杀敌大刀总队，负责人洪荣元。及山仔顶儿童40名，编为特务队，负责人为谢清溪；定安路儿童40名，亦另编为大刀队。其余各队，亦已由该会组织部前往组织。该会为互通声气，联络情感，特函请各该负责人及儿童代表，于本星期日上午9时，在鳌岗小学开联谊大会。②

12月26日的联谊会，议决成立"厦门儿童抗敌会"。后经当局指令，"儿童抗敌会"更名"儿童抗敌后援总队"。总队首次会议，议决6条：

> （一）精武会刘金泉，乐助教练儿童操演大刀；通俗社话剧团洪悟人，乐助指导儿童表演话剧。即函聘刘金泉为国术总教练，洪悟人为话剧总指导。另函聘抗敌会歌咏员戴世钦为歌咏总指导。
>
> （二）订2月15日下午2时，在中山公园举行各队总会操。
>
> （三）议决31晚，本队全体参加火炬大游行，并订是晚6时，在鳌岗正门集齐出发。

---

① 《儿童抗战后援队昨大游行》，《江声报》1937年12月20日。

② 《儿童抗敌编五队》，《江声报》1937年12月25日。

（四）儿童抗战读物，现尚缺乏，应积极筹备儿童抗敌刊，二月内出版。每队各设投稿箱一个，欢迎全厦儿童投稿。

（五）凡有参加本队各单位，由总队发给白布旗一面，以参加先后分列队数，并发黄色布环，分给各队儿童佩带，以资标帜。

（六）行函通知各队具条向总队领取用笺信封，以备应用。①

七年兵火，市井损毁，人丁分离。光复后，各宗族亟待重聚家族力量，林氏宗族亦重启祭祖典仪。1946 年 3 月，林氏家族自治会启事道：

本月 4 日（即古历二月初一日）上午 9 时，为我始祖春祭之期，凡我族亲希即到会公祭。此启。②

1946 年 11 月，林氏宗祠理事会又有启事：

涓古历十一月初一日（即 11 月 24 日）上午 10 时，致祭林氏始祖。凡我宗亲，届时希各准临本堂拈香是幸。定 12 时入席。林忠孝堂理事公启。③

鳌岗小学也在恢复中。1947 年 1 月，报章消息：

本市林氏互助会筹备会，以鳌岗小学因沦陷停办，决定募集基金于下学期复校。兹查该校复校基金，本市已募集 700 万左右，预料鼓浪屿、禾山、厦港继续劝募，可得 1000 万元。现决定下学期开课。④

一个月之后，鳌岗小学又连续发布招生通告：

本校为鼓励清寒学生入学起见，特订定第二期招生办法：

（一）一年上新生及一年下、二年下、三年下、四年下、五年下插班生，各若干名。

（二）清寒学生给于半费及免费优待，各费按月分期缴纳。

---

① 《儿童抗敌队将练习大刀》，《江声报》1938 年 1 月 17 日。
② 《长林家族自治会启事》，《江声报》1946 年 3 月 4 日。
③ 《江声报》1946 年 11 月 22—24 日。
④ 《鳌岗小学下期复课》，《江声报》1947 年 1 月 13 日。

来校儿童希速到校报名。[①]

　　曾经的鳌岗，依旧静卧于大同路与思明东路之间，然而已非旧观：昔日的林氏宗祠已无踪可寻；旧时的鳌岗小学，变身为"思北小学"，书声依然；朝天宫历经毁弃而今重建，却也只能藏身街巷深处，默默地为俗世祈福。

---

① 《私立鳌岗小学第二期招生通告》，《江声报》1947 年 2 月 22 日。

旗尾山 █

英雄山"在鼓浪屿西南部，高程64.7米，旧称旗尾山。后解放厦门岛时牺牲解放军官兵安葬于此，故改今名"。[①] 山间曾辟为"百鸟园"，园区"占地近7000平方米，共有冠冕鹤、火烈鸟、丹顶鹤等中外名鸟100余种1000多只。内设珍禽寨、孔雀台、涉禽池等景区"。[②] 如今，百鸟飞去，余下绿地，易名"琴园"。

旗尾山间，早时有过德国人痕迹：

清同治九年（1870），德国在鼓浪屿鹿礁建立领事馆，其馆址与英国领事馆相毗邻。同时在旗尾山修建领事住宅。第一次世界大战德国战败后，该领事馆撤销，领事也撤回。[③]

1931年时旗尾山的德人居宅，租赁为"中国婢女救拔团"收容院，有告示曰：

本团经租得鼓浪屿崎尾山顶德国领署旧址（即前新华中学校舍），为婢女收容院。该址位置高旷，园林清幽，占地十余亩。经本团鸠工修理，景象一新。唯院中布置千头万端，非广集意见，妥为计画，莫臻完备。特定8月15日下午2时起，招待本团在地团员到院参观，各抒伟见，共决大计。该院院务委员会另备秩序数条助兴，藉表欢迎。凡我团员，务希准时出席，勿外为荷。此告。

中华民国20年8月12日，主席许春草。[④]

"中国婢女救拔团"，简称"婢拔团"，以反"蓄婢"为其办团主旨。

---

① 《厦门市地名志》，福建省地图出版社2010年版，第483页。

② 《厦门市地名志》，第483页。

③ 福建省地方志编纂委员会编：《福建省志·外事志》，方志出版社2004年版，第30页。

④ 《中国婢女救拔团通告》，《江声报》1931年8月14日。

"蓄婢"者，旧时陋俗。人云"漳泉之间有恶俗焉，五洲所无，厦门尤甚。俗喜买贫家少女为婢"①。厦志亦云，"喜蓄婢，家虽不丰，亦百计营购一婢"②。时至民国，此风犹然。1932 年市公安局调查称，厦市"养有婢女者，统计 1696 户。其中养婢最多者，有的至 26 人。五六人至三四人为数最多"，全市婢女"至少亦有 2580 人以上无疑"③。

伴随"蓄婢"的，就是"虐婢"。虐婢最轰动的，有 1929 年的"红花案"：

> 厦门石埕街新建成绸缎铺号东李文学，住居梧桐埕门牌 15。文学之妻田娟，养一婢，名叫红花，年 25 岁，被文学欲纳为妾。其妻田娟因辱待之，婢不堪虐，屡求别配，文学不从。3 月 13 日之夜，文学与婢同房，田娟不悦，即痛打一场，更用铁箸炼火，由阴户插入。翌晨婢疼痛不安，自服毒药。正在迷乱，文学知之，请西医周慕卿调诊。先生言服毒过重不可医。但至 12 早 6 点气喘尚未绝，文学即向凤仪宫边臭耳买薄棺收埋。④

事闻于世，全城暴怒。地检机关以"妨害自由、伤害、帮助自杀"等罪，对李文学提起公诉。⑤ 同年 9 月 7 日，思明法院以"帮助自杀罪"，判李有期徒刑一年。李不服，上诉。1935 年 12 月，省高院复审，判道："原判决关于李文学罪刑部分撤销，李文学无罪。"⑥

婢女脱难，何其艰难。民国元年（1912）9 月，鼓屿设立"保良所"，由收容孤贫儿童做起。后"保良所"改称"济良所"，"专为收留逃难之倡妓、婢女、弃妇。内设有缝纫科及工读班，主管机关系公安局"。⑦ 民间则有"婢放会"，取意于"婢女解放"。

在救婢运动中释放更大能量的，是 1930 年成立的"中国婢女救拔团"：

> 民国 19 年 10 月 4 日，建筑公会负责人许春草倡设"中国婢女救拔

① 陶浚宣：《鹭江老婢行》，郑云鹏辑：《师友风义录》，《台湾文献汇刊》第 4 辑 第 12 册，九州出版社、厦门大学出版社 2004 年版，第 64 页。

② 道光《厦门志》卷 15 风俗记，鹭江出版社 1996 年版，第 518 页。

③ 《厦门市婢女之多》，《兴华》1932 年第 29 卷 第 50 期。

④ 《厦门李文学毒杀女婢红花案》，《闽侨半月刊》1929 年 3 月 15 日，第 49 页。

⑤ 《轰动一时之厦门虐婢案》，《时报》1929 年 4 月 8 日。

⑥ 《悬案七年，红花案判书昨公布销》，《江声报》1935 年 11 月 26 日。

⑦ 陈佩真等：《厦门指南》第 5 篇，"同文书库·厦门文献系列"第五辑（6），厦门大学出版社 2022 年版，第 194 页。

团"，收容受害的婢女，并自任该团团长。该团团址设在鼓浪屿旗尾山原德国领事馆内（即今英雄山气象台）。被救拔出来的婢女集中于收容院里，称为"院生"。经费主要靠建筑公会提供及组织婢女演戏的卖票收入。该团历时 10 年，共收容 100 多位婢女，直至民国 30 年才宣布解散。①

救拔团为婢女提供生之救助，也因救婢而官司缠身。1931 年有林自逊投奔收容院，称其幼时被父母卖与大同路黄添丁家为"苗媳"。黄家却将其当婢女使唤，百般虐待，近日又欲将其卖与娼家。救拔团依照团章，收容林自逊，又照章为其选择婚配。讵知林氏行踪，被故婢主黄添丁侦知，遂将婢拔团及林自逊夫妇告上法庭，控婢拔团以"诱拐"之罪。法院终以"以婢女救拔团未立案，不能成为社会团体，系私人行为"，判救拔团败诉，"和诱"之罪成立②。尽管社会黑暗、法治不公，却无法撼动婢拔团将"正义人道，充分伸张"③之目标，也难以阻遏婢女们改变命运之欲求。1935 年，收容院统计：

鼓屿婢女救拔团收容院，创设已 4 载，收容婢女至现在已有 120 人，出嫁者 35 人，在院 85 人。兹将本年该院婢女及婢主姓名查志于后。1 月 20 日，收容柑仔 1 名，年 9 岁；猜仔 1 名，年 12 岁。1 月 21 日，收郑菊花，年 12 岁，婢主陈秀英，住四丛松。2 月 8 日，收容 2 人，（1）李春梅，17 岁，（2）春桃，16 岁，系陈国辉第三妾秀莲之婢女。2 月 18 日，收 1 人，名新来，15 岁，婢主黄奕住。2 月 17 日，收 2 人，（1）林牡丹，13 岁；（2）陈香仔，15 岁，系陈国辉第四妾蔡瑞棠之婢女。④

婢主们视婢女为私产，救婢之路百般被阻。然，"废婢"依然不可逆地成为社会的主流。1936 年消息：

厦门市婢女计 1932 人，已成年者 801 人，未成年者 1031 人。经市政府拟具办法，呈由省府核示如下：（1）婢女应无条件解放，卖身契当然失效，毋庸追缴。（2）已成年婢女，应改为雇佣。（3）已成年婢女，

① 《厦门市志》第二册卷 18 民政，方志出版社 2004 年版，第 1350 页。
② 《林自逊出嫁案，婢女救拔团被控》，《江声报》1931 年 8 月 8 日。"和诱"，旧律名，指以种种诱惑方法使未满 20 岁之男女或有配偶之人脱离监护人或家庭。
③ 《中国婢女救拔团各地同志钧鉴》，《江声报》1931 年 8 月 14 日。
④ 《婢拔团收容婢女人数调查》，《江声报》1935 年 2 月 22 日。

如不愿受养主雇佣者，由市政府征求本人同意，代为择配，其必须收容者，应由市政府拟具办法呈核。(4) 未成年婢女，由市政府督饬公安局及保甲人员，随时查察，严禁雇主虐待。[①]

要想彻底动摇"蓄婢"制度的根基，任务依然艰巨：

鼓屿婢女救拔团，创立六七年，先后收容婢女约二百余人，现尚留于收容院者，尚有百人以上。然该团由事实上之考察，婢女制度并未动摇，婢女数量并未减少，甚至婢女生活痛苦未稍改善。……中国法律尤其是最近的宪法，对此万恶之野蛮制度，亦有明文规定废除。鼓屿工部局，更发表实行废婢运动，甚而已经实行按户调查。但婢女仍然陷在烈火坑内，究竟尚是没有人真正实行去救拔她。因此该团决加紧废婢运动工作。特定今 (30) 日作废婢示威运动游行，并于 14 日该团成立第六周年纪念，假鼓屿鹭江戏院开游艺大会，以资纪念。[②]

婢女救拔团成立 6 周年的纪念册上，刊载有《收容院院歌》：

凡女同胞热血沸腾，竭力斗争女界平等。
唤醒人群畜婢恶制，努力破除以雪毒流。

中国婢制施行已久，许多女子被迫杀死。
愿吾国民竭图振救，救拔婢女人生大道。

幸有仁者牺牲一切，奋不顾身尽量救济。
把吾婢女出火坑中，共得平等同受教育。

愿吾国民实行实施，大公为义待人如己。
如果婢制完全消灭，中国必然造成自强。[③]

---

① 《厦门市实施禁止蓄婢》，《福建县政》1936 年第 1 卷第 5 期。
② 《婢拔团今日示威》，《江声报》1936 年 9 月 30 日。
③ 《收容院院歌》，《中国婢女救拔团第六周年纪念报告》，第 6 页。

升旗山 ▮

　　鼓屿海岸有"升旗山"。该山"原名石窟山，山形略似弥勒佛，又称弥勒山。1877 年海关升旗信号由白鹿洞迁来该山，改今名"。①

　　1925 年时黄瀚先生作升旗山诗：

> 相风何处似铜乌，立向竿头候有无。
> 鹿耳礁边试登览，小山高矗水萦纡。
>
> 日日竿头转辘轳，浯江江外又飞轳。
> 人家最盼南归棹，合改山名号望夫。
>
> 衔尾频传接舳轳，当年狂浪窜鸥凫。
> 巍然白鹭洲前立，堪作中流砥柱无。②

　　"铜乌""辘轳"等语与升旗台测候有关。升旗台在升旗山顶：

> 升旗台是一座两层小楼，上层是望室，屋顶为平台，竖有升旗架，升旗杆下半截是铁管，底部圆径最大有 80 公分，上去逐渐细小，据说它是取自 1876 年触礁沉没在厦门港入口处的青屿北面一只英国双桅帆船"LUNAN"号的桅杆。这作为升旗杆的顶端，套上约为桅杆三分之一的硬木，上架两横木，升挂信号。信号有两种，一种是各色各样的旗帜，分别用来通知海关派员下轮检疫，引航入港、指示轮船停靠泊位；一种是用形状不同的旗，预报台风日期、风向、风速及经纬度等。③

　　厦地多台飓。台飓二风，同而有别。《厦门志》解说道：

---

① 《厦门市地名志》，福建省地图出版社 2013 年版，第 483 页。

② 黄瀚：《鼓浪屿升旗山》，《禾山诗钞》，"同文书库·厦门文献系列"第二辑
(2)，厦门大学出版社 2017 年版，第 209 页。

③ 杨纪波：《升旗台与升旗山》，《地名漫话》1998 年自印本，第 41 页。

海中之飓，四时皆发，夏、秋为多。所视气如虹如雾，有风无雨，名曰"飓"。夏至后，有北风必有台。信风起，而雨随之，越三四日，台即倏来。少则一昼夜，多则三日，或自南转北，或自北转南。必候西风，其台始定，然后行舟。土人谓："正、二、三、四月发者为飓，五、六、七、八月发者为台。"台甚于飓，飓急于台。舟在洋中，遇飓可支，台则难受。盖台风散而飓风聚也。①

风飓为灾。除了狂风，"当台风登陆或影响厦门市时，全市范围经常出现持续 2~3 天的暴雨"②。水涨船毁、屋倒树拔、伤害人命等，各种祸害随之而生。单以民国三十余年计，厦地台飓台为灾者，至少达于十次。即便 8 级以下的"大风"，也有很强的破坏力。

升旗山上的风球旗语，尽管不能免灾，却能警示避灾。如：

（1892 年）上月廿四日午后，厦门鼓浪屿升旗山悬挂风信旗廿余面。识者谓税关已接电音，知小吕宋现有台飓，早晚即至。厦谕令停泊港中船只预防风灾，免致走锚断链。于是港中轮船、夹板船，均各准备。至廿五日果有雨师税驾。俄而微风习习，吹人衣袂。午后檐溜如注，不啻银河倒泻。入夜台风至矣，飞扬跋扈，山中树木大半摧残，海面船只颠簸不定。波涛汹涌，仿佛十二银山。幸各先准备，尚不致翻船走锚。③

（1931 年）昨晨本市忽起暴风，兼降疏雨，抵暮风尤甚。海岸巡防处无线电台接东河岛电台报告，海上有飓风。升旗山亦升旗报告风警，故停泊内港之火轮，多驶出避风。厦鼓小艇往来亦少，且涨价至 4 角、6 角。傍晚益稀，水仙宫、岛美各路头，仅有一数艘，余多拖登岸上避风云。④

但也有特例。1917 年 9 月一股狡猾的台风成功地避开升旗台的警戒，在厦鼓两岛上肆意作虐：

昨日（12）下午，厦门忽见密云浓布。入夜狂风顿起。迨 10 时后，

---

① 道光《厦门志》卷 4 "防海略（附）风信"，鹭江出版社 1996 年版，第 99 页。

② 厦门市水利局编：《厦门水利志》，方志出版社 2007 年版，第 226 页。

③ 《厦门风信》，《申报》1892 年 8 月 24 日。

④ 《海上有飓风》，《江声报》1931 年 10 月 20 日。

暴风大作。其震撼怒号之声，令人战栗。阖厦住屋皆为摇动。延至 11 时及 12 时，则风势加剧，瓦上雨声、江上涛声，震人耳鼓。未几，倾楼倒屋及推折墙垣砖瓦之声，宛同放爆。接连三点余钟，不稍停息。延至 4 时，顷风势稍杀，雨亦暂停。天明，砖瓦塞道。沿海一带被灾情状惨目伤心。此诚数十年未有之奇灾也。此次飓风先无朕兆，海关亦未表示风旗以作警告。故海边大舢船只皆不及提防。暴风骤起，海上船只逃避不及，均遭极大损失。计港内小火轮船被风毁坏者 7 艘，即飞英、逐电、仁和、万发、顺和、丰美及铁路公司所用拖带搭客之小轮是也，而大舢船、双桨船，合厦门鼓浪屿两岸所损坏者，约计五六百只。而载水船计被冲坏者 13 艘。在船舟子因不及逃避死于非命者，数以百计。真是一场奇灾。①

这场奇灾带来的伤害，诸如电灯公司电机被毁，德律风电杆电线刮断，厦门城东、北两城楼倾覆而成瓦砾，鹭江沿岸码头集体损坏……坚固可靠的海后滩洋楼，也在狂风面前败阵。船舶被毁更不在话下。

1925 年 7 月刮台风，单是预报就把升旗台折腾得半死：

此间自 14 日迄 16 日晨，狂风不息。15 日加以骤雨，海上断绝交通者竟日，为数年来所未有。海面陆上，损失极重。此次风灾，起自东山，据鼓浪屿海关升旗山司事云，7 日渠即以风警告，11 日告警 3 次，12 日 2 次，13 日 6 次，14 至 7 次，15 日风雨晦冥，则不能升标报警矣。13 日风已起，14 日渐烈，入夜益烈，厦鼓间舟楫之往还已极艰，每人索资至一元。15 日晨，风益骤，杂以暴雨，海面波涛汹涌，极目唯白浪拍天，无片帆影，厦鼓间交通完全断绝。海面小轮帆船，均驶僻港避风，爪艇则曳置海后滩岸上。近午风少杀，鼓屿有冒险渡厦者。午后风雨转烈，风向转北趋云霄，风向又转西北，趋同安，不少杀，交通又完全断绝。16 日晨，风始少杀，交通渐复。但一舟之资，索至 2 元。雨则淋漓至午后始已。入夜风始全息。15 日竟日风雨，厦鼓间几全入晦暝中，盈丈则不辨东西。鼓屿商店，竟日闭门休业。厦门则 10 时始启市，午后 4 时即键户。厦门电线多为风折，垂路上。电力公司惧伤人，完全停止电力供给，入夜即洞黑。迄 16 日，尚未修复。鼓屿电线亦多为风折，但 15 晚午夜，即复供给电力，未完全断绝。事后调查，厦鼓间房屋墙垣之倾颓者极众。海面计沉小艇 50 余艘，大船 20 余艘，渔船出港未返者 7

① 《厦门风灾之所闻》，《申报》1917 年 9 月 26 日。

艘。厦门至各埠小轮，自 14 日迄 16 日，完全停驶，现始渐恢复。14 日招商局自港来厦之广大轮，至 16 日午后始敢卸载。此次风灾，据厦人云，为数年来所未有。民国 8 年 7 月 26 日，风灾虽较烈，但仅 3 小时。此则延长至 3 日。内地禾稼及果林，雨本愆期，复经此狂风骤雨，虽损失若何，尚未及详，恐灾歉将难免矣。①

1935 年 7 至 8 月，是台风最活跃时期。7 月 22 日、7 月 30 日、8 月 6 日，三股台风组团往小岛上窜。

本市自 22 日午后，风雨大作，市上低处，水深 1、2 尺。是夜，雨仍绵续不止。昨（23）晨风势益烈。泉州、安海、东石、金门等，各内港小轮船，自昨晨开往后，午后均未回航来厦。泉厦联运汽车，昨自泉来者仅开第一班。自厦往泉开至第二班。漳码厦汽车，上午照常往来，下午漳嵩汽车自漳载客至嵩屿，以波浪巨大，不敢渡江，自是停驶。总言之，截至昨日午后，泉漳厦交通，即全告断绝也。②

飓风挟雨，30 日晨 2 时到厦登陆，向西北进。漳泉厦一带，30 日镇日风雨晦暗，入夜不止。海上因海关事先有警告，船舶无损失，内港轮均停驶无往来，漳厦、泉、厦车路因雨路坏均停，交通阻绝，福厦、泉厦电报电话，因风线阻不通，前次飓雨车路电线被阻，修复仅 3 日，现又阻。30 夜 9、10 时，风雨益甚。③

第三次飓风 6 日晨 2 时到厦登陆，向西北进，无雨风，力甚劲。内港轮均停驶，中航机未南下。午 3 时后微雨，入夜雨止，风力渐微。④

三次飓风过境，漳泉各属皆受灾奇重。据报，"闽南最近患水灾，复遭风灾，人民之被溺甚众，无家可归之难民无数。预计损失共 24263891 元"。⑤

1936 年，以渔为主业的东山县，特请厦市为其台风预报助力。该县府致电厦市府：

---

① 《厦门风灾情形》，《申报》1925 年 7 月 21 日。
② 《飓风昨抵闽粤，泉漳厦水陆停交通》，《江声报》1935 年 7 月 24 日。
③ 《飓风在厦登陆》，《申报》1935 年 7 月 31 日。
④ 《飓风又袭厦门》，《申报》1935 年 8 月 7 日。
⑤ 《闽南水灾风灾损失达 2400 万元》，《南洋商报》1935 年 10 月 3 日

敝邑悬孤海外，民多业渔，气象变化，关系綦重。而自设气象台，财力未逮，拟请贵府遇暴风过境，先期电知，以便布告渔民趋避，藉免损失，实纫公谊云。①

此时的厦门台风预警能力，其实还很薄弱。本地最早的气象机构，是光绪六年（1880）设于海后滩海关"新关"内的海关测候所，测候结果还仅供海关内部使用。1925 年 8 月，厦门大学筹设气象台。10 月 1 日，气象台借化学院三楼为临时测记所，陈设仪器，开始观测。厦大气象台本供教学之用，结果却也逐步走入校园、走向社会。"每日午后 6 时，即将测记结果，用打字机印成 24 小时以前气象报告，布告于校内重要地点，如群贤楼、生物学院、化学院等处，并刊登《厦大周刊》，以供众观。在（民）16 年春季时，本台气象报告曾逐日登载于厦门《江声日报》，历有数月之久"；气象报告也寄赠外界交换，"计有鼓浪屿法国领事馆、福州教育厅、汉口测候所、山东建设厅测候所，南京钦天山气象台"，等等。民国 19 年（1930）6 月，"龙溪县政府派员前来学习观测，并托代为计划设立测候所"。②

1930 年 1 月，漳厦海军警备司令部在曾厝垵兴建飞机场，机场设有测候室。1941 年，机场也设气象观测站，以应飞行之需。航空测候台一直延续到战后。1946 年 6 月，位尊势强的测候站人员，包车驶往莲坂清和别墅驻地，路上因泄愤，十余人围殴司机至垂毙，从而引发全市汽车业工友罢驶。

抗战胜利之后，厦门的气象机构逐渐增多。1945 年中美特种技术合作所在厦建立一等气象站。该站 1946 年后，改属国防部二厅管辖。1946 年 10 月，又于美头山设立"厦门测候所"。1947 年 1 月 1 日起，该所由三等级测候所升级为二等。所内配备的仪器增加，测候任务也由每日观测 3 次，增加为每日观测 24 次。1949 年 1 月，厦门测候所再次提升为头等所。

海军方面的气象观测也在进步。1948 年 6 月 1 日，驻厦海军新建的"海军气象台"投入使用，台址设于磐石海军无线电台内，职责为气象的观测与通报。此外还有气象机构若干，如"中央气象局厦门气象台""空军测候台""海军气象台""中国航空公司气象台"及"福建省气象局厦门测候所"等等。③

1952 年 8 月，厦门建立气象站。站址分设于升旗山和旗尾山（英雄山）两处。升旗山继续执行它台风预警的使命：

---

① 《东山县府请告风警》，《江声报》1936 年 9 月 25 日。

② 《各机关概况：气象台》，《厦大周刊（厦门大学十周年纪念刊）》，1931 年，第 93 页。

③ 《厦门测候所初步移接完竣》，《江声报》1949 年 10 月 31 日。

　　为加强台风警报的传达，保障本市生命财产的安全，厦门港务分局特于鼓浪屿升旗山旗杆上装置红色警报灯一盏。自 8 月 15 日起，凡遇有台风在 24 小时内可能袭击本市的，除白天在升旗山悬挂风球信号外，下午 6 时起至翌晨 1 时，将开启红色警报灯作为全市预防台风标志，希全市人民注意。①

---

①　《鼓浪屿升旗山增设台风信号》，《厦门日报》1953 年 8 月 18 日。

望高山与同文顶

鹭江东岸有望高山。

望高山，亦名蜂窠山。在凤凰山之南数百步，上有望高石。向西二百余步临海复有一石大半之，俗呼大望高石。小望高石可登以望海，每番舶将至，登者如蚁，极目担门之外，水天无际，远远见小黑点形似棋子，须史渐大，屹然如山，则番舶至矣。①

望高者，望哥也。望高山，是催生悲情的地方。有诗曰：

深闺对镜损朱颜，夫婿经商久不还。
忽报洋船将入港，望高山上望夫山。②

望而不见，唯有托庇神灵。望高山麓、鹭江之滨，神庙林立，水仙、妈祖、真武，各路神明香火鼎盛。众神中最显神奇的，莫过"武西殿"：

鹭之东南由虎头山而下数武，旧有庙，崇奉玄天上帝圣像，颜其匾曰"武西殿"。左建一刹，奉灵官。耆老相传，是神当水涨时祷则倍灵，因之以名"水涨上帝"，并以名其地焉。第不知庙宇之建始于何时。询诸耆老，亦莫识其端绪，盖由来久矣。然其临沧海、拱龙头、衔远山、通太武，加以嘉树奇石回环掩映，诚足娱心悦目，是知胜地乃天地山川之灵气，神所凭依，而士庶商艘罔不被其泽者。③

---

① 厦门图书馆校注：《嘉禾名胜记 鹭江名胜诗钞 校注》，厦门大学出版社2005年版，第107页。
② 王步蟾：《鹭门杂咏》，《小兰雪亭诗集》卷2，"同文书库·厦门文献系列"第一辑（1），厦门大学出版社2016年版，第58页。
③ 《重修武西殿碑记》，何丙仲编纂：《厦门碑志汇编》，中国广播电视出版社2004年版，第347页。

登顶眺望的，并非全在望夫。清代王乃斌有诗道：

> 登高邱而望远海，沐日浴月腾光采。
> 照见九州之外又九州，一色鸿蒙青不改。
> 我今呼吸凌高穹，蹑云踏石衣吹风。
> 绿鱼不飞赤螭死，紫气生自榑桑东。
> 南针笑指越裳近，北斗高挂句骊通。
> 廿年江湖游泽国，登临不计题诗日。
> 安得苍茫万顷波，长臂一伸来涤笔，
> 排云忽见金银台，云端我昨扬帆回。
> 历历岛屿问险要，珍重群公文武才。①

晴日可见天海开阔，暑日可得世外清凉。望高山顶，真是纳凉好所在。

> 高筑层台出屋茅，披襟避暑胜幽郊。
> 古榕如盖舒青叶，嫩竹抽竿长绿梢。
> 满耳波涛声上下，盈眸丘壑翠相交。
> 四时佳景归图画，好把新诗仔细敲。②

诗中说的"披襟台"，乃是"榕林别墅"名景之一。今日山头石壁犹可见题刻"披襟"存焉。

"榕林别墅"为清乾隆间名士黄日纪别业，黄氏以其"二十四景"自鸣。时光播荡，"二十四景"多已不在，"披襟台"侥幸留存，却已归入别家院。

望高石所在的同文书院，乃为晚清产物。寓厦洋人有文记曰：

> 同文书院，是于1898年由6个富有的中国商人，在美国领事的协助下创办的。该书院纯属非宗教性的。其课程完全是传授英语，并为完整的西方教育提供基础知识。学生则是准备进入商界的年轻人。财产管理归属于一个理事会。该理事会成员，按规定不能超过9个中国人和4个外国人。美国领事和厦门海关税务司与书院督学一道成为理事会当然成员，并分别担任主席、厦门主席和秘书等职。书院内部管理，由督学及

---

① 王乃斌：《芸皋观察、黄心斋司马（宅中）同登望高石眺海》，《红蝠山房二编诗钞》下卷，《清代诗文集汇编》589册，上海古籍出版社2010年版，第120页。
② 林明琤：《披襟台》，黄日纪：《荔崖诗集》，厦门大学出版社2020年版，第217页。

其助手们负责。所有的外国教师由理事会的外国理事们推选，其他职员则由督学任命。书院经费来自于学杂费、道台的拨助、私人的捐款和书院基金的利息。开设的课程有两门。头 5 年学习语法。用英语讲授有关阅读、听写、写作、会话、算术、地理和书法等知识，也用本地语言讲授阅读和写作知识。后两年的高级课程，是在上述课程基础上添加了历史、英国文学、生理学、天文学、自然地理学、地质学、物理学、代数、几何学和汉语等学科的基础教育。英语组有 8 名教师，2 名外国人，6 名中国人。6 名中国人中有 1 名教地方语，另 1 名教汉语。全院学生在创办时为 41 名，1898 年全部在学学生为 129 名，1899 年为 180 名，1900 年为 201 名，1901 年为 253 名。学生们来自中上阶层，并主要来自那些从事对外贸易的家庭。学生年龄从 9～30 岁不等。每年须交纳学费 22 元。另有膳食房和宿舍，提供每月 3～4.5 元的寄膳和 25～50 元的寄宿。[1]

有了同文书院，望高山也有了新的称呼"同文顶"。
在富商与洋人保驾之下，书院发展稳中向好。海关税务司报道：

> 同文书院继续取得好的进展。1902 年，在靠近厦门岛上虎头山的一块土地上建起一座学校大楼。该大楼可为 600 名走读生和 200 名寄宿生提供食宿。1903 年，第一次向那些通过语法课程或高级课程的学生颁发毕业证书。现在，有 26 名学生获得通过语法和高级两种课程的毕业证书，有 69 名获得通过语法课程的证书。该校在本地各校中是学生出勤率最高和最受尊敬的。1911 年，其学习年限从 7 年增加到 9 年。[2]

在民间，有"歌仔册"这么唱道：

> 亦有同文一书院，每年束修银拾二。
> 学生日食是自己，逐月四元枫贴伊。
> 先生多位拾三四，教授英文外国字。
> 内地留学多无比，无处居住楼再起。
> 现今二座大洋楼，各处学生直直到。

---

① 厦门市志编纂委员会，《厦门海关志》编委会编：《近代厦门社会经济概况》"海关十年报告之二（1892—1901）"，鹭江出版社 1990 年版，第 324 页。

② 厦门市志编纂委员会，《厦门海关志》编委会编：《近代厦门社会经济概况》"海关十年报告之三（1902—1911）"，第 353 页。

外方尽是在内头，本处各人回因兜。[1]

有了书院，同文顶成为青春躁动之地、热血沸腾之区。1919 年的五四运动，最先在同文顶得到呼应：

（5 月）15 号下午 2 时，同文书院学生全体 500 余人在校开会。首由陈锦洲演说，谓：青岛本系中国国土，因前清季世为德国所逼，租与德国。今我国加入协约，战胜德国，则青岛自当由德国直接交还。讵日本于欧洲万国和会要求青岛土地及山东之铁路矿产等利权，由德国让与日本。则日本攘夺我土地，吾侪当誓死力争云云。继由苏香川、高尚志等相继演说，至痛切处，有声嘶下泪者。晚 6 点余钟始散。是日，英华书院、省立第十三中学、寻源中学、美华书院、崇实学校、鸿麓学校、桃源学校等，亦在本校开会。所有演说莫不慷慨激昂。

16 号下午 2 时，厦门各校全体学生联合举行游街大会。先在同文书院之操场会齐，计同文学生 500 余人，英华学生 400 余人，省立第十三中学 300 余人，寻源中学 300 余人，美华书院 400 余人，大同学校 400 余人，崇实学校 300 余人，其余如思明县立小学、鸿麓学校、培元学校、蒙泉学校、延陵学校、普育学校、青年救国团、三育学校、桃源学校、和安学校、吉祥学校、益智学校、福民私塾、竹树脚福音堂学校、鼎玉学校等，共 4000 余人。首列同文音乐队、次为各校全校学生鱼贯而行。每学生各持旗帜一方，或书"还我青岛"，或书"急起救国"，或书"誓死争青岛"，或书"头可断，青岛不可失"，或书"威尔逊我友也"，或书"唤醒国魂"，旗帜飘扬不可胜纪。由该体育操场环绕一周，然后由水流巷，经户部、新街仔，过霞溪仔，由东门入城，经南门出城，过关仔内、火烧街、石埕街、关帝庙、中街、亭仔下、港仔口街、镇邦街、岛美街，折而入卖鸡巷，至崎头宫，始各分队回校。[2]

5 月 20 日，同文顶再开"厦门国民大会"：

厦门国民大会干事部，先于 19 日分发传单，订期 5 月 20 号下午 2 点，假同文书院操场开国民大会，共筹挽救青岛之策。是日（20 号）绅

① 《改良厦门市镇歌》，王见川等编：《台湾宗教资料汇编》第 2 辑第 2 册，台北博阳文化事业有限公司 2010 年版，第 92 页。枫贴伊，给他补贴；因兜，他家。

② 《厦人对于青岛问题之愤慨》，《申报》1919 年 5 月 24 日。

学商报各界及一切人民到会者 2 万余人。场之中心筑一演说台，操场之围墙外，竖立二柱，中用白布书"国民大会"四大字，并悬国旗、对联。至二句钟，摇铃开会，秩序整肃。先由马大庆君登台宣布宗旨，毕，周墨史君演说，谓中国与日本为邻而屡受日本欺陵，割我土地，夺我利权。如朝鲜既为彼之保护国，又夺我琉球，割我台湾。至今思之犹有余痛。项城时代，又要胁中国二十一条件，激动全国人民之公愤。今日本在欧洲和会要求并吞我青岛，管理我山东之铁路、矿产及一切权利。夫山东者，中国之国土也。国土破坏，中国易亡。我厦埠同胞宁甘坐视？今唯有誓死力争云云。继由学界黄植庭、雷一鸣、黄孟圭及绅商各界相继演说，类皆勉励人民奋争青岛之意。并在会场拟就公电文稿，分致北京政府及驻北京之英美法意各国公使、广州军政府、中国之欧洲和会代表、美国各报界、北京上海各报界。至四点钟摇铃闭会。闭会后，各界自由认捐毕，始各散去。[①]

1926 年，书院改称"同文中学"。1927 年，"遵（教育）部令以华人为校长，改聘周殿薰接充，扩充学校，添置校舍，增加设备，并由周校长赴沪募集基金"[②]。周殿薰，字墨史，清末举人，厦门学界领袖。周殿薰为学校校歌作词道：

> 望哥石畔瞰苍溟，
> 山海足怡情。
> 层楼杰构，一片读书声，
> 天风卷入海潮鸣。
> 三十年前荒草地，
> 迄于今朴芃棫茂莪菁。
>
> 中西融合一炉成，
> 学术阐文明。
> 德智体群，不悖道并行。
> 荒嬉必戒勉勤精。
> 莘莘学子多努力，
> 好从此成身成学成名。

---

① 《纪厦门之国民大会》，《申报》1919 年 5 月 30 日。
② 民国《厦门市志》卷 12 学校志，鹭江出版社 2021 年版，第 376 页。

　　欧风美雨莫侵凌，
　　多士即干城。
　　天下治乱，责岂匹夫轻？
　　人群进化宜竞争，
　　好把读书来救国，
　　当勿忘民族民权民生。①

1930 年，周校长离世。学校仍在发展：

　　（1937 年）本市同文中学奉准续办高中，经即开始招生。近数日间，中小学报名人数已达 300 以上，下期学生数势必激增，徐校长以原有校舍有限，诚恐难以容纳，除将原有一部分校舍力事修理外，并拟在邻近扩充新校舍，以备他日应用。日来正与包工接洽，进行动工事宜。该校自下学期起，各级收容女生，小学部兼收幼稚园生，所有女生及幼稚园生应行设备事宜，亦经计划就绪，开始设备。至于女生指导员及幼稚园教师，均已聘请专家及富有经验者充任。又为幼小学生利便，每日备有汽车来往，送至相当地点。②

侵略者的战火，改变了学校的命运和同文顶的景观：

　　厦岛沦陷，暂移鼓浪屿。太平洋战幕开，被迫停办。原址被敌伪空前之破坏，巍峨黉舍，已成一片荒地，断瓦残墙，不堪寓目。③

昔日的弦歌之地，从此荒废沉沦。战后，有诗人登望高山而哀叹：

　　望高石畔垒萧萧，百战山川洒血描。
　　天海量沙初罢唱，江流锁铁未全销。
　　荒丘啼鸟悲华屋，夹岸飞花送客桡。
　　欲吊诗人魂何处，夕阳斜照夕阳寮。④

---

① 《厦门方志通讯》1986 年第 1 期。朴、樕：皆为木名；芃、茂：均指草木茂盛貌；莪：草木植物名；菁：盛开的花。"朴芃樕茂莪菁"，喻草木茂盛、花朵盛开。
② 《同文中小学计划扩展》，《江声报》1937 年 7 月 22 日。
③ 民国《厦门市志》卷 12 "学校志"，鹭江出版社 2021 年版，第 377 页。
④ 赵复纾：《望高石晚眺》，《江声报》1946 年 3 月 23 日。

七年浩劫，"华屋"尽成"荒丘"。同文校舍，"全部被毁于日寇占据期间，而今已变成了一片颓垣残壁的废墟"。在废墟之上，"建造了数十座简陋的、高仅五六尺而又很狭小的矮屋，墙壁是以枋皮或细砖凑合而成的，屋盖是用篾编竹篱或稻草（其中有整间用稻草搭成的），仅可遮风之用，里面很肮脏。如遇雨季，整间屋子里都给雨水所漏湿，简直没有容身或卧睡的干净地"。废墟成了流浪者的家，300 余口的潮汕难民在此安营扎寨。"年青力壮的男子汉，大都是靠着人力车或踏三轮车，用劳力换取每天的三餐；妇孺之辈，除从垃圾堆（箱）里觅取一些破烂东西和食物外，有的是靠沿街卖唱求乞，得些残羹冷饭藉以充饥"。①

战后，全厦教育谋求复员，而同文复校的消息却姗姗来迟。1949 年时，有消息传出：

> 本市私立同文中学新旧董事暨该校热心校友 18 人，于廿三晚 6 时假国际联欢社举行会议，对该校复校问题交换意见，当即计划收复校舍及筹募经费各事宜，即席认捐筹备费共美金 2400 元。蓝琛、叶文炳两校友负责赴菲劝募，并公推林履信为董事长，郭尚霖为财政，刘如义为临时秘书。积极筹划，拟于今年暑假中招生复校。②

要在一片废墟中重新崛起，同文的行进，步履蹒跚。

---

① 《望高石边贫民窟素描》，《江声报》1950 年 6 月 27 日。
② 《同文中学筹备复校》，《星光日报》1949 年 3 月 25 日。

外清山与达观园

厦门古城以南，昔时一片青山绿野，人称"外清山"。

外清山在思明区西部，跨中华街道、厦港街道。高程127.6米。别名碧岩山，又名风筝山。因常有人上山放风筝，故名。山上白鹿洞称"白鹿含烟"，为厦门小八景之一。[①]

得山水之胜，山麓多私家园林：

如叶氏之"颐园"，陈氏之"达观园"，马氏之"宜宜山馆"，错综窝簇，争妍斗翠，无花不美，无草不异，加以池亭水阁假山，雕榭楼台，灿然怡目。当中山公园未开辟以前，良辰假日，士女多联袂是间，俨然公园也。[②]

达观园，门牌上古街58号，由来颇为曲折：

达观园位于市区之东南，距离不及两里。适在白鹿洞山脚，面积达八九百方丈，初名大花园，地主原为陈姓，历传200余年，直至50年前，仍为其裔陈土所掌管。斯时地价极贱，荆棘遍地。陈认为荒土，绝未加注意。时有名木嫂者，向陈商借该地，拟作畜牧场所，但未实现。嗣有名打虎姆者，转向木嫂租赁，年定金3600钱，由陈土收款。时为民国纪元前廿年事也。于是打虎姆乃大事畜牧，获利颇丰。其最盛时代，每月可得厚利百元以上。嗣以地主陈土不事生产，屡向其姊丈王振发商借款项，日积月累，为数不少，继复将该地契据向其姊夫抵押。不久，该地递变为振发之产业，逐年租金3600钱，亦由振发直接收取。

至民国10年，有卖圭巷进安齿科主人张有机者，与王万吉二人（均

---

① 《厦门市地名志》，福建省地图出版社2013年版，第482页。
② 《厦门指南》，吕天宝编：《天仙旅社特刊》，1937年刊行。

台湾籍民），于无聊中，偶游斯地，深觉风景清爽，似为世外桃源，虽荆棘满地，稍加刈除，必能显出真面目。乃拟辟为别墅，藉为工作余暇之休息地。于是起而与物主王振发商洽租赁，订定租期100年，抵押租金1000元，于租期内免纳租金利息。嗣以物主认为百年租期过久，乃改为60年。修约已定，张乃返而告诸友人，谓觅得新大陆，其友辈亦愿加入为股东。计先后加入股本者，有张有机、王万吉、郑有义、陈镜山、吴蕴甫、雷一鸣、蔡世兴等7人（均台人）。乃开始大兴土木，筑造楼屋，架桥凿洞，开掘鱼池，植树栽花，极尽美致。落成之后，果不愧为世外桃源。由是各股东每于工余之暇，相约聚集作各种娱乐，直至日落黄昏始返。并将大花园取名"达观园"，门外题两联句，为"达人心自得，观世我何求"。园则由打虎姆继续看管。此后四五年中，盛极一时。

嗣有前厦门殷商故叶清池，购地于达观园之旁。地较达观园为大，筑一"颐园"。当时官僚政客前往聚乐者，极形热闹，与达观园相映成趣。迨厦市政开辟，张有机等投资市区建设，组设兴兴公司，贩买镇南关一带地皮，引起极大纠纷，案悬迄今，仍未解决。张无心娱乐，达观园中人遂渐星散。达观园之门，顿呈冷落现象，而园中建设亦渐次损坏。年复一年，不加修葺，遂变成今日之荒废园地矣。园中右边，乃辟为台湾公冢，每年清明时节，踏青男女，步登石山，一履该园，宁无今昔之感乎？直至民国19年，王振发需款孔亟，乃商诸张有机等，愿将达观园土地卖断。几经商议，张等乃续招集各股东增加股款，复凑成千余元，向王振发买得园地。于是广大国土，遂沦为张等之产业。①

达观园园址本来不大，"张等租有其地后，即得寸进尺，侵占附近荒地，被侵者畏其威不敢与抗，遂及白鹿洞山麓，侵及该寺土地，并凿山石，引起风潮，旋停止凿石而止"。②

张有机等在厦，口碑本不佳。此时更因一座破败荒园，引发出风潮。事起于1936年3月厦府的一则布告：

　　查白鹿洞脚达观园旧址，将次动工建筑，所有该园内坟墓，亟应迁移，以免阻碍工作。合行布告。凡有坟墓在该园内者，限一个月内，准各坟主向工务局领取迁葬证，自行迁往胡里山公墓安葬。至迁葬费，仍

---

　　① 《厦门达观园沦为外籍之别讯》，《南洋商报》1936年4月29日。

　　② 《日领向市府要求承认日本籍民在厦门永租权》，《南洋商报》1936年5月12日。

照旧章办理，准于迁葬完毕时，携证向工务局具领。仰各坟主遵照勿违。①

据工务局调查，达观园"园内共有坟墓 80 余穴，其中有碑有墓者 60 余穴，有墓无碑者 20 余穴。自当局布告饬迁后，限内到局领费愿迁者，虽亦有人，但属少数。其未报迁原因固多，而一纸布告未及普遍，或不甘放弃拱送他人，皆其一端也"。②

达观园迁坟，目的是为"东本愿寺"建造开路。

日本佛教徒在厦有本愿寺之设，远在清光绪初年。惟一向寺址，均系租用民房。最近设思明南路南星戏院后一厅两厢，至为湫隘。旋以屋塌，移新南旅社，现暂移民国路 150 号。前年日领馆警署长少川、驻厦门警部长杜边，倡议兴建本愿寺于达观园内，征得张有机同意。除王万吉已故、家属在台湾外，其余 6 人均签字，愿将达观园地献赠本愿寺，建筑费 2 万元，亦向台人募就，存台湾银行。③

为了迁坟，日人可谓穷极心机。

据该达观园办事处之负责人云，收买达观园办法，计有两种：倘各坟主自愿迁出者，可由该处津贴其移葬费若干元。其不愿移出者，可由日僧同原坟主监掘，置于骸坛之中，书明死者姓名及生时日月，暨其子孙住址，俟该寺建筑完成，另在寺中建筑一塔，作为贮藏骸骨之用。每年春秋，并由寺中奠祭两次。现同意而开掘完竣者，已达七八十穴之多。④

然而，就是这"本愿寺"，曾给厦人诸多的痛苦记忆。1900 年 8 月，设于山仔顶的"东本愿寺"忽于夜间自焚。日人强称火乃地方"暴匪"所纵。于是派军舰抵厦，调陆战队登陆，架大炮虎头山顶……满城惊恐，民众仓皇

---

① 《达观园，日人建造本愿寺》，《江声报》1936 年 3 月 26 日。

② 《本愿寺建筑当局尚未许可给费迁坟现已停止》，《厦门大报》1936 年 5 月 12 日。

③ 《日领向市府要求承认日本籍民在厦门永租权》，《南洋商报》1936 年 5 月 12 日。

④ 《日僧在厦建寺，强掘达观园坟墓近况》，《佛教日报》1936 年 7 月 30 日。

"走反"。该案震惊中外，史称"厦门事件"。①

其时日人高调"南进"，勃勃野心，路人皆知。日僧此时建寺，必然触发厦民的不安与警觉。厦大"闽南励志社"，有文揣摩日人建寺用意，如"实行侵略时作为驻军之用"，或"为间谍汉奸的秘密的议事室"，或"作为招收愚民之宣传所"，或"秘藏军器、火药、毒物"，或"作图谋不测的根据地及出发地"。② 文章刊出，日领大发光火，以为"排日煽动"，特向市府严重抗议，其函曰：

> 自福建自治组织之谣言发生以来，本地各报多捏造事实，以大号标题登载，多为诬陷日方之记述。外埠各报亦相继转载。近更有甚者，如本月廿三日之《江声日报》"南钟"栏内，有《对组中日佛教会及建筑本愿寺的我见》为题目，措词诬妄，对于排日煽动之言论，极为激烈。不但违反前次贵国中央政府所发表之邦交亲善敦睦令，并且使贵我两国关系上全部受甚大之恶影响，亟应函请取缔，并希于三日内将取缔情报见覆。③

日领又电告市长李时霖，要求"此事件请从速取缔，请贵市长保证兹后不再有此妨害邦交的事件发生，庶免发生其他不幸事件，贵我两国均受其利"。④

日人建寺，厦府本也满心疑虑。有论者以为，市府迁坟布告就大有玄机，该布告"仅云'将兴工建筑'，既不著'准日领照会'或'采日僧神田惠云请'，亦不著'建筑本愿寺'字样。盖国土主权所在，不能轻许，一有字样，即成证据，日领将执为'中国政府承认帝国臣民在厦之不动产永租权'之证据矣"。⑤

"永租权"，是当时的超敏感话题。居厦的台籍人员甚多，台籍人员在厦购置房产、地产甚多。日台人以为其房产地产，必须具有"永租权"，即变相之所有权。中方则坚称，依据国家法律，"台人在厦虽事实上拥有不动产甚巨，仅有两国人民之私相授受，所有契约及所有权或租权之存在，在法律

---

① "东本愿寺"事，参见《厦门故迹寻踪（三编）》之"山仔顶"。

② 黄惠安：《对组织中日佛学会及建筑本愿寺之我见》，《江声报》1936 年 4 月 23 日。

③ 《厦门言论界受外力压逼》，《南洋商报》1936 年 5 月 19 日。

④ 《厦门言论界受外力压逼》，《南洋商报》1936 年 5 月 19 日。

⑤ 《日领向市府要求承认日本籍民在厦门永租权》，《南洋商报》1936 年 5 月 12 日。

上不生效力"。①

为谋得"永租权"，日人机关算尽。4月9日，驻厦日领下令台湾居留民会收集案例：

> 年来中国法院依据中国最高法院（民）20年上字第1757号判例，一再判决，否认帝国臣民在本埠之不动产永租权。此于我方甚为不利。关于本件，现正与中国当局折冲。兹为集成参考资料起见，自民国20年前后起至今日止，如若执有中国法院承认帝国臣民不动产永租权之判例，希即详细调查报告。②

如若达观园产权处理不慎，将为日人谋夺"永租权"贻留口实。正当市府当局焦虑万端之时，忽有市民黄鸿翔等来书。书曰：

> 窃先庶母沈氏坟墓，在本市白鹿洞脚大花园内，占地三方丈。于前光绪三十二年（1906年）十月间，用黄福堂名义，向业主陈绍满买尽，契面龙银60大元，立有契据为凭。曾于民国3年1月间，在前思明县政府验契在案。近闻钧局已将该地出卖，并贴通告，限期令坟主迁坟，以便发给地价及迁葬费等因。翔业于期限内将迁遗骨移葬他处，理合具词连同契据单，请钧局核准，予给发地价及迁葬费。③

当局当即批复：

> 呈文及契据均悉。查本局通告迁坟，原为防范侵占情弊，该民既系价买之地，且有印契可凭，则所有权之确定，业已明显无讹。须知本局对于人民合法取得之私有权利，只有尽力维护之责，而无自由处分之权。外间传说，均勿轻信，仰即知照。原契发还。此批。④

消息传出，全厦振奋，皆谓"台人张有机之永租权已不可靠，而达观园

---

① 《日领向市府要求承认日本籍民在厦门永租权》，《南洋商报》1936年5月12日。

② 《日领向市府要求承认日本籍民在厦门永租权》，《南洋商报》1936年5月12日。

③ 《厦门达观园所有权尚未丧失》，《南洋商报》1936年5月27日。

④ 《厦门达观园所有权尚未丧失》，《南洋商报》1936年5月27日。

之地权实未丧失"。①

日人继续掘坟不止。工务处调查，"该处坟墓，被掘迁移者 30 穴，大部分之墓，均竖有木牌一块，书'无缘墓'三字，并列有号数，背面书有合葬及其他等字。所有被移之墓，闻均系与该园负责人私相接洽，由该当事人予以相当价值，或墓主亦有籍民关系者"。被移的坟墓，"向工务局呈请保存者，有 20 余穴，而未呈请保存者，有 30 余穴"，并有墓主代表庄大川、郭金榜、苏祝三等人，谒请当局，"请维护保存墓地及国土"。②

对此，当局也有动作：

> 前日李市长并向山田领事提出抗议。其内容系以宗教在国际条约上只许基督、天主两教入华传播，佛教为中国固有宗教，无须日人来华传教，且日人在我领土内建筑寺院，亦为条约上所未载。但日领及神田态度亦甚强硬，有势在必行之概，最后闻李市长曾对日领声明，如果进行，不但破坏条约，且对中日亲善尤有妨碍，事关国家主权，非地方政府所能擅专。现已将本案呈由外交部，向贵国外务省直接谈判，在未解决以前，最好暂令停止进行，俾免发生误会。山田亦允通知日僧，暂停进行。李市长昨日进省，将向陈主席报告一切。③

等得李市长晋省、晋京后返厦，外交部批文亦已到来，大意谓依照先例，日人可以建寺，但不能向华民传教。厦当局原有的一丝勇气，至此丧失殆尽。

> 昨李市长谈，日僧在厦建寺事，外部已有明文训示，以我国如汉口、青岛等地，均有外人建立寺庙，有例在先，厦地日僧建寺，自无交涉必要。惟对传教一节，则可反对。各坟墓如有主者，得由墓主自行迁移，如无主者即应保留。厦地坟墓，多数有主，墓主间或渡洋谋生，如任意发掘，将来侨胞返国，发觉此事，政府实对不起民众。故本人曾与日领商洽，该寺建筑范围之各坟墓，均须一律保留，至坟主之交涉反对，自有他的主权，政府当妥筹办法。最近日僧方面，为避免麻烦，对墓主以金钱收买，双方同意，政府亦无异议。诚恐有无赖之徒，假冒坟主，私向日僧接洽，藉得金钱。故本府为慎重计，已与日领事谈及，请转该寺

---

① 《厦门达观园所有权尚未丧失》，《南洋商报》1936 年 5 月 27 日。
② 《达观园掘墓，工务局查实》，《江声报》1936 年 5 月 27 日。
③ 《本愿寺案由外部交涉》，《江声报》1936 年 5 月 29 日。

负责人，对于收买坟墓，须具有妥保，方可办理，以免不肖之徒乘机渔利。当经日领事允许照办。①

12月，建寺工程开始招投标。

日僧在厦筹建本愿寺，1日在厦门台湾公会招商投标承办工程。台湾新发公司以12500元得标。本月即开工，限7个月完成云。②

7个月将届，全面抗战爆发。8月，日人开始撤侨，本愿寺也只能"闭锁撤退"。达观园工程遂不了了之。

1938年5月，日军侵占厦岛，东本愿寺也卷土重来。不过此后的7年里，东本愿寺却弃达观园于不顾，另择址于厦禾路186号。

---

① 《外部明文到厦，可准日僧建寺》，《江声报》1936年7月21日。
② 《日僧在厦宣扬佛教，本愿寺月内开工》，《小民报》1936年12月2日。

五老峰 ▊

五老峰，又称五老山，厦岛名山也。地志曰：

> 五老峰，在思明区西部厦港街道。由五个山峰组成，一峰高程171
> 米，有天然石，形似鼓状，又称鼓峰。二峰高程175.2米。山中间有太
> 虚峰，简称"三个和尚塔"。有大石，石上刻一"佛"字。三峰高程
> 184.7米。山中有兜率禅院、阿兰若处、须摩提国诸佛教建筑。四峰高
> 程165.3米。五峰高程182.8米。有天然石形似钟，又称钟峰。山脉连
> 绵起伏，层峦耸翠，林木郁茂，每逢春季，山上云雾覆盖时，形似五个
> 老人凌霄列坐，其下翠松、杂树丛生，隐约似老人长须垂下，故有"五
> 老凌霄"之称，为厦门大八景之一。山之南麓，有南普陀寺，山腰有唐
> 始建普照寺。①

登斯山，既是苦事，亦是乐事。何励生先生《登南普陀后最高峰》
诗曰：

> 太虚台凌虚，登临起缅想。中峰最崔巍，云径侧身上。
> 苍藤走危崖，群鸟戏竹荡。凉风林际生，清泉隔溪响。
> 翠岫披层云，古庙接漫溁。远村明沙濑，孤塔插苍莽。
> 潮落飒影稀，境幽楼阁敞。举目望天空，开胸挹灵爽。
> 兴随佳日发，地因高人榜。我生复何为，不得息氛快。
> 比邻多胜迹，何不寄览赏。即此半日闲，已足畅俯仰。②

1936年民众登五老山，则是一场赛事。是年9月，国府民众训练部通
令："现值秋高气爽之时，各省有重九登高之俗，实为有益身心之民间运动，
亟应予以提倡，或发起举行登高比赛，鼓励民众参加，以收实效。"通令并

---

① 《厦门市地名志》，福建省地图出版社2013年版，第481页。
② 《期颐老人何励生诗集》，厦门大学出版社1996年版，第18页。

要求各地"斟酌当地情形，厘定比赛办法，通令所属遵照办理"云云。①

厦门当局接令，不敢怠慢。10月13日，召集各界设立"厦门市各界重九登高比赛筹备会"。其后几天，筹备会接连开会，讨论出台登高比赛的规程和规则，以及各种相关事宜。

筹备会议定：厦门的登高比赛，分厦门（城区）、禾山、鼓浪屿三地举行；登山地点，分别为厦门的五老峰、禾山的云顶岩、鼓浪屿的日光岩；比赛分成"大众总动员登高"和"分组登高比赛"两部分。

厦门城区的"大众总动员登高"，市民自由参加，并有几支专门队伍作中坚，如市党部、总工会的"工人队"，市商会的"商人队"，市公安局的"壮丁队"，市政府的"公务员队"。为了把动静闹得更大，专门调来同文学校的军乐队，在队列前头奏乐引导。

"分组登高比赛"，是整个登高比赛的重头戏。分为老人、成年、妇女和儿童4组。只要市民愿意并身体强健，就可报名参加。比赛各组，将取优胜者9名。获胜者，颁予奖品和优胜纪念旗一面。

赛事邀请党政要员和社会名流，为比赛审判委员，如党部的陈联芬、市府的李时霖、政法的李襄宇、商会的洪鸿儒等。全国知名的长途飞行家陈文麟，担任赛场发令员。体育界名人陈掌谔担任起点指挥。

为体现"大众登高"，筹委会动员各界力量，极力营设比赛日的氛围，如：在五老峰顶树立国旗旗杆，号兵在山顶升旗司号；邀请各中西音乐队，到峰顶演奏；派飞机环飞五老峰；在山上表演军事技术；各团体和家庭登高野餐；各校童子军举行大露营；准许小贩在山上卖货……此外，还有一项全民性的措施，参赛的团体个人必须人人随身携带鞭炮，等到登上山顶后，在山上燃放。②

厦门大学特此布告全校学生，敦促他们前往凑热闹，"除已报名参加者外，凡未报名参加之学生，务希准时各带鞭炮登高燃放"。③

比赛费用，由各机关、团体、公司、银行赞助，也有私人捐助，三元五元不等。比赛奖品，也向社会征求。有捐缎旗、银盾、镜屏的，有捐牛乳、药品、罐头、果类的。

10月22日，参赛员报名。各组报名人数，计有老年组24人、成年组

---

① 《中央民训部令各级党部举办民众登高比赛》，《中央日报》1936年9月17日。

② 《本市筹备大众登高比赛》，《江声报》1936年10月14日；《登高规定各组路线　分配童军负责秩序》，《江声报》1936年10月16日；《登高比赛规程规则》，《江声报》1936年10月16日。

③ 《校长办公室布告（第54号）》，《厦大校刊》1936年第1卷第4期。

246 人、妇女组 51 人、儿童组 153 人，总共 474 人。①

10 月 23 日，正式登山比赛日。早晨 8 时，各路人马齐集中山公园。8 时半队伍出发，经中华路、思明南路、大同路、横竹路、镇邦路，转中山路、思明南路……兜一大圈子后，最后抵达厦大体育场。从镇南关至南普陀，沿途塞满观众看客，数量不下两三万人。满地爆竹燃放，煞是一片热闹。

10 时正，比赛正式开始。

首先出发的是成年组。成年组的出发点为厦大体育场，经自来水沙漏地（今赤岭），登五老峰之鼓山，再越山而达五老峰之钟山。第一名陈炳煌，成绩 15 分 45 秒。

其次是儿童组。儿童组也由厦大体育场出发，经大南新区，直登五老第四峰。第一名王阿福，成绩 8 分 48 秒。

第三批是老年组。由大南新区起点，步登五老第五峰。第一名周炳，成绩没有记录。

最后是妇女组。妇女组也以大南新区为起点，直登中峰。第一名蔡金治，成绩 9 分 15 秒。

禾山的登山比赛，也在同日同时举行。禾山的比赛规则，与厦门基本相同。比赛也分"大众"和"分组"两部。

大众登高部分，也由民众自由参加和单位组团。归口组团的，有保甲长队、壮丁队、公务员队和学校队。

分组登高部分，也分男女老幼四组，每组优胜者各取 10 名。比赛起点设于洪山柄大树下，终点设于云顶岩寺庙前。

10 月 23 日上午 10 时，比赛进行。其结果：妇女组、儿童组，各有 10 人获得优胜；成年组仅有选手 43 名，到达终点的仅十六七人；老年组仅赛员 2 名，优胜奖自然非二人莫属。

比赛结束，也是一片山野之趣。莲坂的奎壁学校学生，作风筝竞赛；前埔的云梯学校教员，作灯谜征猜；壮丁队，则席地野餐。直至日暮，始兴尽人散。

鼓浪屿的登高比赛，有 20 多所学校、十多个团体参加，共计 2000 多人。登高终点，设于日光岩光复台。②

1936 年，国际关系日益紧张。体育运动，已不仅为强身健体。厦门市"各界重九登高比赛筹备会"，在赛前发布《登高宣言》，以昭明比赛的内涵。其文曰：

---

① 《登高比赛报名近 500 人》，《江声报》1936 年 10 月 22 日。

② 《厦禾鼓昨万众登高》，《江声报》1936 年 10 月 24 日。

这次我们举行登高比赛，就是藉此实施国民体育训练，以作救亡图存之准备。大家知道，身体强壮，不仅是个人事业成功的主要条件，而是民族生命延续的基本因素。我国民众向来重文轻武，忽视体格锻炼，致文弱成风，暮气沉沉，而有今日国衰民弱的现象。现在我们应深悟前非，把我们的体魄训练成钢铁一般的强壮，使登峻岭而不厌，下深渊而不倦，而后才可以救自己、救国家，取得最后的胜利。

登高比赛的其次目的，在乎团体纪律的训练。纪律系集体行动的准则，若稍马虎苟且，便无以应付危局。我国民众因乏组织行动，致有一盘散沙之讥。今后大家应集中意志，齐一步伐，合全国的力量，作民族解放的斗争，宁可牺牲个人自由，不能违反国家纲纪的观念，庶能挽回国难，复兴民族。

本会奉令在这秋高气爽的佳日，集全厦男女老幼作五老峰登高比赛之举。此日大家既可锻炼健强的体魄，复可排遣抑郁的胸怀。虽举首北望，难免无金瓯残缺之痛。然那种奋勇直进、争先恐后的精神，却使我们觉得无限的兴奋。同胞们，过去重九登高的习俗，是含有禳灾去祸的迷信，为此现在登高比赛，是体育训练转弱为强的救亡工作。事虽一而意义不同，我们应为这比赛的目标作不懈的努力。①

重阳集体登山，1936 年后便消隐多年。1947 年，五老峰登高赛事再起。此番赛事的举办者，为"通俗教育社"。其规模、意义也不能与昔日相比了。

---

① 《登高今日厦禾大动员》，《江声报》1936 年 10 月 23 日。

薛岭山

旧时称厦岛人文蔚起，有"南陈北薛"之说。朱熹有言，薛岭"岭之南，唐文士陈黯公居焉；岭之北，薛令之孙徙居于此。时号南陈北薛"。[①]

明末池显方的"西域东夷皆禹贡，南陈北薛尚唐人"，[②] 清末王步蟾的"南陈北薛久流传，禾屿人文此最先"，[③] 则是诗化了的说法。

薛岭山有村落，叫薛岭村；薛岭村中有庙，叫薛岭宫。薛岭宫的正名，叫龙源宫，与南普陀、金鸡亭、龙湫亭，合称厦岛的四大古庙。

关于薛岭山，禾山黄国富先生记道：

> 薛岭宫前有小山包叫山仔顶，石头尖突如犀牛角，俯瞰山脚下远处篔筜港月色，是为"犀牛望月"一景。山下有一半岛深入港中，谓"龙虾入港"景色。"龙虾"自古以风水好而辟为墓地，即今薛岭山公墓，薛岭人叫做冢仔。[④]

等到冢仔名气大了起来，人们就把它混同起薛岭山来。"薛岭山公墓"也口讹成了"四岭"。

早期的"四岭"，本只是厦岛众多普通坟山中的一座。1938年清明，厦地正全面战备，军事当局体恤民情，破例开放厦禾部分山岩让居民扫墓，薛岭山也列其中：

> 厦门警备部韩代司令，以4月5日为废历清明节，我国民俗于节前节后10日，例有扫墓之举，因即规定于无碍国防范围内，尽量利民以

① 朱熹：《金榜山记》，道光《厦门志》卷9，鹭江出版社1996年版，第236页。

② 池显方：《冬游洪济山》，道光《厦门志》卷9，第268页。

③ 王步蟾：《鹭门杂咏》卷2，"同文书库·厦门文献系列"第一辑（1），厦门大学出版社2016年版，第54页。

④ 黄国富：《湖里原乡记忆：再见，薛岭》，《鹭客社》公众号2018年6月29日。

便。决自 4 月 1 日起至 3 日止，将厦禾大小山岩 36 处，开放三日，听任民众扫墓。但除规定三天之外，及未规定开放各山，仍禁通行。计开，规定开放三天之山岩如下：虎山、李山、王台山、东坪山、钟山、碧山岩、蜂巢山、豹子山、狮山、南山、西边下山、东坪社、观音山、高刘山、磨心山、前浦山、后浦山、龙山、薛岭山、东坡山、金山、观目山、鸡山、东方山、兴山、圆山、虎头山、高山、莲头山、斗门山、西帽山、风浪山、右湖山、仙岳山、七里山、牛头等。以上各山，概自 4 月 1 日至 3 日，开放三天。①

这些山岩的坟冢，都有墓碑、墓主，年年有人祭扫。此外，更有些无墓碑、无墓主、无人祭扫的"三无"乱坟岗，《厦门志》称为"旧义冢"，并记名 29 处，如靖山头、庙仔溪尾、半山堂、深田内、白鹤岭、仙洞脚、狮山、尾头山、水鸡腿、外清箭道、禅师公岭、万善亭、鲨壳石、石烛山、芙蓉山、镇南关、太师墓、育婴堂、打石字、虎头山、麒麟山、风柜石、草仔垵、火仔垵、先锋营、后崎尾、澳仔岭、演武亭边、沙坡尾炮台。另外，南普陀、碧山岩、紫云岩、将军祠、半山堂等多处，亦葬无主骸罐及寓台兵民棺骸。②

坟山、义冢，还只是厦岛墓葬系统的一部。散乱杂处于全岛各角落的坟冢比比皆是，甚者直逼人屋脚田边。前人言："住宅多有近墓，其地亦以某墓为名。"③ 以墓为名的街巷，如有傅厝墓、台九墓（刣狗墓）、丁仔墓、石墓围、大墓围、白厝墓、李厝墓、水龟墓、和尚墓、大墓口、马墓、太师墓等。

满目坟冢，是厦市成为通商巨埠的特大障碍：

> （厦门）平地甚少，四围多山岭，居市麇集，死亡人数增多，而附近葬地有限，遂至葬地重叠，荒冢累累，触目皆是。且逼近人居，大有人鬼争地之感。且有时显棺露骨，妨碍卫生，不一而足。诚属市政之大缺憾。④

---

① 《厦禾山岩准开放三天》，《江声报》1938 年 3 月 29 日。

② 道光《厦门志》卷 2 "分域略·义冢"，第 55 页。

③ 萧宝荟：《列墓》，《鹭江竹枝词》；刘瑞光校注：《厦门竹枝词辑注》，厦门大学出版社 2023 年版，第 16 页。

④ 何岑：《厦门市政调查录》，《福建省建设厅月刊》第 3 卷第 6 号，1929 年 6 月。

1926 年，开元路修筑完竣，市政部门欲乘势将马路向禾山方向延展，然而各种麻烦接踵而至。修筑马路需要填筑海滩，填筑海滩需要挖山取土。就近取土的理想地，是邻近的兜仔尾、水鸡腿山地。筑路方简单地以为，这等山地属公山，只是多了些民坟，如果"选地迁葬，当无不可"。然现实却不简单，"该地坟墓，多兜仔头后保乡人祖遗，均不愿迁徙。且有以此山为两乡之风水，破之将取殃"。墓主们集会，决定组织"保存兜仔尾、水鸡腿附近坟山公民团"，反对迁坟取土。反对的理由也很简单，就是迁坟"不啻毁坟，无端祸及枯骨"。"公民团"因此"拟具理由书，请市政会撤销此案"，并向各机关请愿。①

1927 年之后，市政工程大规模上马，更多坟冢将遭挖掘毁弃。为新旧亡灵提供永久的安息地，修筑公墓是最便捷的办法。1932 年《厦门工商业大观》记载：

> 自市政进行改革，或路线所经，或取土发掘，或划辟新区，沧海桑田，大起变化。昔日荒榛蓁棘鬼舍，林林总总，崎岖莽秽之区，或变为碧梁翠椽楼阁之域，或变为康庄大道。但经此一翻，市民几无葬身之地，须然费踌躇矣。市政当局，有见于此，遂有公坟之建。共分三区，一在曾厝垵（西边社），一在崩坪尾，一在田头。惟西边社计收买田地 15 亩，民堤两间，四环以墙，周计 326 丈，正面筑牌楼一，建筑房屋两橺，筑造大小马路 500 丈，又筑礼堂一座，以便葬者举行殡式。统计工程费 10811 元。经于去年竣工。他拟先后成之。②

位于曾厝垵西边社的公坟最先筑成，因称"第一公墓"，也叫"胡里山公墓（公坟）"。此后厦市修筑道路、开辟新区，凡有迁坟移墓，便选择公墓安葬。

第一公墓筑成，市政和公安部门即分别布告，在市区内公山"禁止埋葬尸骸，以重卫生"，如"遇有人民死后埋葬市内公山者，应予一律制止掩埋"。③

主厦的漳厦海军警备司令部也发布文告，为新旧亡灵提供"公墓免费安葬"或"禾山购置坟场"两种选项。④

原设于南普陀寺旁的广东公墓，也整体搬迁进第一公墓。新的安置处，

---

① 蜀声：《厦门市政积极进行》，《申报》1926 年 7 月 4 日。

② 厦门工商广告社编：《厦门工商业大观》第三章"市政"，1932 年刊行。

③ 《路政处布告，禁止市内公山埋葬》，《江声报》1931 年 7 月 25 日。

④ 《司令部布告》，《江声报》1931 年 11 月 26 日。

条件并不佳。广东人士抱怨："迁徙之后，乏款建筑墓基及墓面墓亭等事。故墓场荒芜，不可言喻。营葬者，一遇风雨，苦无栖止。尤以基址未竖，邻界之侵越难免。而形家又每谓此地左方低陷，宜有高耸建筑，方能提起地势精神。奈时局不景，以言募资，殊无把握。"所幸旅厦广东乡亲"踊跃发起赴募，故能于最不景气之当中，得有完满之结果"。既完成总墓的翻造，又建成"地藏宝塔"和"义祭墓亭"等。① 兴工之时，意外撷得灵芝两茎，众人大喜，以为祥瑞。故又捐资建"瑞芝亭"纪念。有《瑞芝亭记》述说此事：

> 乙亥冬，为建地藏塔以度幽魂，筑墓亭以便祭扫，到场择地兴工。忽发见灵芝草两茎，瑞色盎然，撷归。是时工兴而捐款未有把握，因访冯君昆元筹商，即承慨认祭亭全部工程，如捐款不足，则愿一力完成之。及后同乡踊跃捐资，匝月间亭塔两部经费具足。至是冯君特另建送此亭，名曰"瑞芝"。用志诸同乡发心之殊胜，而留纪念焉。②

这段文字，至今犹留存于"瑞芝亭"的檐枋上。

很快地，第一公墓已坟墓满为患。1937 年 4 月，当局清理市内停放厝内的未葬棺枢，指定狮山（西山）为移葬区。狮山因此成为了第二公墓的候选，然而市库空虚，第二公墓也就一直存在于纸面。

此后的战祸连年与经济凋敝，活者尚且不易，更遑论逝者。待公墓建设再入民生，已是 1956 年时候。

> 1956 年，厦门市殡葬管理所征用薛岭村西南侧乱坟岗，开辟为"薛岭公墓"，规定居民死后土葬的一律运到公墓，不得乱葬。1965 年，增辟禾山乡的"庵兜公墓"。1966 年后，厦门市区全面实现了火葬，此公墓只留回民土葬区。1983 年，又在薛岭公墓设立管理站，修建墓区围墙，建立永久性骨灰公墓、骨灰楼、骨灰廊，并允许华侨、居民骨灰土葬，每一墓地仅限 1.5 平方米。③

---

① 《厦门广东公墓地藏菩萨像塔及墓亭、瑞芝亭落成纪念特刊》，厦门广东旅厦同乡筹建地藏菩萨像塔公墓义祭墓亭临时办事处编印，1936 年。

② 《瑞芝亭记》，《厦门广东公墓地藏菩萨像塔及墓亭、瑞芝亭落成纪念特刊》，1936 年。

③ 《厦门市志》第二册卷 18 "民政"，方志出版社 2004 年版，第 1375 页。

兆和山 ▮

鼓屿西北角有"兆和山",山"高程 20.6 米,面积 1.5 万平方米"。山下有路,叫"兆和路",路长 1200 米,宽 4 米,"东起燕尾路,沿兆和山北麓、西麓,西拐北拐南接康泰路"[①]。兆和之名,得于山下旧时的兆和罐头食品制造厂。

民国 16 年(1927),南洋侨胞集资开办公司,"制造各种食品罐头,如飞禽走兽、鲜介生果,以及酱油辣汁酱菜等类",并"以'寿星'及'和'字为商标,经蒙工商部核准注册"[②]。

这类制造酱油、酱料及鱼肉、蔬菜各类罐头的厂商,同时期在厦门还有几家。最具竞争力的,有鼓屿内厝澳的"淘化公司"和厦岛虎头山下的"大同公司"。1927 年,为与新设立的兆和竞争,淘化大同合并为"淘化大同公司",简称"淘大"。

经营实业,行步艰难。除同业竞争、劳资摩擦而外,则有官厅视公司为摇钱树。1931 年,兆和公司与厦市税局发生争执:

> 兆和酱料罐头公司,前营业税局长郑应麟以提倡厂业豁免营业税。林祖泽接任营业税局长后,为充裕地方税收,决予以照征,并拟补征前税。该公司抗争,旋商洽由本年起征。经查阅簿据,该公司全年营业数 12 万余元,税局欲依照罐头税率,征千分之五。该公司则拟依据酱料税率,缴纳千分之二。以是愚而未决。日来该公司尚托人接洽中。昨营业税局忽派征收员杨邦等二人带同二武警,至中山路该公司营业所严令照千分之五纳税。该公司以在接洽未决中,未允照缴。结果亦未缴纳云。[③]

最大的问题,还是来自内部。1936 年,年景恶劣,公司亏本运营。股东遂意见分歧,"或主张续谋发展,或倡议歇业清理",最终"以歇业可惜,决

---

① 厦门市民政局编:《厦门市地名志》,福建省地图出版社 2013 年版,第 484、577 页。

② 厦门总商会编:《厦门总商会特刊》,1931 年。

③ 《兆和营业税税率问题》,《江声报》1933 年 5 月 10 日。

定续谋改进"，才算躲过一次生存危机。①

厦鼓沦陷时期，兆和遭受了灭顶之灾。

查兆和酱料公司系民14年集资经营，股金约在百余万元（时均用硬币）。厦鼓沦陷时，敌曾以种种非法手段，企图接管其业务。但一时无罪可加，乃得保存。至（民）29年5月间，敌人即指该公司为抗日分子之机关，常川派员监视职员行动，待隙侵占。至（民）31年12月间，我军反攻鼓屿，敌认该公司为我方特务机关，立派队搜查该公司仓库及职员宿舍。当被搜出大刀、手溜弹等武器。内部人员不及逃者，全被扣押，厂店标封。其时公司栈房除本厂货品外，尚有他家商铺寄仓之布匹、火柴、油、肥皂、棉纱、火酒等货物，当时价值达1100余万元，悉被敌伪没收。嗣后其机件工具，复为后江埭平安酱油厂及浮屿昭南酱油厂瓜分购买。厂舍被折毁，今仅存一片废墟而已。②

"兆和惨案"的始作俑者，为变节分子林光明。

林奸光明，年卅二岁，厦门人，厦岛沦陷后，林由我方情报人员陈锡昌介绍入漳州受训。结训后，奉派来厦，担任行动工作。因故被获，不堪毒刑利诱，任敌领事馆张明福处情报员。其始尚欲藉此为工作之掩护，然而林奸开销无度，屡向其小组组长陈锡昌索取巨款不遂，竟将陈锡昌告发于张明福。敌领事馆遂于（民）29年农历四月十三日，派兵至营平路将陈锡昌及其运用人黄营坤捕去。同时利用林奸之背叛，继续追寻我方工作人员。六月十七日十二时，敌派奸探洪文忠、王仔海、颜国贤、王屎、王飞龙等大批爪牙，至兆和公司，将充该公司经理之我方地下工作厦鼓组组长陈清保拘去，并获我方秘密地下电台、印刷品、现钞，及工作人员名册。于是我方厦鼓组情报机构，全被破坏，死难同志廿余人，财物损失达当时物价3万万余元之巨。此皆林奸昧尽天良、叛国之咎。此外林奸并深染鸦片烟毒，平时行为狡猾险恶，恃势凌人。与台奸王仔海、洪文忠等交结甚密，专力破坏我地下工作。③

1946年7月，法院"以其通谋敌国、泄露有关军事消息之罪证确凿"，

① 《兆和罐头公司歇业与改进，股东意见不一，前途未可乐观》，《江声报》1936年5月4日。

② 《兆和公司被摧毁经过》，《江声报》1946年1月20日。

③ 《汉奸林光明今执行枪决》，《厦门大报》1947年5月15日。

判处林光明死刑。1947 年 5 月 15 日，林光明"就监提验正身，依法执行枪决"。[1] 行刑之时，林氏妻妾呼天抢地，为夫喊冤。

"涉冤"人，乃为"兆和惨案"中的反派男主洪文忠。

洪氏"原籍台湾，生于厦门，受教育于厦门，中学毕业后曾充鼓浪屿普教小学及思明女学教员。民国廿三年（1934），在鼓经营屿光戏院，自是勾结地痞流氓，组织所谓'廿四猛'，以厦敌领事馆为背景，先后勾结该馆台奸林火生、刘友、陈宽等，横行厦鼓，为非作恶。厦门沦陷后，即任厦敌领事馆密探"。[2]

"兆和惨案"，由洪文忠一手操办。"兆和案"发后，"日军即委洪主审其事，因而被非法刑死者 9 人，不知下落者 20 余人。当时刑法惨酷，世无其匹。闻曾嗾使狼犬噬咬我爱国分子，如不供实，即被咬死。尚有满身脱光，有毛之处，即灌煤油，使其焚烧而死。当时人称其谓'鼓浪屿皇帝'，路人侧目，不敢稍捋虎须"。[3]

1946 年 1 月，洪文忠落网，"厦鼓民众闻悉，咸谓元恶就擒，我无数志士沉冤伸雪有期矣"。[4]

正当全厦民众翘首期盼正义之剑斩落的时候，地方法院传出的判决消息，却是洪文忠以"共同私行拘捕剥夺他人之行动自由"罪，"处有期徒刑 2 年 6 月"。[5] 洪文忠之弟洪武义，沦陷时期"凭藉敌伪势力，杀人越货，奸淫掳掠，极其惨酷能事"，亦为"兆和惨案"罪魁之一，则"经地院宣判无罪，准予保释"。[6]

舆论因之哗然，民怨因之沸腾。各机关对地院判决提出上诉，"最院院长李襄宇及前地检处首席余高坚，会报最高法院检察署，请予上诉处判。而市参议会亦径函最高法院检察署，请将洪逆以非常上诉办理，以服民心，而维法纪。金厦肃奸会亦将情报请国防部，请改以战犯移处"[7]。

1947 年 8 月，洪氏看着刑期已逾一年，活动着要求保释，上峰终于有了回音，饬令将洪氏"改以战犯，移送上海战犯军法庭处办"。[8] 11 月 4 日，洪

① 《巨奸林光明昨伏法，连饮五弹始告毕命》，《星光日报》1947 年 5 月 16 日。

② 第三战区金厦汉奸案件处理委员会：《闽台汉奸罪行纪实》，江声文化出版社1947 年版，第 5 页。

③ 《残杀我无数志士之巨凶洪文忠就捕》，《江声报》1946 年 1 月 7 日。

④ 《残杀我无数志士之巨凶洪文忠就捕》，《江声报》1946 年 1 月 7 日。

⑤ 《洪逆文忠案判决书》，《江声报》1946 年 10 月 8 日。

⑥ 《掩尽厦人耳目，洪逆武义无罪》，《江声报》1946 年 9 月 19 日。

⑦ 《最高检察署提取洪逆文忠判决书》，《江声报》1947 年 9 月 24 日。

⑧ 《洪文忠、周潜龙以战犯移沪处理》，《江声报》1947 年 8 月 20 日。

氏被押往上海，并"将再转押首都审讯"。当洪氏戴着手铐被押下"海滇轮"时"全身发抖，态度犹强作镇定"。民众闻讯，"均盼其能明正典刑，以快民心"。①

沦陷期间，兆和公司的"所有食品器具及存栈货物，悉被本市台人王飞龙串通暴敌改为'昭南酱油公司'，全部占夺"。抗战胜利之后，原兆和方具书当局，请求"查封昭南公司现存一切财产，拨还本公司，以补损失"。②

1947年，省建设厅应兆和申请，补发公司营业执照。然从此之后，大伤元气的兆和公司已没有了昔日的风头。

---

① 《洪逆文忠起解》，《江声报》1947年11月5日。
② 《兆和罐头食品公司财产被敌占夺》，《抗日战争时期厦门人口伤亡和财产损失调查》，中共党史出版社2009年版，第274页。

电台山 ▌

白鹤岭，又名"电台山"。其名与电信有关：

> 民国 17 年（1928）11 月成立厦门无线电台，并设立收发处（营业处）经营电报业务，台址原在鹭江道（今厦门锦江大厦），所属的发讯台设在角尾路。后因业务发展需要，台址迁移海后路今集友银行，发讯台改设在白鹤山上（今电台山）。[①]

电报，是最早进入厦门的现代通信技术。同治十年（1871），丹麦大北电报于鼓屿设立分公司，开始了厦门的电信业务。光绪九年（1883），华方开设沿海电报网，架设陆路电线，并设立"电报局"予以管辖。这一条官督商办的有线电报，起于沪，经浙闽，达于粤。陆上铺线，尚且方便。麻烦的却是通往厦门的一段海域，必须铺设海底电线（即称"水线"）。于是在高崎与集美两地，"各设水线房一所，为水陆线衔接之处"，"水线计长 7500尺"。[②] 自此，华洋二电报公司，并立于鹭江两岸。

丹麦大北电报，迅捷准确，"商民发电，趋之如骛"。而本国电报，生意清淡，"安全速捷不及大北"。究其因，则是大北电报已有签约，不日将归中方所有。中方公司自觉已"无竞争之必要"，于是"设备听其简陋"，景况愈发惨淡。1924 年，集厦海线发生阻断，"竟以费绌停修，营业渐形消缩"。次年 3 月，忍受不住没有电报日子的驻厦海军，"借资与电局，将集美海线修复之"，有线电报才算恢复。6 月间，海军"又将美丰银行私置无线电机出资收买之，筑无线电台于厦门港，与沪福汕头东山等处直接收发电报"，"8 月1 日起，兼收商电"。厦门电信方才"办理渐臻完备，营业日形发达"。[③]

就在当局还在为有线电报伤脑筋的时候，无线电报已悄然兴起，发展势

---

① 《厦门市志》第一册卷 7 邮电，方志出版社 2004 年版，第 619 页。
② 周萍：《纪胡君承修高集水线之经过》，《中华全国电政同人公益会会报》1927 年第 25 期。"丹麦大北公司"情事，参见《厦门故迹寻踪（三编）》之"鼓浪屿'丹麦大北电报公司旧址'"文。
③ 李升浩：《厦门电报之现况》，《电政周刊》1927 年第 19 期。

头凶猛：

> 交通部厦门无线电台，成立于民 17 年（1928），10 月 19 日开始通报。当时名称为"建委会厦门短波无线电台"。民 18 年（1929）8 月 1 日，乃奉中央令移归交通部管辖，至是乃改为今名称。民 20 年（1931）2 月大北水线公司收发权实行停止后，所有大北之电报多由该台拍发，于是电报骤增。加设机器后，该台遂开放直达线路。（民）20 年底又奉部令改组为全国无线电通讯网第四区总台，并于是年 12 月 1 日正式成立矣。[①]

厦门无线电台初设时，"收发报机仅一架，合设一处"。1929 年 8 月，收发报机才分开设立。"当时以沪厦来往电报较多，为求沪厦电报迅速起见，原有一机改为专通上海，其他各处之报概由上海转递"，沪厦线因此成为热线。1931 年，开辟香港的无线电报线路，生意并日渐起色。交通部见之，遂特意为厦门"增设一机，专通香港"。同年，又增加与菲律宾的电报线路，厦门与南洋间的电报无须再由上海转递，既省时又省工，大北公司与菲律宾无专线往来的业务空白得到填补。1932 年，新的机器投入，又实现与福州、汕头、广州的电报直通，再免除电报的上海周转之苦。1933 年，无线电台生意看好，"据调查每月平均约二三万元，每年约在 20 万元以上。其最旺盛之月，为废历年关之时节，营业收入较平时盛。因是时皆为商家找账之期也"。[②]

1938 年 5 月厦门沦陷，电信业亦被日伪所占据。电信与电话二部，被合并为"厦门电气通信股份有限公司"。原本便捷的电报，也一下子变得极不方便了，"到南洋之电，须由台湾—香港—岷里拉，而到达目的地。到华中亦须由台湾—长崎—上海转接"。[③]

厦门与上海的电报直接传递，到 1942 年 2 月才得到实现：

> 上海厦门间无线电报，自恢复通报后，须由日本转递，致时间上较平常约须延迟一半。兹悉两地间直达无线电路，已于昨日（1 日）开放。两地电讯，可立时到达。上海国际电台，顷已通告各界，如有商用电报，

---

① 《厦门无线电台之初始与现在》，《江声报》1933 年 4 月 11 日。
② 《厦门无线电台之初始与现在》，《江声报》1933 年 4 月 11 日。
③ 杨滴翠编：《新厦门指南》"公共事业　电信"，华南新日报社 1941 年版，第 139 页。

可送仁记路沙逊大厦及福州路 70 号，或本市各邮局收报处云。①

沦陷期间，日人在电台山上，"利用原国民政府交通部厦门电报局无线电报台的建筑以及空中天线铁塔"，② 改建广播电台。1938 年 8 月竣工后开始播音。电台山上因此有了两座电台。

厦门光复，国民政府接收日伪产业。易主后的广播电台，于 1946 年 2 月 1 日开始播音：

> 本市广播电台于 2 月 1 日开始播音，除请市长黄天爵广播讲演外，并于 1、2 两晚播送特别节目。计有市府军乐队之军乐、通俗教育社之平剧、省特教团及该台话剧组之话剧等。现该台每晚自行播送节目外，并转播国际台之日语、马来语、中央台之英语及北平台之平剧等节目，声音颇清亮。查该台为求普遍街头听众计，于交通要道特别装置街头收音机，先后已裁妥者，计有中山路万利电料行前一架、思明戏院对面慎昌钟表店门口、海后绿咖啡室门外等三处。其他地点及鼓浪屿、禾山等处，亦拟次第装设云。③

此时的无线电报，更显示出它的优势：

> 厦门电信局（即前厦门电报局），于（民）34 年（1945）10 月 3 日厦市光复时接收敌伪之厦门电气通信公司无线电机，恢复通信。现无线电直达通报者，计国际电路有：一、厦门马尼拉电路；二、厦门香港电路（即将开放）。国内电路有：一、厦门上海电路；二、厦门福州电路；三、厦门台北电路；四、厦门晋江电路；五、厦门广州电路；六、厦门汕头电路。其厦门福州及厦门晋江间，并开放特快电报（照加急电报收费，每电另加特快专送费 2000 元，限时到达）。又厦门上海间不久亦可开放特快电报。④

最让商界兴奋的，还是无线电话的兴起。

---

① 《上海厦门间无线电报直达》，《中国商报》1942 年 2 月 2 日。

② 厦门人民广播电台编：《厦门人民广播电台台史》，1996 年版，第 199 页。

③ 《广播电台装置街头收音机》，《江声报》1946 年 2 月 7 日。

④ 吴雅纯编：《厦门大观》，"同文书库·厦门文献系列"第五辑（8），厦门大学出版社 2022 年版，第 151 页。

　　本市电信局于收复的时候，因为机件和人手的缺乏，电报往来往往要耽误不少时候。后来经过一番改进，业已有所改善。据该局杨局长告诉记者：该局将于本礼拜六（即 25 日）起举办一种还没有举办过的业务，那就是"无线电话"。通话的时间规定，早上 9 点到 10 点为厦门和广州，10 点到 11 点为厦门和台北。打长途无线电话和打有线长途电话一样手续，一样打法。只要你家里有电话机，就可以和在广州、在台北你所愿意通话的人对谈。但假如你希望听得更清楚一点，最好到电信局里来。所收的费用是按照路程的远近计算的。打到广州的每三分钟收3700 元，到台北只要 2000 多元。这是一种新兴的事业，希望试办的成绩会不错。将来慢慢的扩展，以应社会的需要。①

　　电报业的发展，附生了电码业。通行的四位数汉字电报码，又衍生出个性化的电码产品。

　　1937 年厦门大学教授周辨明，出版《国音字汇及电码书》。该书"收字10000 余个，按编者创编的检字法——半周钥笔索引法编排。每字注明国语罗马字拼音、旧电报号码、罗马字母电码及次序编号"。② 时任省教育厅厅长的郑贞文为书作序道：

　　　　余友周君辨明多才之士也，掌教私立厦门大学文学院垂 16 年。课余编《国音字汇及电码》一书，出以示余。其编法采"半周钥笔索引"排列次第，以便检查国音电码及编制各项索引之用。计集合 1 万余汉字，足敷应用。现今坊间出版之字典及各种明密电码，指不胜屈，而求其触类旁通得以两用者，盖鲜。周君以科学方法，将汉字按首钥笔类编列，且广其用途。是于字汇中另备一格者，因喜而为之序。③

　　如果说，周辨明的"电码书"还有浓郁的学术研究味道，那么 1928 年出版的洪子晖《商业电约》，则纯粹为商所用。

　　洪子晖，同安马巷下后滨人（今属翔安区），20 岁后经商于新加坡。据厦门篆刻家王守桢先生回忆，洪子晖先生的"诗、字都很不错，而且更有过人的聪敏，他没读过什么电讯学校或理科专业，却发明了一本商业用的电报电码，商家如采用他的电码，还可以自己选编密码，因之很受商界欢迎，几

---

① 《台穗无线电话廿五日起开放》，《江声报》1947 年 10 月 23 日。
② 任宝祯主编：《中国辞书大全》，黄河出版社 1995 年版，第 69 页。
③ 周辨明：《国音字汇及电码书》，厦门大学语言系 1937 年刊行。

十年一直再版不辍"。①

洪子晖发明的"商业用的电报电码"，名叫《商业电约》。商业电约，简而言之，就是将商业常用语分门别类整理，再加以编码。全书分为30门，如市情消长门、论价门、沽价门、采办门、期货交易门、销路门、出产门、货物门……；"门"下再分"类"，如"市情消长门"下分类有"通常问答""市好类""市软类"；"论价门"下分类有"通常问答""开价类""出价类""贵价类""廉价类"，等等；各类之下又有各种的商业常用语，如"市情消长门"的"通常问答"类有"市情参差无常""市面略受影响""市面无甚关系""市情当可回复""市势毫无希望""市势恐有变动""市涨买客转少""市情尚难看实"等常用语，各语编以汉字、阿拉伯数字和英文字母作代码，因而就能表达无数的商业行情。此外，又留有空格，允让商家自己编码。

亲身见证过洪氏电约功效的日籍华人、知名作家陈舜臣称许道："汉字电报总是要不停地查四位电码，很不方便，电报费也贵。贸易活动由于要不停地打电报，因而都用暗号。有个叫洪子晖（Ang Chu-hui）的人发明的中文暗号深受东南亚华人商社喜爱。"②

厦门商界巨子洪鸿儒有赞语道：

> 子晖宗侄，久客南洋，对于商事商情，富有经验，故于电约语类，能以简括之词句，道出精确之事实。近且汇集成编，居然成一家言。见之者咸称善本，谓可刊印行世。乃他犹歉然，未敢自信，因函询于余。余见其编中所载，分门别类，说明用法；标列符号，眉目既清，搜寻自便。凡商业上所采用词句，以及双字单字，藉通消息者，应有尽有。诚可谓取之无尽、用之不穷。宜乎人见之以此为商业宝笺者也。即以付梓而公诸同好也。夫何所客，而何所疑。③

洪子晖"电约"的商业价值和社会影响，虽经"二战"犹然不减。其友人有诗赞曰：

> 载誉归来世所歆，犹留名著遍鸡林。

---

① 王守桢：《虞愚教授轶事》，刘培育主编：《述学、昌诗、翰墨香：纪念虞愚先生》，厦门大学出版社 2009 年版，第 131 页。

② 〔日〕陈舜臣：《金山虾》，《陈舜臣随笔集：仙药与鲸》，中国画报出版社 2019 年版，第 10 页。

③ 洪鸿儒：《序言一》，洪子晖：《商业电约》，1928 年版。

香山居士应低首，如此文章字字金。

注：君所著《子晖电约》流行南洋群岛。成为商场名著，声价之高，首屈一指。

世人久贱读书郎，都为才财不两长。

谁信残篇成宝藏，千金一赋反寻常。

注：《子晖电约》和平后虽残篇旧籍，亦售巨金，可谓文章之宝藏矣。①

不仅在南洋，1947 年时《商业电约》也已再度在厦门发行，报上广告道：

本书自出版以来，销售南洋、香港暨本国各商埠，数达万余册。战后各地商业复员，需要孔殷。为便利各商家起见，特在厦发行。到书无几，幸勿交臂失之。订价每册叻币 20 元，折法币 10 万元。代理处：开禾路 6 号普照行启。②

---

① 宝光：《送子晖兄归国》，《同安乡讯》1948 年第 1 期。
② 《洪子晖商业电约在厦发行》，《江声报》1947 年 5 月 30 日。

蜂巢山

《鹭江志》有"蜂窠山"条:

> 蜂窠山,去城南三里,高悬如蜂窠,前望海中有七星石,森列海面。①

李禧的笔记,则有"蜂窠蒂"条:

> 清代倪随庵题鹭岛诗云:"绝顶鸡鸣观日出,悬崖雾散现蜂窠。"上句咏观日台,盖"洪济观日",厦门八景之一也。下句蜂窠,人多不知出处。按厦港寨仔山附近有石如蜂窠,人遂称该处为"蜂窠蒂"。李与吾军门成谋在厦时,曾驻兵于此。《厦门志》《鹭江志》咸不载及,故知之者甚少。②

"蜂窠山"即今蜂巢山也。山之名气,又与一段考古发现有关。厦大人类学家林惠祥先生记曰:

> 1930年我重回厦门大学,担任人类学课程。因教书时常需要实物,如史前石器等供学生参考。因以前在菲律宾时曾探访过史前遗迹,又因前一年曾赴台湾考察高山族采得史前石器,乃想在附近一带探访。但因当时华南尚未有发现过史前遗物,故信心不很高。在那年冬,厦门蜂巢山与南普陀山西坡之间开马路通厦市,我常去探看。有一天果在该岭向厦港的斜坡上发现一件石锛。③

---

① 《鹭江志》卷1山川,鹭江出版社2020年版,第39页。

② 李禧:《蜂窠蒂》;《紫燕金鱼室笔记》,北京广播学院出版社1995年版,第58页。倪随庵,即倪鸿范,浙江提督;李与吾,即李成谋,福建水师提督。

③ 林惠祥:《福建厦门史前遗物发现追记》,《林惠祥文集(下)》,厦门大学出版社2012年版,第500页。

次年，林先生在南普陀山的东面东边社斜坡上又发现另一件石锛。依据这两件石器，以及后来在厦大建校工地上发现的史前陶片，林先生推断，"厦门在史前新石器时代，便已有人类来住过，或从大陆来游过"，而活动的人群应该属闽越族。

发现史前石锛的"蜂巢山与南普陀山西坡之间"的马路，也就是现在思明南路的一段。

思明南路分两段筑成。上段由蕹菜河（今思明电影院）至太师墓（约今大生里铁道口），长度4500尺，竣工于民国18年（1929）；下段由太师墓至南普陀，长度4700尺，竣工于民国20年（1931）。

与思明南路下段同年竣工的，还有连接思明南路和大学路的蜂巢山路，以及蜂巢山新区。

> 蜂巢山路：起讫，由思明南路通大学路；长度，3700尺；宽度，30尺；路面建筑，无沙泥路；竣工：民国20年（1931）。①

> 蜂巢山（新区）：地位在厦门港法院边，全区已筑车路。南通南普陀寺，北接思明南路，西与大学路连络。原属山地，整理而成。此地划在住宅区内，将来整理厦门港市区，金新街一带旧有房屋完全拆去，即以此地为核迁地。②

1932年，蜂巢山新区新客入驻，其中有"回春庐"医馆。

"回春庐"是厦门最早的慈善医院，始建于清光绪九年（1883）。时有地绅洪腾凯等，见厦埠外地侨居者中大有贫病乏钱治疗之人，遂捐资买下竹仔河人家房屋，并翻盖成医馆。"凡贫病入院者，所有医药，概不收费"，经常性费用则"取诸旅店"。久之，诸董事商议，将医馆归慈善机构"同善堂"管理。③

自思明南路辟成，竹仔河遂为热闹之区，"尘土车声，尤感不适"；且"地点复迩中山医院"，医疗资源多有重叠。再则，医馆"庐址洼下，霉湿堪虞，且屋宇多倾斜"。市政当局便"将原址100方丈收用，斥蜂巢山290多方丈之地，改建新庐"。建成后，医馆"事权仍归同善堂"。④

医疗资源向来不足的厦港地区，从此有了医馆。迁址后的1933年，厦市

---

① 《民16至19年底，厦门建设一览》，《江声报》1932年4月13日。
② 《工务局开辟九区地位面积售价调查》，《江声报》1933年4月10日。
③ 民国《厦门市志》卷21 "惠政志"，鹭江出版社2021年版，第545页。
④ 民国《厦门市志》，第545页。

荒乱。单是"路毙"就频频出现。新式的洋灰大马路，竟成贫民的毙命场。1933年3月，"总计路毙111人"。① 4月，"路毙"数量，依旧百余名：

> 本市4月份路毙者，据地方法院检察处逐日检验调查，共106名，其中女性2名。各保全月统计：岐山保与和后保各21名，为最多数；次为新和保11名，附寨保9名，厦港保8名，大中保7名，张后保6名，联溪保与黄厝保各5名，张前保4名，和前保3名，吴厝保与连西保各2名，福山保与城内保各1名，数符106名。查本市之路毙者多为贫病交加无处可归之贫民，饥则乞食，夜则露宿，十字街头固彼等之逆旅也。或患病，即唯有"听天由命"等死而已。②

5月天暖，路毙依旧频频：

> 5月份本市路毙者，兹据地检处统计，共有108名。依据验明，因食红丸致死甚多。盖凡食红丸致死者十指两节，皆呈紫黑色，与普通病死者不同也。③

"红丸"者，毒品家族之一员，为贫民毙命之主凶：

> ……据地检处检验，此种路毙十有五六系因吸食红丸，久而久之，毒发致死。死后验之，十指甲上二节，皆呈紫黑色，骤视系服毒自杀，细研究乃知系红丸。按红丸为高根所制，色红似仁丹，而大则倍之，其输入厦地者以上海为大宗云。④

当时最高权利机关"思明市政筹备处"，紧急筹组"各界救济路毙委员会"：

> 年来因各地经济之凋零，由境外移入本市之游民，以及市内失业份子，续有增加。彼辈平日困于贫病，加以吗啡、红丸等毒品之传播，偃卧或倒毙路旁者，为数不少，而以暑期为甚。两月前由本处召集机关团

---

① 《三月份路毙总账》，《江声报》1933年4月1日。
② 《饥则乞食，夜则露宿，病惟等死，去月路毙者百零六人》，《江声报》1933年5月1日。
③ 《五月份路毙百零八人，多因食红丸》，《江声报》1933年6月3日。
④ 《检验路毙尸体多因吸红丸》，《江声报》1933年5月13日。

体议决组织救济路毙委员会，以本处公安局、县党部、县商会代表协同当地热心慈善事业之人士组织之。该会成立后，即经拟定收容遣散办法，交同善堂附设之贫病救济所办理。关于治疗事宜，则由中山医院、地方医院，及其他中西医士分担。一面由公安局转饬各分局逐日派警检巡所辖区域内，发见病人偃卧路上或旷地者，即派运输车送收容所施治。俟痊愈后，分别资遣回籍。虽事属临时措置，亦稍收救济之效。①

这"贫病救济所"，早先同善堂就设过，以"收容一般无力延医之贫民"。后因经费短绌，"该所亦无形中宣告停顿"。② 当下形势逼迫，"贫病救济所"再度开张：

> 近本市病毙路旁者，日有所闻。月前谭王两分局长视此情景，特倡议另行筹办。已筹备就绪，内容设施，颇称完善，病室亦颇清洁，可容至六七十人。所址系在厦港蜂巢山，以同善医院院长翁俊明兼任主持。该所医生亦经指定张春霖、许学尹负责担任。昨日起开始收容病人。举凡一般贫病乏钱、无可医治而往住院诊治者，均免收费云。③

蜂巢山下的"贫病救济所"，条件并不佳。"地甚低湿，出水如洴"，"脓血污于室，溲溺于阶"。而病者满目疮痍，"有折足者，有枯槁如柴者，有形骸不全者，有肢体腐烂者，有脓血满臀而踞地便痢者"；不仅是病者，只要经人介绍"贫而无告者，亦可入所而得食"，不过"日啜三餐，只薄糜耳"。④尽管条件低劣，业绩却不差：

> （1933 年）8 月份调查，由 1 日起至 19 日止，收容男性 140 名，女性 9 名，共 149 名。病愈出院者 64 名，死亡者男女 28 名，其入所则皆系由各分局、博济院、养老院等送往。
>
> 死亡病症之类别：计下疳 1 人，肺炎 1 人，肺痨 2 人，疟疾 1 人，气管枝炎 1 人，感冒 8 人，虚痨、伤寒、腹水、肠炎各 1 人，神经衰弱 2 人，赤痢 3 人，脚气 2 人，未断定者 2 人。此外尚有 1 人系受外伤舁往而死者，此人究何伤致死，并未报检处检验。
>
> 他如所收病人年龄之比较：计 149 名中，9 岁孩 1 名，患脓疡病，

---

① 《设立救济路毙委员会》，《思明市政筹备处汇刊》1933 年版。

② 《公安二分局请恢复贫病收容所》，《江声报》1933 年 4 月 22 日。

③ 《贫病救济所已再开办》，《江声报》1933 年 5 月 21 日。

④ 《贫病救济所名实甚远》，《江声报》1933 年 6 月 17 日。

现已出院。10 岁以上 20 岁以下者 10 名。20 岁以上 30 岁以下者 50 名。30 岁以上 40 岁以下者 53 名。40 岁以上 50 岁以下者 23 名。50 岁以上 60 岁以下者 8 名。60 岁以上者 2 名。70 岁以上者 2 名。计最多者为 20 岁以上 40 岁以下皆少壮年龄。其数为 103 名，约占百分之七十人。

其籍贯之统计，以外籍为最多。计浙江籍 25 名，山东籍 12 名，河北籍 7 名，广东籍 16 名，江苏籍 12 名，湖北籍 3 名，此外湖南籍 4 名、安徽 7 名、河南 3 名、江西四川各 1 名，共计外籍 91 名。省内如永春、福宁、漳浦、龙岩、福鼎、海澄各 1 名，兴化、惠安、龙溪、石码各 2 名，南安 3 名，同安、思明各 5 名，晋江、安溪各 9 名，闽侯 11 名，未明者 2 名，共计 58 名，合计 149 名云。①

至 1934 年 12 月，救济所开办一年多时间，救济贫病者达 3000 余人。益同人公会特赠匾，曰"病贫慈航"。②

时局动荡，民不堪命。1937 年，厦市进入非常时期。8 月，同善堂董事会议决："本市最近因受时局影响，房租无法汇收维持。故在此非常时期，决将本会附属之贫病救济所、养老院两机构暂行停办，各病人及受养人，每名由会发给 4 元遣散。"③

厦岛沦陷时期，民众更陷入无边的饿馑之中。物质奇缺，物价高涨，"敌伪设立物质输出入组合，各种物品概行统制，一般商家乞货应市，小本商店无法维持。伪市府近复制出一种购粮券，抬高市价，市民无米为炊，饿馑载道"。④ 1940 年，日伪政府应付困境，"将大乘佛教会附设之避寒所，改修为贫病救济所"。救济所址于思明北路打索埕，收容定额仅 30 人。⑤

七年沦陷，厦市饱受蹂躏。虽言光复，却是灾黎遍地，民生唯艰。1946 年消息："月来百物昂贵，日甚一日，平民入于饥饿线者日多。痪死者有之，自杀者有之，贫病交侵而死于非命者有之。日来仅益同人公会得据报告发棺收殓者，已有多人。"⑥

救济贫寒，官方有救济院、儿童教养院和难民收容所之设，民间益同人亦有施粥、施医、施药、施棺之举。无奈积弊太深、民困太甚。救济所惠，也仅寥寥。故又有重起贫病救济之议。7 月 1 日、10 日，市府二度召集有关

① 《贫病救济所收容人数及病症死亡》，《江声报》1933 年 8 月 21 日。
② 《贫病救济所得益同人公会赠匾》，《江声报》1934 年 12 月 30 日。
③ 《非常时期同善堂不为善》，《江声报》1937 年 8 月 31 日。
④ 《市场缺货，人民饿馑载道》，《福建民报》1940 年 12 月 10 日。
⑤ 《市立贫病救济所》，《新厦门指南》"社会事业"，第 143 页。
⑥ 《死神盘旋饥饿线》，《江声报》1946 年 5 月 24 日。

机关讨论露宿街头的难民收容之事。议决结果：无劳动力之"贫病者由救济院另设施医所予以收容，老弱者仍由救济院收容"；救济院施医所则设于百家村的"复兴路济寿宫隔壁及武胜庙后空屋"；施医所的医师与医药，"医师及中药请益同人公会负责"，"西医师及西药请市立医院负责"；施医所的管理，由"行总厦门办事处、益同人公会、佛教会、救济院各派一人常川管理，并由佛教会负责总主持"；最后施医所的经常费，"在救济院经费下开支"。①

消息传出，记者采访街头难民，"其患病者闻知可获免费医治，咸喜形于色。其老弱闻系收容于救济院，则双眉愁结，泪盈盈欲堕，均称，者番不死于街头，死于救济院矣。记者质询之，据称，彼等前曾一度收容于该院，所有救济物质，均未曾领到，挨饿忍寒，苦不堪言，故乃逃出，流落街头"。②

难民们对救济院的失望，不久后便得到应验：

　　本市光复后，难民无家可归，流落街头，餐风露宿，病亡相继，惨不忍睹。社会人士及各报乃敦促政府，设法收容，以惠灾黎，当由各慈善机关合组贫病收容所。由救济院长蓝长江负责办理膳食，由救署厦门办事处每人每日拨面粉两磅，以作膳食及副食费用。两磅可值千元左右，如作膳食，实可有余。乃办理人员中饱，三餐以坏米及难入口之盐料为各病民充饥，致各病民病上加病。兼之连日天寒，棉被毫无，在此三日中，死者达 13 人之多。③

嗚呼，民生艰难，甚矣。

---

① 《本市街头难民，十八日起收容》，《江声报》1946 年 7 月 11 日。
② 《本市街头难民，十八日起收容》，《江声报》1946 年 7 月 11 日。
③ 《蓝长江杀人》，《江声报》1946 年 10 月 18 日。

美头山 ▊

美头山之名，由"尾头山"雅化而来。该山"高程 23.7 米，昔突出笕筜港中，原为渔村"。① 《改良厦门市镇歌》唱道：

> 菜妈街尾透溪岸，左手就是东岳山。
> 东岳宫地坐溪岸，面前所向是大山。
> 内外深田隔一垵，收成五谷真有盘。
> 后面乡里马头社，居民尽是趁海食。
> 蛏蚵鱼虾蟳共蠘，各户有利尽好额。
> 厦门市镇到此止，其余禾山分乡里。②

歌中的"马头"，也就是现实中的"尾头"或"美头"。美头山南麓的美仁宫地面，是厦门市镇通往禾山山场的门户，旧属禾山管辖。因其地缘优势，美仁宫一带率先禾山各乡与时尚相接。

1923 年，市郊第一条道路筑成。由美仁宫经文灶、梧村、双涵、莲坂、吕厝，达于江头，全长 6.5 千米。

1926 年，侨商黄晴辉等购置汽车 2 辆，经营美仁宫至江头的乡间客运。"全禾汽车股份有限公司"相应成立，设址于美仁宫。

1927 年，厦禾路东段（斗涵至后江埭）开筑。1928 年 6 月路成，与禾山道路相接。

1928 年，辟建美仁宫新区，新拓面积 565 平方丈。

1928 年 12 月，第二市场竣工。禾山海军办事处派兵一名，管理市场日常一切。

1929 年，厦市公共汽车公司与全禾汽车公司合并，成立"民办厦禾汽车股份有限公司"。公司办事处设于美仁宫原全禾旧址，辟行车线路 6 条，其中

---

① 《厦门市地名志》，福建省地图出版社 2013 年版，第 484 页。
② 王见川等编：《台湾宗教资料汇编》第 2 辑第 2 册，台北博阳文化事业有限公司 2010 年版，第 89 页。垵，即港湾、水湾。有盘，有利润、合算。趁，挣。蠘，梭子蟹。

4 条由美仁宫发车，可达五通、高崎、何厝、钟宅各乡。

1933 年 5 月，省立厦门职业学校（简称"职校"），由相公宫迁址美头山上。厦禾路通往美头山的道路，因而命名"职业路"（今美头山路）。

职校创设于 1929 年 3 月，初名厦门职业中学（简称"职中"）。几年办学，陆续开设高级商业、高级采矿、高中测绘、高级理产（助产）、初中刺绣、初级裁缝、初级家事、初中商业、初级美术等专业，以及附带举办缝纫补习班。①

职校办学，成绩虽称不上可圈可点，但好歹也是厦市唯一的公办职校、唯二的省立中学。经多番努力，好容易从路政处手中讨得筼筜港边一块 7000 多平的地块，又花费三年搞建设，就一心求取能傍着美头山，做着腾达梦。谁料 1935 年 6 月，省教厅一纸通告饬令职校停止一切业务，言曰"省立厦职办无成绩，科目均与附近各职校重复，难期发展，应暂停办，以节糜费"。②

厦人严重不服，以为"厦为通商巨埠，职业教育极关重要"，如此"将职校停办，是厦门已无职业教育"。③ 职校学生，更以"此举关厦门职业教育及自身学业"，组织"护校运动会"，声请省教厅收回成命。④

厦商会也呈文省府，请求察核。其言曰：厦市正求发展，职业教育亟待扩充，如航海职业、商业簿记、土木工程、道路测量、电气工程、无线电学，以至裁缝、看护、医生，皆有创办之必要。若因厦门职中办理无成绩，而欲取销职校，"应归咎用人不善，不应因噎废食"。退而言之，厦门若真无办理职教之必要，则还有科学馆，民众教育馆，私立中小学校的补助费等，"或急待创办，或渴望维持"。安能"视厦门一隅为化外，不稍加留意"，而使教育经费分配不均，"福厦比较，判若天壤"云云。⑤

尽管奋力抗争，职校到底还是难逃厄运。辛苦积攒的家业，一朝瓜分殆尽。龙溪职校、龙溪师范、长汀中学，各分得一杯羹。近水楼台的省立厦门中学得益最多，获"校舍连操场一座、厨房一座、新建楼房一座、校门华表一座、安设自来水管全部、装置电灯全部"，以及桌椅橱柜、烹调用具、图书杂志等。⑥ 昔日的职校校舍，从此变身厦中宿舍。

觊觎美头山的，另有人在。1936 年末，禾山特区署也来抢占山头。

① 《福建省立厦门职业学校概况》，《教育周刊》1934 年第 184—185 期。
② 《厦门职中，省府决停办》，《江声报》1935 年 6 月 11 日。
③ 《厦门职中，省府决停办》，《江声报》1935 年 6 月 11 日。
④ 《职中学生组织护校会》，《江声报》1935 年 6 月 12 日。
⑤ 《职中不应停办，有八大理由》，《江声报》1935 年 6 月 20 日。
⑥ 《职中停办后，校舍归厦中》，《江声报》1935 年 8 月 7 日。

禾山特区署，前欲迁往双涵中心小学，因故中止。近该署以美仁宫原有省立职中校址，颇为宽大。昨特区长刘际唐曾偕警务主任胡家权前往勘查，认为适当。闻不久将迁移该处。[1]

禾山特署的计划，顺利地获省府批准。批文曰："厦门职业中学旧址，准予拨给该区区署，并准向省银行息借7000元，补助厦门中学，建设寄宿舍。余2000元准作该署临时修缮购置等费。实报实销，仰即遵照。"[2]

禾山特署迅疾地雇定土木工匠，进行装修事宜。"一俟完工，于该校住宿学生春假后，即可迁入"。[3]

区署搬家，禾民不服。众以为区署原设于后院埔，位处禾山中心，地点适宜，便利统摄地方治安，尤其对处置五通、墩上、后莲沿海一带的盗匪，更为重要。再则，现有的区署，经历任官长修筑，已是"屋宇宽敞，尽敷应用，实无更动必要"。倘若区署迁移，美仁宫与禾山各保甲，"距离既远，来往不便"，召集保甲长会议实在不易。如此而行，"不特阻碍保甲之进行，尤减低行政之效率"。更何况，当下天时不利，侨汇减少，迁移署址只能增加民众捐税负担，造成民心恐慌。若能"移此迁署费7000元之巨款，以为救济农村，对于复兴农村，促进生产之大计，不无裨补"。[4]

禾人抗议无效，官署的事毕竟官府说了算。

时光荏苒，当美头山再次进入世人眼中，已是1946年时候。是时，厦鼓禾三地疫疠横行，当局谋设救治。于是选定美头山前特种区署旧址，建"隔离医院"，"院修理费及经费定2000万元，为李清泉夫人筹募捐款拨用"。[5]

1947年12月，东南鼠疫防治处由晋江迁厦。隔离医院归附"鼠防处"名下。1948年8月，耗资1.4亿工程费的隔离医院，终于建成并开业。业务范围，也由鼠疫，扩大至各类传染病。[6]

1949年的美头山，又有新建设。是年3月，印尼华侨欲在此建"华侨新村"：

华侨陈丙丁拟在美头山新区建筑新村，使成为新住宅区，以应社会需要，经市政府核准。惟该地现有新坟安葬，士兵死亡者亦多埋葬该区，

①《禾山特区署拟移美仁宫》，《江声报》1936年11月29日。
②《禾山区署决移美仁宫》，《江声报》1936年12月4日。
③《禾山区署备迁移》，《江声报》1936年12月21日。
④《禾山区分部等反对区署迁移》，《江声报》1936年12月29日。
⑤《隔离病院地址勘定》，《中央日报》1947年4月11日。
⑥《鼠防处隔离分院定今起收容患者》，《星光日报》1948年8月23日。

市府日前特令警察局禁止。警局奉令后已转饬开元分局执行云。①

华侨归厦建屋并不稀见，而要一口气起盖 13 幢二层洋楼，成建制地建筑"华侨新村"，却属罕见。在"房荒"加"钱荒"的时期，陈丙丁之举格外吸人眼球。

1949 年 6 月，新村第一期工程竣工，并编门牌号：

> 本市华侨巨子陈丙丁等所组织之华侨新村公司，前在本市兜仔尾美头山，自购空地兴建华侨新村，第一期工事业已开工。计先建筑花园洋房 6 幢，并决分别订名为华侨新村 1 号至 6 号，以资识别。前项名称已经市府批准，另定期订门牌。②

兵荒马乱年代，投资房地产无异于冒险。陈丙丁的"华侨新村"计划，能实现的大概就只有自住的三幢。

至于曾经的"隔离医院"，后来变迁为驻军的卫生连驻所，以及军队干部休养所，也算顺理成章的事了。

---

① 《美头山要建新村，不许埋尸》，《厦门大报》1949 年 3 月 17 日。
② 《华侨新村订期编号》，《星光日报》1949 年 6 月 21 日。

百家村 ▋

建设居民新区，是厦门市政改造的新政之一。周醒南对此有过解说：

> 厦门市窄人稠，欲抟滋民生，非开拓新区，势不适于容纳。然所欲拓之地质，是否良好，能利市财源以伙工资，实新区施政唯一重大方针与问题。查厦门面积，计 379600 余方丈。第一期拟加拓 20 万方丈。查截至（民）19 年底止，所拓者已增加 10 万方丈有奇。计新区 30 所，其工作状况，或开山，或整理山路，或填海，或填河，或填水田，或填低地，不一而足。①

最早启动新区建设的，是深田地区的"百家村"工程。1928 年 7 月至 11 月，乐俗路、安居路、争治路，同时开工，也同时完竣。三条道路皆"位于模范村新区以内，系就深田内填筑而成为沙泥路面"。② 在这三条路的基础上，新的道路继续展拓，新的民居趁势兴筑，容百户民众安居的"百家村"由此落成。报载：

> 百家村平房新区，地位在民强路（旧地名深田内）与中山公园邻近。每间面积 6 方丈 37 方尺，内有一厅二房，一厨房，一天井，一前院，面向南。前后均有车路，适住宅之用。每间地皮及上盖售价 1500 元。③

百家村新区的建设，原本只是与中山公园建设配套，供"小户房屋收买拆卸时之换居"。这种小户型拆迁安置房，对全城的居民新区建设具有示范、样板作用，因此也被称作"模范村"。在周醒南们的计划中，"尚有蜂巢山、先锋营、后江埭等三处，均拟建为模范村"。④

---

① 《厦门工商业大观》"第三章　市政　新区之计划"。
② 周贤育：《厦门工程概况》，厦门卫生会编印，1929 年 7 月。
③ 《工务局新辟九区地位面积售价调查》，《江声报》1933 年 4 月 10 日。
④ 《厦门工商业大观》"第三章　市政　模范村建设"。

　　百家村的成功，刺激了城建者的"新区欲"。于是，在百家村以东、白鹤岩脚下，隔着"百家村路"（原分段为博爱路、民享路和三民路，1965 年合并），再建一新区。内辟道路有自强路、兴中路、和衷里、一德里等。新区冠名，直接就叫"模范村"。自此，"百家村"和"模范村"隔路相望，毗邻而立。百家村主打的是"竹竿厝"型的平房，附带些二层的楼房；模范村则主打二层楼房。

　　"模范村"建设年代，正是厦门新区建设活跃期。毗邻地块有多个新区纷纷上马，如白鹤新区、虎园新区、蓼花溪新区、仙园新区、水磨坑新区……然而，经济的、政治的变局，又让各新区纷纷下马。"模范村"建设，也停止后续的推进。再往后，"百家村"和"模范村"逐渐融为一体，名号混杂使用。

　　在其时，百家村还真的够格称作"模范"。它是全厦首个人工规划的居民小区，洋楼霸气外溢不说，单是平屋建筑就与众不同。房屋齐整划一，采用双坡顶砖木结构，每户门前各带一小院。小区内道路不长，但横平竖直，规矩整齐。道路名头又紧贴时尚，诸如新民、协和、合群、民有、民治、民享、复兴、兴中、和衷、三民、博爱、维新、尚武等。

　　然而，"模范村"也有不模范处。1931 年，开发商柯清源就照明事，呈文当局。其言称，柯某人"因关怀祖国，汇资来厦"，商请堤工处将深田地方"辟为模范村，投资整理"。自民国 18 年（1929）起，至本年模范村告竣，各项配套措施也在"节次兴筑间"。但最遗憾是，电灯无法办理。查厦门电灯公司，注册的区域仅在旧市街范围。市政改良之后，电灯需求日增，公司难以应付。模范村商请安装，难以解决。因而"模范村各住户，对于电灯无不喷有烦言"。柯以为"非再整资购办电力机器，自行安设，不能应各户之需要"，故"谨绘具地域图式"，恳请县党部察核，并"转呈省建厅备案，准予购器就图域内安设电灯"。[①]

　　百家村原先设计，大多户内都有古井。久之，井水已不合饮用。1933 年，市卫生科提议小区安设自来水。其言曰：

　　　　查本市模范村房屋栉比，人烟稠密，自来水管尚未装设。所有环近住户数百家，沓汲食土井井水。该处井水黄浊不洁，食之有害卫生。迩来天旱井枯，群趋山下取泉，而一般无知工人佣妇，沐浴洗衣，亦集其中。遂致泉井益浊，抑且不敷供用。科长目睹情形，认为非迅设自来水管以供公用实不足以重卫生，而维清洁等情。据此，查自来水原为公用

----

　　① 《模范村请自置电机》，《江声报》1931 年 8 月 14 日。

事业，际兹夏令，疫症堪虞，市民饮水，自用认真改善。该模范村既有住户数百家，应予装设自来水管，以供公用。合行令仰该公司赶日派工装设街喉，以供民用，而维卫生。[1]

每日的"民产"处理，最能考验居民素质。1931年时，百家村已建成公厕一座。然而延至1937年，地方犹为垃圾粪便的处置所扰。有布告云：

> 查模范村一带路沟，业经国民劳役临时办事处饬派民工逐一清理完竣，乃近查该处居民，于路沟清理之后，仍将垃圾粪秽随意倾倒沟涵。不特有碍卫生，且易壅塞沟道。除饬警随时制止外，合再布告各该路居民一体知照。对于沟渠，务各共同维持清洁，勿将粪秽等物随意倾倒沟内，以重卫生。如敢故违，定予严惩不贷。此布。[2]

百家村居民，大多为拆迁户，文盲居多，要想"模范"，非教育先行不可。1936年，"市民众教育馆模范村实验区"设置于此。民教馆的主责是扫除文盲：

> 市民教馆附设模范村民教实验区，对于扫除文盲工作，正筹划进行。该区16岁或以上成年文盲1652人，已设立中心民众学校一所，可招生150人；又第一、二民校，可招生100名，合计一期招生250名。以4个月计算，两年内可将区内成年文盲，全数扫除。至于16岁以下失学儿童，亦有901人，以经费有限，正难筹划，适市府二期义教，有增设短期小学之议。该馆拟呈请拨设五校于实验区内，以救此901之失学男女儿童云。[3]

"民众学校"，主责在扫除16岁至20岁之间的男女文盲。除了中心校外，百家村的吉祥小学、集友小学，各开始一个识字班，招收人数均在45名以上。[4]

另又有"短期小学"，以10足岁至16足岁的失学儿童对识字教育对象，

---

① 《模范村需用自来水》，《江声报》1933年5月21日。

② 《禁止模范村一带居民将污物粪秽倾倒路沟由》，《厦门市政府公报》1937年第24期。

③ 《一期民教模范村请设五校》，《江声报》1936年9月23日。

④ 《本市市私立小学暨社教机关团体附设民众识字学校一览表》，《厦门市政府公报》1937年第24期。

学时一年。百家村内短期小学 3 所，即"市立模范短期小学""市立百家短期小学"和"市立深田短期小学"，由集友小学、东村小学和吉祥小学分任。①

百家村的"模范"，还在它的"深田新区公民互助社"。"公民互助社"是居民自治组织，既维护社区卫生，又维护居民权利。

1935 年 7 月，公民互助社呈文内政部，控告柯清源的荣昌公司"霸占济寿宫左右边村公地"，"擅卖深田内公地 500 余方丈"，请求撤销荣昌公司承购该土地的批文。②

缅甸侨商柯清源，是模范村建设的金主。其荣昌公司"集中投资模范村一带，盖 70 幢楼房"。③

百家村民与柯清源的争端，起于 1932 年的集友小学"球场事件"。

深田内外共有小学 3 所。一曰"吉祥"（址于"皇帝殿"）；二曰"东村"（址于深田外）；三曰"集友"。三校中，集友资格最老。民国 18 年（1929）春，集友小学迁入百家村。"是年秋季，武圣庙新校舍落成，遂迁入上课。又将右畔济寿宫收归管理，添设民众阅报所及民众夜学等。（民）20 年，向海内外侨胞募捐，建筑东校舍一座二层，又北校舍一座、厨房一所"④。

"武圣庙"和"济寿宫"，本都是不起眼的小庙，屋小地狭，容不下求学者的骤增。1932 年春季，"报名入学者，络绎不绝"，"校舍不敷支配"。学校当局乃"呈请教育局转函路政处，准予于校后建筑新校舍，不日兴工建筑"。⑤

也就因学校用地一事，1932 年 10 月，校方与地产开发商发生摩擦：

> 近该校长吴万镇在校之右畔原租用之区域内，筑一篮球场，备学生练习之用。昨晨 6 时许，有自称柯清源者，会同路政处巡长、路警等 5、6 人至该球场，将该校所竖之篮球牌及木柱等拆去，并欲另竖石界。该校高级生睹状，出与理论，被警用枪杆殴打学生张清根等，并将篮球牌木柱，用 81 号美达车载去。有模范村派出所巡长田开基作证。事后，校长吴万镇即于下午 1 时许，率领全校学生百余人，持请愿旗到党部各机关请愿。旗书"集友学校为柯清源恃势霸占校址殴打学生挖去篮球牌破

---

① 《厦门市各短期小学改称校名表》，《厦门市政府公报》1937 年第 22 期。

② 《深田争地案》，《江声报》1936 年 7 月 30 日。

③ 《厦门市志》卷 4 "土地房产"，方志出版社 2004 年版，第 332 页。

④ 民国《厦门市志》卷 12 "学校志"，鹭江出版社 2021 年版，第 352 页。

⑤ 《学校消息》，《江声报》1932 年 2 月 4 日。

坏教育请愿团"。先到县党部，由谢心铭出见，吴当陈述请愿理由，并献上请愿书。谢允照转当局办理。次到教育局、县政府、十九路办事处、司令部、公安局，均允查明办理。①

集友小学行动得到了吴厝保的支持：

> 吴厝保保民公会，前晚（26日）7时假吉祥小学开会。对济寿宫旷地，认为确属庙产，经保民交涉在案（有契据为证），路政处实无变卖该地之权。乃推举童锦焕、纪忠烈为代表，携函前往路政处彻底交涉云。②

1934年12月，济寿宫再起波澜。此次交战双方为集友小学与模范村派出所。模范村派出所设于1931年，与集友紧邻而居。1934年，集友以"修理宫庭，开通水沟，并围筑该处宫口两株榕树花台"名义，修筑围墙。派出所则以"该墙有阻该所人员出入之路径"为由，要求围墙停工。警员到校交涉，双方肢体接触。派出所收缴泥水匠工具离去，校长吴万镇领学生到所争较。事情闹大发后，警方动用权力，以学校捣毁派出所报请上级派武警弹压，拘走校长吴万镇及3名员工；集友小学则动用人力，组织"集友学生及模范村等公民百余人，到思明县党部请愿"。③

抗战胜利之后，曾沦为"兴亚院"和日本总领事馆的深田路42号，成为待遣返日俘和日侨的集中处。模范村内具有同等功用的，还有一德路（今新德路）18号。日人临去，又给当地留下一堆麻烦：

> 本市公园东门妙释寺路林俊德楼屋，昔被日寇占用，后政府指定为日俘集中处。日俘人数众多，原有厕所不敷应用，乃将廿五、廿七两号楼屋通巷围入该处，而建筑厕所数间。虽日俘称便，而附近居民则大感不快。现日俘遣回已久，该处积粪未除。迄日天气渐热，臭气四溢，路人为之掩鼻。该屋住户曾将厕拆除，并清理积粪，卒为警察所阻。盖以该物为日俘所有，非经奉准，不得擅自处理。际兹疫病流行，居民卫生，殊可虑也。④

---

① 《集友小学昨日请愿》，《江声报》1932年10月28日。
② 《集友小学昨日请愿》，《江声报》1932年10月28日。
③ 《模范村昨起冲突》，《江声报》1934年12月28日。
④ 《日俘遗臭急待清除》，《江声报》1946年4月11日。

厦市贫病收容所，则"假武圣庙为所址，借用民房三间，内备有双人床23架，炊具全部"。① 收容所条件恶劣，办理人员擅权谋私，"三餐以坏米及难入口之盐料为各病民充饥，致各病民病上加病。兼之连日天寒，棉被毫无，在此三日中，死者达13人之多"。② 贫济所一时成为哄动全厦的头条丑闻。

战后复校复学，为社会关注热点。1946年3月，深田曾有集友复校之议。但至1948年8月，复校方有眉目。22日，"深田保集友小学校友及互助社社员、区代表、保甲长，约百余人"集会，决议邀请前集友小学校长吴万镇"继续复校，并重新组织互助会"。为此专门设立筹备会，"准备本年度完成复校及复会工作"。③

复校先要有校舍。原先的校舍大部，已被占作宗教场所。校方强行索回，遂引发激烈冲突，校具被毁。10月7日，吴万镇领着一群举着"打倒菜姑"纸旗的学生，四出请愿。次日再开记者会，发布书面报告：

> 该校在10年前厦市沦陷时期，一部分校舍包括教室三间、教员室两间（内储校具为数甚多），悉被李妙法（女徒弟洪蔡明烈，又名爱姑）等集团变卖殆尽。又将全部校舍占据，把左畔教室辟作功德室，后面教员室改建厨房，右畔教室及教员室作为菜姑宿舍。本年8月中旬，为要复校，向之索讨不还。经呈请市政府蒙明令饬迁在案。本月6日傍晚，学生放学之后，有冯逦英（现任联勤总部装具厂上尉课员）率领十余猛及其父冯开让、父妾冯陈氏等侵入校中，驱迫校工张清泉夫妇找寻校长，并胁同搬迁校具。动作稍迟，枪杆拳脚齐下，痛殴校工之妻。先将厨房器具捣毁，继又进入教室将所有椅桌黑板杂物，悉抛毁于校外。最后至办公室大肆咆哮，然后扬威而去。目下学生无法上课，迫不得已，分向市参议会、市党部、市政府、地方法院检察处请愿，恳予严办冯氏父子，责令赔偿损失，以维地方教育之前途。④

虽遭此冲击，集友服务社会热情不减：

> 深田保集友小学复校后，因鉴及附近失学学龄众多，乃附设民校，藉资补救，庶几贫苦儿童得受教益。该校经于上月22日开始上课。由该

---

① 《厦贫病收容所调查报告书》，《中央日报》1946年11月21日。

② 《蓝长江杀人》，《江声报》1946年10月18日。

③ 《集友小学筹备复校》，《江声报》1948年8月23日。

④ 《集友小学招待记者，报告被捣情形》，《星光日报》1948年10月9日。

校教职员林锦耀、张元和、黄长炜负责义务教学。就学者已超越百余名。①

　　私立集友小学为补救一般失学痛苦，暑期决设立免费补习班及义务民众夜校，定于 7 月 1 日开课。闻往该校报名者颇多云。②

战后的百家村，治安不靖。1948 年 8 月 16 日清晨，协和路 2 号 3 户人家同时被匪徒持枪抢劫，一时轰动全厦。迫于治安压力，警方重设派出所：

　　本市模范村，地处僻静，警局以该处时常发生抢劫、偷窃事件，且冬防期间，更应防范，故饬思明分局于该处设立模范村派出所。分局经派中华分驻所警长傅加治，前往该处觅址筹备。已于昨天筹设完毕，定本日迁往该处，设立派出所。如此则模范村居民可高枕无忧了。③

中华人民共和国成立后的百家村，建筑格局多年基本不变，道路名称却屡有变易。如三民路、民权路、民享路、博爱路，合并称为"百家村路"；妙释寺路与争治路，合并改称东门路；复兴路、兴中路，并入"中兴路"；安居路、新生路、共和路，并入"深田路"……

　　而集友小学校址，先设为溪岸小学分校，后为教育宾馆。地面建筑虽变，但教育用地性质至今依然。

　　① 《深田保集友小学附设民众学校》，《星光日报》1948 年 12 月 15 日。
　　② 《集友小学设免费补习班》，《江声报》1949 年 6 月 28 日。
　　③ 《模范村另设派出所》，《厦门大报》1948 年 12 月 16 日。

外清

外清位处于厦门古城的南门与东门之外，历为热闹街市、厦埠名区。歌仔册《改良厦门市镇歌》唱说：

> 石路过去靖山头，外清地理是相交。
> 上田古庙大先到，落来释仔王厝口。
> 石皮仔巷在身边，隔巷就是蚶壳井。
> 直来菜市桥亭街，猪羊米菜鱼虾齐。
> 买卖闹热行相挨，菜馆酒店亦有做。
> 饼店点心有人买，算亦闹热今内街。①

清至民国，此处地面设有"外清保"。地志记曰：

> 外清保　今镇海路东段南北侧，中山路东段南，桥亭街至释仔街东。时含蚶壳井、释仔寺、上田古庙、王祠堂、石泉。②

市井深处，祠庙密集。其宗祠如：

> 蔡氏小宗，曰济阳堂，在外清上田古庙。
> 王氏祠堂，在苏厝边，曰凤山堂。
> 苏氏小宗，曰芦山堂（苏厝埕石坊，苏相淇故宅）。
> 张氏小宗，曰绳忍堂，在大埕头。
> 刘氏祠堂，曰可垂堂，在外清马仔石。③

---

① 王见川等编：《台湾宗教资料汇编》第2辑第2册，台北博阳文化事业有限公司2010年版，第90页。大先，首先；闹热，热闹。

② 《厦门市地名志》，福建省地图出版社2013年版，第46页。

③ 《思明县各姓宗祠》，何丙仲等整理：《民国〈厦门市志〉余稿》，鹭江出版社2021年版，第72页。

其宫庙如：

火神庙：在外清岭脚，曰离明宝殿，祀祝融氏。光绪三十年庙圮。[1]

释仔寺：在外清保，有顶释、下释两间，下释寺清末废。[2]

凤山宫：在外清。祀天后、吴真人。庙亦古。[3]

观音亭：在南门外。祀观音大士。俗称桥亭。[4]

寿山宫，在吴厝巷，祀吴真人。[5]

前园宫：在大担山后，天后祖庙也。[6]

与前园宫相关的"大担山"，乃一小山仑，外清山之余脉。与海上的大担屿，却有一段神缘：

大担屿天妃宫建惊涛骇浪中，故香火寂寥，人迹罕至。庙祝某素谲，一日，遍告居民及渔户，以屿之某处屡夜发毫光，岂宝物将出现耶？盍共踪迹求之。遂于海后浅水处，获朽木一株。庙祝曰："是神木也，雕为天妃像，福且及遐迩。"从之。果庙貌焕新，香客云集。时厦前园宫翻筑亦适落成，好事者思得大担神木像镇龛。求之不得，则思夺之。聚里中恶少年数十辈，载以快艇，诡称进香。入夜潮生，以数人舁像登舟，余为后援。庙祝率役远追，垂及矣，诸人入大担宫，捣毁器物一空。庙祝奔救，众乃从容并载而还。大担庙祝频思报复，迄不得逞。爰遣人散布谰言，谓前园宫神木像不得谒祖，将示罚宫董。故前园宫董每年三月，必舁神木像赴白石头，遥望大担宫进香。如是十余年。大担庙祝既殁，前园宫董亦知理屈，遣人修好，代募香资数百金，并议定每年到大担进

① 厦门市图书馆编，何丙仲等整理：《民国〈厦门市志〉余稿》，鹭江出版社2021年版，第67页。

② 《民国〈厦门市志〉余稿》，第108页。

③ 道光《厦门志》卷2，鹭江出版社1996年版，第50页。

④ 道光《厦门志》卷2，第50页。

⑤ 道光《厦门志》卷2，第51页。

⑥ 道光《厦门志》卷2，第51页。

香时，纳费若干，其嫌乃泯。以一木偶而起如许波澜，不已惑乎！①

虽神像来路不正，却无碍前园宫香火旺盛。有诗曰：

> 银花火树岁相承，拥挤街衢竞看灯。
> 还要前宫园口望，最高烟火十三层。
> ［注］元宵节，厦门前园宫所放烟火，为闽南有名。②

香火过旺，常招祝融。故 1923 年后，有"前园建筑消防队"设址于此。然而尽管有妈祖水神和消防水龙双重保护，前园宫到底还是出事：

> （1934 年 10 月 27 日）晨 4 时许，本市外清火烧前园宫。顾宫人林送来，染有烟瘾，火由其宿舍附近而发。全宫化为灰烬。宫之左右贴邻，为前园建筑合组救火队，因水管二个放置宫中，亦被焚毁。该救火队只得向附近汲取井水灌救。旋各处消防队陆续而至，乃共同扑灭。除该宫全焚外，他无所累。五时火即全熄。③

与前园宫相邻的，是名气满满的"四仙石佛"：

> 某岁，厦大水。前园宫居民拾得女像一尊，面目娟好，高与人等。奉之"四仙石佛"，搭芦棚覆之，称曰"圣妈"，讹为"蔡妈"，以是日为诞辰，香火大盛。司其事者赚利颇丰。数年后渐歇。一日，忽来"七子班"一台，止芦棚下，云："昨有一老妇人订演。"司其事者曰："噫，本日蔡妈诞也，然多年不演剧矣，得非蔡妈自往订否？"众曰："是矣。"于是，蔡妈又灵赫。后司事者殁，蔡妈移入前园宫。现殿之右畔，凤冠而朱帔之像则是矣。④

"四仙石佛"而外，还有"外清宫"。有诗曰：

———————————

① 李禧：《大担宫天妃像》，《紫燕金鱼堂笔记》，北京广播学院出版社 1995 年版，第 15 页。

② 谢云声：《闽南阴历新年竹枝词》，《论语半月刊》1934 年第 35 期。

③ 《火烧前园宫》，《江声报》1934 年 10 月 27 日。

④ 李禧：《前园宫蔡妈像》，《紫燕金鱼堂笔记》，北京广播学院出版社 1995 年版，第 16 页。

［序］外清尼庵，即空即色。

庵号外清外却清，谁知此佛故多情。

慈悲国是众香界，笑与东君结主盟。①

"多情"者，不仅外清宫。清末被毁的下释寺，也有不良记录：

厦有一陋俗已数百年之久，尼姑接客是也。且体面大绅富商，又以
嫖尼姑为阔绰，为高贵。故下释寺尼姑名诣师者，名噪一时，座客常满，
亦天下绝无仅有之败俗。事为组（承藩）司马所知，特差拘诣师，升堂
讯问得实，当交官媒结案。勒令阖厦各寺青年尼姑一齐还俗择配。有年
老苦修者，归大悲阁一处修念。②

市井深处，屋舍密集。其间列名厦岛"重点保护风貌建筑"中者，有外
清巷22号的"邱厝"洋楼和释子街99号的"王厝"。邱厝主人，为晚清名
将邱良功、邱联恩族裔。王厝，则属王氏家业。王姓为外清大姓，分宗为
"顶王""中王""下王"三支。另有"石皮王"，与"顶王"等不同一支，
石壁街10号王人骥（字选闲）属之。

王人骥，台湾人，甲午，随其父用其先生内渡，与同时内渡厦门者，
有林、卢、黄、潘等数家。其后，多复日籍，惟王始终如一。中清壬寅
科举人，留学日本早稻田大学习法政。卒业后归国，授法部主事。以晚
清官僚暮气已深，遂谢职归厦。民国建立，任厦门中学校校长。民五，
省委黄孟珪代其职，遂决意家居。读书养志，不复与闻社会事。然乐善，
好周人急，尤笃念旧谊及援助文人之落拓者。抗战后，厦门沦陷。先生
避居鼓浪屿，敌伪屡劝出任主持厦市教育，均婉拒不应。日唯斥售古董
及字画以维持生活，虽罄所心爱不惜。坚强明毅有足多也。③

与石壁街相接的，有盐溪街。满街居住着文化名人，如门牌12号的欧阳
桢、15号的李禧、18号的陈桂琛、29号的沈观格、30号的柯伯行、98号的
吕世宜……

此外，外清名人还有许多，如外清巷32号的林采之、石壁街34号的盛

① 萧宝琛：《鹭江竹枝词·情佛》，刘瑞光校注：《厦门竹枝词辑注》，厦门大
学出版社2023年版，第86页。

② 《厦门尼姑之大欢喜》，《广益丛报》1908年第185期。

③ 《厦门文坛耆宿王选闲逝世》，《厦门大报》1947年12月22日。

国荣、苏厝街 45 号和盐溪街 11 号的陈江海、苏厝街 11 号的卢文启兄弟……而苏厝街一名，则又缘于清代四川总督苏廷玉在此地的宅居。

多学人处多学堂。如竞存小学：

　　该校原设厦门公立学校内，址在上古街。民国元年，公立中学并入玉屏中学，乃专办两等小学校，李禧任校长。校舍高爽，规模颇大。倭寇据厦停办，胜利越年复校，称第二中心小学，现为民安第二小学。①

又如市立厦港第二中心示范国民学校：

　　此校前为竞存小学旧址，原设前公立中学内，校长由陈玮兼。民国元年，改归公立，以李禧为校长。现任校长为叶鸿图。②

另如中西中学：

　　该校于民国 13 年（1924），由傅舜德创办，设于外清，数载停办。③

美术学校：

　　该校由黄燧弼于民国 7 年（1918）创办，初设外清保甲局，后移公园内。数载黄逝世，停办。④

闽海小学：

　　该校为福州同乡会创办，址在吴厝巷，聘陈鸿翔为校长。沦陷停办。⑤

凤山小学：

　　该校为柯征庸等发起，于民国 12 年（1923）就凤山宫改造。名曰

---

①　民国《厦门市志》卷 12 学校志，鹭江出版社 2021 年版，第 379 页。
②　民国《厦门市志》卷 12 学校志，第 341 页。
③　民国《厦门市志》卷 12 学校志，第 377 页。
④　民国《厦门市志》卷 12 学校志，第 378 页。
⑤　民国《厦门市志》卷 12 学校志，第 378 页。

凤山小学，并附国学专修班，以柯征庸为校长。沦陷时被敌伪毁为平地。①

励德女学：

该校于民国5年（1916）为陈极星创办，址在虞朝巷。沦陷时停办。②

各校问世或早或迟，存世或长或短。由外迁入者，有之；由内移外者，亦有之。

迁外者，有如私立集友小学：

该校原为思明女子义务学校，民国9年（1920）创立。校址初设咸菜巷，后迁顶释仔。由施英杰夫妇主持。民15年始，由集美校友会接办，改名厦门公学，聘梁维灏为校长。民17年，曾一度与菜妈街女子公学合作，改名厦门公学女子部，聘吴万镇为校长。民18年春，移百家村，改称厦门集友小学，组织校董会，推伍远资为董事长，向政府请准立案。③

迁入者，有如私立双十中学：

该校为马侨儒结合同志于民国9年（1920）"双十节"创办。初设霞溪，名曰双十乙种商业学校。（民）11年，募资建筑新学舍于箭场仔，奠今日校舍之基。其中林珠光捐款最多。次年拓地500余丈，添建校舍，改称商业中学。（民）14年春，黄其华长教务，多所设施，气象一振。是年秋，马校长仙逝，黄其华继任校长。（民）16年，遵令改新学制，设高、初中两部，旧制商科不再招生。④

因迁徙而成历史事件的，则有"侨小"与"复华"的校园之争。外清原有台湾公会开设的旭瀛书院外清分院一所：

---

① 民国《厦门市志》卷12学校志，第380页。
② 民国《厦门市志》卷12学校志，第380页。
③ 民国《厦门市志》卷12学校志，第352页。
④ 民国《厦门市志》卷12"学校志"，第364页。

外清分院：大正6年（1917）买收了外释寺，建造了洋风二层的瓦顶校舍。地点在东门外，靠近白鹿洞山麓，四边比较清洁闲静，是最佳的校地。①

厦门沦陷期间，"旭瀛外清分院"改名"旭瀛国民学校外清分校"。抗战胜利，厦市"旭瀛"不论总校分校，尽皆废止。由台湾同乡会改办"复华小学"，设址于原城内旭瀛学校总校（今市公安局）。旭瀛外清旧址，1946年1月起由"侨师附小"接收。

"侨师附小"（亦称"侨小"），全称"国立第一侨民师范学校附属小学"。民国31年（1942），创办于长汀。民国35年（1946）1月，"随师范部迁至厦门，设释仔街前旭瀛书院外清分院旧址"。②

"复华"与"侨小"，原本两不相犯。1948年末时局变化，国民海军青岛军官学校（简称"海校"）南迁至厦。几经挑选，"海校"最终迁入民国路原旭瀛总校内，原住户"复华"因此被逐。为安抚"复华"及台湾同乡会，当局便向侨小讨要外清"旭瀛"旧址。侨小前途岌岌可危，要么整校搬迁至曾厝垵；要么分散学生寄读各公私学校，学校就此瓦解。侨小校方，自然一万个不答应。"海校"焦急复课，替"复华"出头，对侨小"霸王硬上弓"：

（1949年3月20日上午11时）外清侨师附小校舍突进入武装士兵数十人，各课室桌椅被搬置于操场，另行搬入复华小学桌椅一批。侨师附小校牌亦被取下，另悬私立复华小学校牌。昨为星期日，附小教职员多不在校，及闻讯赶回，校门已为士兵把守。闻侨师附小教师为顾全学生学业，将在附近空地上课。③

侨小师生，从此流落刘家祠堂等处，于料峭春寒中露天上课。师生维权，随之展开。3月24日晨，侨小师生"整队前往市府请愿"，并"以天雨无法露天上课，乃暂假市府礼堂上课"。④

侨小虽小，但身后有学生家长"护校委员会"、侨师学生自治会、侨师校友会支撑，并得社会各界共情。当道者百般无奈，紧急召集侨小、海校、侨师、厦大、市参议会、地检等方，及学生家长代表，于24日下午到市府协

① 《旭瀛书院创立二十周年纪念》（日文版，朱家麟译）。
② 民国《厦门市志》卷12"学校志"，第338页。
③ 《三校校舍交涉演变，武装搬迁附小教具》，《江声报》1949年3月21日。
④ 《侨师附小问题，昨成立协议》，《江声报》1949年3月25日。

调。最后达成协议三条：

（1）由市府拨借原市立第一幼稚园园址为侨师附小校舍，并由海军学校拨用活动房屋三幢，建于幼稚园之旁，充为侨师附小校舍。

（2）活动房屋之装置，由海校负责办理，尽于最短时间（自今日动工）内装置完妥，以免延误附小学业。

（3）关于幼稚园房屋及活动房屋，应需修理之处，均由海校负责。[①]

外清"校园之战"，至此尘埃落定。而中山公园内的老住户第一幼稚园，却无辜"躺枪"，好端端的满园春色，从此与人分享。园方满腹不甘，但毕竟"幼稚园学生均年幼无知，无法请愿抗议"，只好独自郁闷罢了。[②]

时局变迁。1949年11月12日，"侨师附小"改名"实验小学"。1952年，破布山大悲阁地段建新校园；次年，新校园成，实验小学迁入其中，并延续至今。

占得外清的复华小学，中华人民共和国成立后先与民安小学合并，改名"新华小学"。2003年，新华小学再与群惠小学合并，改用"群惠小学"之名，直至今日。

---

① 《侨小校舍纠纷，昨经开会调解已获完满协议》，《星光日报》1949年3月25日。

② 《侨小问题获协议，一般反响甚不佳》，《厦门大报》1949年3月25日。

▌黄厝宫

长寮河，也叫"蕹菜河"，其上游一段是"黄厝河"。黄厝河畔，有"黄厝宫"。黄厝宫，本名"迎祥宫"。地志记曰：

> 迎祥宫在黄厝保，明天顺年间由黄家舍地建造，故又名黄厝宫，祀天后、吴真人。民国期间毁，改建为街公所。①

黄厝宫所在的街巷，叫"黄厝巷"。时光荡涤，黄厝河、黄厝宫皆已实体不存，唯独名称还在，时与黄厝巷混用。

大概是黄厝宫知名度太高了，以其为中心的街区就叫"黄厝保"。

> 黄厝保：古属嘉禾里二十一都。在今中山路南侧本部巷西，起自中山路，止于镇海路的思明南路东侧一带。因黄姓明代世居于此，故名黄厝，用作保名。仁安街（巷）、迎祥宫（俗称黄厝宫）、草埔埕、石狮王、顶大人在其范围。现属思明区中华街道仁安社区西段。②

民国时黄厝保所辖的街巷，其实远不止这些。《厦门工商业大观》记录保内的街巷有刺皮埕、下井仔、顶大人、北菜园角、建盛后、石圣王、普祐殿、广平巷、丁仔墓、光眼楼、黄厝宫、剖九墓、仁安街、草埔埕、石狮王、周厝口、面线埕、宝月殿、黄祠堂、石照巷、九空井、本部巷、北溪仔墘，以及思明南路的部分。

黄厝保地面，明时在古城墙外，清时则已投入中心城区的怀抱，地方上一片喧器。《厦门市镇歌》这般唱说：

> 霞溪行了黄厝宫，过去就是草埔顶。
> 直落剖狗墓面前，无空想去扛魂亭。

---

① 《厦门市志》第五册，卷47"宗教"，方志出版社2004年版，第3581页。
② 《厦门市地名志》，福建省地图出版社2013年版，第381页。

巷内同安兮公馆，亦有汤房可交关。

新街仔设礼拜堂，教民情理说真长。①

"高大上"的天界神灵，就这么矗立于浓浓的民间烟火之中。

刣狗巷的新街礼拜堂，建于道光二十七年（1847）。有洋人记载道：

　　1847 年 9 月，王福桂把新街仔那里一小块地及其上面几间房屋卖给教会。其中一间房子即刻被装修用来作讲道所。次年（1848），波罗满先生收到 3000 美元，新街礼拜堂开始动工，准备下一年的年初可以进住。因此，它不仅是福建省第一座礼拜堂，而且是迄今为止整个中华帝国所能见到的专门为中国人做礼拜用的第一圣堂。这座礼拜堂的面积为 60 英尺×37 英尺。砖砌，可容纳三四百人。②

与礼拜堂比邻的是"同安公馆"，《厦门志》称为"同安县公馆"。康熙年清廷对厦岛实施行政管理，岛上各类公馆林立。厦港太平桥有"台湾公馆"、鱼仔市有"金门公馆"、凤凰山前有"南澳公馆"、祖婆庙边有"浯屿公馆"、提督衙旁有"五营大公馆"……所谓"公馆"，即为各地官员的招待所。同安公馆为同安县府所设，县城官员莅厦，在此歇息办公。同安县府毕竟是地方父母，公馆的地理位置自然要比其他公馆好些，位居中心城区，被城市的喧嚣紧紧包围。有缘于此，公馆馆址常被人惦念。民国初始，公馆旧址为"教育会"获得。

　　教育会：清光绪卅四年（1908）秋成立。民国初，向省府请得前同安公馆旧址为会所。会长卢心启倡始募捐翻建，适劝学所长孙印川出洋捐募厦门教育建筑费，划出一部分捐款补助，新会所遂于"双十节"落成。该会凤与商会提携，方针一致，历办地方要举，如兴学、抗日、争回海后滩，荦荦大端，颇著成绩。③

1919 年，教育会联合总商会向社会募款，拟将旧同安公馆"先行改建一大会场，为综理学务研究进行之地，并增筑楼屋多所，附设讲演所、通俗教

---

① 《改良厦门市镇歌》，王见川等编：《台湾宗教资料汇编》第 2 辑第 2 册，台北博阳文化事业有限公司 2010 年版，第 91 页。交关，交易。

② 〔美〕毕腓力著，何丙仲译：《厦门纵横》，厦门大学出版社 2009 年版，第 150 页。

③ 民国《厦门市志》卷 15 "社团志"，鹭江出版社 2021 年版，第 457 页。

育馆、通俗教育报社、图书馆、学生书报社于其间，表率倡导之机关"。①

1925 年 8 月 1 日，"精武会"（全名"精武体育会厦门分会"）的会所，在黄厝河"动工兴筑，计有操场一所，房舍四间，球场一所"，"虽云工程不大，而精武种子已发播，发挥而光大之为期不远矣"。②

1926 年 10 月，厦门警察厅创办地方公立医院，取名"地方医院"，"初赁址于草埔埕，后扩展至黄厝巷"。③ 地方医院"专为地方贫民治病，每名但收药资小洋二角"。此外，亦有"平民医院"，院址也在"黄厝宫脚"，"此院为通俗教育社所创办，附设在醒民医院。凡欲就医者，到社领券前往，不收医药费"。④

民国年间的黄厝保地面，街衢里巷纵横，屋宇馆舍错杂，各色人等云集。其地热闹滚滚，且事故多发。最著名一案，便是 1923 年 7 月 6 日的"陈文总被刺"。是年，日人"以旅大问题迫胁政府"，厦门各社团是以"组织市民大会，筹措抵制日货方法"，因此"在厦日商，几无一人问津"。⑤ 故而招致敌对势力极度仇恨：

> 陈（文总）系《厦声报》编辑，被举为"对日市民大会"总务主任。是日陈由外清之华侨公立女学教授完毕，离校旋家。途经边僻之石狮王地方，突遇日匪 6 人各出利刃短枪向陈行刺。陈见来势不佳，急转后疾走，然已被日匪包围，刀枪并举。陈身被六创，计手一处，伤腰部一处，伤背部一处，伤喉际一处，皆颇重，乃昏然仆地。及警士闻声追至，日匪尚开枪拒捕，计连发八九响，幸皆未命中。最后匪逃至黄祖厝地方之某宅，推门而入。追往数警士乃潜伏门首，持枪以备，一面又驰报警署，请派队包围。该匪遂乘机越墙而遁，未获一人。此事发生后，陈之家属闻讯即奔往，急备舆舁陈（陈仆地后，日匪意其已死，即舍之奔去），往石埕陈天恩医士处施救。陈医不在，又舁往新马路醒民医院，由林醒民医士亲为裹伤敷药。据言伤势甚重，且流血过多，恐有性命之虞。此事未发生之前，陈之母舅某已得某国商人图杀市民大会职员之讯，

---

① 《厦门教育会、总商会扩充厦门教育募捐启》，《通俗教育报》1920 年 6 月 1 日；转引自洪卜仁主编：《黄世金生平事略》，厦门大学出版社 2010 年版，第 154 页。

② 《厦门精武新建会所》，《精武》1925 年第 50 期。

③ 《厦门政法志》，厦门大学出版社 1997 年版，第 35 页。

④ 陈佩真等：《厦门指南》，"同文书库·厦门文献系列"第五辑（6），厦门大学出版社 2022 年版，第 194 页。

⑤ 魏子铭：《交际股之经过》，《厦门通俗教育社年鉴》。

方欲驰报陈氏，而陈已被刺。一时全厦各界哗然。①

陈文总既是通俗社核心干部，又为教育会评议员，并主笔《厦声报》。被袭事件发生，全市民愤爆棚。7 月 7、8 两日，"厦门罢市、罢课，学生们和各界人士上街游行示威，抗议日籍浪人的暴行，要求厦门地方当局缉凶。厦门各报也都对日本帝国主义导演的暴行加以抨击和声讨"。② 教育会亦通电全国教育会，为陈文总请援：

> 福建思明县教育会阳日（7 日）通电全国各教育会，谓本会评议员陈文总因旅大问题发生，慨国土沦亡、国势薄弱，力图抵制劣货，为政府后盾，以冀友邦觉悟，得达收回目的，不意为人所忌，于 7 月 6 日被刺。经各界力请当道，严缉凶手在案，尚望诸公协力援助，共伸义愤。斯爱国志士，在所激劝，而国家威权不至丧失云云。③

教育会属于民间机构，其办会宗旨本是要让"明教育理法之人"，能有"互相切磋，互相研究"的机会与场所。④ 但在国家多难之秋，教育会的活动并不囿于教育一域。每有大事，教育会总也涉身其中。在厦市众多社团中，其知名度仅次于总商会。《厦门市志》粗略记录其活动：

> 宣统三年（1911）十月初八日　由福建军政府委派的厦门道尹原鸿逵到任，成立参事会，延聘同盟会、教育会和商会中有名望的人士黄廷元等为参事员。
> 民国 7 年（1918）7 月 29 日　英领事借口闽、粤军阀混战，派海军陆战队登陆"护侨"，在海后滩围墙筑门。厦门教育会、商会联呈交涉员向英领交涉。至 10 月 5 日，陆战队才撤回舰。
> 民国 8 年（1919）11 月 3 日　厦门各界公推教育会会长卢心启、总商会会长黄庆元为代表，往厦门道尹公署，要求向英驻厦领事提出海后滩案交涉。厦门道尹陈培锟向英领事窦尔兹递交交涉函。17 日，英方复函拒绝。
> 民国 9 年（1920）12 月 21 日　厦门暨南总局、教育会、总商会等团体致电中国侨联，谴责英属新加坡当局对华侨学生教育实行歧视条例，

---

① 《厦门又发生日匪杀人案》，《益世报》1923 年 7 月 25 日。
② 《厦门市志》第五册卷 50 "人物"，第 3854 页。
③ 《思明教育会为陈文总被刺呼吁》，《新闻报》1923 年 7 月 15 日。
④ 《本埠新闻：组织教育会》，《厦门日报》1910 年 5 月 18 日。

要求中国政府向英国当局交涉，并呼吁各团体、各报馆鼓吹民气，以作侨胞后盾。

民国10年（1921）5月31日　英商太古洋行不顾厦门人民的强烈反对，在海后滩强行动工兴建码头和飞桥，严重侵犯中国主权。为此，厦门总商会、教育会联合开会讨论交涉办法。

民国13年（1924）11月16日　闽南台湾学生联合会在厦门思明教育会馆举行大会，到会60余人。会上学生揭露日本在台湾的暴政，发表激励革命运动之演说。

民国15年（1926）5月9日　鼓浪屿市民为纪念"五九"国耻日举行罢市，工部局逮捕散发传单的学生3名。17日，厦门教育会为此提出抗议。21日，厦门学联200人结队游行，并向交涉署请愿，要求撤换工部局捕头。①

黄厝保的热闹，并非都来自时政。1929年春初，地方一场民间纠纷，竟引出惊天大麻烦。事件始末，有报章言之：

> 黄厝宫地方邮差陈福林寓处之后有一隙地，时有不顾公众卫生者，在此大小便。陈家颇为不悦。12日午时（即废历新年初三），有福州籍理发匠潘敬祺又在此小便。陈妻阻之，不听，遂起口角。潘举足踢之，为陈所见，大为不平，亦还以老拳。俄而福州籍多人，赶来助潘。陈不支，鸣笛号召。适有反日同盟会侦查队长杨聚才、队员方寿康、吴振煜等过其地。先出为排解，后亦牵入漩涡。时旁观之福州人，呼厦门人欺侮福州人，于是附近中华影戏院之福州人及伶人数十、"楚泰舰"水兵七八人，出而调解，旋亦加入殴斗。厦人至此，亦增加人数，扭打成团。计双方有两百人之众（按：福厦两籍人因历史上曾有殴斗之仇，故时有此事项发生），岗警亦不能息争。及大队武警军队赶至，亦有参加战剧者。至2时始散，双方各有受伤。水兵指"反日会"3人为祸首，因而被拘入署。其他诸人则未捕。水兵复赶来要求送舰惩办。但结果该3人送地方法院，晚间铺保释出。②

被逮的杨聚才等，本非等闲之人，何况后腰还有组织撑着。15日下午2时，全市60多个团体组织齐聚教育会，召开各界代表大会。大会议决：

---

① 《厦门市志》第一册"大事记"，第37~43页。
② 《厦门市发生斗殴巨案》，《中央日报》1929年2月25日。

（1）由被害人具理由书到会，以便交涉；

（2）请楚泰舰长惩办凶手；

（3）请公安局严办助凶警察；

（4）限福州戏班旧赛乐三日内停业出境；

（5）推县党部、益同人等15团体组"护法委员会"办理此事。①

军方警方见状，全都惊慌起来：

> 各界大会议决诸案为军警界知悉后，是晚8时，军警各高级长官70余人（为福州人），齐往警备司令部开紧急会议。司令林国赓亦发表言论，语甚消极，但最后仍劝各回原职。至16日下午2时，各界组织之所谓护法委员会，开第一次执委会，讨论执行议决诸案。而军警界仍甚注意，虽当时系福厦两派人之殴斗，至此已演成市民与官厅直接冲突之事实。同时林国赓招请思明县党务指委谈话，要求党部解散该护法委员会，并主持公道，出为调停。党部应允办理。至18日党部即实地调查真相，俟得确实消息后，斟酌情形，函转各方，自行惩办。即水兵交楚泰舰办，警察交公安局办，反日会人员仍归法院办，小便之潘某及斗时凶手均归公安局办。②

寓厦福民与原住厦民，素不相能，本不足奇。然而黄厝宫一案，虽未动及刀枪，但涉案斗殴人数为历年之最，社会各股势力介入其中。无怪乎报章惊呼："一泓祸水之小便风潮，扩大至有撼动厦岛之势。"③

"便溺事件"发生的1929年，黄厝保地面正随着中山路的修筑而发生变化。在以后的岁月中，旧有黄厝保路段或拆或并，原有的标志性建筑亦改其观：

精武会馆所，1928年因筑路而迁入中山公园公共体育场的司令台。

教育会会址，在1949年前后，先后为国民党市党部、警备司令部和卫戍司令部等办公用址，最后彻底拆建。

黄厝宫（迎祥宫）旧址，先是"黄厝保自治会"的场所，中华人民共和国成立后则改设中华派出所，并作为市公安局的公共用房至今留存。

---

① 《厦门斗殴案之纷扰，小便发生大风潮》，《时报》1929年2月24日。

② 《厦门市发生斗殴巨案》，《中央日报》1929年2月25日。

③ 《厦门斗殴案之纷扰，小便发生大风潮》，《时报》1929年2月24日。

后路头

最初的长寮河，是篔筜港的一条港汊。由浮屿口驾舟，即可达于河的尽头。河边泊舟，有路头渡口。此处渡口，因与鹭江"十三路头"相背，故得名"后路头"。

久之，长寮河淤塞，而成蕹菜河。继之，蕹菜河填没，而成街衢楼屋。水道消失，路头不存，"后路头"之名仍鲜活地存在地民之口。《改良厦门市镇歌》道：

> 新街直进大使宫，塔仔菜市亦算兴。
> 后路头街市袂冷，当店大小开二间。
> 大小巷仔几落名，蚊烟井透户部埕。
> 养元宫中大二爷，范赵将军有名声。
> 所下代志是有影，虔诚投下毒摆行。
> 菜饭叩谢扛归橁，期日不离信杯声。
> 宫边大小二衙门，现今黄姓起祠堂。
> 盖倒第一大地方，十分阔大长甲远。①

塔仔街和大使宫，是后路头的原点。

> 塔仔街：旧街名。在今定安路，起自思明南路至钱炉灰埕巷口。古时为篔筜港港汊末端，小船可泊靠，称后路头。岸边有小塔供栓船缆，后港汊湮没为街道，此塔在街旁，故名塔仔街。②

---

① 王见川等编：《台湾宗教资料汇编》第2辑第2册，台北博阳文化事业有限公司2010年版，第91页。袂，不会。所下，许下。代志，事情。有影，真的。毒摆，每次。橁，同"壚"，竹木制成的器具，闽南地区用以盛礼物。信杯，卜筶。盖倒，胜过。甲，又。

② 方文图：《厦门旧地名考略》，《厦门路路通》，香港人民出版社2005年版，第107页。

塔仔街之塔，镌有"泉南佛国"，其旁是大使宫：

> 大使宫：在塔仔街旁。有石塔镌"泉南佛国"四字。其地明时为海滨渡头，水至其下。相传神为海水浮至，不去。父老相与立庙祀之。即唐之张、许二公也。①

"张许"二公，即唐代名臣张巡与许远。神奇，庙亦奇：

> 父老相传，（大使）宫本祀南霁云烈像，昔时海水每至宫前，有张、许二字神像浮水至其地不去，里人乃捐金建庙祀之，另建造二舍庙以祀雷万春、南霁云二神（神封中书舍人），故名曰二舍庙。清时二舍庙内祀黄袍尖喙之神，曰蜂王，并紫牌刻"蜂王"二字，不知何据。②

人烟稠处多香火。后路头知名祠庙，还有养元宫与江夏堂。

> 养元宫：在张前保户部，崇奉保生大帝。前殿两廊祀范谢二神，香火甚盛，后殿祀观音像。清季为私塾，光复后董事拓为办事所，现赁设为改良书塾。③

养元宫的书塾，后来进化成新式小学。

> 张前小学：该校创于民国 24 年（1935），由张前绅商余少文、高怀、陈文明等创办，就养元宫后座改造，聘高怀为校长，余承志继之。沦陷时校舍被毁停办。④

养元宫所处的户部巷，因清代的闽海关而得名。

> 户部巷：旧巷名。在今定安路南侧通奉第巷与石坊巷之间。清康熙二十三年（1684）厦门设立闽海关，朝廷派户部司官担任监督，衙门设

---

① 民国《厦门市志》卷 5 "建置志"，鹭江出版社 2021 年版，第 123 页。

② 何丙仲等整理：《民国〈厦门市志〉余稿》卷 4 "建置志"，鹭江出版社 2021 年版，第 67 页。

③ 何丙仲等整理：《民国〈厦门市志〉余稿》卷 4 "建置志"，第 68 页。

④ 民国《厦门市志》卷 12 "学校志"，第 380 页。

在此，称户部衙门，并衍为地名。①

后来海关迁移，衙门旧址为黄氏家族所得，江夏堂因而建盖。

江夏堂：在思明区中华街道钱炉灰埕巷2号文安小学内，厦门市文物保护单位。清宣统二年（1910）由武状元黄培松发动募捐兴建，为江夏黄氏宗祠。至民国7年（1918）建成包括祖堂、宗贤堂、拜庭、宗亲会馆、宗塾、馆舍及花园等，占地面积约1万平方米。②

1919年6月，黄氏族人于南洋刊登江夏堂盖建告示：

启者，我宗同人自前年标买厦门户部大小衙门，建筑江夏黄氏大宗祠，以为尊祖敬宗、敦亲睦族之地，刻意经营于今六载。兹幸土木已竣，告厥成功。择定本年旧历八月间庆成进主……
仲训、奕住、培松、秀烺、书传、念忆同启。③

末代帝师陈宝琛，为黄培松撰写墓志铭，也言及此事：

黄故望族，君仍世长者，科名声绩又见重乡里。尝倡建江夏宗祠于厦门。诸黄之侨于厦及南洋群岛者，集资至二十余万。祠成，君欲就中设学校，习工艺，而犹有待。闽连苦兵，困于征徭，生气殆尽。吾常望君合群力，因地所利以苏子遗也……④

厦地的名宗大族，多在祠庙内设宗塾学堂，以教化本族子弟，黄培松亦有此志。但却因战乱徭役，而使梦想成空。

黄氏祠堂办学，至1946年9月始有消息：

本市中心区创设中心区同文国民学校一所，委黄如海为校长，校址商借黄氏宗祠（在户部钱炉灰埕）为校舍。该祠堂原驻复员军数百人，

---

① 方文图：《厦门旧地名考略》，《厦门路路通》，第78页。
② 《厦门市地名志》，福建省地图出版社2010年版，第804页。
③ 《厦门江夏堂黄氏大宗祠落成广告》，《叻报》1919年6月30日。
④ 《黄君菊三墓志铭》，陈宝琛：《沧趣楼文存》，《清代诗文集汇编》770册，上海古籍出版社2010年版，第161页。

经商得该队员负责人同意迁让，定 14 日起开始招生云。①

"同文国民学校"只是租地，至 1948 年黄氏宗族才有自家的学校，有呈文道：

> 本会鉴于同文保地处市区中心，失学儿童众多，为协助政府推行普及国民教育，非设立一所完全小学不足以收容施教区域内之失学儿童与成人。……爰经江夏堂同仁发起筹设江夏小学，遵照私立学校规程推选董事，成立董事会，并推（黄）省堂为本会董事长，至校教具暨经费亦均筹备完竣，拟于（民）37 学年度上期开办……②

后路头最大的文化事，还在文渊井。文渊井，原名"蚊烟井"，或称"蚊香井"。传因"古时有蚊香作坊，有井供汲水调制蚊香"而名。③ 民国 8 年（1919）"厦门图书馆"创办于此。

> 民国 8 年夏，周绅殿薰以创办图书馆事业建议于前厦门道陈道尹培锟。陈道尹韪其议，欣然力任提倡。即聘前玉屏、紫阳两书院全体董事为发起人，筹办厦门图书馆，以周绅殿薰为筹办董事。因议决将文渊井之玉屏别墅，充为馆舍。以书院前藏奎观察俊购置图书，移交筹办处。复得前海关胡监督惟贤之赞助，将海关前创办之博文书院图书，一切移赠。其原有博文院址，亦拍卖捐充，为创办费。复得李省长、陈道尹及热心君子补助金，于是馆址有着，创办费略具，图书亦略有基础。即着手修改馆舍，购置器物，整理图书。因念及公益之举，虽有地方官绅提倡于先，尤必有地方团体维持于后，方能持久。本馆基金尚缺，常费无着，何能持诸久远，乃复由陈道尹聘前玉屏、紫阳两书院全体董事，为本馆董事，即以书院原有补助学校余款，拨充为本馆常年经费，公举周绅殿薰为馆长，于民国 9 年 9 月 20 日就职，并呈报道尹、县长转省厅立案，而厦门图书馆始告成立。④

---

① 《本市增设国民学校》，《江声报》1946 年 9 月 13 日。

② 《厦门市私立江夏小学复校立案呈及市府批复》，《近代厦门教育档案资料》，厦门大学出版社 1997 年版，第 375 页。

③ 方文图：《厦门旧地名考略》，《厦门路路通》，第 102 页。

④ 《本馆概况》，《厦门图书馆声》第 3 卷第 10、11、12 合刊，《近代著名图书馆馆刊荟萃续编》第十九册，北京图书馆出版社 2005 年版，第 365 页。

成立后图书馆，名号与主办者历有变化。"（民）19 年收为县立，改称思明县立厦门图书馆。（民）22 年思明市筹备处成立，复改称思明市立厦门图书馆，（民）23 年市筹备处取消，仍称思明县立厦门图书馆"。1935 年 4 月 1 日，"厦门市政府正式成立，4 月 13 日，奉市政府训令，改称为厦门市市立图书馆"。① 馆舍亦有变化。

　　查本馆馆舍，于民国 11 年（1922），周故馆长向热心家募捐，建筑高楼一座。现计全馆面积，仅为 100 方丈。近以藏书室将满，再租毗连同善堂屋业一座，为第二书库，面积约近 30 方丈，合计不过百余方丈。其阅览室所容不过五六十人，常有人满之患。今既更名市立，添置图书，自应增广馆舍，计拟将右边平屋，改筑高楼一座，至少可容阅览者 200 人以上，并增讲演厅一所。左边平屋，新筑避火巩固的大书库一座，可容图书 10 万册以上，并采用新式铁书架，以期巩固。②

自有图书馆后，业务繁忙。"社会人士日日到该馆阅书者，不下二三百人"。③ 花香处，也不免招惹些狂蜂浪蝶，有诗曰：

　　坐使裙钗拥百城，嫏嬛福地付卿卿。
　　登楼狂客争抛卷，消受当窗一段情。
　　[注] 县立图书馆在文渊井，阅书室中以女职员 3 人司其事。倚栏当窗，颇饶风韵。以是狂伦竞事登楼。究其目标，固醉翁之意也。④

1938 年 5 月厦门沦陷，厦门图书馆亦遭劫难。

　　劫后厦门在无政府的一度混乱状态中，少数无知的市民争相偷书出卖，及至当局发觉，管理人怕被追究，遂一把火烧毁了富丽堂皇的馆舍。千古心血，一代精华，刹那化为灰烬。正是"万卷英华灵和血，一把巨

---

　　① 《馆讯·奉令更改本馆名称》，《厦门图书馆声》第 3 卷第 3、4 期合刊，《近代著名图书馆馆刊荟萃续编》第十九册，第 284 页。
　　② 余少文：《本馆改名市立后的新计划》，《厦门图书馆声》第 2 卷第 6 期，《近代著名图书馆馆刊荟萃续编》第十九册，第 159 页。
　　③ 《厦门图书馆大刷新》，《南洋商报》1928 年 10 月 19 日。
　　④ 鹭江归客：《厦门竹枝词》，刘瑞光校注：《厦门竹枝词辑注》，厦门大学出版社 2023 年版，第 129 页。嫏嬛，传说是天帝藏书的地方，后泛指珍藏书籍之所在。

火夷群儒"。旧馆址在文渊井，只剩下一片颓垣断瓦、荒草杂乱的废墟。①

诗人黄瀚有诗悼曰：

尽云物聚成灾易，文字于人亦见雠。
兵燹尚能逃大劫，玉弓竟尔任群偷。
刘歆有略空编录，王允无心竞取收。
太息美书矜绝版，吉光片羽几曾留。
[注] 所知者如王元之《小畜集》 [文集]、手抄《月泉吟社诗编》等。②

厦门图书馆之灾，并非仅此一端。陈培锟记曰：

民国八九年间，余在厦门道尹任内曾创建厦门图书馆，搜集各书院藏书，购置新文化书籍，蔚成巨观。时北京正设图书馆讲习所，派余超前往肄业，6个月回厦后，即畀以管理之职。又捐奉3000金，向惠安龚亦楼及各故家续购宋、元、明旧椠暨手抄秘籍，以期共览。近闻敌人占我厦岛，悉得宋、元、明旧椠暨手钞秘籍，捆载东渡。③

1940年间，诗人刘铁庵返厦省亲，游文化故地，发声感慨：

偶从故老访残篇，陈迹重寻夕照边。
昔日风流觞咏地，只闻榕子落文渊。
[注] 文渊井，图书馆。④

① 《市一图书馆的更生》，《江声报》1946年1月9日。
② 黄瀚：《厦门图书馆书册被窃作废纸卖尽，旋放火焚屋》，《禾山诗钞》，"同文书库·厦门文献系列"第二辑 (2)，厦门大学出版社2017年版，第295页。厦门图书馆的回禄之灾，另有说法："厦市沦陷，敌人存心毁灭我文化机关，即纵火焚烧。"（《厦门大报》1948年8月8日）
③ 陈培锟：《厦门沦陷后痛心之一事》，《岁寒居士集》，福建美术出版社2015年版，第66页。
④ 刘钢：《鹭门杂咏》，《铁庵诗存》，"同文书库·厦门文献系列"第二辑 (6)，厦门大学出版社2017年版，第190页。

后路头旧有格局的改变，始于 1927 年思明南路和 1932 年定安路的先后开建。旧观虽改，市井热闹不变。

本市自开辟马路以来，各卖点心小贩无地安置，多麕集二舍庙旷地为贩卖之所。兼该处设一说书场，往听者颇众。每当午后，听者、果腹者群集于此，各投所好。人众拥挤，甚形热闹。①

中秋"博状元"，此地更为热闹。

民 17、18 年间，大使宫边有一饼肆，中秋节前塔仔街市场之肉店鱼店东伙，辄以肉案为临时赌饼场，肉案不足，继之以床板饭桌，连贯至 20 余桌，彻宵狂赌至饼空为止。②

二舍庙市场本是自发生成，禁不住市民"用脚说话"，市场最终收编为"正规军"，番号"第九市场"。

第九市场：位于二舍庙巷东侧，1933 年建成。原系店面市场，后改为住宅和商店，市场移在定安路。③

时代变更，市场延续。1957 年，第九市场进行新的整治。

过去很不卫生、秩序纷乱的本市第九市场，现在已改变了原来的面貌。市商业局于去年 10 月配合各有关单位，对第九市场进行了整理。原来这个市场集中在定安路口，妨碍交通，而且地点太狭。经过深入下层，调查研究，把太平路上段小巷、二舍庙小巷、思明南路边小巷也划为市场范围。现在，第九市场秩序良好，摊贩有固定位置，定安路边的交通也不成问题了。居民、小贩、搬运工人反映良好。本月，政府还拨款 300 余元，在市场搭了竹篷，小商贩们再不用愁下雨天和热天太阳晒了。④

旧名"后路头"与新名"九市"，混用了许久，一直到旧菜市场消失，"老虎城"新起。

---

① 《二舍庙美人肉饼》，《鹭洲》1929 年 11 月 14 日。
② 鲁钝：《从管制月饼说起》，《江声报》1948 年 9 月 13 日。
③ 厦门市政志编纂委员会：《厦门市政志》，厦门大学出版社 1991 年版，第 181 页。
④ 《第九市场面貌刷新》，《厦门日报》1957 年 1 月 15 日。

茂后 ▮

　　20 世纪 20 年代开始的厦门市政改造，禾山的开发建设也列于其中。与厦门城区同处一岛的禾山，尽管拥有富源，却历为贫区。

　　　　查禾山一隅，山地原有 16 万余亩，田地原有 14 万余亩，诚吾厦一大富源。因当事者无整理之决心，及具体计划，而乡民复狃于目前生活，袭故蹈常，以故禾山地固成童秃，田地亦多荒芜。其垦殖而有收获者，不及十分之二。货弃于地，人尽忧贫，良可浩叹。山地之弃，由于不讲造林；田地之荒，由于不修水利。而交通不便、设防未周，于治安苟有影响，即于整理前途，发生障碍。①

　　改造禾山不易，政府出资无望。地方发展，唯有寄希望于社会资本。1932 年禾山建设计划启动。

　　　　路政处会办周醒南，为救济危机计，经定于（民）21 年度亟向禾山开垦荒地……至垦荒办法，乃系仿照南洋英属，如愿开垦荒地或荒田者，则向建委会请给，由政府指定，于一年内或相当期间须努力耕作及种植某树。垦荒者除缴纳一定之轻微地价外，所盈利益暨归垦荒者所有。但逾期尚不开垦时，政府则仍收回，以便给予他人，藉免阻碍垦荒之进行。而私有田园不愿耕种者，亦由政府收买。一面将售出荒地荒田所得款项，作为建筑全岛一大圈之马路，及建筑水池 7 处之费用。②

　　禾山"长塔保"的黄厝、茂后等社，也在垦荒造林的计划中。1933 年 1 月，路政处连日刊发布告：

---

　　① 《厦门路政处订期讨论整理禾山附整理计划书》，《南洋商报》1932 年 4 月 21、22 日。

　　② 《厦门路政处计划禾山垦荒办法》，《南洋商报》1932 年 2 月 22 日。

……兹查禾山黄厝社、茂后社各溪边空旷地段，除厦南垦牧公司承领外，其余荒地，计面积 920 亩，及山地约 2000 亩。现逾限已久，无人承认，而又无人出头声明，显系官有土地。兹拟由处发售。特再通告，仰各民人等一体知照。如与该地段有关系者，务尽于三星期内前来认领。否则一经出售，不得异议。除将该地形图实贴本处门口，以资识认外，合再通告周知。仰即遵办勿延，切切此布。①

布告之后，官府将黄厝、茂后"无人认领"的旷地，认定"官有土地"，发售给"厦南垦牧公司"。

厦南垦牧，创于 1932 年。公司问世，即饱受质难。禾民认为，"厦南垦牧"名为股份，但实际为日籍民林木土所有，其"资本几居全体十分之八"。② 而路政处却官宣，称"厦南垦牧"股东，"均属漳泉厦各县工商学界及华侨，资本总额 7 万元"，林木土仅是股东之一，其"祖籍龙溪"，现"住鼓浪屿港仔后，钱业中人，认该公司 100 股，股金额 2000 元"。③

"厦南垦牧"自初创起，即于禾山积极圈地。据禾民诉称，1932 年春间，"在禾山十八保茂后、沙康、黄厝至云梯沿路向海一带地点，长约数里"地方，出现"国防保安林及造林地"的方形木牌。不久"有大批工人称奉周醒南命令，武装前来，将民等田亩，不论已耕未耕，迁植树木。所占范围，约 2000 亩以上，连及沿途旷地并云顶岩附近山地不下数万亩之数"。地民本以为这些概为国防所需，故"数月间绝不顾虑，或加过问"。讵料以后发现"指挥人员多系日籍，又有日妇参加其间，对乡民举动时加压迫，牵牛掳人，吊打威胁，蛮横现象纷至沓来"。其"主持机关，均出厦南垦牧公司"，而林木土"则常镇其间"。而今，黄厝、茂后的 2000 亩土地，又将发售给"厦南垦牧"，更激起乡民的义愤。④

"厦南垦牧"的占地，也让"济兴农林公司"权益直接受损。"济兴农林"老总陈敬贤呈文官府道：

窃敬贤籍本同安，向居集美，数年前迁于禾山茂后社。自（民）19、20 两年间，集股创办禾山济兴农林公司，向禾山院前社、山仔前、茂后三处，契买园田 700 余亩。经向思明地方法院登记在案。所买园地，已经雇工开垦及已栽种者，树木、果类，各有七八万株。其他谷物、稻

---

① 《漳厦海军警备司令部路政办事处通告》，《江声报》1933 年 1 月 8 日。
② 《厦门禾山下八保争地案》，《南洋商报》1933 年 4 月 12 日。
③ 《禾山争地案》，《江声报》1933 年 5 月 25 日。
④ 《禾山茂后垦牧公司纠纷案》，《江声报》1933 年 4 月 1 日。

豆、蔬菜之类，亦相度土地之所宜，雇工耕作，总计占地500余亩。尚有未经开垦之地不过200余亩。敬贤等并拟建筑房屋，创设苗圃，以利一方之人。敬贤等所以苦心经营者，非但为个人利益计，诚以厦岛向称转运机关，缺乏出产品，植物米菜，一切均须由内地运来，极为不便。故合力创造，以期十年之后，农林发达，可补助地方之资。不意正辛苦垦殖间，忽有日本籍民林木土者，竟于去年5月27日下午3时许，突由其所办厦南垦牧公司执事人，率工数10名，将敬贤等济兴公司茂后社一带之界牌拔除净尽，遍插该垦牧公司之界牌。其被占去300余亩。[1]

陈敬贤之前买下茂后园地，曾请登记颁给执照，路政处延宕不办。与"厦南垦牧"起纠纷时，再请路政处测量给照，然登记费550元大银缴纳过后，又遭"故意挨延，不予发给证书"，以致被"厦南垦牧"所占土地没有凭据，无法索回。而"该垦牧公司恃有前路政处袒护，前日竟串出日本妇人出头，雇工数十猛，强向被占之地播种"。陈敬贤担忧道，"禾山为泉厦交通孔道，关系至为重要，万不容日籍之民享有土地权，况可收买千数百之地，以散布日人之势乎。日人处心积虑，谋我福建已久，而厦岛尤为南海道咽喉，果纵容其籍民盘据我土地，宰割我人民，将来禾山必为万宝山之第二"。[2]

万宝山，在吉林长春以北。"1931年3月下旬，朝鲜人受日人的怂恿，向长春移住。5月中，藉口灌田，向当地民众强夺土地，在当地发生大冲突"。[3]"万宝山事件"，后被视为日人发动"九一八事件"的先声。

1933年3月9日，新任思明县长邱铣带员到地查勘。茂后、沙康农民男女百余人，手执白旗和标语向县长请愿。标语上书"茂后社等已成万宝山第二了，请县政府保障国土预防大患"等。乡民递交县长的请愿书，罗列"厦南垦牧"种种不是，又将周醒南和路政处，与林木土和"厦南垦牧"，一并捆绑着给告了。以为"际此华北战事日亟，沿海各地岌岌堪虞。周氏如此冒大不韪，实无异通谋敌国，僭窃土地，资敌国以军事上之便利"等。[4]

双方纠纷久延未决。1934年3月，茂后乡民与"厦南垦牧"几乎酿出血斗。

① 《禾山下八保抗争土地被占，陈敬贤呈市政处》，《南洋商报》1933年3月29日。

② 《禾山下八保抗争土地被占，陈敬贤呈市政处》，《南洋商报》1933年3月29日。

③ 顾志坚主编：《新知识辞典》，上海北新书局1934年印行，第312页。

④ 《关于茂后土地》，《厦门周报》第151期，1933年3月13日。

近厦南垦牧公司将云顶岩一带土地，尽行栽植树苗，被茂后社等乡民铲除。该公司向工务局报告，立派军队前往茂后社捕十余乡民。乡民荷锄持棍，与军队抵抗。幸该处驻有中央军闻讯，到地弹压，事始暂寝。昨陈清波、林能隐、杨肇根等，以当局对此如不迅予解决，万一军民再有冲突，岂为地方之福。特发函全禾各社，订本 25 日假双涵禾山中学，开禾山民众大会，讨论此事云。①

3 月 24 日禾民大会，就茂后案形成决议：一面派代表"携函向厦门市党政军警当局交涉，陈述此案经过，并领衔南京、福州各最高机关及侨委会严重抗争"；一面"发出宣言及函电海内外华侨各团体，请求一致声援"。等下次大会时，"齐集群众，备具呈文，向厦门党政军警当局请愿，务必达到目的方得罢休"。②

1934 年 5 月，侨商杨德从将同文码头卖与英商太古洋行一事案发，厦民认定杨氏所为与周醒南密切相关，一股反周浪潮由厦埠而起。律师公会、民船工会、总商会等 15 个团体，组织"思明县各团体反对周醒南擅卖国土清查历任办理路政账务委员会"（简称"反周会"）。之后，"禾山建设会"也被接纳为"反周会"会员单位。厦禾"反周"力量，从此合而为一，宣传抗议活动持续升级。

5 月 20 日，南昌行营驻厦门别动队在中山公园，将陪客莅园的周醒南扣留。虽旋由要港司令林国赓保释，但此番折腾让周醒南壮志全消，退意顿生。6 月，省当局"明令将思明工务局撤销，周氏免职，另设工务处，直隶厦门特种公安局，委杨廷玉为该处处长"。③

茂后的冲突，仍在不断刷新。该地民致函禾山地方建设促进会称：

厦南垦牧公司日籍林木土以前所强占敝社一带各土地，初只用方形木椿为标志，插立四处。敝社农民所耕田地，一部在被插之木椿内者，尚得出入耕种，以渡生活。现该公司竟将洪济山麓岩石，擅行开凿，打成石柱，数以万计。最近加派籍民，督同工人，将所开石柱，陆续运到敝社前，将前占地点，次第排列，积极坚树石柱。外则扎以障碍铅线，形同军事工程。现已完成一段，约有里许。据查该公司正准备将全部圳地，布置同样工程，作永久占夺之根据。显将敝等一带藉以生活余地，一再攘攘，非尽地没占不休。况敝等以前被夺各地已达十之六七，兹复

---

① 《陈清波等发函，召集禾山民众大会》，《江声报》1934 年 3 月 22 日。
② 《禾山昨卅余社代表大会》，《江声报》1934 年 3 月 26 日。
③ 《周醒南擅卖国土案，省府派员到厦查勘》，《南洋商报》1934 年 6 月 15 日。

四周树立石柱，置布障碍物，农道断绝，无路出入植种，不啻置散等诸乡人于死地而后已。然避迁固不愿，待毙又何堪。爰敢乞请贵会，据情速为呈转各上级官厅，制止该公司此种布置，并追还强占民地，取缔日籍，以免久悬，而安屏弱。①

太古、茂后两案并发，省府难以无动于衷。6月，特派彭善永、王彦秋来厦调查，"彭王首次到厦，对周氏之售卖该地，亦认为不合，与民众表示同情。嗣第二次莅此，则语气大异畴昔"。②7月，省府再委派熟稔厦情的刘光谦调查周案。刘氏"调查完毕，将全案卷宗及调查经过，亲自携京，详报外交部"。刘氏此去，便黄鹤杳然，再无后续消息。③

官府不可信，禾民只能寄希望于向来关心桑梓的南洋禾侨。"茂后案"发，南洋禾侨便屡屡致函各级当道，为禾民请命。9月6日，新加坡福建会馆常务委员兼南京侨务委员会委员周献瑞，抵达厦门，旋由禾山建设促进会"常委陈菊农、财政周金生，导往茂后一带，实地查看。周君逐条记录。据言不日赴京当将调查情形报告政府，并请侨务委员会切实援助"。④

几番努力，唯一收获，就是年末思明县政府的一纸布告，谓在茂后案未得解决之前，厦南垦牧之"收买地亩及人民出卖地亩与该公司，均暂行禁止"。⑤

一纸文告，岂能约束"厦南"扩张的心。1935年1月，再爆冲突：

禾山茂后失地，因政府悬案不决，迄今三年，尚无结果。厦南公司以为有机可乘，近又积极侵略。如擅开山石，周围石柱，断绝农道，较为明显。乃一波未平，一波复起。本月5日，该公司以失落树苗数百株，突召六七猛，手执短枪，先到济兴公司查问，继则殴打该公司工人。又在黄厝枪击农民。县公安局杨队长闻讯，驰赴查究。乡民对于此事，异常愤慨，恐将激成流血，则万宝山惨案，行将重演于禾山矣。⑥

---

① 《厦南公司断绝农道，茂后社函请促进会转呈官厅制止》，《禾山旬报》1934年12月11日。

② 《茂后土地案，江声报记者实地调查》，《禾山旬报》1935年6月1日。

③ 《茂后土地案，外部派林绍南处理》，《禾山旬报》1935年4月21日。

④ 《福建会馆常务周献瑞查勘茂后失地》，《禾山旬报》1934年9月11日。

⑤ 《厦南公司地亩停止买入卖出》，《江声报》1934年12月7日。

⑥ 《茂后土地案已趋严重化，禾山将演万宝山惨剧》，《禾山旬报》1935年1月11日。

3月，传来消息，国府外交部决定"在福州设立特派员，办理本省地方交涉事宜"，并"派定林绍楠为福建省外交特派员"。① 消息又说，太古、茂后二案将交付林绍楠处理。厦民、禾民，因此苦苦盼望。直至 9 月 26 日，林特派员才姗姗抵厦。茂后案经查勘后，林氏主张"采取和平解决"，劝说禾民代表筹资将土地赎回。②

赎地需款，只能指望海外。禾民众推陈菊农赴新加坡劝募。陈氏劝说星洲禾侨，"组一垦牧公司，资本国币 5 万，其中以 37000 偿还地价，其余 13000 元为继续垦牧事业费项"。③ 垦牧公司名称，为"禾山南华垦牧公司"。

1937 年，全面抗战爆发。10 月，厦门当局颁令接收禾山日籍台民产业：

> 厦门台民生产事业管理委员会农产处长李仙根，昨偕处员续向洪山柄及茂后等地接收第四农场，计洪山柄占地 300 余亩，种甘蔗 8 万株，地瓜百亩。茂后厦南垦牧公司林场占地 3000 余亩，植三年生相思树百万株，西瓜园六七十亩。接收后派该处联保办事处何办事员暂为管理，并设办事处于茂后。据李氏谈，该会已将各农村接收管理完毕，现将着手整理，积极进行生产计划，实施初步方案。将来如计划大纲拟就，并即教导各处农民，开垦荒地，扩充生产。前昨所接收各场植物，其中以第一农场邦坪尾、第二农场乌石浦，及第四农场茂后，将来生产收获，为较有可观。盖第一农场植有香蕉万株，第二农场种蔗将来制糖，产量亦巨。茂后相思树百万株，约可烧炭一二万担，估值亦殊不少。④

茂后之争，至此落幕。

---

① 《福建省外交特派员有处理茂后土地讯》，《禾山旬报》1935 年 3 月 1 日。

② 《收回茂后土地，组南华公司》，《江声报》1936 年 1 月 8 日。

③ 《厦门禾山建设促进会常务陈菊农君谈南来三任务》，《南洋商报》1935 年 10 月 26 日。

④ 《厦门台民农场接管完毕，决先收容日台归侨》，《南洋商报》1937 年 10 月 5 日。

豆仔尾 ▋

　　海堤建设，是 20 世纪厦门市政改造的重要项目。计划中的厦岛长堤，将由"胡里山经沙坡尾、厦门港、海后滩，沿龙船礁，入筼笃港、斗涵头、水鸡腿，以迄对岸之崩坪尾，共约长 36000 呎"。除跨越筼笃港的桥梁外，堤岸全线将分为四区，"胡里山至厦门港一段，为渔业区域，广大之避风坞在焉。自厦门港至龙船礁，为商业区域，各码头趸栈附焉。自龙船礁至水鸡腿，为工业区域，将来漳泉帆船，拟停泊于此。自官浔以迄崩坪尾，背山面海，坐北向南，最适民居，定为住家区域"。①

　　沿线堤岸，"均用花岗石块建筑。其基础则用木椿及洋灰混凝土，堤身既坚，外观又美。沿堤酌设步头（埠头），以便船艇湾泊，客货上落"。②

　　沿筼笃港地段，陆续建设新区。由西往东，有大王塚新区、外海滩新区、兜仔尾新区、美头山新区、后江埭新区等。

　　建设成的豆仔尾（兜仔尾、斗仔尾）新区，将成为灰料、红料、粪料和危险品的储运场。

　　　　豆仔尾新区：一、灰窑地区，在豆仔尾海边，经指令为烧灰场所，及红料营业之需用地。二、粪栈地区，在海之中，四周以水为界，有桥与水连络。该地区除划一半为粪栈外，其余之地，适合为危险物储藏地，如汽油、火水、油仓之类。③

　　"灰料"即为海蛎壳烧制的白灰，俗称"壳灰"；"红料"，则是砖瓦之属的总称。旧时本市烧灰场所，散布市内各处，浓烟四布，臭气熏天，既有碍卫生，又多火灾危险。而粪物清理，更是城市管理难点。此物日日民产，绵绵不绝。一旦清运不及，即有满溢之虞。

　　1931 年，市政当局"建筑周围 800 方丈圆形小洲于筼笃港中心，以 500

---

①　《厦门工商业大观》"第三章 市政 第五节 今年市政之计划 海堤之长展"。
②　《填筑厦门筼笃港报告书》，民国印本。
③　《工务局新辟九区》，《江声报》1933 年 4 月 10 日。

尺长桥通之"。① 小洲之上有蓄粪池，"计有90格，可容粪料70万担"。② 该粪栈，俗称"豆仔尾十六晷"；连岸水泥桥，俗称"民产桥"。

建材与粪料设场海滨，就图方便储运。故有"斗西码头"（又称豆仔尾码头、兜仔尾码头），于1931年建成。

> 周醒南改良厦市路政时，将本市安海人所经营之瓦砾、灰业集中于兜仔尾。该业原料来自海澄、石美、浮宫一带，以船运到后取其便，咸自兜仔尾码头起卸。该码头日益荣盛，安海帮遂备款购入焉。其后，后江埭酒厂所需之燃料，亦自该码头起卸，利权日益其充裕。③

斗西码头为载货用码头，"专泊柴炭船，其他旅客不得上下"。④

豆仔尾地僻货贱，码头长年静谧无事。讵料时移势变，斗西码头也生灾变，"该码头原为泉属安海工人，在战前向厦门路政处标得，一向由彼等工作。迨厦沦敌，该安海工人纷纷逃归原籍。及光复后前来复业，则该码头早已被人侵占。因无力争回，只得忍让"。⑤

强霸码头的，是一帮江湖猛汉。普通的挑挽工人，受尽其欺压：

> 挑挽工会斗西分会负责人，大约一个月前，由市府社会科派一姓郭者来主持，兼任工头。分发工钱及领导指挥，都是他一人。工会工友本来有卅名，全是兜仔尾一带的穷苦贫民，靠该码头来维持生活，自从市府派郭前来以后，便由白水营一带招集十余名恶汉到来，此十余名恶汉来了以后，名是工人，实则都是不劳而获。我们卅余工人，要流血汗，做挑挽工作。他们十余人，坐着指挥，每晚要分散工钱时，那个姓郭便留11份或12份的工钱，这十余人只坐享工会权利，却不尽义务。在工会工人名册上也没有登记名字。自此以后，我们唯一的生产出路，也就动摇。劳动要比前大，工钱反比前少。有许多工人站不住，纷纷改途谋生。⑥

---

① 《民16至19年底厦门建设一览》，《江声报》1932年4月15日。

② 《解决臭问题，民产公司复三办法》，《江声报》1933年9月23日。

③ 《兜仔尾码头权益可能再起火拼》，《立人日报》1948年6月10日。

④ 厦门市《政法志》编委会编：《厦门政法史实》（晚清民国部分），鹭江出版社1989年版，第98页。

⑤ 《兜仔尾码头恐发生争夺战》，《江声报》1948年6月9日。

⑥ 《斗西码头内幕》，《江声报》1948年6月10日。

恶汉们独占斗西码头利权，犹欲将势力向周边的美仁宫扩展。美仁宫的角头好汉"美仁宫派"，本就是好勇斗狠之士，两派恶斗由此开启。1948年6月6日，"海澄派"寻衅"美仁宫派"，致使无辜鱼贩李勇架在禾祥街惨遭冤杀。血案酿成，"海澄帮"群猛当即"收拾行李棉被，漏夜至豆仔尾码头，乘自备帆船向海澄浮宫远逃"。赶来的警探，"限于交通工具，仅望海兴叹"。①

斗西码头，进口的虽只是"粗俗的物品"，"最多的便是柴、红料"之类，但就是这些生活、生产的急需物资，让斗西码头成为"最重要的入口"，而"码头工人的收入，实在不亚于别的码头"。②群猛出逃后，腾空出来的斗西码头，瞬间被安海帮的"斗西挑挽工会"和同安纪姓的"灰砖瓦职工会"补白。"安海帮"是斗西码头最早的苦力，同安纪姓则向为厦埠的码头"强龙"，尽管当局已为二帮新客，划定作业范围，但彼此仍互不相让，侵权越界之事屡屡发生。于是乎码头上，棍棒扁担突起，砖石瓦块横飞，间或还有枪声助兴。豆仔尾械斗，消息屡见报端。疲于报道的媒体无奈之中，便有"斗西码头剑拔弩张，当局日日镇压忙"之叹。

小小的豆仔尾，既有气势张扬的码头械斗，也有悄然潜行的走私暗战。1949年6月，斗西码头又以一大案震惊厦门：

> 昨（20）日凌晨5时许，有小型轮船一艘，载运私货一大批，在斗西码头靠岸起卸，为美仁所码头岗警发现，以该轮未插旗帜，且无船号，来踪可疑，急返警所报告。该所长包蔚春即率警前往查察。并一面以电话报告督察处。当警等抵地时，见有卡车两辆满载货物（约数十包），升火待发。即上前将货物及货主兼押运人陈其九一并扣留。旋督察处人员驰至，将货物运往警局逐件封存待处。陈则转解开元分局。据悉该批货物起卸后，共装满五大卡车。迨警局人员抵地，已被开走三车，仅余两车被扣。车上货物为罐头、海产、酒、味精、杂物等物。闻走私者为避军警耳目，此次特由港雇专轮运厦，在偏僻之码头起卸，心裁别出。③

这起"胜利后最大之走私事件"，"货物总值闻为港币10万元"。④ 最后，

---

① 《豆仔尾有枪杀案，李勇架死非命》，《星光日报》1948年6月8日。

② 《斗西码头剑拔弩张，当局日日镇压忙》，《厦门日报》1949年4月26日。

③ 《昨晨斗西码头破获大批私货》，《江声报》1949年6月21日。

④ 《胜利以来最大案件，斗西走私真面目》，《江声报》1949年7月2日。

却以案犯"并非走私而准将私货领回"。①

原本默然无闻的斗西码头，经此一役，地位突变重要了。

> 本市斗西码头，素来被视为无关重要地区。但自6月20日大走私案发生后，已引起有关当局大大注意。警局美仁宫警察所长包蔚春，以该辖斗西码头及后江埭滨海一带，地处偏僻，商旅往来不多，素未为人注意。而该处亦无水警驻防。近据报，有一般不肖之徒，利用此机会，在该地带登陆或输出大批私货及违禁品，而一般便衣带枪之流，则假藉名义勒索敲诈，影响治安匪浅。为杜绝流弊，拟经常派警驻扎该地，负责检查来往船只及旅客，以防不法情事之发生。但因水上治安原属水警局负责，包所长特签请警局核夺，以便执行。②

---

① 《轰动全厦的斗西走私案，市警局明捕暗纵》，《厦门大报》1949年6月29日。

② 《斗西码头设站检查》，《星光日报》1949年7月16日。

后江埭

后江埭之"埭"，释义为"坝"。其地"原为筼筜港南岸海滨滩涂，有塘埭伸入海中"，[①] 故名。

后江埭旧属禾山，其地有知名地块"水鸡腿"（水圭腿）。地志称厦城"北有美头山、水鸡腿为城后界"[②] 是也。"水鸡腿"又以坟山而名载于地志中，为旧官衙"悯死者之无归"而购地丛葬之所。[③]

20 世纪 20 年代开筑厦禾路，需大量沙土填筑滩涂海地。工程设计师建言，于筼筜港"附近兜仔尾、水鸡腿等山地取土，则工程较易"，[④] 此言既出，竟招致麻烦丛生。

1922 年、1926 年，沿线地民两度以"保存祖坟"而抱团抵制取土；1928 年，"第三次保存西滨社、水鸡腿、美头社、兜仔尾附近坟山公民团"再起。"公民团"致书当政：

> 我厦水鸡腿、美头山一带，本为西滨社、美仁乡之后屏，嗣因各界先后契买园地，建造成坟，其中耗费总计在百万余元，为近在咫尺，便巡视也。……不料此次突有土豪劣绅，收买龙船河地，乏土填筑，向堤工办事处报效巨款，瞒窆官厅，竟于日昨发帖告示，谕令该地所有坟墓，限布告日起二星期内，悉数起迁，以便少数工厂之用。同人闻讯，无任惊骇。[⑤]

"公民团"以为毁人祖坟，死者遭灾；损人环境，活人受害。因而号召各坟主，"本不屈之精神，誓死力争"云云。市政当局面临压力，不能不作

---

① 《厦门市地名志》，福建省地图出版社 2013 年版，第 456 页。

② 杨国春：《鹭江山水形势记》，道光《厦门志》，鹭江出版社 1996 年版，第 16 页。

③ 《司令部为公民团反对迁移虎溪岩各坟墓列举理由，仍令依限迁葬布告》，民国《厦门市志》，鹭江出版社 2021 年版，第 112 页。

④ 蜀声：《厦门市政积极进行》，《申报》1926 年 7 月 4 日。

⑤ 《西宾社等公民团之宣言》，《南洋商报》1928 年 2 月 1 日。

退让。

厦禾路一线，自浮屿角起直达禾山各社，而于两旁余地，自美仁社、水鸡腿之马路两边山地，原拟由该处各掘25丈之横度，沿线一律办理。其横度之起点，以马路边沟计算。该路山主，以地权所有，如果有碍路线，应听其收买或没收充公。而于路线以外，则不能强自没收，故特提向该处交涉。至近日开会议决，就25丈缩短为5丈。经得各山主之同意，遂得解决。现该处就5丈以内着手工作。故久在交涉之争路案，至此已告一段落矣。①

与开筑厦禾路同步的，还有新区建设。1931年，后江埭新区修竣，"新拓面积27641方丈"。② 该区功能，预定为工业用地。

后江埭新区，在水鸡腿、文灶山一带，将原有山地及海滩开辟而成。地区东西北三向临海，南向傍厦禾路。此地指令为工业区，现正将杉木行计划迁此，将来洋木行、机器厂、酿冰（酒）厂、棺材店，均须严限迁至。地区大部经整理完妥，沿海堤岸亦先后筑成。③

旧时的厦市木材业（杉木行），"所有木材多堆路旁空地及人行路内，对于交通阻碍甚大。且此项木材，极易引火，偶一不慎，危险堪虞"。当局以为，"后江埭一带，面积广阔，离市不远，木材既便于堆置，营业复不至妨碍。且地近海滨，起卸尤便"。故劝谕杉行业者在该处购地或租地，将后江埭建设为贸易地点。④

当局为表诚意，对原山地、海滩加以改筑，修成船坞码头，以便"杉行靠泊木排之用"。船坞"四周用块石沙灰缝砌成，并有四座石砌码头"。⑤ 船坞，称"杉坞"；码头，称"后江埭码头"。

无奈建设不易，破坏太速。1943年沦陷期间，有权势者在杉坞入口处筑起堤岸，并"设一水闸，围成鱼池"。⑥ 后江埭码头功能尽毁，杉坞变身"后江埭鱼池"。

---

① 《厦禾路争地案已解决》，《南洋商报》1929年4月15日。
② 《民十六至十九年底，厦门建设一览》，《江声报》1932年4月9日。
③ 《工务局新辟九区地位面积售价调查》，《江声报》1933年4月10日。
④ 《工务局请市处布告，杉行灰窑各迁移营业》，《江声报》1933年7月9日。
⑤ 《后江埭鱼池公产，郑式亚企图冒领》，《中央日报》1947年9月22日。
⑥ 《后江埭鱼池公产，郑式亚企图冒领》，《中央日报》1947年9月22日。

当初辟建后江埭工业区，市政当局自有其考量。厦市工业落后，周醒南曾有非议于前：

> 厦门资本家不可谓少，乃普遍只知开钱庄，做买卖，操纵全岛金融。举凡个人厚益，不惜征逐投资。反是，则一毛不拔，毫不顾及民生问题。吾人试环岛纵观，只有二烟囱，傲峙岛岸两端遥对。一为电灯公司，一则船坞。而黎晨与晚午，闻于一隅居民耳鼓之呜呜汽笛声者，亦只是坞无独有偶之骄矜耳。是为唯一厦门点缀品，此外直无所睹。而无业之游民，触目皆是。①

周氏以为当务之急，应勖勉资本者创办实业，如织布厂、火柴厂、化学用品制造厂之类，既使民生受益，又增就业岗位。

后江埭因其临城滨海的优势，成为工业建厂的上选。在多年的建设发展中，后江埭及其周边的文灶社、禾祥街，陆续建有电池厂、制革厂、火柴厂、酱油厂等，不过都产量不足，规模不大。真能在后江埭落地并量产的，就唯有制酒一业。后江埭一隅的酒厂，约有 20 余家，酿造有"老酒、米酒、药酒、国公、绍兴、玫瑰露、高粱、双料以及白醋、黑醋等"，知名品牌，"则推万全堂、春生堂、诒厥斋"，销路"除厦鼓之外，多配运台湾、香港、广东、南洋群岛"。②

真正在后江埭大手笔投资办厂的，还要等到 1946 年后的马来亚侨商黄重吉。抗战胜利后，厦市图谋恢复，胡文虎等组建"福建经济建设股份有限公司"（简称"经建公司"），黄重吉被公推为"经建公司"副常务董事长，并暂时兼任总经理。"经建公司"有诸多宏图伟愿，如筼筜港"围垦养淡"，增辟良田 8000 亩；开发龙岩煤矿；兴筑厦榕沿海铁路……无奈时局混乱，政治不良，诸多愿景，只能归诸泡影。

黄重吉是行动派。当众人还在醋谈计划的时候，他已开始行动救国。黄重吉将公司总部"重吉行"设于镇邦路，门牌 106 号；并在后江埭、将军祠一带购地，建盖"重吉工厂"系列。其工厂系列含有十部：罐头厂、电池厂、树胶厂、机器厂、酒厂、饼干厂、烟厂、油厂、肥皂厂和印务厂等。各厂均以"重吉"命名。1947 年 8 月，重吉工厂的机器设备陆续运抵厦门，"由邮政码头起卸，堆积如山，连日由百余工人，起运装置"，设备中有"大锅炉、烘灶、砌床、转动机等，现正陆续运厂，谅不日当可装置，筹备开

---

① 《厦门工商业大观》"第三章 市政"。

② 吴雅纯编：《厦门大观》，"同文书库·厦门文献系列"第五辑（8），厦门大学出版社 2022 年版，第 124 页。

工"。媒体欢呼，"今后本市又将减少一批失业者"。① 然而举办实业，道途维艰。重吉各厂开工未几，即"因原料缺乏，流动资金一时接济不及，而停止工作"。论者以为，重吉工厂"失败之最大原因，则系政府方面未暇尽其辅导及援助之责，以致半途而废"。爱国侨胞满腔热忱，竟遭此冷落，媒体故以"民族工业哀音"称之。②

直至厦门解放，重吉工厂才获得生机。

> 重吉橡胶、肥皂两制造厂筹备开工的工作，在军管会的扶助下，正在顺利地进行。该厂准备近日内以卡车一部，循内陆公路直驰广州，向当地采购原料载运来厦供应。一俟卡车的通行证领到，便可以决定开出。又橡胶厂备有发电机三部，现已开动85匹马力的一部，供给自禾祥街至浮屿角一带的路灯。③

复工后的重吉各厂，各有发展。1954年7月，重吉电池厂与精华、建福、新月、永光等5家私营电池厂，组合成为"厦门电池厂"。1954年重吉橡胶厂重建，改名"鹭光橡胶厂"，为"厦门橡胶厂"之前身。1955年7月，重吉机器厂与福记机器厂等私营工厂合并，为公私合营的"厦门机器厂"，之后再发展为地方国营的"厦门工程机器厂"……

后江埭工业区之旧梦，也以新的形式得以实现。

> 1955年，厦门高集海堤建成，节约的资金按照中央指示，归地方安排建设项目。厦门市人民政府就利用这部分资金在后江埭一带开辟工业区，沿筼筜港南岸滩地，通过填海造地，平整山地，开发可利用的土地，建成罐头厂、酿酒厂、化工厂、橡胶厂、电池厂、电机厂等企业，形成后江埭工业区。④

曾经的后江埭鱼池，也逐步化为工业用地。

> （1957年12月）为适应城市发展需要，后江埭养殖场（鱼池）已于昨（2）日开工填土。不久的将来，这个拥有10万平方公尺的池塘，就

---

① 《这才是经建》，《厦门大报》1947年10月2日。

② 《重吉厂全停工》，《江声报》1949年4月3日。

③ 《重吉橡胶、肥皂两厂，筹备复工进行顺利》，《江声报》1949年11月5日。

④ 厦门市土地志编纂委员会：《厦门市土地志》，鹭江出版社1996年版，第46页。

可以成为一片坚实的地基，用来建筑房屋。第一批挑土填池的 300 个城市工人，正在龙舌兰厂后山紧张地劳动。预计本月上旬，还有第二批的 200 个工人，也将投入工程。他们要像愚公一样把塔屑山的土峰削平来填池。根据工程进度，到明年第一季度，后江埭养殖场可填成一片高度在 4.5 公尺的平地。①

林立的厂房，喧嚣的机鸣，忙碌的劳工……昔日的乡郊海滨已迈入工业化时代。

---

① 《后江埭养殖场昨日开始填土》，《厦门日报》1957 年 12 月 3 日。

虎溪公园

自中山公园建成以来，厦市公共园林的开发建设，开始受人关注。跟随中山公园之后，首先上马的是"虎溪公园"。

1931 年 11 月，虎溪公园《征地通告》发布：

> 为布告事：查虎溪岩、白鹿洞一带山地，经划定为中山南公园。四周范围插有红旗标识，现已确定园址之广袤。所有在范围内坟墓，限一个月由坟主迁至胡里山公墓安葬。逾期不迁，即由公家派工代迁。合行布告知。仰各坟主依限迁葬。事关公益，毋得违延自误。切切此布。中华民国 20 年 11 月 25 日司令林国赓。①

经明清两代经营，虎溪岩景观已位居厦岛名胜之首。大雄阁、棱层洞、夹天径、飞鲸石……颇具名气。此次公共园林建设，则是向山野拓展，增大其体量，添加其景点，尤其树木栽种、山体绿化，更是下了一番狠功。几年辛苦，山岩面貌一新。

> 虎溪公园，于（民）20 年冬开始筹备，初无地段规定，亦无若何专款拨发，不过视虎溪形势，作试办地区。（民）21 年春，试植思明农林场移来树苗二三千株；三月赴集美、漳州等处，采购树苗 3000 株；冬又购松柏 12000 株，按距栽植，悉数生荣。（民）22 春，复植由加里、凤凰木、松、柏、相思各种合计 30000 株。是年由李、翟两君出资建"凤凤""雨雨"两亭。后盖"集贤""四望"两亭，开辟"玉壶""留云"两洞，并用木搭铺"武陵桥""天桥"两座，至是虎溪公园之雏形具矣。
> （民）23 年春，又补植各色杂苗，铺石级二三千层。秋又募资添盖"滴翠亭"，开筑"方汉洞""浴日亭""待月亭""蒸然亭"多座。

---

① 《国民革命军漳厦海军警备司令部布告（第 28 号）》，《江声报》1931 年 12月 16 日。

（民）24年春，复添补树苗，开筑"听泉洞""窝岚洞""凌霄洞"，辟五老峰路。冬日又栽南普陀行道树，蔚然有序可观。

（民）25年春，自建"丙子吟社"两间。三月各界来此植树，树达1000余株，坚（竖）有碑石。四月间主席巡阅闽南，莅厦植树，亦作勒石纪念，以垂不朽，且分刻"万石朝宗"四字，于玉屏山巅。其他文人韵士镌刻尤多。夏间复建"听雨轩"楼及"松涛阁"，并筑成"冷泉洞"，饶有别致，独运匠心。如此力谋拓展之成绩，当与中山公园并名于厦市也。①

1934年10月，赋闲居厦的原云霄县县长杨绍丞，被委为虎溪公园主任，专司园林建设管理之责。杨自号"拓园主人"，大概就是缘此而来。

杨绍丞富有行政阅历，深谙人脉把握。先是动员各路大佬，为筹建亭台轩榭解囊。如自来水公司董事戴蒸然，捐建"蒸然亭"；太古洋行买办丘延平，捐建"待月亭"；同泰建筑公司李礼甫，捐建"风风亭"；协兴建筑公司翟雨亭，捐建"雨雨亭"；雅加达侨商黄五福，捐建"五福亭"；东路军总司令蒋鼎文，捐建"浴日亭"……

再则邀约名流大腕，雅集虎溪，诵咏酬唱。有壬申（1932）年的重阳登高、癸酉（1933）年的三月踏青和中秋赏月。甲戌年（1934），杨绍丞再办踏青会。

> 本届踏青日期，为四月廿九日。是日也，宿雨初晴，山岚浮翠，溪园景色，别饶佳致。客之来者，先后不一，李绣伊、柯伯行、陈丹初、萧幼山、卢乃沃、苏轶、苏警予、谢云声、虞愚、曾冷香、曾词源、布淑恬等，计士女三十余人，一堂跻跻，极备热闹。午餐毕，由杨氏导游园中各处。惟新建之"风风""雨雨"二亭，最为高致，登临其上，飘飘欲仙，读东坡"高处不胜寒"之句，其庶几乎。②

杨绍丞最得意之作，乃在辟洞建亭。1958年时，年届米寿的杨氏再莅虎溪，赋诗一组追忆当年。诗题为《虎溪公园予一手创办，所开辟石洞、建筑亭榭，用打油诗介绍于后》，组诗曰：

---

① 潘守正：《福建省地方行政与地方自治》，福建省民众教育师资训练所1938年发行，第245页。"主席"即指时任福建省政府主席陈仪；原文"万石朝宗"误为"万石明宗"。

② 《虎园踏青会》，《昌言》1934年5月3日。

听泉洞消夏

听泉洞底枕流眠，三伏炎天似小寒。
何必庐山远避暑，心闲更比海云宽。
［注］刻"枕流"二字。

玉壶洞纳凉

一片冰心在玉壶，四围怪石树扶苏。
清风明月无人管，洞口桃花认得吾。
［注］洞口朝天大石刻有"万石来朝"。

冷 泉 洞

冷泉洞口桃花竹，浴日亭高待月低。
三步两桥五福上，风风雨雨岭东西。
［注］"冷泉亭"洞上"浴日亭"，蒋鼎文先生自建；"待月亭"，邱延平先生建；三步两桥，工友自筑；"五福亭"，华侨黄五福先生建；"风风亭"，李丽浦先生建；"雨雨亭"，瞿雨亭先生建；"冷泉洞"，民国20年我开。

蒸 然 亭

蒸然亭畔鱼头洞，六月游人枕石眠。
听雨轩成芳草地，东歪西倒石栏干。
［注］"蒸然亭"，戴蒸然先生建；"鱼头洞"是古迹；"听雨轩"，民21年自盖，胜利回来倒塌。

观 梅 阁

归来不见观梅阁，破瓦残砖不忍看。
当日琴书诗画稿，伤心早已化灰烟。
［注］"观梅阁"起于民国廿年，木料由路政处给，大小工由工人们动手。落成后，本市诗人如李绣伊、柯伯行、虞竹垣诸君唱和其间。胜利归来，已化为灰烬。

四 望 亭

四望亭高接醉仙，篔筜港口放鱼船。
游人到此多休息，待看虎溪月上圆。
［注］"四望亭"今已不存。

集 贤 亭

"大好河山"刻在石亭后大石。

集贤当日尽诗仙,唱和联吟看月圆。

今日诗人还健在,寥寥知好任周旋。

[注] 如施健庵、余謇先生等早已去世,仅图书馆长李禧先生健在,柯伯行南洋,虞愚北京。

大 观 亭

大观一望雨濛濛,远近楼台雾霭中。

匚厂东西南北路,栽桑植树共争雄。

[注] "大观亭"舒实父先生建;"匚厂洞"因石势挖修,铺排石桌石坐位。

滴 翠 亭

扶杖看山上玉屏,窝岚洞口草青青。

山腰植树碑犹在,不见当年滴翠亭。

[注] "玉屏",山名;"滴翠亭",几位女士建,亭已不存。"窝岚洞",民19年开;"植树碑",为台湾人改造。

留 云 洞

留云深处我徘徊,石上题诗长绿苔。

手植玉屏松柏树,相思梅竹傍溪栽。①

虎溪公园更可称道的,还是植树绿化。厦岛山岩,自古石多树少。即便是虎溪名景,也是山童石秃。杨绍丞经营虎溪,陆续栽种松树、柏树、凤凰木、相思树、由加里(桉树)等等。1935年又再增种梅花树,并配套建设"观梅阁"。② 濯濯童山,得以绿意葱茏。山间有诗刻述说此事:

庐山胜景说天都,细认庐山面目无。

---

① 杨绍丞:《碧山退休集》,"同文书库·厦门文献系列"第五辑(4),厦门大学出版社2022年版,第134~136页。该诗原有跋语:"以上所写的,多半当日情况、现时荒凉。我想十年内政府不但重新整理,而且有大建设准备。我今八七年龄,是否能参加劳动,尚未可知。我之希望,姑志之。一九五八年,清明后十日。""匚"音同"方",筐形盛屋用具;"厂"音同"喊",山边岩石突出覆盖处,可居人。

② 《虎溪筹建观梅阁》,《江声报》1935年4月17日。

假我十年容树木，直将西子比西湖。

泉石经年辟草莱，三宫双阙恍飞来。
相衡未必庐山逊，但觉文殊欠一台。
辟虎溪经岁矣，植树已五万株。布置粗就绪。他日树木成林，或与匡庐各擅一方之胜。占此以资后之来游者。癸酉闰夏，八公山下散人并识。

八公山，是杨绍丞家乡安徽寿县名山。"八公山下，草木皆兵"之典，出自于此。

民国时的厦门市政改造，将"山地造林"确定为城建要务。其计划将"厦门山地约 16 万亩，拨 6 万亩售与民间造林，余地由公家经营"，用于种植赤松、相思树、木麻黄和杂树等。逐年造林，预计从民国 21 年（1932）起，以 8 年时间可种植树苗 1322 万余株，造林面积 42000 亩。养成的树木，可出木材、出炭头、出枝叶等。如果"就一年造林面积计，仅用山地 5249 亩，经 8 年之后，年可收利 360346 元"；那么，10 万亩山地全数种植，每年生息必定不可低估。[1]

在造林运动中，虎溪岩被规划为"造林区"，又拟"辟为森林公园"。1933 年，周醒南计划"设立森林公园办事处所于仙园路"，由办事处主持厦市的林政事务。[2] "仙园路"就在虎溪岩山脚，因连接中山公园与仙洞而得名。

在以后的植树造林中，虎溪岩造林区的先锋示范作用得以显现。

（民）24 年冬 11 月，征工造林。市政府工务局，先派员勘明荒山，择定醉仙岩、万石岩、五老峰、西山、胡里山，以及虎溪、南普陀、鸿山寺、碧山岩、白鹿洞等处，为栽植区。树别为相思、白杨、木棉、油桐、刺桐、赤松，暨杂色树多种。预计数为 264000 千株。饬由中山公园管理员分植 240000 株，虎溪公园管理员分植 24000 株。惟以本市区，荒山岩石尖屹，土性硗瘠，历年种植，鲜有成效。或是由人事问题之欠缺。本年度即设法添设林警，注意灌溉。自（民）25 年 2 月间开植，至七月间查验，前者尚存有 133200 株，后者迄在 17000 株。是项造林定名曰"24 年度劳动服役公有林"云。[3]

---

① 《厦门工商业大观》"第三章 市政"。
② 《周醒南十一项计划》，《江声报》1934 年 3 月 16 日。
③ 潘守正：《福建省地方行政与地方自治》，第 244 页。

为所造之林命名，也是一种时尚。1937 年的 3 月 12 日"植树节"，市党部拟将植树地虎溪公园，名为"党员林"；禾山区署，则拟将将军祠山野辟为"总理纪念林"。

1938 年的"植树节"，更为热烈。"植树节"之前，市府召集筹备会议，商讨当年的植树安排。讨论议决，该年的植树节定于 3 月 12 日，在虎溪岩举行。参加单位和苗木分配，为"各人民团体 100 株，各学校 200 株，社训总队部 1000 株，警备司令部 100 株，市党部 50 株，水上警队 100 株，邮政局 10 株，地方法院、盐务稽核所各 10 株，统税查验所 20 株，鼓屿华议会 20 株，思金东烟酒税局 20 株，要港司令部 20 株，防空会 20 株，鼓屿会审公堂 10 株，电报局、厦门商品检验分处各 10 株，厦海税务局 20 株，市政府 700 株"。①

然而，厦岛的绿化进程，遭受战火的阻拦。厦人引以为傲的中山、虎溪两园，战后满目疮痍，满地荒凉。虎溪公园，"原有乔木棵树十万余株"，"鹭岛沦陷后，全境树木被敌奸伐毁无遗"。② 年已 75 的杨绍丞，对虎溪公园的恢复，有着诸多的设计。

……从虎溪路起至虎溪公园山上，拟种植松柏数万株，分植两旁。自下而上，建立石级。再在山之巅竖立中正亭。中正亭在虎溪公园最高峰，可以俯瞰全市……此举除得到各长官之赞许外，并拟征求当地社团 10 个单位，协助宣传与募捐。届时，拟在虎溪公园内辟地 10 所，为每一社团单位建立休暇之所。其建筑方式为合于风雅之草庐或石屋，只许盖单层，不盖楼房。屋顶或铺草，或架竹木，宜于雅观。如新闻记者、银行、绸布等各团体，皆在其列云云。③

1947 年厦市重启"植树节"，"植树节"的主题为"一人一树运动会"，计划在虎溪公园种植马尾松 5 万株④。虎溪公园的修复工程，同年也宣告开始。

本市虎溪公园于战前即开始兴建，间因鹭岛沦陷为敌手，诸种建设多为之破坏。该公园亦自不能例外。迨胜利以还，该园管理员复来厦主

---

① 《本市植树六千株之分配》，《江声报》1938 年 3 月 9 日。

② 《植树佳话》，《江声报》1946 年 3 月 14 日。

③ 《十年阔别旧公园，今日重来未一世》，《江声报》1946 年 11 月 8 日。

④ 《虎溪岩上一人一树，准备成林》，《江声报》1947 年 2 月 11 日。

持，行总厦分处为保存名胜，特以工赈方式拨助修理环山石阶，俾便游客。兹悉该园自3月1日起开始动工，经一月来努力整理，所有该园石阶均已砌铺就绪，可直通南普陀、仙洞、云顶岩，及白鹿洞等名胜，四通八达，均可畅行。据该管理员语记者，该园今后如经济上有把握，拟三步一亭、五步一阁，美化虎溪公园。①

然而时局动荡，虎溪公园的修复发展再度停滞。

1957年12月，杨绍丞正式退休。老人大半生奉献于厦门的园林绿化，"在厦门中山、虎溪两公园廿七年，来厦大创办苗圃、绿化与美化，又六七年"。②杨公自诩熟稔厦门气候、土质，且"性情喜爱种植，又欢迎新旧植法，研究稍有心得"，退休后拟具"厦门绿化根本计划意见书"，"奉献社会，听其采取"，其有诗曰：

> 须发如霜雪，青山入海流。
> 楼高云顶上，人坐树梢头。
> 鸟语深林静，花香曲径幽。
> 写成绿化诀，贡献有来由。③

---

① 《虎溪公园石阶砌就》，《星光日报》1947年4月17日。
② 杨绍丞：《留别校园》，《碧山退休集》，第124页。
③ 杨绍丞：《厦门绿化根本计划意见初稿拟成，口占五律一首》，《碧山退休集》，第137页。

延平公园

延平公园，与郑成功旧迹有关。

> 延平公园　在鼓浪屿，民国18年辟，划瞰青（越南华侨黄仲训别墅）半部为之。工程费支出较少，不建筑而丘壑自具，不经营而风景绝佳，纯取天然胜概。园名曰"延平"，以赐姓水师台在其中也。①

划出半部园林的"瞰青"主人，亦是有来头之人。

> 黄仲训是福建人，居于兰昆，也具有中国和安南两国的国籍，他被列为安南王族，可说是安南化的中国人。他在越南开设大小当铺凡30所，可说是全越南当铺业的巨擘。鼓浪屿也有不少地产。②

发家致富后的黄仲训，勇于解囊救急。因而，北洋政府曾应福建护军使黄培松之请，于1913年时授黄仲训及其弟黄仲讚银色勋章各一枚。官文称：

> 查该侨商黄仲训兄弟热心爱国，各捐资一万元以助饷源。核与陆军奖章令第六条第一项战时筹助军饷得万元以上者之例相符，拟请给予该侨商等二等银色奖章，以示优异。是否有当，理合具呈，恳请大总统鉴核批示只遵。谨呈。
>
> 批：据呈已悉，准如所拟办理，此批。③

此后黄仲训又陆续获奖：1916年1月，获"四等嘉禾章"④；1918年12月，获"三等嘉禾章"，其弟黄仲讚获"四等嘉禾章"⑤；1920年7月，获

---

① 民国《厦门市志》卷5"建置志"，鹭江出版社2021年版，第99页。
② 洛川：《侨胞传记：安南的黄仲训》，《侨声》1941年第3卷第10期。
③ 《北洋政府公报》，1913年第517期。
④ 《大总统令·策令》，《盛京时报》1916年1月30日。
⑤ 《大总统令》，《益世报》1918年12月4日。

"二等嘉禾章"。①

　　1916年时，黄仲训徇北洋政府"招待华侨"之邀归国，消息一经播出，"海外侨商均欣欣相告。联袂归来者，已有王振煌、黄仲训、林菽臧、王敬祥等数巨子。政府预设招待所，以表诚意"。②

　　回国后，黄仲训定居鼓浪屿，筑瞰青别墅于日光岩山麓。"有人告之曰，日光岩畔为郑延平勤王练水兵筑水操台于此。于是主人大兴土木，修筑水操台，起楼阁。有读书楼、远而亭、小憩亭、蠡亭，栽花种树，极点缀之能事"。③

　　"水操台"之说源自坊间，亦有称之"观察台"。如说"洞天转湾数武，郑延平瞭望台之旧址犹有存焉。今虽绿苔尘封，犹历历可见"。④

　　虽疑似古迹，黄仍欣喜自得，于台基旁巨石镌上"郑延平水操台遗址"。又题句勒石道：

> 小拓园亭傍晃岩，峰回路转石巉巉。
> 登高放眼江天外，无限青山落日衔。

黄仲训出身秀才，喜文墨，好张扬。瞰青别墅周边岩石上，满是其自题、仿刻，以及各界名流题刻，洋洋洒洒二三十方，石刻群乃成。

　　修园勒石，本是大雅事，不想却成大风潮。

　　黄仲训建筑岩仔山楼屋之初，日光岩董事李魁、李家猷等及黄姓之莲桂堂，曾出而干涉。黄乃托黄守曾出而运动，以一千元捐助该岩，藉塞董事李魁之口。其对付莲桂堂，亦由守曾负责缓颊。莲桂堂无如之何，乃忍口听之。迨日前黄再凿骆驼石，筑监狱式之围墙，全鼓公民，本已愤激万分，又值黎某黄某两人，因事退职，黄之护符顿失，于是各界之恨黄侵占公地者，皆振臂而起反对。⑤

　　鼓屿的"华民公会"和"商业联合会"，反应最烈。华民公会决议派人警告黄仲训，"劝其退还侵占各名胜"，并"将该古迹辟作延平公园，以纪念

　　① 《益世报》1920年7月11日。
　　② 《欢迎华侨回国之先声》，《神州日报》1916年10月20日。
　　③ 何丙仲等整理：《民国〈厦门市志〉余稿》卷6"名胜志"，鹭江出版社2021年版，第111页。
　　④ 何丙仲等整理：《民国〈厦门市志〉余稿》卷6"名胜志"，第107页。
　　⑤ 《富商擅毁名胜地》，《南洋商报》1926年9月25日。

郑成功之勋猷"。如黄氏拒绝,将采取对付方法,对其衣食住行进行封杀。如,舟子将拒运载黄氏及眷属帮伙往来厦鼓,途商将拒售卖食物货品于黄家,建筑业将拒为黄氏建筑等。[①]

有署名"日光岩董事一份子"者,爆料事件内幕。

> 黄仲训将日光岩大石山地及水操台围入花园之时,我等曾与交涉,旋因仲训答以伊出钱建园,任人游览,且可保存郑成功古迹,厦鼓人民何乐不为?我等以其言近情理,遂不与较。花园完工以后,仲训果然每日将园门开放,任人出入。一年以后,仲训乃令花匠严闭园门,拒绝游人。凡有友人欲入参观者,亦须持出名片,交与花匠入内报告,方准启门。于是我等始知被其所愚,怒发冲冠,欲与交涉,均为黄振贱(即黄守曾)、李锦魁二人所阻。时黄振贱负有工部局书记职权,且系董事领袖,我等因之亦无可如何。数月前仲训出洋一千元,交与黄振贱、李锦魁收存,作为岩中买地之用。事前我等并未预闻。黄李亦未开会报告。迨仲训大兴土木,竟在佛祖殿后,筑起围墙。我等闻知,前往交涉,仲训乃谓我之捐洋一千,即是代价。至是此中黑幕,始行揭破。我等一面令仲训拆卸围墙。仲训见此情形,知众怒难犯,遂允三日内将墙拆卸,并云园中所有大石,伊当永远保存,勒石为记。不料仲训事未履行,又生一计,竟由工部局给照,准其在日光岩建筑铁梯,作为公有。用意何在,不言可知。此次风潮发生,我等又往视仲训,请其退还侵占各地,仲训竟云该地系莲桂堂送与黄菊三(即黄培松),伊由黄菊三买来,凭契管业,无论何人,不能干涉云云。[②]

向黄某索地之倡议,首获鼓屿船工响应。这些以海为生者,早对黄氏心怀愤懑,"盖黄填筑安海路,使此后飓风发生时,小舟已无可躲避。各舟子以是愤激,乘此时机,遂加入抗黄运动"。舟子们"决以鼓浪屿双桨公会名义,加入商界联合会,作积极之反抗。有一部分激烈分子,以黄富有金钱,未必便肯退还侵占各地,主张全鼓舟子罢工游行"。"如黄于最短期间,无退还日光岩各名胜之表示,则向其电船所雇水手提出警告,令自动辞职,使之不得再往厦鼓"。建筑公会也"表示欲与商界联合会一致","如黄于最短期间,无退还侵占各地之表示,建筑公司全体决实行禁止代黄建筑"。[③]

"抗黄运动"迅速扩展至厦岛。9月19日,厦鼓各社团举行大会,与会

① 《富商擅毁名胜地》,《南洋商报》1926年9月25日。
② 《富商擅毁名胜地引起各界反对》,《南洋商报》1926年9月29日。
③ 《富商擅毁名胜地引起各界反对》,《南洋商报》1926年9月27日、28日。

者有，思明教育会、劝学所、国民党省党部、厦门学生联合会、益同人、海员公会、鼓浪屿华民公会、鼓浪屿商业联合会、日光岩董事会、中华中学、美华中学、鼓浪屿福建中山中学、闽南职业学校代表、福民学校、女子师范学校、桃源学校、水果公会、反盐八途商、厦门中山中学、糖油公会、珠宝公会、杂货公会、米商公会等 24 团体，共 70 余人。会议议决，成立"延平公园筹备会"，继续向黄氏索地建园。①

1926 年 11 月 1 日，筹备会欲面见黄氏，交涉侵地事。当局却因黄仲训为法国籍民，担心另生事端，故由外交部厦门交涉公署出面调停。厦鼓知名商绅洪鸿儒、黄奕住等，也不愿事体闹大，亦主动出任"公亲"。

筹备会为拿得黄氏非法侵地实锤证据，派员赴思明县公署，查找黄仲训购买日光岩山地的契文。果然在黄氏契文中，发现四宗未履行会印手续。结论为黄氏的买地范围，"皆在寨仔山（即水操台故址）脚而已，并未载及日光岩山地，乃其围墙所至"，黄氏"竟将日光岩山及水操台故址全数围入界内，侵占约在该园十分之五"。②

1927 年 12 月 7 日，"公亲团"的"调停意见书"出台，意见书洋洋二千余言，最关键处即建言黄氏，将避暑洞后山之地块"照价让渡"，以让民众就晃岩之处建成"延平第一公园"，并"于水操台旧址之傍立一碑亭，详纪延平事迹"；另港仔后有旷地也属黄氏地产，该地偏西有"国姓井"者，亦商情黄氏"全部捐赠，辟为延平第二公园"。如此，延平二公园，"一在山之巅，一在水之湄；一则因古迹而建公园，一则因公园而存古迹。四美并收，数善皆备"。③

"调停意见书"展示的前景，美好且操作性强。一经提出，便获得争议双方的认许。报称：

> 鼓屿延平公园为地界纠纷，迁延已久。经各社团向对方交涉，及刘交涉员等竭力奔走，始克解决。最近并刊印调停意见书，于 28 日下午在交涉署开会。社团代表李汉青、孙印川等均列席，讨论修改调停意见书，铲改四段。经刘交涉员将修改情形函达黄仲训，黄派全权代表黄绳其、黄庆初，于昨日上午到交涉署面称，黄氏对此完全同意。④

---

① 《鼓浪屿筹建延平公园大会》，《南洋商报》1926 年 10 月 8 日。
② 《延平公园筹备会调查岩仔山被占情形》，《南洋商报》1927 年 1 月 28 日。
③ 转引自洪卜仁：《鼓浪屿人发起筹建延平公园的缘由》，《鼓浪屿文史资料》第 4 辑，第 57 页。
④ 《水操台案全解决》，《南洋商报》1928 年 1 月 21 日。

自后，延平公园进入建设阶段。公园建设引来了军界大佬张贞的关注，张氏表示愿意承担公园的绘图工作，并与堤工处会办周醒南接洽，商谈建园款项事宜。周表示"欲划出堤工处旷地一方，可拍卖万余元，以充作该公园建筑费"，张则"慨然认捐二千元，并欲代向漳泉一带募捐"。①

然而时局动荡，公园时建时停。至1932年岁末，日光岩山地部分"已建高台一座、亭一座，并种植花木。游人登高远眺者，络绎不绝"。而国姓井一带，也"已有工人斩除荆棘，以便照图兴建"。工部局对此举，"极为热心赞助，派局中工程队，义务帮忙。至由山顶通山麓之岭路，工程费数千元，亦早经工部局议决完全负担。所有园中花匠数名，其薪水亦由局按月支给"。更有李汉青四方奔走，征集要人题诗题字，"将于山上镌石，以为江山生色"。②

1933年4月，诸要人的题赠陆续到位：

鼓浪屿龙头山日光岩，为明郑成功屯兵举义抵抗满清之地，故垒至今犹存。各界追崇先烈，爰有延平公园之建设。比来积极布置，不久可望落成。党国要人多有题赠。胡汉民为公园中之"光复台"题字，李烈钧题"日光俱愚"及"延平故垒"等字，于右任园额，林森题"振我民族"，蔡元培题诗一绝，题为"民十六凭吊公园水操台故址"，近补诗"叱咤天风镇海涛，指挥茹定陈（读如阵）云高；虫河猿鹤有时尽，正气觥觥不可淘。"蔡廷锴题诗云："心存只手补天功，八闽屯兵今大同；当年故垒依然在，日光岩下忆英雄。"末并附录云："此岩为明郑成功屯兵举义之地，每一登临，辄思前贤。爰题数言，以志不朽。蔡廷锴，二十二年"。闻该园拟不日分别镌诸石刻云。③

1936年，林尔嘉游延平公园赋诗道：

为惜花起早，扶筇来此间。
雄心怀故垒，海气逼重关。
舟趁春潮急，诗题古石顽。
眼看风景好，无恙旧江山。④

① 《延平公园在短期内可望兴工》，《南洋商报》1929年5月28日。
② 《鼓屿延平公园继续建设》，《江声报》1933年1月12日。
③ 《"延平"旧迹辟公园》，《江声报》1933年4月16日。
④ 林尔嘉：《丙子二月题延平公园》，《林菽庄先生诗稿》，"同文书库·厦门文献系列"第一辑（5），厦门大学出版社2016年版，第101页。

街衢巷陌篇

衙口街与中华路 ▎

清康熙二十四年（1685），福建水师提督施琅移署厦门，建提督衙门于厦门城内最高处。衙门直对厦门城南门"洽德门"，之间以"衙口街"相勾连。

衙口街长虽不足百米，宽却十米有余，宽度居全厦街巷之冠。街道两旁有城内主要建筑物：城隍庙、关帝庙（武庙）、南寿宫和中府衙。其下各有巷道相配套，如城隍庙巷、关帝庙巷、南寿宫巷和中府街。《改良厦门市镇歌》唱道：

> 湾角入去南门口，入城南寿宫先到。
> 城隍帝庙做一兜，提督衙门城隍后。
> 城内小小分地理，住眷者多无闹市。
> 军兵在城安身己，提督中府旧地基。[①]

衙口街改造之前，厦市已先后修筑开元、厦禾等路，然而口碑不佳。报曰：

> 厦门为通商口岸，对外贸易颇多。在理观瞻所系，马路之开辟、市政之整理，自必有甚可观。乃知不然，街道秽浊，市场狭隘，既腾笑于外人之口。而费数年九牛二虎之力，所成之厦禾马路，蜿蜒屈曲，迂而不直，且至今尚未完工，路灰不敷，泥泞载途。所谓商埠督办陈蓉光者，处之泰然，无所感于中。每月虚糜地方公款，以至千余元。对改革事宜，未闻有所策略。有者，唯图争沾官产耳。然厦人亦早以"饭桶机关"目之，可不足道也。[②]

---

① 王见川等编：《台湾宗教资料汇编》第 2 辑第 2 册，台北博阳文化事业有限公司 2010 年版，第 90 页。湾角，拐角；做一兜，在一块；安身己，安家，安身。

② 《厦门市政进行迟钝原因》，《南洋商报》1926 年 2 月 2 日。

亲历是役的苏逸云，归纳厦市改造有"五难"。

厦市改革困难之点，约有五端：地价奇贵，收买难；籍民作梗，交涉难；街名崎顶，弯度又多，施工难；上不支国帑，下不派民间，筹款难；规划路线，动须迁就，实现计划难。是谈建设于厦门，实较他地为尤难。[①]

1927年9月，林国赓正式授命漳厦海军警备司令部司令，同时担纲市政督办公署，位称"督办"。林国赓就任，遂强势推进市政建设：筑鹭江堤岸，辟中山公园，建住宅新区，收马路烂尾工程……西人有评，当其时"地方上，影响最巨、权力最大的，当数漳厦海军警备司令部和市政督办。几年来，这两个至关重要的机构都由海军林国赓一人执掌。他的管理业绩，可由许多公共事业的改进证明"。[②] 林国赓提出的五大干道建设就是证明之一：

由蕹菜河起，经镇南关，迄审检厅前。路宽共60呎。分为车行道40呎，两边人行道各10呎。约长4800余呎。

岛美路头起，直达蕹菜河。路宽共70呎，分为车行道50呎，筑两边人行道各10呎，约长1900呎。

由史巷起，经关隘内迄西门，路宽共50呎。分为车行道30呎，两边人行道各10呎，约长3600余呎。

由船坞起，经大王冢迄浮屿，路宽共60呎。分为车行道40呎，两边人行道各10呎，约长2100呎。

司令部起，经南门桥亭街至青墓口迄龙船宫，路宽共60呎，分为车行道40呎，两边人行道各10呎，约长3005余呎。[③]

前四条马路，就是后来的思明南路、中山路、大同路和厦禾路西段。至于计划的第五条马路，林国赓设想得更有气势，即从司令部（今市公安局大楼）门前拉一条大路，直插鹭江边上的龙船宫（龙泉宫）渡头。新设计的马路，就以林国赓的老领导、海军司令、福建省长杨树庄尊号命名为"树庄路"。

霸气十足的警备司令部，万没想到计划遭遇抵制。

---

① 苏逸云：《厦门之建设》，《星洲日报4周年纪念刊》乙36页。
② 《近代厦门社会经济概况》，鹭江出版社1990年版，第395页。
③ 林国赓：《厦门市政之设施》，陆丹林编：《市政全书（下）》，《道路月刊》1928年第4编，第101页。

有一条拟以海军司令、福建省长杨树庄命名的道路，计划由司令部经桥亭、普佑殿、青墓直至鱼仔路头，但此路未经审议，即胎死腹中。其因是普佑殿和青墓有市商会、市政会副会长、日本籍民黄世金的公馆、祠堂和祖坟，由于他们的阻拦，致使计划取消。[①]

受阻的树庄路，只能从司令部口修筑到桥亭。工程于 1928 年 5 月 1 日启动，同年 9 月 28 日完竣，即为"中华路"。

中华路：由司令部口起至南门城口止，左为南寿宫，右为虞帽（朝）巷，中间铺屋一概收买拆卸，故由司令部口起，至桥亭街止，名曰"中华路"。长度，804 呎；宽度，50 呎；两旁人行路各 10 呎。该路起点分二叉路，左接公园东路，右接民国路，终点接中山路。南门南寿宫庙宇已改筑第一市场。[②]

中华路下接中山路。中山路的工程进展，却要比中华路迟缓许多。中华路修竣完毕时，中山路还未能全部打通。

中山路于计划之先，原订（民）17 年底筑竣，无如以劝拆民房，颇费时日。直至是年终结，始一律拆卸完毕。工程进行，系从首尾两端同时工作。是路为全市干路中心，故决限本年（1929）5 月竣工，不许再事迁延。[③]

等到中山路开通，也够林国赓嘚瑟的了。尽管中山路连接中华路有一道弯弧，但司令部的汽车仍可一路通畅地抵达海口。林国赓因此特意将司令部打扮一番。

漳厦警备司令部为厦门最高行政机关，年来外容修筑颇为堂皇，唯内部铺张，则小民鲜有知者。闻前者林国赓司令尝言，中山一路，由长堤直达司令之部，将来各国外宾不无往来，故一切建筑，便力谋修整，以壮观瞻。只此一端，可见林司令善顾国际间之颜面矣。昨据接近政界

---

① 《厦门市政志》，厦门大学出版社 1991 年版，第 56 页。
② 周贤育：《厦市工程概况》，《中山医院计划书》，1929 年 5 月。"公园东路"当为今公园南路。
③ 《漳厦路讯》，《时事新报》1929 年 2 月 17 日。

者言，迩来司令部内正在大事铺设。会客之室与大餐之厅，点缀铺张，尤为华丽。四壁髹漆值数百金。大餐桌一具，长一丈有 8 尺，可坐 20 人。其他器具，大都蓄木制之贵重品，价值不赀。而窗户帘帷，皆绒质之舶来品，每尺值十余元之谱，可谓美矣。闻司铺点缀之责者，为前厦门交涉员刘君光谦。刘尝久居异国，阅历多，擅室内装饰。此次大展经纶，指挥如意，使司令部内焕然改观，未始非刘之力也。[①]

中华路的改造，迫使厦门古城改换模样。司令部右侧，城隍庙前殿夷为马路，遗留的正殿、偏殿及后殿，日后由“乞丐营”、清道队、济良所、保安团、中华保、明辉小学、宪兵队踵接入驻。左侧的中府衙则变身为海军医院，南寿宫让位第一市场。

中府衙：旧地名。在今新华路华侨大厦范围内。清康熙二十二年（1683）靖海将军施琅挂印驻扎厦门，嗣以福建水师提督开府，辖中左右前后五营，建中营参将署于厦门城东门内，俗称中府衙。后衍为地名。有小路名中府街，南北走向，附近有仙殿后、葫芦井，北端通衙口街。民国初，中府衙后部辟建海军医院，解放后废入华侨大厦建筑群。[②]

第一市场：地址，南门南寿宫改建；面积，长 132 英尺，宽 72 英尺；工程及收买费，13784.8 元；开工日期，（民国）16 年 1 月；完工日期，16 年 8 月。该市场为店铺式，计平房 44 间，每间 1 方丈。[③]

衙口街升级为中华路，名号改了，线路长了，商铺也多了。全路段商户 57 家，由门牌 1 号排到 112 号。尽管此地较他路冷清，其中也不乏名牌。1956 年的《厦门日报》介绍地方著名食品，门店设于该路的有：
门牌 10 号的“双虎”马蹄酥。

马蹄酥是用面粉、饴糖等烘制的饼，形状好像马蹄。本市制这种饼的有好几家，唯中华路双虎号的历史最久，也是全市最有名的，为顾客所喜爱。双虎号开业已有六七十年，过去它所制的马蹄酥特别酥，饼内的饴糖很柔软，如用开水泡时，饼很快膨涨开来，比原来的大约一倍。[④]

---

① 《警备司令部之铺设》，《昌言》1929 年 10 月 23 日。
② 《厦门市地名志》，福建省地图出版社 2013 年版，第 463 页。
③ 周贤育：《厦市工程概况》。
④ 《厦门著名食品介绍》“双虎马蹄酥”，《厦门日报》1956 年 3 月 23 日。

门牌 31 号的"苞记"五香。

在抗日战争以前，本市中华路的"苞记"小点店是以制五香而著名的，人家都叫它"五香苞"。它的五香比别人家好的原因是，选用的作料认真，辣酱等配料好；另一方面它的生意好，所以五香都很新鲜。[①]

门牌 107 号的"泉益"鱼丸。

在 30 年前，本市最著名的鱼丸店为中华路的泉益，它制的鱼丸所包的作料又多又好，粒大质鲜，还用虾米煮汤调配，所以味鲜可口。泉益停业后，继起的为思明北路的"真好味"鱼丸店，亦曾闻名一时。而中华路"碰记"鱼丸店在抗战胜利后，由于该店业主能够研究改建制法，鱼丸的质量大有提高，成为后来居上，牌子日益出名，为消费者所欢迎。[②]

1936 年 7 月，执教集美中学的许钦文，专程品尝"苞记"的五香、肉粽，以及古城的风味。

所谓五香，就是用豆腐皮包拢切碎的猪肉，由油炸成的，一条条的。早就有得（的）炸好搁在油锅上，马上给我切起来，热烘烘的放在雪白的盘子里，还品上了腊肠，又加腌萝卜片、香菜和特制的卤。

从腌的萝卜片，我想起了四川的泡菜。特制的卤是由许多味料配成的，于酸溜溜之中带点辣味，这使我联想到了嘉定的拌拌鸡。嘉定拌拌鸡的可口，第一在于鸡的肥瘦老嫩适宜，其次蒸得不烂不生，第三在于配料的浓厚。五香的入味，第一在于猪肉的不太精不太肥，其次炸得不老不嫩，第三就在于卤。四川的特味是辣，闽南的特味是酸。在我，酸比辣会吃点，所以在吃拌拌鸡时要去掉辣酱，吃五香无须去醋。

苞记也卖粽子，是两头尖的。我吃得一个，其中有鸡腿、栗子、肥猪肉和精猪肉各一块，味道也不错。

可是，在苞记小吃，使我深深感到鹭岛风味的，并非只在于五香和粽子的本身，中华路原有一段是倾斜的，这铺子正当石炮的坡上，往来的行人，上坡的走得很缓慢。坐在那里，细细的嚼着，尽可以静静的观

① 《厦门著名食品介绍》"五香"，《厦门日报》1956 年 3 月 30 日。
② 《厦门著名食品介绍》"鱼丸"，《厦门日报》1956 年 4 月 11 日。

赏当地的风光。而且来吃的人也很多花样，有的是大腹便便的商人，有的是醉眼红红的酒徒，也有是戴着鸭舌头帽的小学生，飞一般跑来，只吃得个两头尖的粽子，就飞一般跑去的。

还有着这样的主顾，就是电烫着头发，穿着长旗袍，裸着腿的青年女子，脚上套着高跟底的绣花拖鞋，总是人还没有看见，早就铁托铁托的响来。她们并不走进店堂里来坐着吃，只得买得拿回去，或者就在路上嚼起来。铺子里备着一种油纸，包卷得很快，好象苏州公园中的卖酱猪排。①

当年的"苞记"五香，知名度不是一点点。又有竹枝词咏之：

何须野簌与山肴，短几并肩踞路坳。

沽酒不妨兼市脯，老饕记取五香苞。

注：鹭门谓卤味为五香，以城隍庙附近"苞记"为最。酿饮小酌，或趋之若鹜。②

1966 年 8 月 30 日，中华路与中山路、公园南路三路合并，更名为"东方红路"。1979 年 10 月 1 日，公园南路析出，恢复旧名，中华路成为中山路的东部路段，直至今日。

---

① 许钦文：《鹭岛风味》，《黄钟》第 9 卷第 1 期（1936 年 7 月 16 日）。石炮，在《许钦文散文集》（浙江文艺出版社 1984 年版）中作"石砣"。

② 鹭江归客：《厦门竹枝词》，刘瑞光校注：《厦门竹枝词辑注》，厦门大学出版社 2003 年版，第 122 页。

中山路 ▌

1927 年 9 月，就任漳厦海军警备司令部司令后的林国赓，强势推进各项市政建设，开马路、筑海堤，建新村、辟公园……中山路，便是其政绩亮点之一。

中山路：由岛美路头至桥亭街止。长度，2936 呎；宽度，50 呎；高度，掘深最高 21 呎。该路系收买民房为多，自首至末为一直线，在岛美路与鹭江道相接，在岛美街与水仙宫、寮仔后二马路相通，在瓮菜河与思明南路相通，在桥亭与中华路相接。开工时间：（民）17 年 6 月 10 日；预定完工日期：8 个月。工程费 82708.4 元，收买费 283500 元。①

马路的开建，始于拆屋。

中山路……系就民房丛屋中新辟路线，除增广桥亭街二小段外，完全拆屋。新辟马路宽五丈，人行路左右各一丈，现已全路拆通，且甚直，为各马路冠。司令部至思明南路一段，已筑成路面，日内可通车。思明南路至沿岸一段，因中经一山麓，现正锄土凿石工程中，预料全部工程本年 8 月可竣工。②

破房拆屋，一如既往地遭遇困难。

中山路之开辟，至今已数月矣。其初工程，仅由司令部至仁安街一段，及岛美路头至岛美街一小站执行拆卸而已。仁安街被阻于各籍民之住户，岛美因太古栈房及总商会为市党部借作会所，而阻碍不能拆卸，以至停顿。③

---

① 周贤育：《厦市工程概况》。
② 《厦门市政建设之经过与近况》，《道路月刊》1929 年第 27 卷第 1 号。
③ 《市会督署撤销后各段马路进行之步骤》，《南洋商报》1928 年 9 月 15 日。

资金问题，又是工程迟缓的另一原因。

中山路为城南至岛美线，其路面之宽广，为各路冠。故所需民资，较各路为最。而收买费，应需百万元左右，其工程费虽略与大同路相差不多，而于收买民房费则为数颇巨。[①]

为应付资金的缺口，当局打起了宫庙的主意。

司令部最近为建筑中山路收买民房年关迫切乏款应付之故，将凤仪、和凤、怀德三宫拍卖，以为收买该路民房之用。因是而引起本市各保保民自治会之反对，组织厦市"保存庙产委员会"，连日开会，印发宣言，张贴标语，推举代表，向思明县党务指导委员会及漳厦警备司令部请愿，请林司令收回成命。近日，该会复连开会议。警备司令林国赓因是特发出布告，略谓：厦市民居栉比，神庙林立，本部为展拓市区，裨益路政计，拟将怀德、和凤、凤仪各宫拆卸改建，所得溢利，藉充中山路收买民房之用。此种计划，业经详悉布告在案。事关公益，化无用为有用。各保民众，类皆通达事理，应如何竭诚赞助，俾底于成。而乃集会号召，滥贴标语，肆发宣言，为种种无谓之反对，殊非始料所及（中略）。本部自督促工程以来，只知以地方之财，供地方之用，劳怨既不敢辞，艰危亦无所避。拆庙之议既定，断不因反对而中止云云。闻思明党务指导委员会，对此案不日派员调查，再行办理云。[②]

众善信岂能罢休，"保庙会"因此而起。1928 年 12 月 31 日，司令部与"保庙"人士对话公堂。林国赓一上来便大吐苦水。

（林国赓）略谓：此次本部欲拍卖各处庙产，实有不得已之苦衷，而各保保民加以热烈反对，亦似有误会之处。因本部仅提及拍卖庙产，系欲充路政处收买民屋经费。对于筹作种种慈善机关，及地方上不可或缺之场所建设费未曾提及，以致引起各保人民之集会。今者请诸君聚此者，则为讨论数事是否确为当今急务。此数者何？（一）各保自治会消防队之场所，应否建设；（二）马路以外之市区，应否整理；（三）公厕应否设置；（四）教育补助费，应否筹划；（五）警察各区所，应否建设；（六）中山医院建筑费，应否筹措，以资补助；（七）党部办公场

---

① 《大同、中山、靖山三路工程进行讯》，《南洋商报》1928 年 3 月 20 日。
② 《司令部拆庙之决心》，《南洋商报》1929 年 1 月 21 日。

所，应否筹款建设。以上数事，如大家认为必要，则本部亦不再擅自拍卖庙产，官民合作，共同组一清理庙产委员会，专司此事可也云云。经会众讨论良久，结果将第二题暂时按下，第七题并于第六题中，成为五题。并决由各保联合会、卫生会、总商会、教育会、司令部、县党部、公安局、卫生办事处、县政府，各团体，各派一代表，组织清理庙产委员会。第一次筹备会，定于 1 月 4 日下午 2 时，在司令部开会。[①]

1928 年以降，一场轰轰烈烈的"拆庙毁神"运动，在神州大地掀起，社会因此而遭撕裂。有鉴及此，内政部慌忙谕令节制进行。"根据国府命令，与历史上有关，或为古迹之神庙，相当存留。顷闻政界中人云，厦门当局对毁除神庙一事，已取缓进，将来必加相当之保存云"[②]。厦市拆庙风潮，因此趋于无形。

变卖庙产，本只是临时应变之策。市政建设的运转，主要还是靠卖地。将拆屋拓地后平整出的地块转售私人，由此换得建设费；然后再购新地拆旧屋，整成平地再售与私人建屋。如此拆了卖、卖了拆、再拆再卖。马路由此而出，楼屋由此而起。

然而，世界性的经济疲软，直接打击了居民的购买力，卖地日益困难起来。

中山路，以已经造就首段，且盖路面。此后仍再继续由薤菜河至岛美之直线而已。其所经过各处至民房，亦经一律拆卸清楚，则此后工程进行，可以无阻，所需者在于经济。然以全线两旁人行路，多未出卖，预计全线人行路，出卖收入地价，可得 20 余万元。以全路包工建筑，合计工料，亦只 10 万元左右。加以收买民房之地价，总数数十万。相抵不敷虽大，但以收买款项，均已预先筹垫。现下所需，只在建筑费。若以人行路出卖，以充此项用途，绰有余裕。故中山路之工程，亟宜急切赶筑，则人行路方得出售。是以责令工程科，专心督促，以免延误。而于首段，自中华路至思明北路，则因路中尚缺两处之路面，不能通车，致使交通中阻。亦为出卖余地大阻力。故该处决定三月内赶速筑就该线路面，藉便抬售余地，以利收入，而便进行。准予 4 月实行通车。而下段即限于本年 10 月内完成之。[③]

① 《官民合组清理庙产委员会》，《南洋商报》1929 年 1 月 26 日。

② 《毁除神庙问题厦门当局已取缓进》，《南洋商报》1929 年 4 月 4 日。

③ 《周醒南积极整理路政——各干线一律着手》，《南洋商报》1929 年 4 月 13 日。

中山路预期的完工日期，一变再变。除经费困扰外，尚有其他原因。

中山路原订本年 8 月完成，但近日乃不见工人工作。此种原因有二：（一）堤岸未完成前，经过路线之太古栈不能拆及；（二）欲将帆礁一带之地填成，建造货仓，须有若干沙土。中山路沙土颇多，移弃于海，殊为可惜。俟堤岸完成之后，则将以轻便车移其沙土，往填帆礁海滩。①

中山路处于凤凰山余脉，由高地掘成平原，单是挖土，就是一项大工程，不但耗时耗工，而且危险重重。1930 年 5 月 17 日，路南边高崖突然坍塌，三名作业工人走避不及，被压埋于土中。掘出后，一人受伤严重，二人已丧失生命体征。崖上屋舍，所幸屋主闪避在先，才免与土工同登枉死城。

中华、中山二路，路面以水泥铺设。周醒南惜物，提前对路面采取保护措施。

自厦市马路筑成两三处后，一般运送粗重物品及米面等货，均用木轮车装载，而以牛只负拖，工资较廉，且亦便捷。因是故置车备租者，纷纷向公安局暨路政办事处请求立案，发照营业。惟所置之车，均系木轮包铁，一经重载碾压，则路面伤坏，势所难避。前此周醒南会办，以中山、中华二路，乃用洋灰铺造，将来修筑需款较巨，爰拟禁令该车通过。并函公安局，对于此项车辆请照俱行拒绝。近商人颜某适具呈领取斯照，随奉批饬，将车辆改配树胶，方准照发。是取缔木质包铁车辆，将见实行云。②

数月后，公安局又出令，强制要求市区内行走的牛车，"限在 4 月底，应一律改换橡皮轮"。牛车工友群起反对，反对的第一条理由是，"牛车所载货物本系粗重，若改用橡皮轮，则不能胜任其重，必被压破。若遇泥泞则更非一牛之力所能挽"。③ 路政处就此提议，"由该处设胶轮之模范车数架，先试行之。是否禁用铁轮，将视该模范车试行如何，再行解决"。④"模范车"的示范性实验，仍遭牛车工拒绝。其理由又称，"路政整新伊

---

① 《堤工与路政最近之进行观》，《南洋商报》1929 年 11 月 8 日。

② 《牛车应用胶轮，否则不准给照》，《南洋商报》1928 年 12 月 17 日。

③ 《牛车改用橡皮轮之反响》，《南洋商报》1929 年 5 月 28 日。

④ 《牛车改用胶轮，先制数辆试用，如何再行解决》，《南洋商报》1929 年 7 月 8 日。

始，建设方萌芽，羊肠小道路，到处皆是"，其时当局允许牛车通行。故"百数十工友，典衣质裳，卖子变业，备牛购车，为农商中枢，代他运输。所得微利，藉以赡家。是农工商相依为命"，然而"未及两年，公安局决意取缔，无异投诸工友于水深火热之中，财本无归，妻子嗷嗷"，因而请当局"收回成命，暂准牛车保存"。①

现代化的马路，毕竟不是为牛马而设。在百般抗争无果之后，牛车工人只能请将"工友所购置牛车价值万余元"，由当局"设法照价收买"。②

城区牛车，昙花一现。腾出的运营空间，迅即被货车运输所填补。

> 厦门市牛车自公安局取缔后，该商帮叠向官厅请愿，经再展限至旧历十月止。前有黄寿鹏等四人，因此出而组织厦禾运输汽车公司，集资二万元，拟购货车十辆，输运厦禾货件。该公司内现已组织就绪，公推杨文乙为经理，其货车已由沪采购到厦，呈请公安局派员考试司机，及检验车辆，并发给车照。闻一俟牛车停行时，即开始营业云云。③

虽然竣工的时间一易再易，中山路到底还是修筑完成，并不负众望地成为厦门的长久亮点。

> 厦门市街之建设，最可代表其都市精神者，其惟中山路。盖中山路之楼屋，普通皆4层以上，有高至6层、7层者。建筑物之伟大、路线之直耸、路势之平坦、路面之广阔，故得为厦门仅有，故中山路有厦模范路之称。至商店，除书局、报馆、药局、旅社外，以银行、钱庄尤最多……中外人士游厦者，亦必以中山路为首经之途，足见中山路在厦门之重要地位矣。④

---

① 《牛车工会呈请指委》，《南洋商报》1929年12月16日。

② 《"公安局视人类不若兽"》，《南洋商报》1929年8月30日。

③ 《牛车淘汰后之厦禾运输，大批运货汽车业已到厦》，《南洋商报》1929年12月11日。

④ 薛景贤编：《最新厦门快览》，南新印书局1935年版，第11页。

后海墘和思明北路

今日的后海墘，只是一条与大同路并行的背街小巷。百年前，此地却是篔簹港边蜿蜒的海岸，隔着烟波与浮屿岛相望。

1921 年，厦门的市政建设，让后海墘的知名度猛然飙升。

厦门马路之建筑，其第一段自提督路头至后海墘，工程将次告竣。第二段马路，自后海墘至龙船河路线，亦已测量完竣，由市政局工程处招人投标包工。5 月 31 号，开瓯揭晓，系由广东人某承包建筑，工资及材料各项费用，共计 7 万余元，限 5 个月竣工，保固 10 年。现承包之广东人，正回粤采办各种材料及雇倩工匠。旧历端午节后，即可来厦着手兴工。[1]

第一段马路，即今之开元路；第二段马路，则是今日厦禾路从浮屿到豆仔尾的一段。1924 年第二段路成，当局又计划"继续向东建筑马路，至距厦门十五里之禾山"，同时在篔簹港边岸"再筑长堤，以障海水。用沙土填之，翻新市场"。[2] 填出的滩地，堤内的叫"内海滩"或"后海滩"，堤外的则叫"外海滩"。新形成的陆地，也就是后来的"浮屿角"。

填海造地是项大工程，大工程有大利益，大利益有大黑幕。

吾厦市政久无成绩，其中黑幕重重，利用社会机关，为私家网利工具。故历年至今，无好效果。如后海滩之筑路，当蔡（秋涛）前局长时包过昂，其中有无舞弊，局外人固不得而知。但其时有一称为工头之蔡某，到局包办该地筑工，一方丈浮包工费为 33 元 5 角，为数如此巨大，故人咸疑蔡局长中饱过半，延宕耗财，毫无成绩。[3]

---

① 《厦门马路建筑近讯》，《申报》1921 年 6 月 13 日。
② 蜀生：《厦门市政积极进行》，《申报》1926 年 2 月 3 日。
③ 《厦门政市会之近闻（二）》，《南洋商报》1925 年 9 月 22 日。

在一片质疑声中，市政会重新召集工头议价，包工费每丈改定 16 元 5 角。其实，工程造价高昂，除人为因素外，也有客观因素，即填海材料成本太巨。填筑外海滩，所用沙土取自箕笃港北岸的崩坪尾，这还算方便；而内海滩，若要从崩坪尾或是厦港取沙，一则厦港积沙，经多年工程取用所剩无多；二则运沙船无法直达内海滩，再经人手将费用巨大，而且工程缓慢。工程师王世箴建议"设法山地取土"。

> 查豆仔尾附近水鸡腿山一带，多系荒山，土质皆为白硒，以之填地，不亚于砂。惟该山系公山，中多坟地，必先为筹划妥善，以免引起各方反对。就实测该山地形，填内海滩全段，不过用地长宽合 850 呎，所余山地尚多。可另选一仓山地，围墙立界，将取土山地坟墓，妥为迁葬，排列成序，作为厦岛公共坟山。不但不至白骨暴露，亦且壮观瞻。所有山地，既可供填滩取土之用，而削成平地附近马路，可供设立工厂之用。于滩工费，比较用砂既可省三分之一，一举而数善备。倘本此进行，成功可拭目可待也。①

此策一举多利，既能省时省工，更能省费。据王氏测算，如此取土可省经费 41 万余元。正为经费短绌而愁肠百结的市政当局，闻后大喜。消息外传，立有反对者奋起。

> 该地坟墓多兜仔头、后保乡人祖遗，均不愿迁徙。且有以此山为两乡之风水，破之将取殃者。27 日墓地之主权者，假座厦门韩宅开会，到林瑞泉、韩福海、陈玉琮等六七十人，议决组"保存兜仔尾水鸡腿附近坟山公民团"，反对迁坟取土。其所持理由，则以该地非马路线所经过之区域，无迁坟之必要。以照市政章程收用各地，限于马路线内。且市政会之所谓迁坟，不啻毁坟，无端祸及枯骨，尤难默视。现公民团已拟具理由书，请市政会撤销此案，并定今日向各机关请愿矣。②

抵制运动，势头汹汹。市政会不能不慎重行事，乃派员实地勘查，以定取舍。

---

① 《填筑厦门内海滩计划》，《民国日报》1926 年 6 月 20 日。原文中记"用地长宽合 85 呎"，当误。依 1926 年 7 月 4 日《申报》之《厦门市政积极进行》文所记"用山地长宽各 850 呎即足用"更动。

② 蜀声：《厦门市政积极进行》，《申报》1926 年 7 月 4 日。

昨该会推举会董五人，即周墨史、余少文、李寿禧、吕天宝、林启成等为审查员，到地查察。闻该审查员中之意见，如周李余三人，以该三山坟墓鳞叠，以其所竖应掘之界标，范围甚广，且属民有之坟山居多，如果实行取掘该山之土，必引起种种之纠纷。而吕林二人，则以取该山之土，填筑海滩，若掘其坟墓，每小坟可偿银 2 大元，大则偿银 4 元，较向厦港载运沙土，可减省 8 万元。二方均有益，何必保此无用之枯骨为？因各具审查之意见书，呈于该会，不悉市会将何所适从耶。①

此时的市政会还没有军方的强硬背景，扛不住"保坟团"的反对，只能另寻他途。外海滩的填筑，"运载厦港玉沙坡沙料"；而内海滩填筑，则"择采取城垣旧塗（土）及收罗各处垃圾"。其时"雨伞王、公正门诸城塗，已被掘作填（甕菜）河"，故只能"另向东门方面掘载"。②

填筑内外海滩，"工程极大，非巨资不办。市政会乃预卖此尚未填成之海滩地段，为填地经费。投资者极为踊跃"③。市政会造地换钱，投资者花钱换地，两厢情愿，各得其宜。然而，钱交了，地久久未得。业主们很不乐意，遂各向市政会交涉。市政会一一应允限期交地，到期却仍一再展缓。业主们"咸谓市政会不顾信用，冀图吞没，非组织团体与之严重交涉不可"。众均赞成，于是成立"市政业主团"，以业主名义向市政会交涉。④

"业主团"都是见过大场面的人，从市政会取来工程图，仔细揣摩，到底研究出问题来。

（业主）皆谓市政会前送交本团之填筑图，其中不妥处甚多，实有不能承认者。如前之填地，每 7 方尺打桑桐（松木）地基木 20 支，尚有崩裂之虞，今新绘图式，每 8 尺方亦仅打地基木 10 支，基础之不固如是，将来发生危险，实有不堪设想者。不独此也。新绘填筑图式，对于洋灰一项，仅限 1 尺，在本团之意，似非 3 尺，不能坚固云云。最后议决，自行另绘填筑图式，向市政会提出要求。其所要求者：一、洋灰须由 1 尺增至 3 尺；二、每 8 尺方打桑桐地基木 20 支。认为最大之危险，每丈方非打 40 支不可。议决后，立行绘图，转送市政会，请其查阅履行，以杜将来之危险。⑤

① 《市政会派员查察坟地》，《南洋商报》1926 年 7 月 24 日。
② 《浮屿角海滩内外同时并填》，《南洋商报》1926 年 11 月 9 日。
③ 蜀生《厦门市政积极进行》，《申报》1926 年 2 月 3 日。
④ 《厦门政市会之近闻（三）》，《南洋商报》1925 年 9 月 23 日。
⑤ 《纷纠中之业主团索地潮》，《南洋商报》1925 年 10 月 28 日。

业主们的较真，很让市政会恼火，称"值此秋潮高涨，若填筑数千方丈之地，为时既久，需费又繁"，而业主又不肯体谅，"索讨孔迫"，故拟将之前"所给执照追回"，所缴的地价，"无论其地之大小、其款之多少，一律按成数分期拟还"云云。[①]

业主团不肯，斥"市会之不顾全信用，而更作此项儿戏之行为"。在一片反对声中，旧年将尽，新年又届。业主团的债主们，再作索债之举。

市政业主团向市会重翻索地潮，市会为缓和计，限3日内答复，切实交地期事。顷查市会果于昨派员向该地疏通，议定新历3月间交地，业主团对此不肯答允。盖以其屡限无凭。自去年6月延缓迄今，既见信用已失，因之表示拒绝。旋经一再婉商，乃提出要求，1丈之间，须添筑5尺地基，基下又须打若干揶桑桐地基木，以免他日崩塌之虞。市会急于进行，不欲该团之纠缠，遂逐一承诺，索地潮因以和缓。于21日，业主团派员赴浮屿角，观察外海滩崩之地，有无兴工，重新填筑。至则市会虽履行条约，兴工重新填筑，但点数工人仅9人耳。以1千余丈堤岸，而以9人筑作，三月间恐不能完竣，因此深不满意。已拟再提出严重交涉。[②]

工程半死不活，市政会也很无奈。

市政会经济，本甚困难，故对于修筑崩坏堤岸之举，不能早日进行。此帮之能雇工修筑者，查乃外海滩一带新填之地，计2000余方丈。售出者，不及半数，余均乏客过问。乃举以向某银行东黄某，押借4万元为修筑费。但以4万元，而仅雇9工人，无怪业主团又藉口交涉云。[③]

直到1927年海军执掌厦门市政，内外海滩的修筑才注入新的活力。新组建的市政当局，决定"赶筑思明路，使可通行各街，而成就十字形之大马路"。[④] 还未正式获名的思明北路，在规划中被称"思明路"的"河后线"（薤菜河通后海墕）或"浮河线"（浮屿通薤菜河）。

思明路"河后线"的建设，是一系统工程。既要海滩填筑，又要马路铺

---

① 《纷纠中之业主团索地潮》，《南洋商报》1925年10月28日。
② 《市政会和缓业主索地潮》，《南洋商报》1926年2月10日。
③ 《市政会和缓业主索地潮》，《南洋商报》1926年2月10日。
④ 《市政进行中之各路工程》，《南洋商报》1927年8月30日。

设，还有沟渠修筑……工程需要重新招标投标，又引起鼓屿一班大商贾的兴趣。大佬们组织"健行社"，就招商投标中"承办内海滩填土及建筑沟渠马路"之事，向市政会递交意见书。毕竟是见过世面的人，"健行社"意见多有可圈可点之处。诸如，投标必须有充分的准备时间；开工及完工的日期，必须指定；承办者对所作工程，必须有质量"担保期"，用海沙、海土或山土填塞海滩者，必须有三个月或一年以上的"担保期"，如用"水管吸海泥等"填塞者，"须相当期间俾其坐实，须有六个月之担保"。此外，又如工程面积的计算标准，工程款发放的时间和数目，工程机械的使用规定等等，都有自家的看法。① 这在百年前的厦门，无疑是一种进步。

1927 年末，传来消息。

> 浮屿之内海滩，亦经以轻便车运涂填筑，现亦将次平铺。故特赶填市内各段路面，以便盖筑洋灰沙石。闻决就此 12 月半完成，其路面再以压泥车碾压路面，而就此 12 月杪竣工，以便通车，而利交通。至于两边店屋，现亦经逐渐动工。想明年 6 月，必成为一繁盛之市区矣。②

"河后线"地上地下工程的全部完结，已经是 1928 年 6 月 18 日。完成的道路，最后定名"思明北路"。外海滩新区和内海滩新区，也于其后数年陆续建成：

> 外海滩新区，新拓面积 72222.2 平方米，竣工日期 1930 年。
> 内海滩新区，新拓面积 100951 平方米，竣工日期 1931 年。③

旧日的滩涂海地从此消失，继之以浮屿角和思明北路的繁华与喧嚣。

---

① 《健社同人对市政会陈述意见》，《南洋商报》1927 年 11 月 28 日。
② 《市政督办赶筑港河路》，《南洋商报》1927 年 12 月 17 日。
③ 《〈厦门城市建设志〉资料汇编》第 22 期，1989 年油印本。

民国路和思明东路 ▌

厦门古城有城门四座，"东曰'启明'，西曰'怀音'，南曰'洽德'，北曰'潢枢'"。①西门"怀音"之名，典出《诗经》中《桧风·匪风》的"谁将西归，怀之好音"。

西门虽只是边门，地位逊南门许多，但门内门外，名声赫赫者不少。诸如：地者，有"鳌岗"；庙者，有"朝天宫"；祠者，有"林孝女祠"；亭者，有"观音亭"；坟者，有"傅厝墓"；池者，有"月眉池"；井者，有"四空井"……即便是西门内一座小小的"西庵宫"，也名声不凡。

清时城内西庵宫即长寿庵，祀华山老祖。每降乩作诗，诗笔超脱不凡，非人所能及。又与王阳城、李浮槎、林云鹤诸仙侣乩示药方救世间。有富户捐助金钱，累月积年，约有一二万银左右。遂举董事建业生息，周恤贫寒孤儿寡妇家，取其名曰"集省堂"。每月每户给钱或一千文，或八百文，或六百文不等，报明住址，到处分发，领此项者将近百户。后因董其事者暧昧侵吞，租税逃脱，为兴泉永道吴公世荣所闻，将集省堂业产合并入育婴、恤无告两堂名曰"三堂"，尚留一二间店屋为仙祖寿诞香资之用。②

王步蟾有诗咏之：

西庵宫里惯扶鸾，竞说希夷此降坛。
高卧华山醒也未，嫁名何苦托陈抟。
[注] 西庵宫在西城内，有扶鸾者集焉。③

---

① 道光《厦门志》卷2"分域略"，鹭江出版社1996年版，第35页。

② 《民国〈厦门市志〉余稿》卷4"建置志"，鹭江出版社2021年版，第69页。

③ 王步蟾：《鹭门杂咏》；《小兰雪亭诗集》卷2，"同文书库·厦门文献系列"第一辑（1），厦门大学出版社2016年版，第61页。

庙前街路，也因宫庙而得名"西庵宫街"。

民国 14 年（1925）时候，厦门刚完成两段现代意义马路的建设。一段由提督路头达于浮屿，名开元路，一段由浮屿达于豆仔尾，为厦禾路的中段。主持城市改造的厦门市政会，又谋思着第三段马路的开挖。

第三段的马路，计划以怀音门为中点，一头达于蘸菜河，一头达于海军警备司令部（旧水师提督署）。道路暂名"城河线"，即由城内至蘸菜河。

1926 年 1 月 25 日，市政会召开招投标会，有四项工程投标：甲种工程，"由司令部至西门马路面及沟渠"；乙种工程，"由西门口至蘸菜河马路面及沟渠"；丙种工程，"填筑蘸菜河土方及护墙石"；丁种工程，"建筑蘸菜河路面及沟渠"①。中标结果，让人大跌眼镜，"中标者之价与未中标之价，相差甚多"。特别是乙种工程，投标者"大多数在 16000 余元，而协瑞则标得 10490 余元"。故开标之时，"在场各工甚为诧异，谓其标价似尚不够购料，更无论工价"。②

中标的三家公司，均外地公司。③ 协瑞公司"乃汕潮工人，此次承投马路工程，系以集合多数人公同负责，盈余则公摊其利，亏本则共同负担。其工作纯由合股，各工协力赶造，故其工价较本地为低"。而建业公司"亦属温州工所合组承包，盈亏与共，故得中标"。④

工程即将上马，各方阻碍纷至。先有西门内商店，以年关将届为由，要求延缓拆卸。继而，又有传言海军总司令杨树庄不许拆除司令部围墙及旗杆，商户们欲跟风效仿。司令部参谋长林国赓，只能以身作则，宣布于旧历年关内，"先将司令部照墙及司令部口两边旗杆座折卸毁除"，使"马路线内各民有房屋有所瞻循"，"照墙、旗座拆卸后，各民房如再玩延，则以有心破坏路政论"，除派人强行拆卸外，并以"有心阻碍市政之发展"而加以惩处。⑤

开春后，动迁工作正式开始，却不顺利。

市政自开工后，对于城河一线马路，已着手进行。日来此司令部口通傅厝墓之马路路线内，各店屋尚未搬清，以致工程进行被阻。而外间遂有种种谣言，谓工人日前掘司令部口照墙旗座，细煞冲毙二人，以致工程固之停滞等词。近者市会以市民居多顽抗不拆，若不严格取缔，殊难收效，乃咨市政督办署，请其严予督饬。督办署因转请当局，派遣军

① 《厦门改良市政之进行》，《民国日报》1926 年 2 月 17 日。
② 《市政会筹办市政新消息》，《南洋商报》1926 年 2 月 25 日。
③ 《市政会筹办市政新消息》，《南洋商报》1926 年 2 月 25 日。
④ 《市政会筹办市政新消息》，《南洋商报》1926 年 2 月 25 日。
⑤ 《厦门改良市政之进行》，《民国日报》1926 年 2 月 17 日。

队押搬。日来督署特先派员四出催赶，如因时期迟早数日者，则曲加优容；其属恃强盘据者，则令军队押赶。故城河一线之店屋住户，至缓在此上半月必能赶清，而工程亦可积极进行也。①

城外傅厝墓，也有"同善社"生事。同善社认为，"市政新拆马路，初原定趋近左边，因路线碍及市会董事杨某，最后乃改异路线，趋近右边，致须伤及同善社"，因此要对"此种不公办法"，作"誓死反对"。同善社联手神州医药公会，"要求市政会于拆马路之后，另拨一相当地段，交换同善社及神州医药学会之旧址，方肯任其拆卸，否必严重交涉"。② 同善会本是一弱小民间团体，市政会原拟对其采取"不理主义"。但抗议得紧了，也只能出而解决。此事"经某会董向该两会社作婉转之疏通，谓路线已定，确难变更，在此各方面交涉百出之时，劝其勿作火上添薪，有碍市政进行，至时有相当之优待法云云。同善社与医学公会对此，亦认为满意，交涉之声，已无形销灭"。③

真正的阻碍，来自"籍民"及为之撑腰的外国领馆。

最近市政会又决定建筑城内由警备司令部前经西门至薤菜河之马路。已测定路线，于（1月）24日招工投标承筑。沿线民房，其应拆让者，中多隶籍台湾之日本籍民，乞援于日领。日领乃向交涉署出抗议，凡马路经过线中之日本籍民民屋业，应由日领派员会同市政局到地测勘后，再行议价收买，地价须得售主之同意，不得以市政局自定之价强买。④

西庵宫街28号籍民庄焰山，拒绝拆屋。市政会只能先行拆除其邻屋房墙。庄氏以公墙遭拆、自家受损为由，投诉日领。日领接报，连续向中方书面抗议，要求市政当局，"对屡次不当行为，必须表示谢罪，以及保障将来"，并"应有相当之赔偿"云云。⑤

市政督办公署，理直气壮地拒绝"谢罪"要求：

……此种执行，既属适法，安有谢罪之可言？至保障拆卸家屋之权利，载在本会章程，对于日籍与本国市民及他国籍民，一律待遇，日本

① 《厦门进行市政》，《民国日报》1926年3月22日。
② 《市政会筹办市政新消息》，《南洋商报》1926年2月25日。
③ 《厦门市政进行之波折》，《民国日报》1926年4月5日。
④ 蜀生：《厦门市政积极进行》，《申报》1926年2月3日。
⑤ 蜀生：《厦门市政进行引起日领抗议》，《申报》1926年4月4日。

领事自不能为过分之要求。至应否赔偿依章办理，本会万不能为日本籍民开一特别例。①

市政与海军当局，好容易请来政界达人林知渊做"公亲"。经林氏极力疏通，日领总算愿意有条件地让步。但是情况转好的真实内因，还是赵公元帅起作用：

> 如此交涉，耗时数月。拆迁工程，也停顿数月。同时间抗拆的，还有"米升巷日本籍民汪子成门牌58号、59号、60号，与霞溪仔街周永亭门牌73号等厝屋，均在收买之列，迄未缴契，无从给价；又西庵宫门牌34号（即台湾公会）延不拆卸；又薤菜河洲仔郑有利、陈镜山等，混占桂洲寺等"。②

市政与海军当局，好容易请来政界达人林知渊做"公亲"。经林氏极力疏通，事情总算出现转机，日领愿意，有条件让步。但是情况转好的真实内因，还是赵公元帅起作用。

> 城内透薤菜河之马路工程，自去年月半因进行阻碍，全部停止工作。后仅有三四工人击打碎石，备用铺面材料。薤菜河之沟道，亦并告停歇。嗣闻由林知渊知事居间调停，以陈培琨个人名义负担，捐助旭瀛书院慈善校费600元，现已解决。该会外围墙，亦从去年30号开始拆卸。其庄焰山厝屋，则陈某以利益关系，出资千三百元，托人收买，可作结束论。③

6月16日，市政会重启拆卸模式。

> 是（16）日午后，特由工程课各人员，引军警十数名、工人十名，到西城口将卢林两姓对向后进拆卸。嗣卢请限期自拆。同善社已得报告，随开紧急临时会，讨论应付。旋举刘某代表迎到队前声明，愿具结尽20号内自拆。而军警方针始转射于傅厝墓林宅，并月眉池口甲乙楼舍。惟林宅小屋拆讫，正向楼舍动手，而具结请拆之请且来，工程课已许所限。

① 蜀声：《厦门市政会为拆屋事驳复日领》，《申报》1926年4月4日。
② 蜀声：《厦门市政会为拆屋事驳复日领》，《申报》1926年4月4日。
③ 《市会拆路工程之波折》，《南洋商报》1926年6月30日。

现日将落山，即散队分袂而归。订 17 日继续进行。[①]

强拆开始，反响随之而来。西门口的台湾籍民卢某、法国籍民林某，被拆后各投诉自家的领事馆。新一轮的交涉，又在开始……

1927 年 7 月，原定 6 个月工期的城河线全线终于完工。全线由民国路（今新华路）和思明东路组成。

民国路：自司令部口至西门口，原名西庵宫街。长度，790 呎；马路宽度，36 呎；两旁人行路各 8 呎。……开工日期：（民）15 年 4 月 3 日；完工日期：（民）16 年 9 月 7 日。该路工程费 5842.27 元，收用地价 100023 元。该路两旁各铺户每丈阔路面费收款 60 元。该路收支比较，应垫 500 余元。

思明东路：由薅菜河之东经霞溪仔街出月眉池、傅厝墓至西门口，名曰思明东路。长度，1250 呎；马路宽度，36 呎；两旁人行路各 8 呎。……开工时间：（民）15 年 5 月 3 日；完工时间：（民）16 年 9 月 7 日。该路工程费 10323.08 元，收用地价 37745.32 元。该路两旁各铺户每丈阔路面费收款 60 元。该路收支比较，应垫 13000 元。[②]

此时的民国路，完成的还只是西段工程。东段的路面，则于 1932 年竣工，其“长 633 米，宽 10.6 米”。[③]

---

① 《市政会强制拆屋》，《南洋商报》1926 年 7 月 26 日。
② 周贤育：《厦市工程概况》，1929 年 5 月。
③ 《厦门市政志》，厦门大学出版社 1991 年版，第 58 页。

蕹菜河和思明路

厦门古城外的蕹菜河，本该是充满浪漫和乡愁的地方。前人有诗咏曰：

方塘数亩绿交加，曲曲环村两岸斜。
碧涨雨添三尺水，缤纷藻采溢人家。①

冰冷的现实却把好端端的水体，变成蔬菜的种植场和垃圾的堆积地。"河中的蕹菜又肥又嫩，然而那些蕹菜却是由垃圾、胎衣、弃婴……培植出来的，蕹菜河真可以说是藏污纳垢的渊薮"。② 在人类的糟践下，蕹菜河俨然就是蚊蝇的欢乐园、疾疫的孵化所。前人又有诗道：

［序］蕹菜河一带聚蚊成市。
亦能破梦亦哦诗，傍晚偏向市哄时。
居肆功能成利器，针针见血逞神奇。③

20 世纪兴起的厦门市政改造，总算给蕹菜河带来了别样的生机。

1925 年末，市政当局计划从古城内到蕹菜河，修筑一条"城河"马路，也就是后来的民国路（新华路）西段和思明东路。工程包括"填筑蕹菜河土方及护墙石"和"建筑蕹菜河路面及沟渠"两项内容。④

1926 年 2 月，城河线拆卸工程启动。市政当局以米升巷地价最先估价完毕，因此通知米升巷各业户，限三日内到市政督办公署领取拆迁款并缴交房契，如若"三日内仍不到会缴契者，即派由工程部工人到地折卸，然后促其

---

① 萧宝莱：《鹭江竹枝词·蕹菜河》，刘瑞光校注：《厦门竹枝词辑注》，厦门大学出版社 2023 年版，第 15 页。

② 卲庆恩：《厦门的道路》，《江声报》1947 年 11 月 11 日。

③ 萧宝莱：《鹭江竹枝词·蚊市》，刘瑞光校注：《厦门竹枝词辑注》，厦门大学出版社 2023 年版，第 7 页。

④ 《厦门改良市政之进行》，《民国日报》1926 年 2 月 17 日。

缴契"。①

米升巷的拆卸，首先遭到思明义务小学的持续抵制。

思明义务学校，为侨办学校。民国 8 年（1919）时，校董周幼梅出洋募捐，得泗水侨商李双辉等大力赞同，集得巨款，遂"就米升巷购地建筑校舍，又于灰窑角添置分校"。学校以接纳苦力人家子弟为办学号召，"生数不下 400 余名"。讵料"校舍告成，正适举办市政，而校之左旁，竟划为路线"，于是教室骤减，只能在校内临时搭建数椽小屋，以维持教学。1927 年时，市政会再次知会校方，谓学校围墙还须拆卸，并"派出兵队多名，强将校园围墙折卸三面，及毁厨所，扬言尚须折毁课室"。② 校方游行请愿，并借学生之口向社会呼吁：

> 生等以家况所困，几至失学，今幸有人捐资舍地，创立义校，俾生等不费，得以享受相当教育，则生等视义校，不啻为第二生命，固也。今市会诸公，不惟不谋拥护，反竟藉势摧残，必令生等荒时废学而后已。诚不知诸公是何等居心耳。且市会占该校产，既非路线必经，又非公共必要，系以出售得价者。但在会诸公，多属富商大贾，如谓公共缺乏，则筹垫何难。且系分内事，乃不此之图，而出以掠夺卖钱，藉供公用，已属下策，况所欲夺者，又系贫户子弟，资为教育之校产乎。夫堂堂之市会，号为民众谋利益，而其行为，乃类于豪取巧夺，又何怪乎口碑载道哉。③

掌教的终究抗不过掌权的，最后移校址于思明东路。抗战胜利后，学校复建，改名为私立思明小学。

拆房建路最大的争端，还是来自荷兰籍民王朝栋的物业。王家父子皆已故去，留有王谢氏与王赵氏婆媳二人。

> 市政会与荷籍妇王谢氏，争薤菜河事，日来双方似已各走极端。盖王谢氏所持理由，以薤菜河属彼私有物业，如路线经过，应用马路之外，余应归其收回，乃市政会竟欲完全没收。（王谢氏）决积极交涉，除聘某律师为顾问之外，并向荷兰特派员请求向海军当道交涉。查王谢氏既

---

① 《厦门改良市政之进行》，《民国日报》1926 年 2 月 17 日。

② 《思明义务学校全体学生对于市政会侵占校地之宣言》，《南洋商报》1927 年 5 月 10 日。

③ 《思明义务学校全体学生对于市政会侵占校地之宣言》，《南洋商报》1927 年 5 月 10 日。

富于资，背后又有杨某为助，声势自是不弱。但市政会方面，态度亦不屈。①

事情经过一番折腾，双方终于愿意各自让步：

> 市政会建筑马路难关重叠，关于荷兰籍妇交涉薤菜河一事，近日经某大腹贾出而斡旋，双方交涉已趋和缓。26（日）午有解决消息，其条件乃薤菜河由市政会收用，于开马路之外所余之地招人承买，留出一段（方丈之数未详）由市政会代为备资建筑楼屋几间反赠王谢氏，为薤菜河之交换条件。双方对此均表示满意。故薤菜河波折已不成问题。②

婆婆王谢氏虽已搞定，却又杀出个媳妇王赵氏。

> 昨市政会决于旧历年底，兴工折筑马路，竟欲先填薤菜河入手。赵氏为积极交涉计，已聘律师李某，决向法律解决。市会方面，则根据王谢氏承认条件，为有效力，已催迫包工人于此二星期内兴工填筑薤菜河。③

等王家事尘埃落定，又苦了周边的商家店户。

> 据最近消息，市政会已与王谢氏议妥，以薤菜河及沿岸归之市政会，为建马路之用。而以附近之田地河业归王谢氏管业。议定后，市政督办署于旧历岁杪已通知附河之木柴厂从速移徙。各木商以营业与地点及运输关系，多不愿放弃其原有厂地，群请保存于王谢氏。王谢氏乃再请督办署为酌留河地二三成。市政会以阻碍马路工程，未允其请。④

此次市政当局拆建马路，不从两头开始，却拦腰先从中部的薤菜河填筑着手。这让拆迁户们愈加混乱。

> 廿五号，市政会派遣叶六舍、邹霁霖之侄某，带同军队人等，到薤菜河沿岸店屋，勒限年终以内，一齐折卸，以利进行。否则决召军队着

---

① 《薤菜河争潮将扩大》，《南洋商报》1926 年 2 月 19 日。
② 《市政会折路阻障将解决》，《南洋商报》1926 年 2 月 23 日。
③ 《市政会筹办市政新消息》，《南洋商报》1926 年 2 月 25 日。
④ 蜀生：《厦门市政之进行》，《申报》1926 年 3 月 2 日。

匠代为折卸。查沿河店，尽为王家产业，诸店纷纷向代向市政求宽限。大意谓年关将至，生理来往，清结甚忙，且无便居可搬，理须展限云。就中有豆油店，内有咸缸酱瓮数百件，一时无处搬移，尤为焦灼，坐卧不安。[1]

薤菜河西北角，原来"中浮小洲，曰桂洲"。[2] 洲上有寺，名桂洲寺，俗称洲仔寺。涉外争端，再次而起。

薤菜河中有洲仔寺，其为地方公有物业，合厦皆知。闽军守厦时，因官产处将拟变卖，而久住该寺之某甲，竟伪造契卷，私受台籍郑有利。故此次马路建筑，该寺应拆，有利特出交涉赔偿。经市政会据理力争，延未遵拆。兹工程已将及寺，市会得包工匠之催，乃于29号函请林参谋长饬派军警百名，各带武装，先就附近交通阻截，方另由军队一排，督匠赶拆。不逾刻，成一瓦砾场矣。市民闻者，咸相称快。而郑氏见该兵工不分皂白，到地后即施行拆卸，知难阻挠，径向领署报告，并请出头交涉。日领得报后，即日亲至市政会，向督办交涉。陈督办以曲在彼，不向质问，实已留余地，今日领反为袒庇籍民前来交涉，是蔑弃公理，阻碍市政，因特严词抗议。日领自29午10时许，至午12时许，始行退出。而交涉均不得要领也。闻陈督办及市会诸会董，均主张坚持收回之议，无论如何必贯彻主旨。设日领有欲偏护其籍民，而置公理于不顾者，或有不幸出于国际交涉者，亦必将所经过各情宣告于市民，以便求决于市民者，或将为市民大会之召集，亦未可知也。[3]

解决了房屋拆卸，又有工程问题出现。由于工程中标价过低，偷工减料事因此发生。

薤菜河第四段之马路，系某公司包筑，其一带6尺之暗渠，照市政原图及契约所说明，系用洋灰石角参合填筑。其沟底面，亦须专以洋灰铺平。讵某公司包筑后，并不照约，闻沟底只铺浅薄之洋灰，而于两边之沟岸，纯用沙泥筑成，石缝乃抹以洋灰。闻市会杨子晖日前偶经该处，睹此筑法，确与原图不合，将来必易崩塌。乃将此情形报告于市政会。经众会董议决，推举工程股主任余少文及林启成履勘属实，报告市会。

---

① 《市政会筹办市政新消息》，《南洋商报》1926年2月25日。
② 道光《厦门志》卷2"山川"，鹭江出版社1996年版，第27页。
③ 《籍民阻碍市政》，《南洋商报》1926年7月21日。

是日曾召王工程师及督工程者到会质问，均各无辞以对。在座周会董发言，以监工者对于包工人擅自改换原计划之工程，互相隐讳，并不报告市会，有溺厥职，议别举会董负责监督工程，并着令包筑该段马路之公司，将沟渠重新建筑，以符原约云。①

1927 年 4 月，思明南路的北段修竣；1928 年，"蕹菜河新区"随后修成，新拓面积 2150 方丈。② 地面光鲜亮丽了，但地下的沟涵依旧还是问题。

思明马路建筑之时，惟中央开为暗沟，其两旁并无沟道，但数十家一个落水井透于暗沟。数十家之杂用污水，日必数担，落水井流通莫及，皆溢道路。且该段地面不平，高低不等，故每至雨天，积水甚多，行人莫便。平时污水，注于道旁，臭气难当。林国赓司令深知其情，力催路政处，速为计划补救。近闻该处，已着手计划，日内重为改建，两旁开通明沟，以便流水。但闻此项经费，路政处无法担任，又当取资于民。思明路商民，不免再加负担云。③

这所谓的"思明路"，也就是思明南路从中山路口到思明东路路口的路段。尽管地下仍让人担心，但路面上的热闹已非比寻常。

市街商店整齐，普通均三四层楼。惟有南星乐园五层楼，楼上可演京班电影，又设旅馆、跳舞场、中西餐馆等，破天荒用电梯升降。思明戏院六层楼，建筑精致，其内部之宏丽及声机之清晰，为厦市首屈一指。其次，酒楼、菜馆、书店、绸缎庄、百货公司等林立。每入夜间，灯光如昼，人山人海，热闹非凡。吾人衣食住，可以在此街解决云。④

南星乐园的电梯，让厦民们又开一次"洋荤"。

（南星乐园）这大厦在厦门已经可以坐第一把交椅了，而且里面又有一架厦门人未曾见过的电梯。开幕的一天，好奇的厦人固为地有一架"电梯"，都争着去看。所以那天特别热闹拥挤。我有一位朋友，他那天

---

① 《厦市政会责问工头》，《南洋商报》1926 年 10 月 26 日。

② 苏逸云：《厦门之新建筑》，《星洲日报四周年纪念刊·新福建》1933 年版，乙 36 页。

③ 《思明路臭水横流》，《南洋商报》1929 年 10 月 18 日。

④ 薛景贤编：《最新厦门快览》"厦门市街"，南新印书局 1935 年版，第 11 页。

去看过以后写信给我，说他挤了半个钟头，流了一身汗，才算坐到电梯。因为人太挤了，电梯升到屋顶，竟比走上去还慢。电梯正在上升的时候，全梯的人都很严重的静寂起来，接着就发出了一阵禁不住的笑声。谁都知道大家是很喜欢的，但是大家都不愿意别人晓得自己喜欢。可是那里禁得住，所以谁的脸上都堆着新奇的笑容，看起来真好笑。[①]

---

① 《厦门第一架电梯》，《时事新报》1929 年 7 月 10 日。

思明南路

厦门人的方位感，时常让人困惑。思明四路的最初设计，其东南西北各路的名称，就与今日的大相径庭。1926 年外埠报道：

> 厦门市政之发达，实为东南各省之冠。现市政会筹集巨资，决议修筑思明路。其预定线路方向如下：东线，以薤菜河为起点，通石圣王、大使宫，后斜从广平巷以达宝月殿，后向镇南关以达厦港。南线，由薤菜河透连大中铺巷，以至柴桥内而达岛美。西线，自浮屿以达薤菜河一段早已规定，现复改变路线，由左透后海墘、国公府，达薤菜河市场。北线，城河一带则定为北思明路。统计以上工程浩大，殆达 200 万云。①

规划中的"东线"，是由薤菜河至厦门港，又叫"港河线"，后来却叫作"思明南路"。规划的"南线"，则由薤菜河至岛美街，又叫"岛河线"，即为今日的中山路（今天的思明西路不在此次规划中）。规划的"西线"，由薤菜河至浮屿，又叫"河后线"，却是今日的"思明北路"。规划的"北线"，由薤菜河至厦门古城内，又叫"城河线"，正是今日的"思明东路"。

在一片乌龙之中，连接厦门港与薤菜河的"港河线"（河港线），就被糊糊涂涂地叫作"思明东路"。

> 河港线为思明之东路，此线本拟先北路开工，后因经济问题，不得如意。而反由西北路首先开筑。然近者以西北二路将次完成，而厦港通下八保禾山之车路，已告完就，且经于 7 月杪通车，则此路之亟待开筑，实为各路之冠。以东路开筑后，则可通连禾山之下八保，厦禾交通可得便利。市会对此，亦决兼筹并顾。然此路建筑物绝少，应赔无几。将来着手，则镇南关以达厦港路线之两旁必得多大之地价。目下虽暂须垫付建筑费，而日后将成，已可获巨大之入款。是全思明路之建筑，亦正望此项地价收入以周转。该会已决先从镇南关着手开筑，然后接办市内之

---

① 《厦门修筑思明路》，《东省经济月刊》1926 年第 2 卷第 12 期。

路段。但此路至速，当至（民）17 年 6 月止或可望完成也。[①]

河港线虽经早早设计，却迟迟不得施行。其原因，不外经济困窘和阻碍太多。

> 蕹菜河通厦门港一段马路，早已测定，由小河以至大使宫后、后街仔、鲎壳石、武昭殿，通镇南关，以达厦港。是此线早经前市政局及现市政工程审慎决定，虽三尺童子亦知此线之不能再易也。无如此段路线，因某绅所置在后路头、青墓口之屋业，适当其冲，若果由此开辟，则其业产必尽变为马路，势必由市政收买。而该业多未建筑者，若为市政收买，则计值必以旷地估价，将十不得一，损失必大。又以某之祖坟在是处，若经开筑马路，又恐风水被其所伤。以是特向市政各当局疏通，将此段马路线改由他处以通厦港。故市会以某目下正在发展之间，财势力兼备，故各会董多不敢反对。遂将此段路线废止，而决从草仔鞍、虎头山，达火仔鞍，而通厦港。故现测量员亦从事该路之测量云。[②]

只有由更强有力的"有枪阶级"出面，才使"港河线"免于胎死腹中：

> 思明东路之港河线，原由市会决定，由青墓通厦港，乃因犯及有力者之祖坟，故初由工程师提出意见书于市会。而于未决定以前，司令部忽咨请市会，港河线以甲线为宜，请市会讨论之。而市会自接此咨，遂无法以表决。若欲维持议案，恐拂当局之意；若欲照咨施行，而予以通过，又恐对人民不住。故特搁弃不提。而市会当局，遂以该线为标准，而进行其工程。是此线之委曲求全之一因也。[③]

1927 年 4 月，思明路蕹菜河路段（由今中山路口至思明东路口）修竣。11 月，又开始准备将筑路工程向厦门港方向推进。

> 河港马路之思明东路路线，赶行开筑。兹查当局以该路系厦通港大道，交通极为重要，故于日昨将该路划段，招人投标。而以路线自坟墓尚未清拾完妥，故难即日动工。当经工程处责令该拾坟墓之包工，尽限

① 《市政进行中之各路工程》，《南洋商报》1927 年 8 月 30 日、31 日。
② 《市政会变更路线》，《南洋商报》1926 年 8 月 9 日。
③ 《思明东南路路线之划定》，《南洋商报》1927 年 12 月 28 日。

于三日内先将路线内之坟墓，一律收拾。其非关路线者，亦须于 10 日内清拾，以利工程。该包工已将路线内坟墓清拾完竣，故当局者决于日内赶行开工。其着手处，决从镇南关起，然后连接于薤菜河及厦港云。①

河港线从鸿山与麒麟山之间穿过，工程作业量超巨。工程师彭禹谟记录曰：

（市区道路）以思明南路工程为最巨。该路昔属镇南关，地系高岗，又属荒野，今则已开炸平坦荡荡大道，鸿山寺两旁高壁，犹可想见施工之非易也。②

除削平高岗外，河港线还有一难，就是迁坟。镇南关外，坟冢累累。市政会以招标的形式，招人迁坟。

厦门市政会招人投票起迁竹仔河至镇南关一带路线内之坟墓。查其投票结果，第一段由回春庐隘门起至镇南关，系陈水却以每圹 9 角 5 分标得；第二段由镇南关至太师墓，坐山面海，系建发公司以每圹 9 角 2 分标得；第三段由镇南关至育婴堂，系泰兴公司以每圹 9 角标得。上列三路段，起迁坟墓之获标人，现正托保向该会签押过定，约下星期，便可着手起掘。③

动人阴宅，是很招人怨恨的事。偶不留意，便生风波。市政当局专此量身定制《起迁镇南关坟墓简章》。简章将涉迁坟墓分为有主和无主两类。有主坟墓，限期由坟主自动起迁，并可领取一笔"灰土费"；逾期未迁，则由市会代迁，坟主不得索要"灰土费"。无主坟墓，由市会雇工迁徙。

对迁坟承包方，《简章》也有规定。"承办人每月须筹备金罐六千粒"，"骸骨起迁后贮于金罐，俟勘验员验讫，然后用灰泥封固，并标明号数及姓名。金罐须排列有序，不得错杂。安放地点，当避雨水之浸湿，及猪犬等之损伤"。装着骸骨的金罐，将运往胡里山西边社的公墓安葬。承包人须"开妥墓坟，铺好白灰，将金罐齐整排列，排满后，顶面盖以灰沙，再将金罐叠上，每圹以三层为限。面顶盖以灰面，并书明号数，以为标志"。④

---

① 《路政近况：思明东路不日开工》，《南洋商报》1927 年 12 月 7 日。
② 彭禹谟：《民二十厦门岛道路工程记录》，《道路月刊》1932 年第 2 期。
③ 《投标迁墓》，《南洋商报》1927 年 11 月 15 日。
④ 《投标迁墓》，《南洋商报》1927 年 11 月 15 日。

镇南关迁坟工程启动之后，从后路头开始的拆迁工程也随之展开。

　　思明东路之河港线，现已积极促进，且于日前招投结束。兹将镇南关着手开筑，而于连接市街之路线，亦应即日动工。故司令部特于日昨，通告该路线内居民店铺，一律迁避，以便拆卸。乃该段之后街仔系属市肆，商店云集，其间当此青黄不接之时间，而欲迁移，殊难为难。因由各铺户等，于17夜召集会议，假座二舍庙开会。其会议结果，乃欲以全街商店名义，联呈司令部、市政督办公署，请求从缓，待至新年，即觅店迁移，以便年关结束。①

各种麻烦，如影随形。

　　思明东路之港河线，已由市政督办公署赶行开筑。故特限令该路线内民居店屋，于二星期内迁徙，以便着手开筑。乃二星期之期限已届，而各民居店屋尚未迁移，故仍难进行其工程。盖以该线各铺户，为营业关系，不能即日迁让，是以迟迟未能遵命者。然督办公署对此，已决以严厉手段，作强制执行。遂再通告各民居，展限一星期。如仍不谋迁让，决由市政工程处代为拆卸，以免阻碍路政之进行云。②

出于工程进度和施工成本考虑，施工队也会采取些速成的手段，比如火药爆破。有诗道：

　　报道巉岩用火攻，心惊霹雳数声雄。
　　艰难捷径修成日，谁念移山第一功。
　　注：厦门自市政革新以后，全市街道，整整有条。路线所经，开山通路，以故巉岩顽石，首当其冲，恒以火药炸之，砰訇数响，烁石纷飞……③

一声爆破之后，不知有多少咒骂声和抗议声呼应。

<hr />

　　① 《二舍庙铺户为折卸店屋开筑马路开会向市政督办求缓》，《南洋商报》1927年12月12日。
　　② 《市政督办赶筑港河路》，《南洋商报》1927年12月17日。
　　③ 鹭江归客：《厦门竹枝词》，刘瑞光校注：《厦门竹枝词辑注》，厦门大学出版社2023年版，第129页。

市政林督办就职后，对于进行各段马路督促甚力，故河港路又将着手开拆，后路头青墓口石皮，将行开凿。该处居民，以石匠凿石，每用纸炮开裂，附近居民殊多危险，昨日特召集公民会议，议决呈请市政督办公署请转令市政石工，开石时勿用纸炮爆裂，以防危险。能否邀准，则未之知也。[①]

河港线原本计划于1928年6月底完工。但2月间横遭阻碍。

港河线马路工程，原尽6月杪竣工，俾厦港与厦门得以早日便利交通，乃因石圣王通镇南关尚有民屋未拆卸，而建盛典铺移徙期间，须俟6月后方能迁让，故现下石圣王至二舍庙虽经拆卸，而被该处阻隔，尚难通过。是以现下该路工程，改从镇南关至厦港一段，继续进行，俾将来该路工程完竣以后，再继续石圣王至二舍庙一段之工程。而此路仍有沟道，故工程须较缓。然当局为速成计，决于本年修将该路一律造成，并订于年终通行人力车。此路一通，便可直达下禾，则禾厦可得便利交通云。[②]

延至8月份，建盛迁徙问题才得以解决。也就是从这时起，伪"思明东路"才正式定名"思明南路"。

思明路之南线，其工程之阻碍，实因建盛典铺之中隔，致未能进展。故由薤菜河至后路头一段，早已拆卸清楚，并路面亦已覆盖中坦矣，独至建盛而中止。再进复自建盛铺边直通竹仔河之民房，亦经执行拆卸，但路面尚未完工，只两边路界分筑洋灰界限而已。近以建盛已行迁移，故督办署为促进工程起见，连日来特赶拆该铺，并令包工继续工作。复再置轻便铁轨于该处，直通浮屿之内海滩，将拆卸该屋之土，运填内海滩。闻限于二星期内，完成后路头至竹仔河一带之马路。俟路面平坦后，即以凤盖灰石，将压地车碾平路面，俾车马可以直行至竹仔河。而由竹仔河至镇南关一段，虽因凿山之迟缓，而亦积极赶开，大约年底自可由竹仔河而通行厦港云。[③]

镇南关外，新区的建设也在同步进行。其中最主要的工程就是建筑"平

① 《反对市政进行》，《南洋商报》1927年12月31日。
② 《马路建筑进行》，《南洋商报》1928年2月23日。
③ 《市会督署撤销后各段马路进行之步骤》，《南洋商报》1928年9月15日。

康里"。

> 镇南关地方,部分建筑平康里,以为容住妓寮,已经公安局核准在案。该里告成之日,将思明路等处走唱土娼,均行驱迁该处,以便管理。闻承建该里者,租赁与妓寮,享有专权,惟须负担一部分警费。现闻承筑者之计划,平康里内共建96座。所有工程,分配完妥,9月30日开始动工,限定6个月建筑完竣云。[1]

平康里,后来改称康乐里,最后的定名是"大生里"。
第一期的思明南路,就只计划修到"审检厅"(前"海防厅",今"破狱斗争旧址")前。其工程情况:

> 起讫:自薤菜河起经竹仔河、镇南关而至审检厅止。
> 长度:4900呎;宽度:马路宽42呎,两边人行路各10呎。
> 工程状况:该路由薤菜河至宝月殿口一段已完工,计长120呎;由宝月殿口至太师墓不久当可完竣。惟太师墓至地方法院一段尚未开工。
> 开工日期:(民)17年1月。
> 完工日期:(民)17年11月。[2]

第二期的工程,则由太师墓向南修到南普陀寺前,最初拟名"南普陀路"。工程的推进,也困难重重:

> 南普陀路(即太师墓透南普陀)中止进行者,近匝月矣。虽系经费不足,然于经过路线之籍民房屋,多方阻扰,实为最大原因。现闻正在交涉中,如交涉完竣,即可继续进行。[3]

修成后的"南普陀路",定名为"思明南路下段"。其工程情况:

> 思明南路下段,起讫:由太师墓至南普陀。
> 长度:4700尺;宽度:42尺;人行道宽度:8尺;路面建筑:沥青。
> 竣工:民国20年。[4]

---

[1] 《建筑平康里》,《南洋商报》1928年10月18日。
[2] 周贤育:《厦门工程概况》,1939年5月。
[3] 《堤工与路政最近之进行观》,《南洋商报》1929年11月8日。
[4] 《民16至19年底,厦门建设一览》,《江声报》1932年4月9日。

▌思明西路

思明四路的建设，是厦门市政改造的重点。截至 1929 年，东路、北路、南路，先后建成。唯有思明西路，仅成就薤菜河至局口街 76 米的一段，沿街的店铺也寥寥不足十家。

1931 年 8 月，市路政处计划启动思明西路的二期工程，发布第 21 号通告：

> 查本市思明各路，东南北三路业经完成，惟西路尚付缺如。此路为内外市交通要道，亟应及早开辟，以期贯通。现经本处参酌情形，通盘筹划，应由薤菜河辟一直线，经局口街、山仔顶、大走马路，接升平路，达港（海）后路止，计全段长 800 尺，马路阔度定 30 尺，两旁人行道定 8 尺。惟此路拆卸房屋，多属横切斜剖，所剩余地，均成畸成斜角。本处为整理市区计，拟将两旁屋地收用五成之深，俾资开辟，而期划一。其收用之地，仍准原业主优先承领，从新建筑。按全段收用土地面积，计 1200 方丈，共收买费需大洋 48 万元，整理费计需大洋 78000 元，收支尚可相抵。在公家并非图利，而民间受益不少。此本处决计开辟之理由也……①

路政处的计划，毫无悬念地遭到原业户的抵制。业主们成立"太西路业主联合会"办理交涉。1932 年 1 月，路政处无法再忍受工程的一再迁延，遂再饬令各业主"立限古历十二月十五日以前，务即到（路政）处解决换地手续，或缴款领回管业。倘有逾期，即由处将地发售他人"。②

终于辟成的思明西路，生意很快兴旺起来，各色商家俱有，烟酒百货、钟表眼镜、中西服装、钱庄当铺、菜馆旅社……

而连通后的思明四路，街面有着畸形的繁华。

---

① 《路政处着手开辟思明西路》，《江声报》1931 年 8 月 26 日。
② 《厦门路政堤工十地联席会议》，《南洋商报》1932 年 1 月 30 日。

如今，思明路和局口街，已形成一特殊区域，那里全是籍民经营的小典铺、食堂、医馆、东洋布店、妓馆、烟赌场。有许多好汉们，挺胸迈步。他们很有团结力，一召集至少有几十枝短枪。连维持治安的警察，到此也不得不低头。从前曾经发生过警察被殴的事。他们的利害，老早是尝到了。①

所谓籍民好汉，也就是持有日本护照的台湾浪人。1933年8月2日，此处发生籍民袭警的恶性案件。是日上午，思明西路浸水埔的清云堂妓馆，有傭妇与卖菜小贩发生口角，并迅速升级为斗殴。据警局保安队报告：

> 本日上午10时许，据职属第一中队第五分队长赵存雨报称，顷带警换班，路过思明西路，适见该处浸水埔巷口多人围殴一小贩，倒在地面，仍不释手。该警长率警阎振海、齐得胜，上前制止。讵该凶汉不但不服，反转向警士围殴。凶汉恐警长召警侣协助，乃先将警长警笛抢去。是时该处清云堂台湾妓馆楼上走下4人，帮同殴打，并欲抢夺枪械。警力与抵抗，枪未被抢夺。幸二中队岗警赶到，鸣笛来援。该台人始跑入台妓馆清云堂避匿。职部得报后，立率队前往。该凶徒已四散无踪。正在调查间，警士阎振海仍赴岗位。行至思明北路裕兴绸缎店门前，被该台人一伙10余猛，拦住询问。谓伊向队部报告，非再殴打不可。阎警尚未置答，若辈先行动手，将警之枪械夺取，警死力抵抗，彼卒无法。见抢枪之计不逞，乃各执棍棒齐打该警，拳脚复加。阎警众寡不敌，被殴至头部破裂，流血如注，昏厥倒地。职部队伍在路上得接第二次被殴警报，立率队按址前往。到时匪辈已散去，只得将伤警扛往地方医院疗治。②

事发之后，日领表示道歉和"负责缉凶究办"，并将"切实约束一部分滋事之台人"③。然而，"约束"只存在于口头，思明西路上浪人剽悍如故。臭名昭著的"十八大哥"中的陈天赐，其"势力地点在山仔顶、梧桐埔周围。秘密投资经营台籍娼寮，除该两地之台籍妓馆不论外，即本地籍妓馆简直接亦须纳贡听其约束，否则不能立足"④。

思明西路以"娱乐业"出名，"全街的二楼三楼，都挂满着台湾妓女的

① 《厦门路政建设近年确有成绩》，《南洋商报》1936年8月19日。
② 《台人昨一再殴警，市肆骚然》，《江声报》1933年8月3日。
③ 《台人昨一再殴警，市肆骚然》，《江声报》1933年8月3日。
④ 《从十八大哥到角头好汉》，《江声报》1948年9月25日。

某堂、某某堂的灯招。厦门台妓之多，当以此为冠了"。① 经营这类"娱乐"的，既有妓馆又有"食堂"。

> 食堂，为咖啡馆之变相名称，日之东京银座，早已风靡一时，一般利禄薰心的日籍商人，遂有移植之想，竟于念二（即 1933 年）年春，首创于思明西路。先有梅月、爱月、蜜月等食堂，内部设备多用日化，间仿欧式。营业以西餐日菜为主，凉品酒水均备，净饮咖啡亦可，价目并不昂贵，客饭每客大洋两角，并招集侍女很多，每一客光顾，即有一侍女专侍招待，为客斟酒劝酒，及起手巾整衣冠等事。每一家食堂，侍女都有三四十人，群雌粥粥，在淡黄色的灯下，妙语高歌，莺声呖呖，任客为所欲为，一般意志未定的青年，群趋之若鹜，故一时生意，极为鼎盛云。②

思明西路的王牌，还在"厦大旅社"。旅社冠名"厦大"，与教育毫无瓜葛，纯因店东好"大"思明西路的王牌，还在"厦大旅社"。旅社冠名"厦大"，却与教育毫无瓜葛，纯因店东好"大"，自我标榜为"厦门空前未有之大规模旅社"③ 而已。

厦大旅社，为印尼侨商洪雪堂所经营。

> 该楼系本市"通美纸行"（经营中式账簿，驰名国内外）的老板洪雪堂所建，建成于 1935 年。投资约十四五万元，占地面积 239.8 平方米，钢筋水泥建筑，除第六层做会场、舞厅外，其他各层计有大小房间26 间。该楼建成后，即经营"厦大旅社"。当时为避免伪警局查夜的麻烦，以洪雪堂的小老婆（台湾人）出名作店主。④

在狼顾虎视之中，洪氏苦心孤诣，终于几年内在同业中占得首席。

> 厦门的旅社很多，内部的神秘和上海的一样。现在比较高尚的要算新开的厦大，其余大千、东亚、天仙、大华，鼓浪屿的厦门酒店、鼓浪屿酒店、海滨旅社都很好，不过价钱都很贵，房间没有在三元以下的。其中设备要算厦大与海滨两家最好。厦门因为特殊关系，经营旅馆业的

---

① 《厦门现状素描》，《南洋商报》1935 年 9 日 10 日。
② 《厦门的迷人食堂》，《上海报》1936 年 4 月 14 日。
③ 梁晖编：《中国与南洋华侨交通名录》"广告"，1935 年。
④ 《厦门市地名录》，厦门市地名办公室 1980 年编，第 206 页。

都是台湾人，就是其他地方的人做老板，也得找个台湾人做经理，挂起"大日本籍民"的招牌来做护符。里面无论它怎样"嫖赌吹喝"，公安局只好翻翻白眼，不能奈何。①

1938 年 5 月厦门沦陷，厦大旅社被日人所占用，改名"柏原旅社"。1945 年 10 月 3 日厦门光复，"柏原旅社"作为受降人员的"招待所"而受各界的关注。

严少将泽元、黄市长天爵、李组长致中，及市府各科局室主要人员百余人，3 日午后 3 时专轮抵厦。渴望已久之市民于军乐国旗招展欢呼狂笑中，拥集江干，热烈欢迎。严少将、黄市长等步出轮舱时，日军厦门善后联络部长原田清一中将、总领事永岩弥生，恭立码头，曲身致敬。严黄皆不乘车，由军渡码头步入市内，记者随行入市。若干妇女与髫发儿童，亦高呼"中华民国万岁"，情绪之诚挚，令人感泣。满街彩坊，虽几经风雨摧毁，惟所悬元首肖像与同盟国国旗，依然新颖，令人起敬。严黄步至招待所休息半小时后，欢迎群众犹围绕不去。严氏乃登五层楼上挥帽致答，群众欢呼如吼。此空前之景象，足征厦岛 11 万市民 7 年来所受之积郁，已放怀倾泻矣。②

1948 年 12 月，复名后的厦大旅社再度成为新闻热点。事情起自厦大学生的"吃饭问题"。

国立厦门大学自费及半公费学生因鉴于物价飞涨，生活不易，市粮食调配会每月配给该校自费、半公费学生食米仅 180 余担，不敷甚巨，前曾请求增拨。惟因公文旅行，旷时费日，未有若何结果。省田粮处长陈拱北前此赴闽南各县视导过厦时，该校膳食负责人暨学生自治会理事长曾向陈氏面请，未得要领。该校自费及半公费学生特于昨（11）晚 7 时召开吃饭问题座谈会，公费同学亦多出席支援。结果决定于陈氏返省过厦时，全体学生集体向陈氏请求按学生人数以平价配给每月所需食米，以解决吃饭问题云。③

12 月 13 日，厦大学生推派代表，前往陈氏下榻的厦大旅社交涉。双方

---

① 少霞：《厦门之夏》，《娱乐（上海）》1935 年第 3 期。
② 《金厦接收竣事》，《东南日报》1945 年 10 月 8 日。
③ 《厦大学生决定请愿，要求增配平价米》，《星光日报》1948 年 12 月 12 日。

商谈约一小时半，仍无结果。

在校同学以平价米事关切己，以代表交涉无圆满结果，乃于8时集体前往陈处长住厦大旅社请训。于中山路会合新生院同学，人数共约800余人，持有"我们要活命""我们请求平价米"等巨幅布条，沿途至目的地高呼口号，唱"吃饭歌""团结就是力量歌"。[1]

在厦大旅社，学生与陈拱北进行了三个小时的交涉。陈拱北终于答允学生三点：

（一）9、10、11三月，该校自费、半公费同学，应得平价米缺额，照各该月平均价格，如数补拨售给；

（二）自12月份起，该校公费同学与半公费、自费同学，共享有平价米；

（三）12月起，平价米价格，依前月上旬厦市粮食储运处粮情报价平均数九折计算。[2]

学生满意而归。但官府却食言了：

月前田粮处长陈拱北曾当面答应月拨公粮每人卅余斤，且亲批公示发表于本市各报，罔料竟不能兑现，以致学生伙食费无从取给。学生会曾要求学校当局借给每人菜钱2000元，学校当局谓全校存款仅数千元，向银行借支到期之本息亦无法清还，欲飞榕面请田粮处先借赋谷以维员生伙食，因校中存款且不足购买机票，胡来巨款借给学生？[3]

与其坐等饿毙，不如起而自救。1949年2月，一场"救饥运动"正式兴起，学生们向社会宣言：

……我们明瞭真正的困难还刚开始，为了争取长期的活命，必须改以往的习性，变成为普通工人一样，支出劳动力，进行各项生活工作。因此几日来我们发动了全体厦大学生的救饥运动。对外，我们卖水，敲碎石子，当小工，代销香烟，织羊毛衣，举办歌舞演出会，以及各种人

---

[1] 《厦大学生请配平价米，获得圆满答复》，《星光日报》1948年12月14日。
[2] 《厦大学生请配平价米，获得圆满答复》，《星光日报》1948年12月14日。
[3] 《厦大经费无着》，《江声报》1949年2月7日。

才洽聘；对内，我们除将每天晚餐的干饭改成稀饭外，并实行大量垦荒。总而言之，凡以劳动力换取生存代价的各种方式，我们将陆续地尝试，虽然不一定做得好，但是我们要做，我们肯做。生存是每一个人的基本要求，我们要争取它。①

2月11日，"活命义卖队"率先出发，"短工打石队""短工补习班""垦荒队"亦相继出动，卖水的、卖烟的、拍卖衣物的、卖唱演剧的……纷纷跟上。"这年头，学生的确是在学'生'，学着要怎样才能生活"。②

① 《厦大学生发起救饥运动》，《中央日报》1949年2月18日。
② 《鹭江即景》，《星光日报》1949年2月9日。

大走马路和大中路

大走马路，是大中路的前身。"旧街南北走向，原处凤凰山余脉丘陵，地势较高，后削低改建大中路。古时路北端临海，有水操台。相传，郑成功踞厦时率部从走马经此观操，故名"。①

旧时的大走马路，南连崇福楼，北接二十四崎顶，三街一线，构成厦市热闹街区。街面商铺多小商业与手工业类，如灯具、绣补、裱褙、文具、印刷等。此地书业也甚为发达。大走马路段有商务印书馆分馆、世界书局分局、圣教书局；二十四崎顶段有翔文书局、文德堂、大隆堂、博文斋、叶文奇书局。邻近的二十四崎脚，还有博文书店、大隆兴书店、会文堂书店等。这些书局，既售书也印书，既零售也批发，"各种书册尽齐到，新歌出有百号头。各港批发无计较，门市人马乱抄抄"，② 便是当年景象。明明影片公司也设于大走马路上，该业"专行代理各种影片，租与各戏院开映"。③

1932 年 10 月 12 日，路政处刊出告示，通告将于大走马路一带开辟"大中路新市区"。计划中的道路与新区概况如：

一、本路宽度 3 丈（除原有路地外，须收用民地约 100 井，为马路用地）。

二、两旁骑楼各 1 丈。

三、两旁新市区屋地各深 5 丈（连骑楼）。合计全区面积约 500 井。

四、新区后小路宽度 1 丈。

五、全区横宽 15 丈，纵照旧路长度。

六、新区屋地每间宽约 1 丈 3 尺、深 5 丈，共计面积约 6 井 50方尺。

---

① 方文图：《厦门旧地名考略》，《厦门路路通》，香港人民出版社 2005 年版，第 74 页。

② 《改良厦门市镇歌》，王见川等编：《台湾宗教资料汇编》第 2 辑第 2 册，台北博阳文化事业有限公司 2010 年版，第 96 页。

③ 《厦门工商业大观》"第五章 工商百业"，第 99 页。

七、路面平水，依中山路、思明西路口，及升平路之路面为标准。①

路政处的《开辟大中路新市区拆屋换地章程》，对拆迁后房屋的置换作了规定：原屋拆卸后，余地"面积过 4 方丈（连骑楼）以外者"，业主才有资格"在原有地址或附近之地"换领新区地；面积不及 4 方丈者，无换地资格，其地由官厅收买。换取的新区地，以"间"为单位，"每间 6 井 50 方尺"。其中每井"应摊派马路用地 20 方尺，不给收买费"。明白点说，拆卸后房屋余地，必须以 7 井 80 方尺的原地，才能换到 6 井 50 方丈新地。并且以原有余地换领新地者，"其原有余地均须缴纳整理及收买费，每面井 300元"。②

其实，大中路的建设计划，在 1930 年时已经推出，但立遭地民和业主反对。是年 3 月 19 日，大走马路和石埕街 200 余铺户集会，认为路政处开辟大中路，"将掘深两旁商店"，其计划"影响商民甚大"，现在厦埠"年来因关税关系，所有泉州、兴化、云霄、诏安等腹地，均由香港等处，或以汽轮配往，或以电轮运销，类皆直接办货，日少由厦转贩。影响所及，商业萧条，维持困难，势类岌岌"，如今"更毁屋病民"，"商家因此而倒闭必多，流离失所之人，正不知其几何"。与会商户一致同意反对，并决定成立"反辟大中路商民联合会"进行维权。③

1932 年，路政处再推筑路章程，依然让旧地业主大感不满，再组织"大中路业佃联合会"抗争。联合会呈文当局，认为如此的摊派费和买入、卖出地价，让人不堪承受。摊派费，使"平均每座计合 2000 元以上之损失"；以旧地换新地，旧地少于新地要"每井缴价 1200 元"；而路政处收买旧地，则"每井收买定为 500 元"，如此贱价买、高价卖，二者相差甚巨。④

受理"业佃联合会"投诉的，是刚接替路政处工作的市工务局。1933 年4 月，漳厦海军警备司令部路政办事处撤销，但市政改造仍由周醒南主持。主官不变，政策不变。5 月份工务局发布《大中路新区折屋换地摊费办法》，仍是路政处"拆屋换地章程"的原版克隆。故而，联合会所得的批复是："摊派费一项，业经减为 100 元，以示体恤。其余应照原案办理，未便变更。"⑤

---

① 《漳厦海军警备司令部临时路政办事处布告》，《江声报》1932 年 10 月13 日。

② 同①。

③ 《厦门大走马路商民联合反对辟路》，《南洋商报》1930 年 4 月 9 日。

④ 《"大中"辟路，收用土地有争执》，《江声报》1933 年 4 月 18 日。

⑤ 《大中路业佃请减摊派费》，《江声报》1933 年 5 月 30 日。

新辟出的大中路，一头连着中山路，一头搭着大同路，中间又与思明西路和升平路相通，被一片繁华包围。尽管建成后，业主变迁，住户改易，老住民存留不及十分之二，但热闹如旧。最可一观的，是路上的医馆诊所。

早在大走马路时期，此地就有"世兴博爱医局"，为厦市最早的西医馆之一。1937 年 2 月，市府取缔未遵章领证或申请领证未能获批的日台籍医馆诊所，大中路路段被取缔的有多家多人，如门牌 3 号的"民众医院"，34 号的"林花柳医院"，35 号的"王医院"，65 号的"明明眼科医院"和"宏德医院"。其中"民众"规模最大，涉及的医生 5 人。[①]

也就这普通的台籍医馆，却有大事发生。1937 年 8 月 29 日，旅厦台湾青年 40 余人，集会于大中路回生医院二楼。会议议决，成立"台湾同胞抗日复土总联盟"，确立宗旨为"联络有志台胞，与祖国同胞站在同一阵线，以收失地及力谋我中华民族自由解放"，回生医院也议决为总联盟临时会址。[②] 1939 年，"抗日复土总联盟"加入"台湾独立革命党"，汇入台胞抗日的洪流中。

1938 年 5 月厦门沦陷，大中路则沦为"日本街"，大量的异国元素充斥其中。

街面先后有过诸多的日台机构，如兴南新闻社厦门支局（门牌 2 号）、大阪每日新闻社厦门通信部（22 号）、东京日日新闻社厦门通信部（24 号）、台湾日日新报社厦门支局（92 号）。

挂名商贸的，则有新民公司（门牌 2 号）、新和洋行（6 号）、大东殖产株式会社出张所（10 号）、前川矿业部厦门出张所（25 号）、山本洋行（39号）、益田商会（42 号）、东和自转车店（43 号）、隆发洋行贸易部（45号）、隆发洋行农业部（45 号）、老义发洋行（46 号）、南邦洋行（54 号）、南隆公司（55 号）、泰安公司（64 号）、神州产业公司（64 号）、东西洋行（71 号）、南成洋行（77 号）、二宫组（75 号）、前田商会（79 号）、福建兰麻株式会社（94 号）。

医药类依旧兴盛，有德和药房（门牌 14 号）、太生堂药房（74 号）。还有所谓的"陈眼科医院"（门牌 27 号），其名虽号"眼科"，却内科、皮肤科、妇产科和花柳科兼修。

此外，还有同用一门牌号的"厦门至诚会"和"天狗体育会"（22 号），以及没有门牌号的"厦门カフエー饮食店组合"，明面上售卖咖啡饮品，暗地里却售卖风月。这类挂着"御料理"招牌，为侵略军提供纵乐的场所，沦

---

① 《厦门市政府关于取缔日籍台籍医师致日本驻厦总领事馆公函》，《近代厦门涉外档案史料》，厦门大学出版社 1997 年版，第 706 页。

② 《台湾青年筹组抗日总同盟》，《江声报》1937 年 8 月 30 日。

陷后的大中路周边，就达 8 家之多，"除原有的'喜乐''八洲庵'外，还加上'波止场''朝日亭'等。周厝巷另设有日本海军慰安所，标名'梅乃家''安田''明月'等"。①

1941 年 10 月 26 日，在大中路喜乐咖啡馆门前，日酋泽重信遇刺身亡。泽重信人称"中国通"，一身兼任日本兴亚院驻厦特派员、华南情报部长、厦门《全闽日报》社社长多职。执刑者为军统闽南站特工汪鲲（宗海）。两天前汪氏获得线报，26 日（星期日）午间泽重信将在蝴蝶舞厅邀宴厦市伪职要员。据当事人回忆：

> 下午 3 点多，泽重信饮毕，与群奸相偕离去，和林廷国步行路上，后面随有武装保镖数人，我乃跟踪于后，伺机狙击，跟至华南日报社门口，泽重信等进入该社，久久未再出来，我在门口掩蔽处等候颇不耐烦。焦急万分，盖恐彼等久未出来或有他变，而坐失良机也。
>
> 毕竟，敌酋罪恶贯满，死神已经降临，终难逃出我之掌握。未久，泽重信和林廷国果然相偕出了华南日报大门，由思明西路转向大中路，行至喜乐餐厅附近之益田商会门口。这时在喜乐餐厅楼窗上有人以手招呼他们，欢迎他们进入，这大约是和泽重信等相约在该店聚餐之友人也。
>
> 我表面虽然镇定，但内心则相当紧张，为什么呢？我紧张的是，思量着如不乘此机会下手，令其再进入餐厅，又不知要待至何时才出来，且此一机会难逢，瞬间万变，断不可空失眼前的机会也。在此千钧一发急迫之间，我个人来说，不计一切利害，也不顾虑到对面喜乐楼窗招呼泽重信等之人，全神注视我所负任务的目标，以路东的骑楼下泥柱为掩护，毅然举起零三二的手枪，向走在路西近骑楼处的泽重信狙击，连发两弹，泽重信应弹仆地，和泽重信同行的林廷国惊吓狂奔疾呼，我视其必死，然后将枪藏于怀中准备撤退。②

此次刺杀行动，诗人钟文献称之"杀得对点"：

> 华南侦报综归宗，精刻号称中国通。
> 除害喜教戕贼首，严搜快手捉疑踪。
> ［注］泽重信全闽日报社长，统握华南侦报，倭中要人也。杀得对

① 潘嗣岳：《厦门沦陷期间日寇罪行杂忆》，《抗战时期的厦门》，鹭江出版社 1995 年版，第 84 页。

② 《汪宗海人生八十年》，台湾福声出版社 1988 年版；转引自洪卜仁主编：《厦门抗战纪事》，厦门大学出版社 2014 年版，第 136 页。

点甚快，而吾民疑似，尽为掳戮，亦可怜也。[①]

泽重信被刺身亡后，"日本当局宣布断绝厦门水陆交通，鼓浪屿全岛戒严3日。日本宪兵和驻厦海军陆战队荷枪实弹设卡盘查，滥捕无辜民众数十人，其中26人被惨杀"。[②]

1945年8月15日，日本宣布无条件投降。10月3日，大中路上爆发一场自发的群众庆典。是日，福建省保安纵队司令严泽元、厦门市新命市长黄天爵等组成的受降队伍，代表国民政府接收厦门。老报人许国仁记录下这重要的历史时刻：

> 10月3日凌晨，始由保安纵队先遣指挥官阙渊（新任厦警备司令部副司令）率领前进指挥所宪警300多人，由海沧乘轮出发，10时抵达第五码头登岸，分乘2辆大卡车，5辆小汽车，绕市区一周。市民蜂拥，途为之塞，鞭炮之声不绝于耳。日军官兵及驻厦领事馆全体人员在码头上弯腰致敬，列队欢迎。午后3时，前进指挥所命令日军撤岗，10分钟后，市区各大街小巷，皆换上了保安团队及警察岗哨，全市人民欢欣若狂，争上街头，观看接管盛况。
>
> 下午3时许，严泽元、黄天爵、黄谦若、李致中与市府各科室主要人员乘坐的专轮抵厦，鹄立在鹭江道上的人流拥挤，万头攒动，鼓掌欢呼。严、黄等步上码头，日军善后联络部长原田清一、总领事永岩弥生等曲身致敬。严泽元等在大批军警保护下，步行由中山路转入大中路，万民夹道欢呼，鞭炮爆响，盛况空前。他们进入设在思明西路柏原旅社的招待所（现民主大厦）休息。门外围观群众，久久不愿离去，严泽元、黄天爵等即登上5楼阳台上，频频挥手致意。……
>
> 10月4日早，市政府所属机关职员，队警100余人，在厦大旅社前集队前往接收市政府，黄天爵及各科室职员分乘小汽车4辆，跟随队警之后，徐徐开入公园南路市政府大楼，日总领事永岩弥生，伪市府秘书长陈见园均在车前弯腰敬礼。市府全体人员齐集升旗台，举行光复后的首次升旗礼。……[③]

---

① 钟文献：《厦岛沦日百咏·杀得对点》，《厦门诗荟》，鹭江出版社1996年版，第198页。

② 《大事记（1937—1945）》，单辉主编：《抗日战争时期厦门人口伤亡和财产损失调查》，中共党史出版社2009年版，第558页。

③ 许国仁：《国民政府接收厦门的经过》，《抗战时期的厦门》，第169页。

柏原旅社位于大中路与思明西路的交结处，它目睹过"日本街"的畸形繁荣，又见证了"日本街"的历史终结。

小走马路

小走马路之名，坊传与郑国姓策马凤凰山间有关。然此事亦有另说：

> 小走马路……有土地宫，额曰"奏雅露社"，吕西村书也。后人以奏雅露与走马路易混，乃称小走马路以别之。[①]

吕西村，本名吕世宜，以金石书法称雄于厦。此等风雅之人，能以"奏雅露"为地方神居处题匾，足见此地何其风雅。

小走马路地处凤凰山麓，其间最具风雅者，还数清乾隆时期名士黄日纪所筑的"榕林别墅"。黄氏在此日日招朋引伴，征歌度曲，直让滨海之区，变身文青娱乐场、名流休闲地、官僚会客厅……帝师蔡新、状元王仁堪、书家伊秉绶等一代名流，曾在此驻留。直至光绪初年仍有《园亭》诗颂之：

> 一拓园亭有凤池，庭多树木壁多诗。
> 嚣尘谁处堪消夏，近传榕林也合宜。[②]

晚清时节，园林仍然保持"消夏胜境"的好名声。光绪九年（1883）报章曰：

> 厦门一区，洋行林立，民居亦繁。平时多有洋船往来，近虽渐少，而土船之泊于港中者，向觉密如栉比也。所惜者，街巷迫狭，舍宇嚣尘。即游玩之地，除山岩石洞外，无可以遣兴者。近有榕林小筑数椽，古榕耸拔，四面画廊，楼临其上，楼旁有池，绿水青荷，为厦门消夏第一胜境。园主黄姓，年近古稀，性颇风雅。每有客至，辄呼侪命侣，对酒当

---

① 民国《厦门市志》卷35"杂录"，鹭江出版社2021年版，第844页。
② 萧宝荣：《鹭江竹枝词》；刘瑞光校注：《厦门竹枝词辑录》，厦门大学出版社2023年版，第5页。黄日纪情事，参见《厦门故迹寻踪》之"醉仙岩'黄亭'旧址"篇。

歌，以舒客子之怀，而尽主人之谊。①

再大的家业，也难耐岁月消磨。以后的园林，或售或租，一部归入同文书院，一部微缩为"小榕林"。偌大园林，"斥为基督教青年会，亭泉树石，子孙不保"，② 万人瞩目的蔡新"榕林"题匾，"犹存于该会毛厕之门楣耳"。③

基督教青年会，地民亦称"青年会"。

> 史略：基督教青年会，民元（1912）由英人麦坚志氏在隔江试办。旋麦氏离厦，华人继之进行。民3（1915），厦门道尹汪守珍倡租小走马路榕林别墅为会所。民4（1916）成议，实行迁入。同时，基督教北美青年协会，派美人伊理雅来厦主持。（民）12年（1924）春，会员作"募捐建筑"运动，会董许绍琪、干事伊理雅、王宗仁、刘德仁等，个个出马，向海内外劝捐，并北美协会计募得11万余元。是年9月，新会所起盖，全部占地13531万尺。建筑二层，设备一新。……该会设备完全欧化。目前之会所内有礼堂、议厅、图书、阅报、游艺、雨浴各室，西餐、理发各厅。游艺品如床、乒乓、篮、排各队，及棋类等，亦均备具。
>
> 工作：该会过去工作，如一年一次之"激励团"，及提倡闽南运动会、活动电影、卫生、拒毒、文艺、德育、节俭、保婴、拒赌、夜学、平校、补习班，各极一时之盛。近五年来，倡办国货展览、国术研究、体格检查、卫生展览、游泳竞赛、海水浴场、航舟比赛、越野赛跑，亦能振奋一时。传道为该会货真价实工作，本期内举行过查经班、青年崇拜会、个人谈道、参加教会各活动、宗教展览会、青运续行会等，并举办职业介绍、书法比赛、诗社、剧团、射虎、旅行、摄影、音乐、口琴、围棋、象棋、乒乓、床球等各游艺。又组人力车夫服务会。该会今后拟从鼓吹注意农村复兴事业用力，他如公教运动、国术普化，亦相当注重。同时改良宿舍，筹建健身房，促辟会前马路等。④

污天浊地，有此一股清流，不啻天界福音。小走马路，遂成新青年崇尚之区、乐游之地。陈达先生曾言：

---

① 《闽省杂闻》，《申报》1883年5月29日。
② 民国《厦门市志》卷7"名胜志"，第172页。
③ 《天仙旅社特刊》"厦门指南"。
④ 《厦门四青年会》，《江声报》1936年1月1日。

在开元路未成之先，尚有一条短而洁的小走马路。有人描写当初的印象说："我在中学读书的时候，一条最能吸收游人的马路，就是青年会前的小走马路，因为很清洁，到了礼拜六和星期日，青年会就成了一个唯一的交际中心了。青年会的活动很多，有音乐会、球类比赛、影片、演讲会、聚餐会、中西食堂的零食等。不久开元路造成，学生们就喜欢往开元路散步，特别在学校放假的时候。"①

有好名声，又有大场地，各大型社会活动常在此举行。1932 以来连续三年，青年会联络各界举办"国货展览会"，会场就设于青年会中。1932 年11 月11 日至 20 日举办的首届"国货展"，出手就已不凡。该届"国货展"，"陈列国货千余件，代表商号百余家"，"每日参观人数均在 3000 人左右"。会场的贩卖部，也"生涯鼎盛，各界欢迎"。除了展览与卖货，"11、12 两晚7 时半，特开游艺会，有国技、魔术、歌舞，及中西音乐各项节目。每晚观众千人以上。13 晚至 20 晚，则开映国产电影，每人座券小洋 1 角，作为援助东北义勇军之捐款"。15 日下午，"举行国货游行，各商号踊跃加入，旗帜招展，鼓乐喧天，游行各街衢，并散发传单，以资鼓吹"。嗣后又应各校请求，"规定展览时间外，特别开放三次专为招待学界。从此厦埠对于爱国空气，更为浓厚"。②

小走马路的亮点，不是商铺，而在会馆。周边一带有广东会馆、永春会馆、兴化会馆聚集。③ 各会馆所办学校，也多设于道路周边。如私立粤侨小学、粤侨初级中学和私立桃源小学、桃源甲种工业学校等。④

小走马路的办学，还可以追溯至清末。宣统元年（1909），此间有"自治研究所"，所长王人骥，讲师黄鸿翔。报载：

> 自治为立宪要点，迭奉省宪催厦开办自治会。现经厦厅会同绅董议定，借榕林内于前月廿八日先行开办"自治研究所"，以便调查地方利弊，再定自治章程云。⑤

① 陈达：《南洋华侨与闽粤社会》，商务印书馆 2011 年版，第 170 页。
② 《厦门国货展览会》，《同工》1932 年 第 117 期。
③ 日本东亚同文会编纂，李斗石译《福建省全志》第 14 卷记载："厦门有以下会馆：广东会馆（小走马路）、永春会馆（小走马路）、兴化会馆（小走马路）、湖南会馆（祖婆巷）。"（延边大学出版社 2015 年版，第 463 页）
④ 民国《厦门市志》卷 12"学校志"，第 344~366 页。
⑤ 《自治研究所开办》，《闽报》1910 年 2 月 10 日。

研究所仅"毕业一班,即停办"。①

宣统三年(1909年),又有"师范传习所",主办人卢文启:

> 厦门学堂虽有十余处,而人烟稠密,学生众多,仍须立图扩充,教育始能普及。惟师范缺乏,聘请甚难,其人皆因口音之不对也。昨日劝学员卢君蔚其(即卢文启)与视学员商议创设师范传习所,以便养成师范人才。经转商诸张厅宪概任担筹经费。现拟赁所于小走马之小榕林,大约不久即可观成矣。②

"传习所"也生命短暂,"毕业一班停办"。③

中意此地的,还有居厦日台人士。

> 小走马路驻扎日本教堂内开设瀛厦书院,招绅商子弟入院肄业,教读英文、日文、汉文,来学者概不收修。④

瀛厦书院,以后再无消息。取而代之的,是"旭瀛书院"。旭瀛书院,由厦门台湾公会创办于清宣统二年(1910),设址于山仔顶桂州堆。"开校之初,学生37名,类多台侨子弟"。1913年,台湾公会会长周子文,"商请菊池领事同意,将书院教室移至小榕林。同时公会办事机关,亦合并其处。自是以往,小榕林之教室校舍,既成为旭瀛书院之重要母校"。⑤

1917年之后,旭瀛书院不断扩张,在城内、外清、鼓屿都开设了分院,但小榕林的地位却一再下跌。先是1929年2月,书院的"本院"转移至城内校区,小榕林校区降格成分院。到1934年2月,小榕林分院又由于校舍不合适,设施不完备,缺乏正规运动场等,被停止教学活动,校舍改作宿舍。1937年时局变化,小榕林校区人去楼空,楼内各种物资荡然无存。

1938年5月,厦门沦陷,小走马路亦遭蹂躏。桃源小学,"诸校董及师生均疏散内地,学校无形停顿,校舍遂为日寇所占据,极度毁损"。⑥ 粤侨中

---

① 民国《厦门市志》卷12"学校志",第378页。

② 《创设师范传习所》,《厦门日报》1909年5月18日。

③ 民国《厦门市志》卷12"学校志",第377页。

④ 《记瀛厦书院》,《同文沪报》1901年3月29日。

⑤ 陈支平主编:《本会沿革概略》,《台湾居留民会报》,《台湾文献汇刊》第7辑第8册,九州出版社、厦门大学出版社2004年版,第215页。

⑥ 《厦门市私立桃源小学复校立案及市府批复》,《近代厦门教育档案资料》,厦门大学出版社1997年版,第341页。

小学，"校舍教具及档案文件一概损失"，以致"厦市重光后，因损失过巨无法复校"。① 青年会亦被敌寇占为他用。1944 年，小走马路上仅存有"天理教高厦教会"（门牌 35 号）、"市立第一女子中学校"（门牌 93 号）。②

抗战胜利，各机构力求恢复。最早谋划在小走马路上发展的，是厦门市立图书馆。厦门图书馆原设于文渊井。1937 年 9 月 17 日夜间，图书馆惨遭祝融之灾。旧日堂皇楼馆，"只剩下一片颓垣断瓦、荒草杂乱的废墟。抢救出来的一些残缺破碎的书籍，曾有一个时候，寄存在中国银行里"。③ 1945 年11 月，市府决定图书馆先行开馆：

> 去年（1945）11 月间，市府遴选本市李禧为馆长，暂借小走马路青年会为馆址。去年 11 月起，从事收拾散佚书籍。除寄存中国银行的原本图书外，并集中伪女中、旭瀛书院等处的图书于一室。④

恢复后的图书馆，于 1946 年 1 月 5 日开放，名为"市立第一图书馆"（原鼓浪屿中山图书馆，为"第二图书馆"）。1947 年 8 月 21 日，基督教青年会恢复，索还原会所。第一图书馆，遂再迁往厦禾路 186 号南洋公会楼下。

小走马路旧有学校，也在恢复中。1946 年 10 月，桃源小学复校；1948 年 7 月，粤侨小学和粤侨初中复校。这一段时间内，又有教会团体借用基督教青年会为校舍，开办"主光小学"。

在以后的若干年里，主光小学被定安小学取代；粤侨初中并入大同中学；粤侨小学迁移钱炉灰埕的"江夏堂"，与江夏小学合并，成为后来的文安小学。而曾让厦门青年引以为傲的"青年会"，悄然消失，会址归于定安小学。曾经的"文教一条街"，已无复旧观矣。

---

① 《厦门市私立粤侨小学复校呈及市府批复》，《近代厦门教育档案资料》，第338 页。

② 刘天赐编：《厦门职员录（1944 年）》，厦门职员录发行所刊行。

③ 《市一图书馆的更生》，《江声报》1946 年 1 月 9 日。

④ 《市一图书馆的更生》，《江声报》1946 年 1 月 9 日。

木屐街 ▉

闽女爱俏。周亮工有言："闽素足女，多簪全枝兰，烟鬟掩映，众蕊争芳。响屧一鸣，全茎振媚。予常笑谓昔人有肉台盘，此肉花盎也。"[1] 头顶插满鲜花，脚下木屐响亮，再将腰肢一扭摆，活脱脱行走的人肉花盆。故周亮工谑之"肉花盎"。

"素足"者，天足裸露。闽南地热，女子多赤脚。外地客见之，惊讶不已。成都女子曾懿有竹枝词道：

> 盘龙宝髻簇流苏，红袖买春携玉壶。
> 怪道冰肌甘耐冷，严冬犹自赤双趺。
> [注] 闽中女子抚媚者多，然虽至严冬不袜，亦不觉其寒，奇矣。[2]

民国时，同安县境此风犹炽。又有竹枝词道：

> 头堆花草髻盘螺，横插荆钗若荷戈。
> 天足一双轻便惯，沿街踢蹋木鞋拖。[3]

"鞋拖"，典型的闽南用语。"木鞋拖"者，即木屐也。明代谢肇淛记录有闽南"木鞋拖"流行状况。

> 今世吾闽兴化、漳、泉三郡，以屐当靸，洗足竟，即跣而着之，不论贵贱男女皆然，盖其地妇人多不缠足也。女屐加以彩画，时作龙头，终日行屋中，阁阁然，想似西子响屧廊时也，可发一笑。[4]

---

① 周亮工：《闽女》，《闽小记》卷2，上海古籍出版社1985年版，第83页。
② 曾懿：《闽南竹枝词》，刘瑞光校注：《厦门竹枝词辑注》，厦门大学出版社2023年版，第341页。
③ 任丹：《同安竹枝词》，刘瑞光校注：《厦门竹枝词辑注》，第157页。
④ 谢肇淛：《五杂俎》卷12"物部四"，上海书店出版社2001年版，第243页。

"响屧廊"是春秋时吴王宫中的廊道，乃吴王为西施专修。廊道下部虚空，西施和宫女脚踩木屧在廊上行走，"阁阁"然响声一片。[①] 谢肇淛说的，就叫"拖屧"。明代的人们喜好沐浴后光脚穿拖屧。女子脚着彩绘拖屧，行走家中，居然能穿出西施和"响屧廊"的味道。

木屧用材，讲究材质轻韧、耐磨、不滑。闽省多木，可用作木屧的树种甚多，如"山柏、拟赤杨、泡桐、鹅掌柴、苦楝、油桐、橄榄、朴树、马尾松等"。[②] 有此便利，闽南的木屧就有了很高的普及率。明代浙江人王祎在漳州府当通判，就写诗为满城男女"不雨犹穿屧"而惊诧。[③]

厦门的木屧受拥戴，在于它的防滑功能。竹枝词《湿路》唱道：

（引）鹭门依山开道，多不平坦。其地近海卑湿，不雨亦滑。
道路崎岖势不平，高高下下碍人行。
途多泥滑非关雨，终日唯闻屧齿声。[④]

人脚一双木屧，对于行道安全就特有现实意义。

等到皮鞋招摇于道的时代，木屧就多归底层人物使用。20 世纪二三十年代的厦埠的街景，有观察记载：

厦门妇女的装饰，很是有趣。如果我们在街上跑，便很能看到仅可糊口的妇女，替人做苦工的佣妇和劳动妇女。……她们所穿的一身，大概是着色洋布做的，不大合时式的短衫裤，并不着裙；脚是除了冬天都跣赤着，踏双木屧；头上蓬松的发也不过打了个髻便算了。她们对于美观是不很讲究的，也许是没有钱求讲究吧。[⑤]

不过那时的木屧，也非穷人专享。木屧中也有"贵族"，那就是描花木

---

① 《吴郡志》卷 8 "古迹"："响屧廊，在灵岩山寺。相传吴王令西施辈步屧，廊虚而响，故名。"（江苏古籍出版社 1999 年版，第 106 页）

② 福建林学院林学系：《福建主要木材用途初步调查报告》，1976 年编印，第 47 页。

③ 王祎：《清漳十咏》，《漳州古代诗词选》，海峡文艺出版社 2004 年版，第 192 页。

④ 萧宝菜：《鹭江竹枝词》，刘瑞光校注：《厦门竹枝词辑注》，第 6 页。

⑤ 茅乐楠：《新兴的厦门》，1934 年版；"同文书库·厦门文献系列"第五辑 (7)，厦门大学出版社 2022 年版，第 105 页。

屐。单是制作工序，描花木屐就比白坯的要繁复许多。

首先是选好木材，根据木屐的厚度锯成木板，再在木板上画鞋样。有左右脚之分，接着按画线将屐形和后跟锯出成为"白胚屐"，之后就用沙纸打磨，将屐面磨平，继而上一层用猪血等材料煮成的朱胶底，风干后即上面漆，待油漆干后就开始一层层地画了。画面花式越复杂，所用的颜料就越多，所需的工序和时间也越多。因为每画一色都要等干后再画另一色，而且还要注意图案一定是左右脚对称的。女式屐完成后还要加一圈绳边，接着是在屐面上涂一层光油使色彩更鲜艳且不易褪色。最后是将裁好的屐面钉上。做一双屐起码要两三日，如果遇到雨季就要一个星期才能完成。①

此物耗时耗工，耗资自然不菲。穿之而行，气场足以直逼"响屧廊"上的西施。

厦城木屐有专卖店，也有专卖街。乾隆《鹭江志》记载"木屐街，在中街左边"。② 20世纪初的厦门念歌唱道："入巷便是港仔口，绸缎钟表大店头……银行钱庄大行郊，直进木屐街路口。"③ 木屐街是明清老街，"古时为木屐店集中的街道"。④ 它与周边那些专业性很强的小伙伴，如布袋街、磁街、碗街、纸街、竹仔街等，一同构成厦埠旧日风光。

岁月汰洗，木屐街业已无存。1931年时，木屐的贸易集中区迁移到了霞溪路。《厦门指南》记载：

集市在霞溪仔街一带，为漳州人所开设，皆自造制，共约七八家。旧路头有二家。其余各杂货摊，亦多有分售。每双约小洋二角左右。其屐面有皮、棕两种。棕者系为雨天之用。⑤

① 泉州市文化广电新闻出版局编：《泉州非物质文化遗产资源实录》第2册"削木屐技艺"，九州出版社2017年版，第897页。

② 《鹭江志（整理本）》卷1"街市"，鹭江出版社2020年版，第43页。

③ 《改良厦门市镇歌》，王见川等编：《台湾宗教资料汇编》第2辑第2册，台北博阳文化事业有限公司2010年版，第95页。

④ 方文图：《厦门旧地名考略》，《厦门路路通》，香港人民出版社2005年版，第76页。

⑤ 陈佩真等编：《厦门指南》"第八篇　实业"；"同文书库·厦门文献系列"第五辑（6），厦门大学出版社2022年版，第303页。

木屐生意，既内售也外销。《厦门志》记录当时允许从厦门口岸出口南洋的货物，有"漳之丝、绸、纱、绢，永春窑之磁器，及各处所出雨伞、木屐、布匹、纸札等物"[①]。而抽取关税，"棕屐、木屐、木履，百双例四分"[②]。

普及率很高的木屐，使得20世纪30年代的厦埠街头充满异样的风情。有文章写道：

> 初到厦门的时候，最感到异样的情调就是街上"铁塔铁塔"的拖着木屐的声音了。
>
> 无论是男人或是女人，大都是拖着木屐跑到街上来的，穿皮鞋或者穿布鞋的很是少数。
>
> 厦门人的木屐大抵是整块的木头所制成，横钉着一条皮带。木屐的底通常在一寸左右高，但是也有加高做的。
>
> 除了木屐之外，还通行着一种吕宋拖鞋：底是用皮或是毡做的；鞋面只是交叉着成为斜的井字形的四条绒带。颜色有红、绿、黄等，很是美观。穿的时候要比木屐省力不少了。
>
> 还有一种高跟拖鞋，鞋面上不用说是绣着美丽的花朵的。不过这种拖鞋仅是极少数的女人穿用的。在上海有时也可以看到。这种高跟拖鞋恐怕比高跟皮鞋更来得受罪罢！
>
> 厦门的气候平均在七八十度之间，所以整年拖着木屐是很适宜的。不像北方一到了冬天脚就要冻得发麻，不要说赤着脚穿木屐，就是穿着棉鞋都吃不消呢！
>
> 木屐的盛行一方面固然是由于习惯，可是它的价格也真便宜，普通一毛钱就可以买一双了。一双木屐可以用好几个月。这也许是为了大家所爱用的原故罢？[③]

吕宋拖鞋虽是外来户，却很快成了新宠。"厦市妇女喜拖鞋游行市上。菲律宾、南洋群岛制者，价值数金，亦不贳矣。"[④] 为了足下风流，厦门女子还真不惜钱财（不贳）的。拖鞋一业，由此而发达起来。

> 拖鞋向少专业，多由百货店兼售，以吕宋来者最佳，价亦最昂，以

---

① 《厦门志》卷5"船政略　洋船"，鹭江出版社1996年版，第138页。
② 《厦门志》卷7"关赋略　关税科则"，第166页。
③ 杨廉坤：《厦门街上的木屐》，《大公报》1936年6月20日。
④ 苏逸云：《卧云楼笔记》卷1，"同文书库·厦门文献系列"第二辑（5），厦门大学出版社2017年版，第43页。

其美观而耐用也。现本埠自制者颇多，绒面拖在开元路有三四家，皮面布面者，五崎顶有七八家，为福州人所制造，货劣价廉。欲购较佳者，仍须向百货店购买方有。其他皮鞋店兼制之。[①]

绣有珠子的拖鞋，更得女界宠幸。

考拖鞋之讲究者，南粤外，当推厦门之鼓浪屿。该岛妇女，居常均趿拖鞋，高跟其底，珠花其面，珠光宝气，璀璨夺目。贫寒之家，虽布衣粗食，对于足下装饰，独不能疏忽。拖面所缀珠子，颜色既别，花样亦异，深红浅绿，花鸟图案，无不别出心裁，各尽雅致。女子在家，轻拖露足，短装浅袖，圆肤光致，移步增辉，飘飘然别具一番南边女子特异风韵。[②]

尽管你足下风流快活，有人却以为有伤风化。1937年警局颁发禁令：

查本市居民，恒喜穿着木屐及拖鞋。时交夏令，穿者尤多。更有一般妇女，衣服丽都，而竟裸腿行走通衢，出入公共场所，习为故常。既不雅观，亦失礼貌。而屐声嘈杂，聒耳难堪。妇女裸腿尤属有关风化。际兹励行新运，举凡不良习俗，均应革除。冠履服装，必须力求整饬，以正威仪。现夏令瞬届，亟应呈请布告禁止：
（一）不得穿着木屐及拖鞋行走通衢。
（二）不得穿着木屐及拖鞋出入公共场所。
（三）妇女（除劳动界外）不得赤脚裸腿。
（四）违反上列各条者，由警察随时制止取缔。[③]

当局不惜动用公器，扼杀足下之风流。

市警局实行取缔赤脚拖鞋及着木屐出街行走。昨有年轻女郎，因穿袜拖鞋，行经大同路，警察取缔方法，系留其鞋拖，使踏袜而行。时观者如堵，鼓掌之声不绝。……同日开元路、中山路一带，亦有男女数人，或穿木屐，或着拖鞋，均受取缔。[④]

---

① 陈佩真等编：《厦门指南》"第八篇　实业　拖鞋"，第302页。
② 辛轩：《鼓屿珠拖》，《奋报》1940年1月30日。
③ 《禁止穿着木屐由》，《厦门市政府公报》1937年第25期。
④ 《取缔拖鞋》，《江声报》1937年4月19日。

一如既往地，"禁足令"最终还是不了了之。木屐禁令，只在个别的特殊空间施行，如戏院、电影院。

20世纪60年代前期，木屐还依旧是很大众、很实惠的商品，厂家依旧要为销路煞费苦心。

穿木屐凉快、方便，又经济。夏天人们喜爱穿。本市的木屐盛销省内闽南和南洋群岛一带。开元木作厂最近从华安采购一批枣木、松木和杂木，已开始大量生产木屐。这几种木料质轻耐用，本市顾客历来喜欢选购这几种木料制成的木屐。这个厂自6月份以来，生产了各种男女和大小规格的木屐近2万双，并已和市场消费者见面。最近，这个厂职工还研究增加木屐的花式品种，有较高的，也有较低的，有胶带的，也有帆布带的等。对原有绘画油漆的木屐，在绘画艺术上也增添了新的内容。除了原来的色彩以外，现在还增加棕、绿、水红等色。[①]

随着塑料的横空出世，塑料拖鞋成了街头老大。无须官方禁令，木屐自动淘汰出局。

---

① 《开元木作厂增加木屐品种》，《厦门日报》1961年7月4日。

竹仔街 ▮

竹仔街是横竹路的前身，因专售竹器而得名。在其周边，同样以专卖品而命名的，还有磁街、碗街、纸街、木屐街，以及专卖槟榔、栳叶的"栳叶街"、专卖海鲜的"鱼仔市"……

市场的繁荣，让专卖街也走向多种经营。《改良厦门市镇歌》唱道：

> 隔壁叫做是磁街，洋油店头有人做。
> 现设电灯销路狭，发到漳泉及内地。
> 磁街前时卖火石，现设火柴销路少。
> 改途趁食有恰着，火石卖无到食药。
> 起来叫做竹仔街，五谷种子真是多。
> 什货纸店有人买，不时人马行相挨。
> 街尾就是鱼仔市，鱼肉草菜做生理。
> 山珍海味皆齐备，买多买少随人意。①

清末民初时期，磁街、竹仔街、鱼仔市都属"繁盛街市"。周边共同繁盛着的，还有庙横街、庙后街、关帝前街、恒胜街、打铁街、铁隘门、车加辘、洪本部、典宝街、竹树脚、提督街、栳叶街，以及1920年起兴建的新马路（开元路）等。

繁华也有繁华的烦恼。楼屋密集，就怕祝融来访。一点火星，就能惹出无穷灾难。在清末，竹仔街一带重大火情就有：

1888年3月18日，栳叶街某香店失慎。风助火势，"共烧去店铺13家、房屋一两百间。打铁路头、磁街、栳叶街、竹仔街一带，尽成瓦砾之场"。②

1888年6月9日，车辖辘街福寿宫边某香店，迎神扶乩，不慎打翻油灯，点燃供物。火穿屋顶，延及四邻，"连烧房屋7间"，"地方文武以及营

---

① 王见川等编：《台湾宗教资料汇编》第2辑第2册，台北博阳文化事业有限公司2010年版，第100页。恰着，比较合适；行相挨，走路挤在一起。

② 《厦门大火》，《申报》1888年3月28日。

勇并西人等均奋勇拆断火路，将火浇灭"。店东女儿及胎儿、幼儿各一，葬身火海。①

1893年2月7日，鱼仔市金记号失慎，焚去楼房一幢。所幸毗邻酒坊新置水龙一架，又得"店中制酒工人40余人极力拯救，得保无虞"。②

1900年10月28日，"提督街、栳叶街、打铁路头、磁街等处忽肇火灾"。烧至次早8时，火方熄，"共焚去店铺49户，房屋160余椽"。③

1902年10月3日，关帝庙街头饼店失慎，油锅着火。风助火势，分路延烧，"约计中国房屋被毁去2000楹之多"，租界洋房"怡和洋行及德立士洋行均付之一炬。海关亦被延及，稍有损伤"，"核计所损资财洋人约30万金左右，而华人则有500万之多"。④

1903年10月3日，磁街钟记洋油栈着火，延及对门某锡箔庄。火"至五点钟始熄，计毁去楼屋6间"。栈主妻儿不及奔逃，葬身火窟。当晚11时，竹树脚街某商号又告火警。"东西南北同时蔓延，直至天将破晓，火始式微"。铺号民居"毁去180余所"。⑤

民国以降，市井改良，火情依然多发。1925年新历元旦刚过，竹仔街又告火警：

新历1月2号晚8点半钟，厦门竹仔街德丰糖店三楼，电灯线忽然漏电，火星四射，遂燃着枋屏。是时楼上无人，浓烟倒滚而下，店中人始知觉。登楼观之，已难于扑救，遂大呼失火。

是时站岗警察乱鸣警笛，益同人消防队员计200余人，分为4队：一、水龙队，驶水龙两架，疾驰而至。一架置在新马路永兴公司糖店门前，一架置在恒胜街头绵泉店门前；一、小斧队，携带小斧及铁钩楼梯到新马路，见火势甚猛，登新马路泉裕三层楼顶，折开火路；一、救护队，带救护床及各种药品，到新马路庆丰店前；一、保卫队，亦鱼贯而至。此外，尚有怀德宫水龙一架，置在竹仔街诂厥斋药酒店前；附寨保水龙一架，置在鞭鼓街口；周茂记小水龙、顺记洋行小水龙各一架，置在新马路。海军陆战队及警察、十三中学童子军，先后赶至，将关帝庙前及恒胜街、新马路等处把守，唯有携灯火者，方许入火区内，无灯火者不许侵入。讵知竟有警察行劫，被益同人之保卫队捕获乘危抢掠之二

---

① 《迎神起火》，《申报》1888年6月18日。
② 《工人救火》，《申报》1893年2月22日。
③ 《厦门火警》，《申报》1900年11月6日。
④ 《厦门灾电》，《申报》1902年10月7日。
⑤ 《鹭江火警》，《申报》1903年10月18日。

署警察二人，送交三署，署长请勿宣布。被截获木箱 1 具、铜镭一小草袋、罐头 18 罐、鱼干 16 尾、童子鞋拖 1 只。

　　至 10 点钟，东北风甚烈。益同人小斧队分一部分，到恒胜街通美后楼拆开火路。是时卫生局清道队什长，率清道队 30 余人，到新马路挑水助救。至 1 点半钟始熄。十三中学童子军受伤 3 人，益同人消防队员受伤 10 余人，均由益同人救护队救护脱险，施以药品。皆轻微伤害，不甚重要。①

此次火灾，总共焚屋 30 余间，损失在 50 万元左右。

消防救火，乃为城市要政。民国初年，警察厅设消防机关。1920 年，首支民间"益同人公会"消防队成立。此后数年，各类消防组织纷起，或名"消防队"，或名"水龙局"。

1926 年 1 月，市警厅以"统一事权"为由，收编各路消防人马，统一为"厦门警察厅消防队"。② 警厅消防队，下设本队和支队。本队为官办，驻警察厅；民间救火会为支队，经费自筹。本队设五个工作组：水龙组、折火组、保安组、运水组、救护组。支队则设三个工作组：水龙组、救火组、运水组。③

同年 5 月 16 日，在官厅支持下，厦市各民间消防队并集美学校消防队，联合组建"消防队联合会"，冀望以"有系统之协合"，造福地方。④

厦市消防事业正健康发展。讵料 1928 年 7 月，一场"数十年来所未见之浩劫"的竹仔街大火，几让前功尽毁。

　　本月 8 日早 3 时余，本市竹仔街忽告火警。军警及各街保消防队闻讯均驰往施救。计自 4 时烧起，5 时火势大盛，7 时始告熄，计被灾商店大小 26 家，损失约十余万，死岐西保消防队员 1 人，伤男女 4 人。⑤

被难的消防队员林清权，因救火时"误将水龙之水，灌烙焦电线之上，致电线中断，电光四射，遍及于身，致为所毙"。⑥

———————————

①　《新历新年之厦门火警》，《南洋商报》1925 年 1 月 16 日。

②　《警厅统一各消防队》，《南洋商报》1926 年 2 月 19 日。

③　《厦警厅消防联合》，《南洋商报》1926 年 2 月 26 日。

④　《厦门消防队之联合》，《南洋商报》1926 年 6 月 2 日。

⑤　《数十年来厦门所未见之浩劫》，《南洋商报》1928 年 7 月 30 日。此日报道，将罹难的消防队员误作"岐西保"，以后的报道更正为"附寨保"。

⑥　《数十年来厦门所未见之浩劫》，《南洋商报》1928 年 7 月 30 日。

灾后追责，消防队方认为林清权"惨死流电之下"，"系该路电线破裂，以致漏电"。火起时，电灯公司"又不将电流禁止，致演成惨剧"。电灯公司则辩称，"是夜3点40分，往打铁街修理路线，闻警笛大鸣，知系竹仔街发生火警，乃到钓仔巷将竹仔街及外街一带之电流禁止"。消防队联合会不以为然，以竹仔街全体铺户盖章之字据为证，证明"是夜系4点余钟电灯方始熄灭"，故电灯公司难逃其责。①

消防联合会连日召集全员会议，商讨对付方法。最后议决三条：（一）电灯公司"应助林君丧葬费2000元、抚恤费2000元"；（二）司令部、公安局应"严饬电灯公司，于一个月内更换新线，三个月内完工"；（三）此后发生火警，"不论任何机关队员如以电话通知，该公司于5分钟闭息火警区内电火，否则所有一切危险，公司应负责"。②

会毕，联合会派员向警备司令部请愿交涉，结果却不满意。于是，再开紧急会议，达成共识，"此等不能达到目的，则队员失去生命保障"。联合会于是再次会议，议决将全厦消防队"一致解散。即日发出宣言，使各界明了内容，并以市民资格径向该公司交涉"。③

解散消息，一经传出，全市立时恐慌。社会各民众团体，"义愤填膺。以为救火联合会之失败，就是全民众的失败，实有休戚与共之关键。无论如何，决秉良心，宁为玉碎，不为瓦全，与各消防队共存亡"。各社团表示将"作切实的援助"，即先抗交电灯费，后再"以全民众名义，提向上海电气公司接洽，请其来厦另建电灯电力公司"。④

公安部门亦"深抱不安"。局长林焕章先对局员接待请愿人员时的出言不妥表示歉意，继而派出代表以"委婉态度"，劝救火联合会"以公益为重，切勿以斯细故违反初衷"，"至于队员保障，公安局应负全责，务使有切实的保证，断不使队员失其凭藉。总之，希望能在"最短期间，恢复原状，以免全市数十万人发生危险"。⑤

本拟壁上观的海军警备司令部，也担心风潮扩大，"托人出向该会疏通，深表歉意。对于此案愿任调人，以达完满解决"。⑥

在公安局和各社团的请求之下，救火联合会应允，"暂时恢复原状，以

① 《救火会因林清权案致函司令部及总商会》，《南洋商报》1928年9月3日。
② 《全市消防队自动解散》，《南洋商报》1928年8月9日。
③ 《全市消防队自动解散》，《南洋商报》1928年8月9日。
④ 《各方对于林案之态度》，《南洋商报》1928年8月15日。
⑤ 《公安局对林案颇为抱憾》，《南洋商报》1928年8月10日。
⑥ 《各方对于林案之态度》，《南洋商报》1928年8月15日。

三星期为限，届时如不得完满，应彻底解散，并重新提出条件"。①

问题的症结，还在电灯公司一方。厦门电业自创办以来，就因电价过昂屡遭物议。舆情以为，厦门电业已"试办"11年，也该到换东家的时候。要么归诸政府，要么地方民众收回，再作"重新建设"。群情汹汹，电灯公司担心，一旦应允消防要求更换全市线路，而换线之后电业换人，岂不是为他人作嫁，白耗巨资？电灯公司表态道，林氏的"丧葬费、抚恤费是不成问题"，如能更换名为"捐助"，那么"虽倍数亦易于磋商"。但决不承认消防队员的死缘于触电。为此，公司拟"搜集老于交涉经验之旧时讼棍，预备为走极端之抗争"。②

僵持之中，三个星期的约定期将满。救火会再度发声，告诉警备司令部和商会等，如若三条要求不能得到解决，那么时间一到，"为尊重议决案，全市消防队不得不彻底解散"。③

这一招戳中当局软肋。警备司令部紧急复函消防会，称"林同志之治丧费，并其子女教育费5千元"已经办妥，至于"限电灯公司一个月内换线以及禁火警区内电流两节，候令市公安局与该公司妥议办理"。④

8月19日，救火会再次召集全体队员会议，表决接受司令部和商会的协调意见，同时又坚持几点意见："电灯公司克日修换路线，而救火联合会认为当换（线路）时，报告公安局，公安局应派员协同该公司前往修换"；"以后发生火警，电灯公司应于5分钟内禁止该处电流，否则所有一切危险，该公司应负全责"；"惩办失职肇祸之工程师孙东钻"。大会议决，本会将"继续努力工作，并扩大消防组织，实施消防训练"。最后，消防队全体队员，向司令部、公安局、总商会各调停部门的代表，"行一鞠躬礼，表示谢忱"。⑤

纠纷匝月的"林案"，至此方告结束。

1929年之后，竹仔街又面临着新的变化。厦城的市政改造，将旧有的狭窄街面拓宽，并将路段延伸至相邻的庙横街。新筑成的马路，取"庙横"与"竹仔"各一字，名称"横竹路"。

---

① 《救火会因林清权案致函司令部及总商会》，《南洋商报》1928年9月3日。
② 《救火会因林清权案致函司令部及总商会》，《南洋商报》1928年9月3日。
③ 《救火会因林清权案致函司令部及总商会》，《南洋商报》1928年9月3日。
④ 《救火会与电灯公司纠纷案》，《南洋商报》1928年9月4日。
⑤ 《纠纷匝月之林案果完满解决矣》，《南洋商报》1928年9月7日。

南猪行巷

南猪行巷，位于厦禾路、开元路之间。与毗邻的第八市场相比，此地显得僻静有余。然而陋巷之中有神奇。民居簇拥处有"三十八爷祖庙祠"，狭仄的空间供奉着38尊神灵。据宫庙功德碑记载，明正德年间，闽南有生员38人进京赴考。因拒绝高官索贿，被追杀至此，最终命丧厦门海滩。地民伤其不幸，就地收殓，尊为"爷祖"。

"爷祖"之说，与闽台众多"王爷崇拜"同出一辙。然虚诞之中，却有几分事实，即此地濒海，望北便是笕笃港的鬼子潭。鬼子潭潮流诡异，海难频发。无主尸骸流落海墘，民间善士睹之不忍，拾之而葬。爷祖坟茔，大略缘此而来。

厦地扩张，鬼子潭变身"新填地"。得海运之便，新填地发育为圩市。地志云："猪子圩，在新填地鬼子潭。每旬以一、六为期，贩卖小猪。"①

先有"圩"，再有"行"。同治时期厦市地图，已标有"南猪行"。地志亦云，南猪行巷"早年设有猪行，多卖兴化所产的'南猪'"。② 南猪，即兴化猪，也称"莆田猪"。本岛之"南猪行"，鼓岛之"兴化路"，皆其经销之处。

都市民食，肉类为巨。据20世纪30年代初记录：

> 厦市牲畜，多由内地供给。生猪每年输入约38000余头，牛每年约750余头，羊每年亦近400头，鸡鸭50万余头。猪以兴化产为大宗，鸡鸭多来自漳属。③

经营活猪生意者，称"猪行""猪牙""猪牙行"。猪行扼守猪肉销售上流，来钱快而多。争利于此，势所必然。

---

① 道光《厦门志》卷2，鹭江出版社1996年版，第31页。
② 《厦门市地名志》，福建省地图出版社2013年版，第565页。
③ 《厦门工商业大观》"第五章 工商百业"之"第十节 牲畜"。

厦猪行由纪姓祖创。每猪一只抽银2角40文，世享其利。后陈姓垂涎攘夺，乃以3000元领帖开官牙行，欲夺利权。纪本土豪巨族，以此械斗多年，死亡多命，官不能结。后许道宪秋槎作和事老，两解之。令纪亦请帖一张，名曰"老猪牙行"，陈名"新猪牙行"。凡猪到厦，如百只，则各卖50只，势均利匀。又恐二比争夺，并委一佐杂官作猪牙委员，代为分猪，使之均平，不得偏枯。而械斗遂从此息矣。[①]

民国9年（1918）经人撮合，陈姓的"陈汇一"和纪姓的"纪隆成"二猪牙，合而为一，取号"金汇隆"。公司立股12份，陈纪各持6股。商号主事、办事，由两姓人共同承担，并包办官府征收猪捐的全套业务。"金汇隆"成了猪牙同业公会的代名词，办公地点设于担水巷（挑水巷）。陈纪一旦团结，他姓立马悲催。

（金汇隆）系挂厦禾鼓猪牙捐局名义，用牙税活猪进口捐及海关报关等名目，向猪贩及屠户收费，每只2元8角。又代缚猪费每只3角。内地猪到厦，须由该行买卖，猪贩屠户不得直接交易。其买入概以小洋折算，每大洋1元概作小洋13角。屠户向该行买猪，则大洋1元，较市面减用2占。以是每猪可得利6、7元。其所缴活猪进口捐，及报关查验费仅千余元。……猪贩运猪来厦，须先期向其报告领单，否则到海面即被其查验船截获没收。虽曾有出而控告者，但该行有财有势，而官厅又抱"不得罪巨室主义"，卒无法改革。[②]

金汇隆能量超巨，唯一缺憾，则是鼓屿在其势力圈外。

唯鼓浪屿方面，为该行势力所不及。于是猪贩径自运猪到鼓，多不愿赴该行售卖。该行乃派船在鼓屿海边梭巡，将猪船掳去没收，拘禁科罚。工部局因其在海边掳船，常出而干涉。有时将金汇隆巡船、查猪之人拘押。该行厚利所在，并不因而停止，以致前年击毙金门猪贩1名。去年该行电船在鼓屿海边掳获海门之猪船，双方决斗，岸上巡捕开枪射击，致该行亦伤毙纪姓1人。纠纷之事，盖时有所闻云。[③]

① 《委查猪牙官帖》，《时报》1905年5月26日。
② 《金汇隆之产生以至现在及其中间所引起纠纷之点》，《民钟日报》1930年8月2日。
③ 《金汇隆之产生以至现在及其中间所引起纠纷之点》，《民钟日报》1930年8月2日。

鼓屿商民无法忍受金汇隆的霸道，便谋对策。

　　该行与鼓屿屠途纠纷多年，今春鼓屿华人议事会，乃通过准屠户组织联益公司，自由运猪，每只得利抽出1元为华人教育费。金汇隆以利之所在，出而阻梗。后党政军调停，每猪应出1元3角，交金汇隆代纳各捐税，仍抽1元为教育费，4角为联益公司费用。鼓屿有陈泉声等曾向其承办，以此办法实行，则彼收入完全损失，即又出而反对。后党政军再仲裁将联益取消，省去4角，余仍旧。金汇隆仍不能服从，其所持之最切者，为不许屠户自由买猪一事，意欲每月须到该行买数百只方可。于是鼓屿联益方面屠户则力与争执。陈泉生等则依金汇隆之办法承来办理，办事人有无得利不得而知。唯教育费则归无着。①

受金汇隆扰害最深的海澄县，也挑头反抗。

　　厦门金汇隆猪行，私设关卡，征收活猪进口捐牙税，经县长郑之翰呈请财政厅取缔，已蒙批准。前月抄海澄县党部，又与金门、晋江、惠安、仙游、莆田等县党部联衔快邮代电，致省党部、省政府、财政厅、财政特派员公署请依法取缔。电中对于纵容金汇隆者，颇多不满之词。日前已奉省党部指令，谓已函财政厅严行取缔。闻厅已派员赴厦彻查云。②

素来不守法度的台湾籍民，也想在猪市中分一杯羹。

　　去年（1935）台人组织"兽肉组合"，而由"庆发洋行"向内地贩猪来厦，因与金汇隆猪行利益冲突。依省府规定，同一地方，只许一猪行。金汇隆即根据此项法令，而行缉私，叠与"庆发洋行"争执。后经市商会召集调解。结果，成立优待台人三个条件：1、台籍屠商均须向金汇隆猪行购买生猪宰卖，每只优待1元5角；2、每日金汇隆猪行供给台人兽肉组合生猪30只，转给屠商宰卖，否则每只须赔偿台籍屠商3元；3、庆发洋行停止生猪营业，金汇隆猪行酌予赔偿损失千元。双方签约

---

　　① 《金汇隆之产生以至现在及其中间所引起纠纷之点》，《民钟日报》1930年8月2日。

　　② 《省党部函咨财厅取缔金汇隆》，《民钟日报》1930年7月18日。

后，事遂平息。①

"兽肉组合"得了便宜，还想卖乖。私购私宰，漏税漏捐……我行我素。受损严重的猪行、屠途、捐局，议定联手止损。

猪行及"猪牙行营业税征收所"，为维护税收，乃再呈税务局。由局核准组织"猪牙行营业税征收所纠察队"，发给证章，派遣四安、鋈厦、民光等三电船，于昨日起，在沿海巡查，并在岸上查缉。自晨即已出发，昨下午3时许，川走同厦之巷南电船，及东头埔之隆盛电船，先后抵厦。事前，台人即雇船下轮起卸猪只，当被纠察队发现。计巷南船有23只，被纠察队截获14只，押运上陆。其余亦被水警队扣留。又隆盛轮载14只，由台人谢若甫监运，纠察队欲予扣留，双方发生争执，即由水警将谢及猪只带往队部，旋将谢释放。猪只由猪牙行营业税所领去。②

1936年新年已过，冲突仍未停息。

昨（1月8日）晨7时许，福安猪船由兴化运到活猪83只，将由兽肉组合雇工起卸。事为金汇隆猪牙行所悉，即派缉私队驰往截留。时兽肉组合已陆续将猪起卸上岸，因缉私队阻止，欲将猪船扣留，遂起争执。二分局据报，急转报总局。由局派侦缉二区队，会同二分局特务长警，到报弹压。结果，缉私队乃将该猪扣留。计第一批53只，第二批30只，当即运入金汇隆猪行没收。③

原先允诺停止生猪营业的"庆发洋行"，于9月间食言变卦。

庆发洋行近又恢复生猪营业，金汇隆猪行（现改组为猪行业同业公会），谓其违约背信，双方又起纠纷。猪行对于每月应缴牙税，藉口台商侵占营业，惩期不交。财局对此，特召集双方负责人到局，再度调解，终于无效。昨再磋商，庆发洋行提出条件。该行若停止生猪营业，猪行须赔偿3万元之损失，否则断难接受。此项条件提出，调解益无可能。

---

① 《猪纠纷又起》，《江声报》1936年9月15日。
② 《猪牙税所纠察队昨与台人剧烈争执》，《江声报》1935年12月12日。
③ 《猪牙行扣大批活猪，几再发生冲突》，《江声报》1936年1月9日。

现财局正在另谋适当解决办法，且看将来如何。①

双方各找自家官爷以为援助，日领要金汇隆为籍民"查照放还，或照开单赔偿损害"。② 地方财局则多次要求"兽类组合"清还积欠金汇隆账款。该欠款，1936 年 10 月时"计共国币 6000 元"，③ 1937 年 2 月时为"小洋 6378 元 2 角 3 分"。④

百般烦恼，官府决心收回猪牙行的征税权。

案查本府财政局经征猪牙行业营业税，前由本途代表陈承德、纪志方认额承办，本年 6 月底已届满期。兹遵省政府明令自 7 月 1 日起，收回官办，另行设所经征，以资整理。除令饬原承办人遵照卸办，并令委韩亭为猪牙营业税经征所主任外，合行布告本市屠商猪贩等一体周知，务各遵章投牙报税，毋违，切切。⑤

布告发布，未及期年，厦岛惨遭沦陷。民生陷入极度困顿之中，粮食配给匮乏已极，而食肉更难设想。有消息透露：

本市猪肉，自活猪价格暴涨后，私宰暗盘买卖者日多，致各市场 3 月不见肉影。屠兽途业者遭此影响，生计日感困难。乃于日前沥情呈请市府，乞请准予在禾山及市内自由采买活猪，并撤销公订价格，由各二盘商逐日将买入活猪集齐标价，而后出市零售。案经当局审核认可，昨已通知牲畜市场转知各二盘商，自即日起准予自由买卖云。⑥

战后，复员的猪市仍不平静。陈纪重新联手，再造"猪牙经纪业联合办

---

① 《猪纠纷又起》，《江声报》1936 年 9 月 15 日。

② 《函以台侨兽肉组合违反协约复行私运猪只情形，请查照转饬遵约办理由》，《厦门市政府公报》1936 年第 19 期。

③ 《函据财政局呈报台侨兽肉组合积欠猪行账款请查照迅饬清还由》，《厦门市政府公报》1936 年第 19 期。

④ 《函催台湾兽肉组合积欠汇隆联记猪行账款迅饬清还以维信用由》，《厦门市政府公报》1937 年第 23 期。

⑤ 《布告猪牙业营业税收回自办仰知照由》，《厦门市政府公报》1937 年第 27 期。

⑥ 《市府准予屠兽途活猪自由买卖，并撤销公订价格》，《全闽新日报》1943 年 12 月 14 日。

事处"。

　　最近该途商纪肃亭、陈锡祥、纪京津、陈英亮，暨龚金水、连济民等，特筹组厦门市猪牙经纪业联合办事处，于鹭江道 65 号。现已筹备就绪，定 8 月 1 日正式成立，并邀请各界首长莅临观礼。据该处办事处负责人声称，联合办事处之成立，意义有二：一为使内地来厦猪贩托售得所，且稳固保障；其次并可协助政府巩固税源，每月销售猪数，在与屠宰税有密切之关系。①

"联合办事处"成立后，"凡由内地采购毛猪，概须由该处经手。一部屠商不愿与之合作，因而时常发生纠纷"。② 受"联合办事处"压迫的猪牙行，控于当局，请求解决。

　　本市猪牙行以近日对外采购毛猪，均受猪牙联合处截扣，计义成 6 头、福联春 2 头、复裕行 4 头、存德 4 头，均感狐死兔悲。乃联合廿余同业，呈向市府交涉。略谓：联合处并非合法组织，仅少数人凭借特殊势力，企图垄断毛猪买卖，而威胁彼等归其统制。并质询政府，联合处有否权力截扣猪只，政府是否准许其如此行动。当局据呈后，曾允待查办理云。③

尽管猪牙行的诉求得到当局支持，然而争斗却远未结束。

　　猪牙行联合办事处与猪牙纠纷，互诉于市府。市府以联合办事处于法无据，严令解散，不得垄断猪牙业务。该办事处呈府解释，谓系遵照旧习惯，要求收回成立，是以案悬未决，双方亦各行其是。猪牙行由陈子海领导"抗战"，而联办处由陈纪两姓"据关"截猪"抽税"，入其范围者则须"遵章"办理，如在范围之外则作壁上观，不敢再如以前"纵横"海上。唯纠纷时起时伏，终有再暴发之一日。④

---

① 《猪牙经纪业联合处今成立》，《星光日报》1947 年 8 月 1 日。
② 《猪牙联合处已令饬解散》，《江声报》1947 年 9 月 1 日。
③ 《争为猪的主宰，猪牙行团结力量控诉联合处非法》，《厦门大报》1947 年 8 月 10 日。
④ 《猪牙业纠纷或将再暴发》，《厦门大报》1947 年 9 月 28 日。

曾姑娘巷

曾姑娘巷之名，源于一个悲怆的传说。

薅菜河附近有地名"曾姑娘"，荒祠尺半，木主挤龛欲满，则祀曾姑娘处也。曾姑娘，轶其名，遇人不淑。一日，以言忤其丈夫，适被酒，遂杀之。曾姑娘外家无期功之亲，死已久无为雪忿者，卒显赫致其夫于法典，人即以居宅祀之，香火轰动一时，或曰是地即曾姑娘殡宫，未审然否。①

李禧慨然作词曰：

曾姑娘，何事为夫戕？
古来婚姻之道苦，不见青溪小妹惯无郎。
（注）祠在思明北路，曾为夫所杀。称姑娘者，绝其夫也。②

暗黑的婚姻，丑陋的渣男，残酷的家暴。"曾姑娘"一名，冷得瘆人。

同样也在曾姑娘巷，另有一段社会暴力制造的惨剧：1925 年 9 月 12 日，厦门国民外交后援会张振才，在此遇刺身亡。报载：

12 日午后 3 时，张外出归，至关仔内曾姑娘巷口，有斗殴者，观众塞途，张亦驻足。忽自后来三人，一西装，一长衫，一黑绸短衫。短衣者突出左轮手枪击之，弹中右背，穿前胸出。张急回视，甫睹凶手面，第二枪又至中腰。第三弹不中，凶手自曾姑娘巷逃，张则以手抚伤处急走，至海南医院。甫登门，不支卧地。院医以张家在邻右，乃扶翼之至家，已不能言。医注以强心剂，始继续言曰："凶手我识，但不知其姓

---

① 李禧：《曾姑娘》，《紫燕金鱼堂笔记》，北京广播学院出版社 1995 年版，第123 页。

② 李禧：《丛祠》，《梦梅花馆诗抄》，"同文书库·厦门文献系列"第一辑 (6)，厦门大学出版社 2016 年版，第 56 页。

氏。"警厅侦探陈尚志至，张精神陡增，谓陈以事被怨家害，生命恐无望，请陈为之复仇。时各社团及亲友闻耗集者近百人，乃决舁之渡海，入鼓浪屿美人宏宁医院。至，由美国瑟医生验伤："第一伤，由背后右第八肋骨贯入，通过肺部，斜至胸部乳下线第九肋骨间；第二伤，由右腰部贯入，通过肝脏静脉。"诊断以第二伤为致命，剖治或有望。张亲签字愿剖，并令其预立遗嘱，备不测。时张又不能言，乃手书致各社团亲友及其妻遗嘱三纸，并捺指印焉。医生剖视，肝部已碎，血流腹内，不治，乃略施手术，封创口，麻醉之使就睡。至夜 10 时，张醒呼口燥，声已颤微，旋额汗涔涔，遂气绝矣。①

张振才，热心社会公益之人士，其略历：

张系思明县人，现年 26 岁，踊跃社会公益，热心爱国运动，善交际。故现任通俗教育社及外交后援会、益同人公会交际之责。又为前教育会评议员，曾任大同学校教员，及对日市民大会职员。现为清河学校名誉校长、《厦声报》特务访员。素性和平，与人素无嫌隙。但正义之所在，则又力争不届。前次对日时曾为某方人所忌，欲中伤之，乃走沪以避。去年回厦，适此外交发生，为后援会之中坚分子。罢工运动时，曾继林仲馥之后，被举为工人救济会干事部主任。家中尚有老父伯叔，遗妻一人，子一，出世只 6 月。闻其妻尚遗腹有孕云。②

张振才就职的"后援会"，全称为"国民外交后援会"，系因声援上海"五卅惨案"成立的地方组织。后援会的活动，有两大内容：一是演说示威，以唤醒民心；二是抵制"仇货"，对日人实行"经济绝交"。一心投入运动的张振才，因此惹祸。张振才逝前留有遗嘱两份，由友人代笔。

其第一遗嘱云：振才此回为鼎美之人枪毙，请后援会、通俗社、教育会、益同人等，开会罢课罢市，要求缉凶。当本良心作事，勿使振才含冤莫伸。振才苟有不测，实为国牺牲云云。

其第二遗嘱谓：贱内不可为我死守节，我家清淡，后援会当提出良心，社会朋友当为我报仇。官厅无法办理，不得为官厅。③

---

① 蜀生：《厦门张振才被刺殒命》，《申报》1925 年 9 月 21 日。
② 《张振才遇刺身死详纪》，《南洋商报》1925 年 10 月 6 日。
③ 《层出不穷之厦岛暗杀案》，《时事新报》1925 年 9 月 21 日。

遗嘱所言"鼎美"商行，为台湾籍民吴蕴甫所开设，址于开元路 283号。在吴的旗下还有"美源""鼎茂"二商行。吴氏三家商行的公开经营项目："鼎美"为面粉，"美源"为钱庄，"鼎茂"为"北郊"。暗下里却以贩毒、走私为主业。

"后援会"全面抵制"仇货"，触犯鼎美、鼎茂的日货贸易，仇衅由此而起。

26 日有鼎茂号者，由恒大轮运到日本肥田粉 700 余包，照后援会规定，凡抵制期内，对劣货进口，早有登记者，每包罚洋 1 元，始允其自由配运。讵鼎茂号不遵例缴纳，为义勇队调查员查得，以无后援会之证明放行，于是欲扣留之。舟子吴买置之不理，解缆驶往卸交内地小轮。调查员不甘，击桨前追，至海面将近该轮，乃吴买之党众恃凶殴打，刀钩齐下。结果，义勇队调查员 7 人，性命垂危者二（林清玉腰骨折二枝、鲍炳坤周身气受伤、头皮破裂）、重伤者四（陈福来、孙庆扁、洪恩助、吴君智，均手足胸臂之伤）、被推落水现查无踪生死未卜者一（郑顺兴）。后援会陡闻此耗，急鸣锣集市民大会，同时商家亦纷纷罢市，以助后援。当开会时，因市民到会甚众，商会大厅不足以容，乃改用露天大会。①

张振才主持了抗议大会。大会通过 6 条决议：

一、议决鼎茂号指使石浔人吴买，纠众毒殴本会调查员，应具呈当地官厅缉凶惩办。
一、议决应俟官厅缉凶后，有完满办法，经本会通告，方得开市。
一、议决应责成吴氏家族自治会、鼎茂号交出凶手。
一、议决宣布与鼎茂号经济绝交。
一、议决本会对于调查员被伤，或有不测，应加以体恤，由职员办理。
一、议决责成官厅跟追鼎茂号东及经理人，交出凶手。②

后援会并发布罢市启事：

启者，本会调查队，于本日在海口破获鼎茂号日本肥粉，前往扣留，

---

① 《厦门查货发生大惨剧》，《时事新报》1925 年 9 月 1 日。
② 《厦门查货发生大惨剧》，《时事新报》1925 年 9 月 1 日。

被该号船仔舵吴买，纠众持械毒殴。现伤重垂危者4人，被推落海未卜生死，尚未调查实数。似此显系鼎茂从中指使破坏，实为厦人之公敌。凡吾厦人应一致罢市抵抗，一面责成官厅于日内缉凶。如凶手未缉以前，不得开市。俟有完满办法，经本会通告，方得开市。此启。①

官厅因市民不肯开市，对缉凶一事颇为着急。但主凶吴买早已逃之夭夭，再欲捕拿"鼎茂"号当事人刘子文、郑子三归案讯究，刘郑二人也鸿飞杳杳，仅获从犯一人。其后，落水失踪的郑顺兴获救归来，"鼎茂"号也答允"照缴日货肥粉罚金1280元，后援会已允其卸货矣"。②

尽管事情得到了解决，但鼎茂、鼎美与后援会的梁子却越结越深。坊传鼎美的七老板吴克明，对张振才在市民大会上的激烈主张，衔恨甚深。鼎茂人声称，对殴打后援会调查员一案持激烈者态度者，"必一一为之登记，待事解决了后，按簿索人，而施报复"。③ 在家人劝说下，张振才萌生退意，欲辞去后援会职务。孰料职务未辞，暗杀先至。

9月12日深夜，张振才伤重救治无效。次日，棺柩由鼓渡厦。

张死后，其家属原拟即晚移回家中开丧。后以深夜不便，遂留医院中。至13（日）亲友闻耗，奔至吊问，并为办置后事，地检厅亦于是早由检察长到院相验备案。延至下午1时许，乃由厦购来棺木，闻值价480元，运鼓入殓。时有通俗教育请各社团于商会聚齐往鼓浪屿迎棺（厦人谓之"放板"）视殓。殓时张身穿蓝缎袍、黑马褂、常礼服。殓毕，并将尸柩迎来厦门。通俗救护队各执小旗一面，上书"急公好义""为国捐躯"等字样。棺柩由河仔下渡头下渡，亲友及其家属则由三丘田渡海，共用大舠3艘、电轮2艘，随送者约百余人，尚有多数未见渡鼓者，则预集总商会，候张柩由常关码头上陆，即趋前迎接。直送往靖山头、同安内寄棺。沿途送者达数百人，极一时之哀荣云。④

张振才遇刺，在厦市投下重磅炸弹。13日上午10时，张所在的通俗教育社召集紧急会议，议决具函海军警备司令部、警察厅、思明县府、道尹公署、检察厅，请严重缉凶。其他社团如外交后援会、益同人公会、教育会，亦集会讨论善后办法。张父益谦为会长的"张氏自治会"亦提出严重交涉。

① 《厦门查贷发生大惨剧》，《时事新报》1925年9月1日。
② 蜀生：《厦门罢市风潮续志》，《申报》1925年9月5日。
③ 《层出不穷之厦岛暗杀案》，《时事新报》1925年9月21日。
④ 《张振才遇刺身死详纪》，《南洋商报》1925年10月3日。

时下正是厦城的暗杀多发季，官府不敢怠慢。依据张振才的遗言，首先对鼎茂、鼎美采取行动。

> 此案发生后，警厅长闻甚注意，以凶徒暴行，目无法纪，以得报凶手与新马路某日籍商有关，遂即照会梧桐埕日警分署，请其派员会同查缉。日警立派警员到厅，警厅乃派出武装警察，及侦探、警察等百余人，分布于新马路、老叶街、外教场一带，并另派侦缉队长协同日警，警长1人，部员2人。先将鼎茂行门前包围，继复分一队，驰赴老叶街，将鼎美行包围，不容行人通过。又以侦探数人，向陈嘉庚公司借路，径登屋顶，搜寻久之，未有所得，警探始各散去。至围老叶街者，闻于鼎美内带去1人。又据一函实并未带人，以警探到鼎美时，当事以籍民故，不许搜查，仅邀请科长登楼谈叙。科长本欲请吴老七回署，老七闻不同往，但吴蕴甫系籍民，乃由老二亲写一函，向厅长保免老七，始免带去。科长在该号延五六小时，始率队转搜鼎茂号，故实无捕人之事。至鼎茂号各职员，以警厅惠临，闻风皆逃，由楼上窜匿鼎美而去，警探遂入内云。①

吴蕴甫生怕再惹众怒，遂紧急洗白，出资悬赏缉凶。布告道：

> 万万急，敬告厦门父老兄弟暨福兴泉漳各属及国内外各商埠父老兄弟钧鉴：旻天不吊，暗杀迭兴，蕴甫为大局计，顷飞函厦门总商会，一函文曰：敬启者，昨日下午3点余钟，张君振才忽在本埠关仔内地方被人狙击，身受数弹。当此青天白日、军警林立之区，何物凶徒，胆敢如此残暴。此风一开，实觉人人自危。蕴甫为社会生产计，为水落石出计，苟非特别悬赏，难期弋获正凶。兹为大局起见，愿以个人私资计大洋5000元，订立支票储存厦门总商会，无论何色人等，如能破获狙击张君振才正凶者，即以此项奉赏。留款以待，决无虚冒。再如能报说正凶而破获者，赏大洋1000元。事关治安，相应飞函，敬请贵会查照，迅即据情悬赏通告各界，至纫公便等语。事关人道，务乞鼎力侦缉，以儆凶顽，而维治安，地方幸甚。厦门吴蕴甫叩，（民国）14年9月13日。②

9月14日，外交后援会在教育会召集大会，到62团体，200余人。张振才家属出席大会，张弟振桂报告张振才被刺情形，并当场宣读张振才遗嘱。

---

① 《张振才遇刺身死详纪》，《南洋商报》1925年10月3日。
② 《张振才遇刺身死详纪》，《南洋商报》1925年10月3日。

张妻洪氏亦发言，谓主凶甚明，请众人为其先夫复仇。大会议决：

> 悬赏 2000 元缉凶，并即席派代表，赴司令部、警厅请严重缉凶，优恤张氏身后，并电杨树庄云："上海杨幼京（杨树庄）总司令钧鉴：本会职员为五卅案，迭遭暗杀。文日职员张振才又被奸徒枪击殒命，请严饬厦埠官厅即日缉凶，以平公愤。"[①]

振才一案，震惊全国。全国学生总会、上海学生联合会、上海总工会、上海各团体外交后援会、上海工商学联合会等团体，纷纷致电以示声援。

然时经多日，缉凶信息杳然。鼎美多方奔走，又开始恢复旧观。

> 行刺张振才凶手，迄今仍未破获，各界人士至为注意，深恐长此以往，将归无形销灭。闻将开联合向官厅请愿，早日缉凶。至鼎美方面，自张案发生之后，停止营业，日前曾托人向官厅及后援会表白无收买暴徒刺张之举。并云凶手破获之后，自能水落石出。官厅及社团对此如何答复，尚未探悉。唯鼎美行已定一日恢复营业。据查已向官厅及某方面，立定条约，未破获凶手之前，不得再拘捕其店伙。经各方面许准，故照常营业云。[②]

1927 年 11 月 13 日，张振才出殡仪式进行。市抗敌后援会、通俗教育社、益同人公会、张氏家族自治会、各学校师生，各社团暨社会人士以及张氏亲属友好数百人，参加追悼大会。

> 追悼大会后，出殡式开始。出殡队伍的前列高举一幅横书黑字"厦门各界追悼张振才烈士出殡式"，一幅幅的挽轴写着"烈士张振才为国捐躯，杀身成仁""烈士革命精神不死"等。队伍后面，人们抬着死者血衣，遗像的灵亭和灵柩，气氛肃穆，缓步行进。童子军铜乐队沿途奏哀乐，群众围观，途为之塞，行人看到这悲壮凄凉的情景，莫不感动泪下。送殡队伍绕市区主要街道缓行，至傍晚，始抵达禾山，葬于白鹤岭黄土之原。墓碑正中白石雕字"清河考振才先生墓"，两旁对联是"负才饱学千秋重，为国捐躯万古扬"，为市商会会长洪晓春亲笔题写。[③]

---

① 蜀生：《厦门张振才被刺殒命》，《申报》1925 年 9 月 21 日。
② 《张振才案与鼎美号近闻》，《南洋商报》1925 年 10 月 20 日
③ 许国仁：《爱国志士张振才之死》，《厦门文史资料》第 15 辑，第 125 页。

棺材巷与光彩街

1933 年的厦门有过一次街巷更名行动。事发起于厦港。

市公安局户籍事务所，以四分局辖内旧地名，颇多不雅听者，如石王公、菜园仔角等，皆有改正必要。昨已函四分局，定明（14）日下午 4 时局务会议后讨论，应改街名如下：石王公、福海宫、围仔内、市仔街、大人宫、圆山宫、打石市、南菜园仔角、福海宫后、马墓、水牛埕、南打棕街、料船头、配料馆、南烘炉埕、熟肉巷、永福宫、南溪仔墘、寿山宫、顶澳仔、下澳仔等 21 处。①

街巷更名之潮，很快波及全城。

本市马路街巷名称，素极复杂，或同一街巷而有数名者，或屋仅数座，亦独竖一名者。其他以宫、庙、寺、庵，命名者尤多。近市公安局为破除迷信起见，举凡以厝、墓、宫、仔、井、顶、庙、殿命名之街巷，拟一律改称。经该局局务会议议决，交行政科、户籍事务所，暨各分局等会同审定，由户籍所将应改称之街巷，列表各分局拟正。定今（19）日在局讨论审定。②

几经勘察、调研、论证，筛选出最需更名的街巷 160 条。如此大规模的更名工程，可行性实在太低了，最后确定改名的街巷只有三条。

林鸿飞长厦市公安局时，将本市不雅街名，概行更换。现户籍所长王寿椿，以街名更换太多，多有不便，除将棺材巷改光彩巷，虎母尿改虎泉巷，粪扫埕该文藻埕外，其余概不更改云。③

---

① 《四分局辖内应改地名计二十一处》，《江声报》1933 年 7 月 13 日。
② 《改定本市街巷名称——全市总计 375 条，殿厝宫庙墓顶井仔一律更新》，《江声报》1933 年 7 月 19 日。
③ 《本市街名新改换》，《江声报》1934 年 2 月 20 日。

到如今，虎泉巷、文藻埕都已销声匿迹。唯独光彩巷名号还在，并由"巷"升级为"街"。

棺材巷的名气，晚清时已为外界知晓。荷兰汉学家高延写道：

> 中国的许多城镇通常会有一两条专门经营寿材的街道，这条街上，几乎所有的店家都是以制棺售棺为生的。厦门也有这样的"棺材一条街"，当地人称之为"棺材巷"。棺材店在当地叫"板店"，因为在厦门方言里，"板"就是棺材板的意思。①

高延于光绪三年至四年（1877—1878）和光绪十二年至十六年（1886—1890），两度在厦门等地进行田野考察，并留有专著《厦门之时节与习俗》。

诚如高延所言，厦门方言中的"板"有"棺材板"的意思。《改良厦门市镇歌》唱道："冢山近海十五崎，崎脚柴店归大堆。水船板店搭柴栅，尽皆是在后海墘。"② 昔日十五崎至后海墘一带，木材业生意发达，有船厂也有"板店"。所谓的"板店"，也就是棺材店。1932 年的《厦门工商业大观》记录，棺材巷有名号的板店有 10 家，再加上毗邻的后厅衙 4 家和夹舨寮 6 家，棺材巷一带几乎囊括了厦市的棺木生意。

棺材店雅称寿板店，但不同的"寿板"差距老大了。高延也注意到这一点。

> 棺材因品质不等价格也相差悬殊。用几块薄板甚至是一些木条就能拼凑出来一口材质粗陋的棺材，这种棺材密封性极差，缝隙随处可见。在厦门，这样的薄棺二块钱就能买到，有时甚至更便宜。而那些有钱人则会花上四五十块钱去买一口好棺材，这种棺材的每一块棺板都是用一整块木料做成的，外侧被刨成弧形，坚固厚实。这样的价钱对那些穷人来说简直是天文数字。为了过一把"富人瘾"，他们会让棺材铺尽量把棺材的外形做得像前者一样雅致。不过赝品终究是赝品，经不起仔细推敲。只要走近一看，你就会发现这种棺材的侧板是用木条拼接而成的，接缝处填着油灰。为了求得顶级的寿材，那些有钱人家不惜靡费重金，往往要花上好几百块钱才能购得一口所谓的良棺。这个烧钱的家伙通常

---

① 〔荷兰〕高延：《中国的宗教系统》，花城出版社 2018 年版，第 279 页。

② 王见川等：《台湾宗教资料汇编》第 2 辑第 2 册，台北博阳文化事业有限公司 2010 年版，第 98 页。大堆，一大片。

高达一米以上，且笨重无比，因为这种棺材的棺板特别厚。①

豪华版的"寿板"，与其说要展示逝者的福气，不如说要炫耀生者的财气。《鹭江竹枝词》有"迎棺"篇，道：

> ［序］木美者，用金鼓仪从舁过街衢。子孙于半途迎接。
> 鞀鞳铿镪骖从呼，棘人迎接向中途。
> 原来木美观瞻壮，不独虞亲土近肤。②

上好的"寿板"经久耐用。耐用到让一些无良商贩干出很"夭寿"的事来。

> 市公安局近以本市各处逐渐开辟新区，各地坟山如碧山岩、南普陀山、麒麟山、虎头山、瀑布山等处属坟，俱已陆续迁掘。而所遗之破棺烂板极多，市民辄取作器具或燃料用。殊不知此种寿棺木已经葬土，再行掘出，其中深含毒质。市民无知，贻害非浅。而一般贪利之徒，不顾利害，更藉此以牟利，更属非法。又据督察处报告，谓有木桶店，竟以破坏棺木制造桶具，不知者多被其欺，于卫生大有妨碍云云。③

一般人的"寿板"，只是"杉板"，由薄板订成的薄棺。虽说薄利，但也多销。旧时代的疾病瘟疫、水旱灾害、战乱斗殴、暑寒饿馁、流离失所……，搞得全厦死亡率居高不下。1933 年警方在报上逐月公布市民死亡数据：1 月份 254 人，2 月份 295 人，3 月份 428 人，4 月份 477 人，5 月份 465 人，6 月份 423 人。半年合计死亡人数达 2347 人。而死因的调查，6 月份死亡的 423 人中以染疫占大部，诸如伤寒、类伤寒、赤痢、天花、鼠疫、霍乱、白喉、流行性脑脊髓膜炎、麻疹、肺痨等等。④

官厅深知，遏制传染病必须从棺材店抓起。官府颁布的《取缔棺材店暂行规则》，其核心一条，即"棺材店每次所售出棺木，或代丧家制作棺材，均应将死者姓名男女之别、年龄、籍贯、住址门牌、所得病症、医生姓名住

---

① 〔荷兰〕高延：《中国的宗教系统》，第 280 页。
② 萧宝菜：《鹭江竹枝词》，刘瑞光校注：《厦门竹枝词辑注》，厦门大学出版社 2003 年版，第 55 页。
③ 《市局取缔棺木制桶》，《江声报》1932 年 4 月 10 日。
④ 《本市六月死 400 余人》，《江声报》1933 年 8 月 2 日。

址、死之时日，按照本处所发调查表分别誊写，以备本处卫生警察到店收取"①。

然而，无名无姓的路毙人员、彻底贫寒的鳏寡人士，其生命最后一程，无须麻烦棺材店登记，直接靠社会施棺安排上路。

施舍棺木之举，清代已经有之，其时有机构名"施棺义厂"。清嘉庆二十五年（1820），"疫疠时行"，巡道倪琇等官吏"劝捐洋银4175圆，随时施棺瘗埋"。施棺义厂，即由此而来。倪琇之后，"历任提督、道、厅，各有捐施"。道光十二年（1832），"春复大疫"，厦绅郭炯一家捐银3236元，施棺木1056具。②

对"施棺义厂"的运作，高延考察道：

> 厦门多年以来一直存在着由官方控制和赞助的、为穷人提供免费棺木的机构。私人的棺材施舍社团也以类似的方式运作。……地方当局将主要的管理工作委托给一二位"董事"，他们通常具有较高的学历，每年得提交一份收入和支出清单。收入主要来自该慈善机构所拥有房屋的租金，另一部分则是一小笔资金投资的利息。棺材店由木匠开设，他与慈善机构订有合约，是所谓的"列宪施棺义厂"，向递交申请而获批准的穷人发放免费棺材。③

民国5年（1916），厦市几家慈善机构，如育婴堂、恤无告堂、义仓、义廒等合并，合名为"同善堂"（俗称三堂）。"三堂"施医、施米、施教，并"收埋路旁及水流无主尸体，所有棺木，并抬埋工力、冢地，概由堂支理"。④

除土葬外，高延在厦考察还有新发现。

> 我们经常看到驻守厦门港口要塞的湖南士兵焚烧同伴的尸体，目的无他，就是为了能将火化后的骨殖放入自己的行李内，带回家乡，放在瓮或棺木内安葬。这种火化都无一例外地非常简单，通常是背靠一堵墙或斜坡的一座露天小柴堆；一般规矩是用40立方英尺的松木，涂满燃油

---

① 陈佩真等：《厦门指南》，"同文书库·厦门文献系列"第五辑（6），厦门大学出版社2022年版，第114页。
② 道光《厦门志》卷2，鹭江出版社1996年版，第57页。
③ 高延：《中国的宗教系统》，第650页。
④ 民国《厦门市志》卷21"惠政志"，鹭江出版社2021年版，第546页。

以确保烧尽尸体上的肉。①

这种火葬，也太过简陋。厦埠风气早开，火葬早不是什么稀罕事。除佛家弟子，民间火葬也不足为奇。光绪初年的《鹭江竹枝词》有"焚尸"一章：

> ［序］俗亦多火葬
> 遗骸送入丙丁方，道为儿孙卜炽昌。
> 生女水埋亲火葬，天然旗鼓两相当。②

作者将"溺女"和火葬相提并论，唯一的"旗鼓相当"点恐怕就是"省钱"。

民国时期，民间设有焚尸场，向社会提供服务。焚尸场作业，也引起民怨。

> 思明市工务局，昨布告云：查寿山岩后素斋社所设焚尸场，逼近居民，每遇焚尸，即臭气薰天，远近皆闻。前吴厝厝保小学及蓼花溪一带居民，以碍公共卫生，请求饬令迁拆。经由本局通知该社，限期迁拆在案。兹据该社代表张和尚、李清祐等声称，所示各节自应遵办，惟无相当地点，可否将仙洞边山谷园地指定为建设焚尸场之所，由该社出资承购建设。嗣后无论社众，均可在此焚尸等语。查该社所择地点，距离民居甚远，甚属适宜，应准由局收买。自布告之日起，凡属该地业主，务于10日内缴契认管，以便洽价收用。如逾期不缴，即以公地论，幸勿自误云。③

火葬的棺木只是薄棺，一次性使用，成本低廉。这类棺木想必也在棺材巷的生意榜中。

棺材巷除售卖、定制棺木以外，还经营"尸衣"和"鼓吹"。经营"鼓吹"的行当，叫"吹班馆"。此馆"专助理丧喜之事。备有吹打乐队、喜轿、棺盖、魂亭等等之物。价格不一，视人数之多寡、物品之优劣而定"。④

吹班的重心是魂亭，吹班馆因此也叫"魂亭馆"。旧时出殡，拼的就是

---

① 高延：《中国的宗教系统》，第988页。
② 萧宝菜：《鹭江竹枝词》，《厦门竹枝词辑注》，第58页。
③ 《焚尸场迁移，为公共卫生》，《江声报》1933年9月3日。
④ 《厦门工商业大观》"第五章 工商百业"之"（癸）杂录"。

场面。"魂亭"是丧家的面子之一。讲究排场的出殡仪式,将魂亭搞成阵列,其中有焚香的"香亭"、供死者遗像的"像亭"、供死者牌位的"魂亭"。那些有御封名位和赐物的,还有"诰封亭"。魂亭阵前后有以唢呐主奏的"粗吹"、以竹笛主奏的"细吹"。这属于"吹打乐队"的业务。西风东渐,厦市的殡葬也融入西洋元素,铜管乐队也列入出丧的队伍中,在古典的哀伤中添加出许多现代的热闹。

厦市这种炫富式的丧仪,当局一向不赞成。1932 年,厦门市公安局发布《取缔出殡暂行规则》,规定"出殡之家仪仗行列经过本市区者",应于"3 日前向该管区公所填具出殡领证声请书",然后持"声请书"向辖区警署"换给出殡许可证",方准放行。如出殡仪仗中"有应用魂亭者,并须于领取许可证时另领魂亭通行证"。出殡所用的魂亭,"均应纳费"。经警署纳费后,丧家应将"魂亭通行证"张贴在亭上明显处,以便检查。《规则》还规定禁止以下内容出现,"(甲)开路神;(乙)化装行列:(1)台阁,(2)陆地行舟,(3)背上化装小孩,(4)高脚(即高跷),(5)化装花旦,(6)徒步化装行列,(7)妓女高唱,(8)歌仔唱;(丙)衔牌伞扇"。违者将受到扣留、没收和罚款等处分。此外,像"点主"一类的旧礼仪,更是在禁止之列。①

20 世纪 30 年代,是一个"移风易俗"动作劲猛的年代。禁普度、禁迎香、禁高跷、禁舞龙灯、禁缠足束乳、禁毛织无扣短衣、禁赤足拖鞋木屐上街、禁穿睡衣衬衫行街、禁路上吸烟、禁邪术医病、禁刀笔讼棍、禁倒悬虐待动物、禁歌仔戏、禁龙舟赛……当局禁令频出。该禁的不该禁的,可行的不可行的,一切都冠以"移风易俗"之名。其实,谁心里都明白,要真正风俗改易、民气清朗,不是一纸文告就能令行禁止的,背后还需要有数代人的不懈努力。

---

① 《市局布告:取缔出殡暂行规则》,《江声报》1932 年 12 月 18 日。

鱼仔市与第八市场

鱼仔市，是厦门的老街。

> 鱼仔市　旧地名。在今开元路西段古营路口。以海鲜交易地著称，遂成地名。有鱼仔市街，北接打棕街。①

鱼仔市的热闹，《改良厦门市镇歌》唱道：

> 街尾就是鱼仔市，鱼肉草菜做生理。
> 山珍海味皆齐备，买多买少随人意。②

这种"随人意"购买"鱼肉草菜"的"鱼仔市"，后来分身数处。

> 鱼仔市　原在福寿宫边，今分设关仔内、大使宫及水仙宫，谓之"四市头"，排卖鱼腥、猪肉并生菜，结市四隅矣。③

有了"四市头"的热闹，也才有了后来第六、第七、第八、第九等市场的喧嚣。

1920 年开始的市政改造，首先启动"新马路"（开元路）的筑路工程。随之往后，各项民生工程陆续上马，其中包括菜市场的建设。1928 年，位于司令部口的第一市场建成并投入使用，"附近水果、鱼肉、蔬菜各店，俱会集一处。不特市民称便，而贩商亦免遭沿途唤卖之苦"。继而，美仁宫的第二市场、厦门港的第三市场、浮屿角的第四市场，也相继建成。尝到甜头的市政当局，又计划"在蕹菜河、水仙宫、鱼仔市、塔仔街四处，觅适当地

---

① 方文图：《厦门旧地名考略》，《厦门路路通》，香港人民出版社 2005 年版，第 79 页。

② 王见川等编：《台湾宗教资料汇编》第 2 辑第 2 册，台北博阳文化事业有限公司 2010 年版，第 101 页。

③ 《民国〈厦门市志〉余稿》"市墟之沿革"，鹭江出版社 2021 年版，第 78 页。

点"，建设新的菜市场。媒体欢呼："将来各市场完全竣工时，各贩商归纳一处，不致沿街设摊"。此乃"吾厦市改造后之一种好现象。"①

紧邻开元路的鱼仔市街，还未享受到新马路带来的红利，却要面临着搬迁的危险。1929 年末传来消息，"路政处欲令鱼仔市各鱼肉菜摊迁入第四市场，以便拆卸马路"。②

鱼仔市与第四市场，分处于开元路的一首一尾。虽说距离匪远，但营业环境迥异。鱼仔市商户集体抵触，理由是"第四市场地处僻壤，不在外街中心，若一旦迁入，不特营业上蒙其损失，即购买食物者亦感不便"。③

急于求成的当局和急于捞本的开发商，岂容他人犹豫。于是暴力强迁之事，频频发作。鱼仔市民怨沸腾，致书当政：

> 此次第四市场落成，职市各商铺遵令移入营业，未敢稍违。惟因市场狭隘，不敷分配，各商铺为利便营业起见，所有大宗货物，自难悉数移入，是以不得不暂利用旧有店铺，作为货栈。乃警兵不察事实，误为商民有意私相贩卖，动辄干涉，甚有破门拘捕，备极骚扰。总计一月来，因积货店中，被指为私贩而被拘捕者不下 20 余起。其中固不无少数商人妄图私利，故违法令。然警兵未察事实，妄加拘捕者十居八九。似此肆意骚扰，商民将无保障。现职市除严约市民遵守法令，不得逾越外，应请钧部严饬警兵，勿得再事骚扰。至职市应拆卸马路一节，事关交通要政，原当遵期拆卸。惟目下年关瞬届，商场欠人人欠，皆于此时告一结束，且所积货物，专视年关发兑清楚。苟于此时拆卸，商民必受重大损失。为此理合附带呈请钧部体念商艰，准予暂缓拆卸，实为德便。④

鱼仔市商民的内心，其实真的不想挪窝，不愿失去老主顾。因此商议自发集资开辟新市场。

> 鱼仔市所卖之菜蔬食品，经当局饬令搬往第四市场营业后，该市热心人士，出而组织民有市场合作社。查厦埠之市场，皆为政府所办，惟此市场由市民自出组织者。至其地点，系二署为中心。于 4 日该市派员郭其祥、吴坤元等 4 人，往堤工处商妥，即交 5000 元为证金。日前又交 15000 元为定金。该市场资本，原定 16 万元，分为 1600 股。其股份为当

① 《已成未成之七个市场》，《南洋商报》1928 年 9 月 22 日。
② 《路政处限期鱼仔市菜商迁第四市场》，《南洋商报》1929 年 12 月 11 日。
③ 《路政处限期鱼仔市菜商迁第四市场》，《南洋商报》1929 年 12 月 11 日。
④ 《鱼仔市民沥陈商艰请缓拆卸》，《南洋商报》1930 年 1 月 8 日。

然股、普通股。当然股系本市人民所有者，每股为一权，每权 100 元；普通股以 3000 为一权，每人限 100 股为满，至少为 30 股。普通股系外市人民亦可加入，但只限 10 权。至落成开幕日期，在旧历新年云。①

新市场的名称，就叫"第六市场"。这种民间办市场的方式，很快地被市政当局接纳，允许"由各摊商集资建筑第六市场于福寿宫，先后定金二万元"。二万元的定金，很快交到路政处的账上。然而，官方又很快反悔了，仍旧要求鱼仔市商户迁入第四市场。第四市场的投资商，此时表现得更加亢奋。鱼仔市商民痛诉道：

> 第四市场主林则图，只知利用资本，以图肥己。对于各摊商是生是死，毫不顾及。徒以有路政处为靠山，催用市场警察，逐日到处骚扰摊商及施行种种压迫。乃于本月（8 月）19 日上午 9 时，林则图竟再饬其豢养之市场警察，会同第二区署警察无故拘捕摊商胡藕、陈秋霖、李曾等三人，并捣毁各摊商器具为数不少。②

深感被恶意忽悠的鱼仔市商民，再度掀起抗议的浪潮。代表们再赴公安局和警备司令部请愿。警备司令林国赓应允，"暂予制止该场主赶迁，并从速建设第六市场"。③

鱼仔市商民并非无理取闹，他们拒迁的理由有三条：

（一）鱼仔市距第四市场 1385 尺，不属第四市场范围内。

（二）路政处当局曾应允摊商在福寿宫建筑第六市场的请求，以容纳鱼仔市摊商，不能出尔反尔。

（三）即便摊商同意迁摊，但第四市场现只剩空店 24 间，全鱼仔市 65 家摊商，有 41 家无处安身。即便是 24 间空店，也只是别人家挑剩下的。

他们的建议，也有三条：

（一）第四市场共有店铺 68 家，如今鱼仔摊商迁入者，可就全场店屋从新拈阄，各凭命运，遇好遇坏。

（二）如不许摊商在鱼仔市营业，65 家摊商可以暂时停业，等待第六市场竣工后迁入。但路政处必须负责在最短时期建筑第六市场。

（三）在交涉时期，路政处须准摊商维持现状，等候事情的解决。④

---

① 《破天荒之市民合作社新市场》，《南洋商报》1929 年 12 月 28 日。
② 《鱼市摊商代表向党政军各机关请愿》，《南洋商报》1930 年 9 月 10 日。
③ 《鱼市摊商代表向党政军各机关请愿》，《南洋商报》1930 年 9 月 10 日。
④ 《鱼仔市迁场潮解决》，《南洋商报》1930 年 9 月 18 日。

还是周醒南脑袋活络，提出一折中的办法，"即令第四市场各摊商划分界限，分作鱼、肉、菜三门，各从其类，不得一店兼营多项。如此则无地点好坏之分，可以搬入店"。① 简单地说，就是改兼营为专营，然后分类营业。

对于进入不了市场的摊商，周醒南则拟在第四市场边上，设临时市场容纳之。最后双方约定：

（一）市场内各途如能划清界限，所余空店 24 间，鱼仔市摊商立刻迁入。

（二）临时市场如觅得相当地点，建筑完善，亦立刻迁移。

（三）以上两项未实现以前，须准摊商仍在原处暂维现状。②

1930 年 9 月 26 日，鱼仔市正式开拆。

> 路政处对于鱼仔市地方，已将开辟为马路，特将该地摊商赶往第四市场营业。近者第四市场方面，已实行分类营业，故于昨晨 6 时许，派出警察多名，与公安局保安队，暨二署警士，至鱼仔市强制拆卸。未拆以前，令各警察分扎于打棕街、车加辚。开元路等处，禁止行人通过。然后饬匠携器具，上屋拆卸。一时瓦砖纷飞，尘土四揭。其未搬之商民，猝遇及此，莫不手忙脚乱，纷将货物搬出马路，一时堆积如山，甚见匆促云。③

一场扰攘甚久的风波，至此告歇。拆卸后的鱼仔市，连接打棕街、九条巷、十一间而达厦禾路，道路取名"开禾路"。

当局也算守信，与原鱼仔市商民议定的新市场，已开始筹建。不过此时，水仙宫、关仔内的菜市场已陆续建成开张，分别排名第六、第七市场。新建菜市场的编号，就只能退居"老八"了。

建设第八市场，也需拆旧建新。此时触动的，则是河仔墘地块。一场新的风波，又骤然而起。

> 路政处近将建筑第八市场，原定计划系将福寿宫、车加辚、打棕街一带拆卸改建新区。嗣因该处各业主反对而罢。方至近日，路政处复划定河仔墘、十一橺一带为建筑第八市场之用。该地业主闻讯，遂于昨日午后齐至集安堂别墅开会，讨论对付办法。到会者 30 余人。……（主席）陈美弦报告，略谓第八市场原拟建在打棕街一带，乃因该地业主之

---

① 《鱼仔市迁场潮解决》，《南洋商报》1930 年 9 月 18 日。
② 《鱼仔市迁场潮解决》，《南洋商报》1930 年 9 月 18 日。
③ 《鱼仔市已变成瓦砾场》，《思明日报》1930 年 9 月 27 日。

反对，变更计划，将在河仔墘一带建筑。按河仔墘距浮屿角市场不远，无建菜市可能，且以前各市场均系填海地，或将旷地建筑，第八市场何能独异。如河仔墘真有建筑市场之必要，路政处应维持原议，将打棕街一带拆建。关于此事如果任其改建，业户损失实属难堪，应筹对付办法。①

业主们会议讨论，决定成立"河仔墘业主团"抗争，敦请路政处收回成命。

河仔墘的抗争没有什么结果，路政处依然我行我素。

查路政处复于前日发贴布告于该地，谓已定期兴工，所有路线各屋，除已派员勘估照时价给款收买，并挨户通知，仰该处居民一体遵照。务于 10 月 1 日以前迅各迁徙，以便折屋，一面来初缴契领契，万勿观望迟延云云。②

河仔墘的业主们再集会，再上访。

昨（2 号）上午 10 时，全体复齐集将往路政处，嗣因人数拥挤，改派代表陈英弦、庄根荣、黄亨路、陈伊村等，偕同商会主席洪晓春前往路政处。当由周会办出见。代表等陈述来意，略云：建筑市场尽有比较河仔墘适当地点，何必在河仔墘，要知河仔墘系人烟稠密之区，一旦折卸，人民损失太甚。且河仔墘亦非适当地点，一则距第四市场太近，二收买民房多，三则距马路太远，云云。周云，无论如何，暂缓拆卸，唯另行择地，难免招人异议。各代表又称该地拆卸地点原定福寿宫，亦未始非变更计划云云。最后周会办答应俟路政处再行考虑，若有其他相当地点，即可迁移等语。③

与之同时，第四市场反对建八市的声音，依然不息。其理由是"两市相距不远，不应增设市场"，再则第四市场"尚有店 7 间无人承租"。周醒南计划"令第八市场迁移 7 间于第四市场"，那么"第八市场仍无妨碍，而第四市场自无所藉口也"。④

---

① 《河仔墘业主反对建筑第八市场》，《江声报》1931 年 9 月 20 日。
② 《第八市场计划或将更变》，《江声报》1931 年 10 月 3 日。
③ 《第八市场计划或将更变》，《江声报》1931 年 10 月 3 日。
④ 《周醒南昨日返厦》，《江声报》1933 年 11 月 5 日。

1933 年中秋，第八市场正式开市。市场特发布开业启事：

　　本市场地点适中，规模宏丽，建筑周备，光线充足，空气清新，街道整洁，陈列鱼肉鸡鸭菜蔬，以及各种食用物品，堪称研究卫生，足供市民交易之所，亦可为范模市场。兹定旧历八月十五日中秋正式开业启市。当此佳节良宵，又逢本市场落成纪念，特聘演京班新金漳及放映国产电影，以娱群众。各界仕女幸留意焉。

　　　　　　　　（民）22 年 10 月 2 日　石门路第八市场谨启①

---

　　① 《石门内、鱼仔市第八市场落成开业启事》，《江声报》1933 年 10 月 3 日。"石门内"，在今开元路与营平路交界处，古时此处有石隘门。

港仔口

港仔口为厦岛古路头（渡头）之一，其址位于今镇邦路与升平路交界处。此处旧时西濒鹭江水，北临神前澳。水面上舟楫熙攘，陆地上车马辐辏，各路生意在此会集，便有了"镇邦街"和"港仔口街"等繁华街区。旧消息道：

> 厦门地狭民稠，街衢污秽，偏街僻巷无论矣。乃若通衢市镇，商贾必经之路，亦是泥泞满道，浊气薰蒸，触之则生疾病。商人黄某，心焉悯之。乃鸠资将史巷地方召匠修筑洁净，行人称便。近复倡议续修港仔口、镇邦路一带。此亦卫生之要务，厦人之幸福也。乃有北郊号东林某、钱庄号东郭某，两人出而抗议，谓据堪舆家言，该地系鲤鱼穴，秽气愈多，则商务愈兴。若修筑洁净，则风水破坏，商务或因之而不振。多方阻扰，遂作罢议。[①]

地处"鲤鱼穴"的港仔口街，是厦埠的老牌街区，百货商铺多聚于此。《改良厦门市镇歌》唱说道：

> 入巷便是港仔口，绸缎钟表大店头。
> 烟吹杂货有巢到，人马不时扶闹闹。
> 银行钱庄大行郊，直进木屐街路口。
> 电灯公司在只兜，下午五点火就到。[②]

港仔口街的"电灯电力公司"办事处，经营的"火"（电灯）给厦市带来光明，也给身边的街区带来滚滚财源。金融界大佬，如钱庄公会交易所、中国银行厦门分行、中南银行厦门分行，都先后在此安营扎寨，开门纳财。

---

① 《阻挠市政之迷信家》，《时事新报》1913 年 7 月 13 日。
② 王见川等编：《台湾宗教资料汇编》第 2 辑第 2 册，台北博阳文化事业有限公司 2010 年版，第 95 页。烟吹，烟斗；有巢到，齐全；扶闹闹，形容声音嘈杂；只兜，这里；火，即电火，电灯光。

未有大同路之先，港仔口已是洋货的经销中心。驰名全球的法商"乌利文洋行"，在此设店经营。"乌利文"主打的是钟表和精密计时仪器，又兼营珠宝、眼镜及时尚小商品。如此时尚店铺，既是贵客频至的销金宝地，也是盗贼挂怀的金窟银库。

1925 年 8 月 5 日夜晚，乌利文终于出事了。

> 查有法商乌利文钟表店，月前被盗，损失九千余元、金表三百七八十个、金链数十条。案悬已久，尚未破获。该号心不能甘，买线侦察，略知为司令部侦探有嫌疑，乃往搜郭南山宅，赃证未获。法领前往交涉，且受侦探队长之非礼，所捕之嫌疑者立放。以此，法领衔之。不意，近由娼寮中发现一手表，为厦地素未经售者，乃乌利文号所独运之物。从而究之，始知为林明所赠。法领立电省署及海军总司令部严重交涉。于是而始将林明及侦探数人就捕。①

1924 年 4 月，"闽军"总司令臧致平退出厦门，鹭岛成了闽厦海军的天下。全厦治安，由海军陆战队马坤贞团长担纲。马团长兼任厦市"戒严指挥部"总指挥，手下设有侦探队，承担地方治安与缉捕嫌犯业务。侦探队队长，姓林名明，福州人氏。林明本是闽都强梁，早年杀人犯事，逃匿来厦。偶得机缘，混入侦探队，并当上队长，遂领着一干兄弟四出招摇，尽情享受权力带来的快乐。1925 年 1 月，"戒严总指挥处"因马坤贞病故而取消。林明改投海军司令部帐下，依旧侦探队长的干活。在缉捕"台匪"的激战中，林明颇获战绩，因而甚得参谋长林国赓赏识。傍上新的大佬，林明益发骄横，益发为所欲为，赚得孽钱无数。

再说乌利文案发，警察第三署接报，当即派人勘察现场。如此大案，警方认定必是内贼所为，遂拘去店伙二人讯问。乌利文店东陈尚志却不以为然，私下购买线人四处侦查。几天后，果得线报，在九条巷的"月光楼"中窥见鸨母佩戴金表，疑似赃物。陈尚志迅即报警，追赃抓人，将月光楼鸨母小悦，连人带赃拘入局子。这小悦不经审，一下便供出金表来历，"系得胜街某娼寮鸨首廖金凤所赠"。警方再捕金凤，再得口供，金表共有 7 块，"皆某机关侦缉队长林某所赠，彼乃分赠平素拜把之七姊妹"，于是"七姊妹"一齐到案。然而，收缴的金表，经乌利文失主辨认，"答以均不是"。案情又陷停顿。②

几天后，乌利文号东忽收到漳州密信。大意谓：贵店窃案，乃是我等所为。但窃得物品之后，出门就遇见海军司令部侦探数人，我等舍赃逃命，赃

---

① 《愈出愈奇之厦岛暗杀与盗案》，《时事新报》1925 年 9 月 14 日。

② 《厦门军探行窃之骇闻》，《南洋商报》1925 年 9 月 19—28 日。

物遂落入侦探们手中，听说赃物后被侦探队长林明截留。林明暗地答允我等，许以数百元"闭口费"。但我等内心不安，又不愿"背锅"，故写信特告知内情。将来需要我等做证，一有招呼即刻前来。①

乌利文号东陈尚志，乃法兰西籍民。接得密信后，立马联络法国驻福州兼厦门领事苏兰得，请求帮助。苏领事亦立马知会福建省长萨镇冰，要闽府饬令厦地官厅赶紧办理。案涉外交，萨省长不敢迟延，亦立马电联厦门交涉员刘光谦，令其协同警厅严行追赃拿贼。刘光谦不敢怠慢，亦立马行文警厅，请立即严办。

厦门当局在多重催促与监督下，也立马采取行动。警察厅派武装警察数十人，海军司令部亦派侦探数十人，组成六队人马，分头抄查各案件关系人家宅，捕获之人与抄查之物一同带入局中。

"乌利文案"一案，此时舆论正炒得一片火热。江湖传闻与媒体消息并作，致使案情扑朔，真相迷离。如作案嫌犯，就有各种说法。

有说盗案乃窃贼与侦探的合伙所为。盗贼入店行窃，"林明命其所部侦探郭南等在门前观风，盗贼窃掠出门时，所有赃物，悉被侦探所夺"。②

有说窃贼盗物成功，出店时遭侦探名"南仔"者半道截胡，夺去赃物并开枪射击。窃贼敌不过侦探，只能遁逃漳州，另谋报复。③

有说侦探南仔等获赃后，见乌利文悬赏缉贼甚紧。"惧事破露，乃以一部分之金表，献某队长求庇"。④

有说林明手下侦探"协佬"，夜间"往石皮巷与贼相遇，见有嫌疑，向之诘问，而知所获包裹为手表也。问何往，贼答将送林队长家"，协佬遂"静随其后"，撞破林明与贼交接。林明怕内情外泄，遂取一金表赠与协佬。次日晨，大嘴巴协佬即将秘密泄漏给侦探同伴，同伴"多有造林寓而询之，林乃一一分与一表"。⑤

而林明的落网，也有说法数种。

说法一最为迅捷，即林明及家眷两名在寓所直接被获，"押送警察厅秘密讯问，林明自身被送至战舰"。⑥

说法二略带情节，缉捕行动前，"林早已闻风率带侦探五人，由磁街道头驾小船逃赴鼓浪屿"。9月2日晚，海军派人传话，佯装有事与林相商，"林明不疑，竟驾小舟而来，遂被海筹舰长拘捕"。⑦

① 《侦探长吞没贼赃判决枪毙》，《时报》1925年9月28日。
② 陈嘉谟：《厦门侦探与盗贼谋窃之奇闻》，《南洋商报》1925年9月21—22日。
③ 陈嘉谟：《厦门侦探与盗贼谋窃之奇闻》，《南洋商报》1925年9月21—22日。
④ 《厦门军探行窃之骇闻》，《南洋商报》1925年9月21日。
⑤ 《厦门军探行窃之骇闻》，《南洋商报》1925年9月24日。
⑥ 《厦门军探行窃之骇闻》，《南洋商报》1925年9月22日。
⑦ 《厦门军探行窃之骇闻》，《南洋商报》1925年9月19日。

说法三更富传奇，搜捕之前，海军司令部以赴鼓浪屿查案为名，解除林明随身携带的手枪。船行半海，被预先准备的汽艇拦截，将林明捆赴着带往"江利号"军舰。①

前事纷纭，结局却众口一致。林明落网后，搜检其衣箱，闻有"现银四千余元、纸币千余元，连其妻首饰约万金"。坊间猜测"此外产业如何，尚不可知"，如此区区一队长，供职仅年余，却积资如此之多，其平日行为该有何等之不堪矣。②

义愤填膺的厦门绅商学公会，发文列举林氏诸大罪，如：串通匪徒劫掠；诈索商户，勒索不遂，即架捏罪名逮捕，诬良为匪；成日享乐，置职务应行之事于度外；枉法纵匪，对劫杀重犯，只须金钱到位，即先行告知脱逃，或阴为藏匿；贿赂公行；强占民女为妾；推介匪徒，充任侦探；假公行私；卖国营私等等。"绅商学公会"吁请社会诸君子，"请为主持公理，勿为强权所压"，"出为攻击，即为社会去一蠹虫，为地方去一类蛆"。③

林明是海军的人，落网后押解上军舰，再转由招商局轮船押往省城。海军总司令杨树庄，命闽厦海军警备司令陈季良亲自审讯。林明百般抵赖，陈"将控林之文十三件掷与林看，林力辩其冤。最后以杀人案与看，林遂无言。陈司令嘱即缚赴门外枪决示众。此9月12日也"。④

厦民人心大快。其后却不幸发现，9月12日的"枪决示众"竟是假新闻。林氏真身何在，又成公案，各种猜测纷纷。乌利文洋行甚而疑问林明并未解省，于是敦请鼓屿的法特派员，"备文照会官厅，请速追赃"。⑤

次年3月，终于有了林明确信。

厦门电：乌利文窃案正犯林明，判监禁4年，从犯4月。⑥

一场"黑吃黑"的闹剧，就这样以轻罚了之。

至于后来的港仔口，在市政道路改造中也已融入镇邦路和升平路，"港仔口"一名成为历史。

---

① 《侦探长吞没贼赃判决枪毙》，《时报》1925年9月28日。
② 《厦门军探行窃之骇闻》，《南洋商报》1925年9月26日。
③ 《林明罪状之大揭发》，《南洋商报》1925年10月27日。
④ 《厦门乌利文洋行窃案破案》，《时事新报》1925年9月28日。
⑤ 《厦门军探林明尚未伏法》，《南洋商报》1925年10月14日。
⑥ 《时报》1926年3月3日。据1931年10月2日的《江声报》报道：思明县政府侦缉队长因"经费短绌辞职"，警备司令部以其"屡报巨案，未便听予赋闲"，而"特调任该部谍报员"，该侦缉队长亦名"林明"。

妙香路

妙香路建于旧薤菜河之上，南接中山路，西挨思明路，荟集都市浮靡，招引四海游客，故又得江湖诨名"上海街"。有竹枝词咏之，"繁华赛过夕阳寮，灯火通明闹彻宵"。[1]

"夕阳寮"即指代寮仔后，厦城资深的红灯区与销金窟。1927 年市政改造，官府下令寮仔后乐户迁往思明路一带。报文称："薤菜河，昔日藏垢纳汙、龌龊之区，而今纸醉金迷、繁华之市也。时至今日，谈厦门之热闹者，谁不称薤菜之河；投事业之机者，又谁不趋薤菜之河。"[2] 这妙香路，便是薤菜河芳名榜中的名角。

花开总有花落。1930 年，镇南关外新区落成。6 月 5 日，当局即"令乐户捐征收所转谕各妓寮迁移大生里"。[3] 政令发布，除却开发商"大生公司"，相关人士皆不乐意。

> 各娼寮限本月廿五日以前，一律迁移康乐道（镇南关），经当局出示在案。嗣有华侨曾国办，请求司令部准免迁移，以免有碍商业。司令部不准。近闻各妓寮恐迁镇南关生意冷淡，现又集合签请当局准予免迁。唯建筑镇南关之大生公司，以资本关系，力求当局催促迁移。官方对此，亦认为势在必行，非迁不可。各妓寮之请，恐终无效云。[4]

官方态度强硬，乐户们唯有听命。

> 公安局长张锡杰，训令乐户征收所会同各署，勒令厦市各妓寮，迁移镇南关大生里，各龟鸨虽尚欲挣扎，然公安局已不容挨延。因此于昨（1 日）纷纷到镇南关向大生公司定租房屋。预先租定者，已有 50 余家。

① 枇杷：《瓮菜河竹枝词》，刘瑞光校注：《厦门竹枝词辑注》，厦门大学出版社 2023 年版，第 151 页。
② 《明年之瓮菜河》，《昌言》1929 年 10 月 21 日。
③ 厦门市公安局秘书处编：《警政年刊》，1930 年。
④ 《各娼寮请免迁移》，《民钟日报》1930 年 6 月 17 日。

候三数日后，必当实行迁移。此后大生里将为厦埠之销金窟矣。①

然而，大生里并没有预想的那么能"销金"。1933 年 8 月，大生里乐户联合呈文当局，"备言迁居大生里以来，因地处荒郊，门客冷落，卖笑卖身，竟亦无以自存。请求将户捐照现额减半征收"。乐户呈文另有要项，即请求"并将外籍妓馆限期迁入大生里，依照本国定额缴捐"。②

所谓"外籍"人员，实即日籍台妓。这等人员，原本"杂居梧桐庭、土堆一带"。对地方官府的搬迁令，"妄引不平等条约。煌煌布告，视同废纸。无论官厅如何交涉催促，均置不理"。当本地妓寮迁入新区，他们遂有了乘虚而入扩展业务的好机会。"于是鹊巢鸠占，艳帜宏张。举凡思明东西南北路、开元路、中山路及大同路各繁盛市区，无不星罗棋布，随地皆有。其他次要区域，更无论矣。三四年之间，人数激增，自百余名多至七八百名"。③

1936 年，大生里的生理愈发难做。终于当局松了口，允准各乐户迁入市内营业。大生里沿街楼屋从此人去楼空，而妙香路却更加畸形繁荣了。

妙香路上也有正经的生意。据《厦门工商业大观》记录，1932 年时这条 100 米长的街路上，有细木店 5 家、成衣店 4 家、柴木店 2 家、酱油店 2 家，其他还有杂货、水果、干果、雪文（肥皂）店、洋洗、点心、豆干等店。道路开发之时，当局又不失时机地将菜市场安设于此，名号"第五市场"。1930 年 6 月 5 日，官府宣布妓寮全体搬迁大生里，同时也宣布"第五市场成立，令大使宫、塔仔街、二舍庙各菜摊悉数迁入"。④

不同的搬迁令，同样地遭受抵制。

> 蕹菜河第五市场，已建筑完竣。塔仔街、二舍庙一带，将即开拆马路，路政处昨贴出布告，着该一带摊商，尽本月底，迁入第五市场，以利路政进行。唯各商等，以其限期太过迫促，恐不能如期迁入云。⑤

"限期太过迫促"，只是托词。在消极拖延无效之后，摊商无奈地选择顺从，又无奈地发觉，市场经营成本太高，生理难为。于是，联合提请减租。

1931 年 5 月，摊商们呈文当局，称我等此前在塔仔街、大使宫一带经

---

① 《厦门各娼寮准备迁新区者，已有 50 余家》，《民钟日报》1930 年 8 月 1 日。
② 《大生里各娼寮联请减捐》，《江声报》1933 年 8 月 26 日。
③ 《大生里各娼寮联请减捐》，《江声报》1933 年 8 月 26 日。
④ 《警政年刊》，1930 年。
⑤ 《路政处限塔仔街摊商尽就本月内迁第五市场》，《民钟日报》1930 年 7 月 30 日。

营，因店租低廉，还可赚些蝇头小利。然迁入蕹菜河市场后，"货物来源，日益昂贵；场内生意，日见萧条"。致使我等数月之间，"皆亏本甚巨"，难以维持"，故而声请官方能体恤弱小商民，"迅令第五市场业主，将场内各店租金一律减轻"。①

要求减租是一招，搬迁撤离又是一招。1934 年时，有保源公司在二舍庙建设楼屋，风传将设为菜市场，五市佃户他迁之心又蠢蠢欲动起来。担心租户减少的五市业主"四辟公司"，请求依照定程"在若干丈内，不容再有骈枝之市场出见"之规定，制止保源公司的行为。②

市政当局迅予答复。工务局长周醒南发布通告：

> 查本市建筑市场，向例须由办理市政机关指定地点，并须于购地时订立合约，方能设立。该保源公司承领二舍庙地段时，并无立约订明建筑市场，亦未正式呈经本局核准，所建楼屋将来如果改作市场，自必予以取缔。据呈前情，合行布告，仰第五市场各商贩安心营业，毋庸惊疑云。③

这年 9 月，公安局工务处取代工务局执掌市政。工务处上台，也布告一通，重申"二舍庙不准设市场"。④

尽管官府三令五申，二舍庙市场的建设依然顽强地进行，并且不可逆地正式成为"第九市场"。在五市与九市两业主的对决中，租户们竟也意外得到"缓收租金"的好处：

> 本市第五市场摊位，均为各商租满，按月所收租金为数亦颇可观。最近二舍庙一带业主，谓已得当局准许开设市场，且该处地点较之第五市场场址，尤为适中便利。故近日商民多往二舍庙租店营业，而二舍庙业主且允缓收租金，以示优待。于是第五市场业主因与竞争，亦愿缓收租金。且有一部分商民，鉴于眼前可以减少负担，多往该两处租店营业云。⑤

沦陷期间的第五市场，市场功能毁弃，易做住宅。二楼被"华侨旅社"

---

① 《减租运动第一声》，《江声报》1931 年 5 月 22 日。
② 《第五市场商贩，争向二舍庙订租店屋》，《江声报》1934 年 5 月 24 日。
③ 《第五市场商贩，争向二舍庙订租店屋》，《江声报》1934 年 5 月 24 日。
④ 《工务处布告，二舍庙不准设市场》，《江声报》1934 年 9 月 7 日。
⑤ 《二舍庙业主第五市场竞争招租》，《江声报》1935 年 4 月 12 日。

占据经营。

抗战胜利后，当局谋求市场恢复旧观。1947年5月，市参议会致函市府。"申请从速建筑公共商场一座、菜市场二座，以便将摊贩集中营业，而维市容"。9月，市府回复，"查公共商场，因建筑材料昂贵，乏人投资建筑，迄未进行。至菜市场方面，拟先就原有市场加以整理"。[①] 这"原有市场"，指的就是第五市场。

恢复五市，首先须将住户尽数迁出。于是再度遭遇"搬迁难"。

> 妙香路第五市场于厦门沦陷，则被人占为住家及开设茶摊。光复后，市警局曾三令五申恢复市场。故迫令该场住民设法搬迁。但事延数月，各住民因租屋困难，致未遵令搬迁。昨思明分局奉令派警强制执行赶搬。有15号茶摊主人河南人张瑞芳，出言不逊，破口辱骂警士。分局则将情呈报总局。今该局以张瑞芳辱骂公务人员有违警律，应处拘留3天以示惩戒云。[②]

警局杀一儆百，矢志恢复，五市前途一片光明。有利市消息，第五市场"订于明年（1948）元旦开幕，所有后路（头）及思明东路一带菜摊，均可一律迁入。届时市容可焕然一新"。[③]

好事总爱多磨。至1948年2月，市场内的住户总算清空。警局即订立新规矩：

> （1）凡向业主订约立租之佃户，及去年7月24日召集业佃双方到局讨论会中参加佃户等，限3月10日迁入，3月15日开市。
> （2）第五市场内未经业主修建之截堵门窗户牖等，准由各佃户自行修建，限3月10日以前完成，其工料费由租金项下扣抵。
> （3）市场内自来水电灯设备，以及修理沟道，设置垃圾箱等，由业主30日以前，准备完妥。
> （4）第五市场楼上华侨旅社，因菜市成立，不合卫生，限3月底以前自动迁移他处营业，逾期即予停业云。[④]

此后的五市，似乎断了消息。等到妙香路再度名声鹊起，时间已经进入

---

① 《取缔沿街排摊，妙香路设菜市》，《中央日报》1947年9月26日。
② 《第五市场住户抗令》，《中央日报》1947年10月15日。
③ 《第五市场明年元旦开幕》，《中央日报》1947年10月27日。
④ 《第五市场限三月半开市》，《厦门大报》1948年2月20日。

20 世纪 50 年代。

50 年代的"妙香"，弥散的则是另一类的香味。"市上一些著名小吃摊店陆续迁到这里营业，逐渐形成一条荟萃全市传统佳肴美点，名传海内外的风味小吃街"。经营的小吃，有"卤味、芋包、春饼、蚵煎、肉粽和盘菜，也有汤圆、麦乳、豆浆、麻糍等甜品"。①

妙香饮食摊店的 20 几位厨师，一般都有二三十年的烹饪经验。卤味摊的各种美点，出自曾在二舍庙、局口街经营五香摊达 40 年的陈汉益之手。他制的"五香"质料好，味道佳；"捆蹄"色美味善，越嚼越香；油炸"蠘丸"入口酥香，小酌佐膳均宜。做春饼的是在鼓浪屿和厦门局口街经营了 38 年春饼摊的黄茂生；做麻糍的则是过去在中山路土崎一带，挑担走街串巷卖麻糍的陈珠，他营销麻糍也有 30 多年历史。这些摊店，原来就拥有一批"老主顾"，现在"老""新"相加，"主顾"比过去多得多。

妙香路上经营的食品品种不下百种，其中有一部分随着季节变换而交替上市，经常供应的约有四五十种。逢年过节，还增加供应年糕、春饼皮、肉粽等，以满足市民过节需要。

这条独具魅力的风味小吃街，在经历了一段兴盛辉煌的时日后。"升格"进入了举办全席盛宴的大雅之堂，名列菜馆酒楼的菜谱之中，甚而成为知名大酒楼招徕宾客的品牌。这条风味小街便随之消失。②

---

① 常家祜：《厦门早期风味小吃街》，《厦门轶闻史话实录》，厦新出（2002）内书第 090 号，第 70 页。

② 常家祜：《厦门早期风味小吃街》，《厦门轶闻史话实录》，第 72 页。

石刻碑铭篇

同安"豪山祈雨道场"题刻

同安的豪山祈雨，清康熙五十二年（1713）刊行的《同安县志》曾两次提及：

> 天马山　豪岭山　宝盖山：去城三十里，俱相连接。自端平岩山来，过小岭，起豪岭山，甚端，有垂绅正笏之象。南起一山，形如马鞍，名天马山，石巉岩，为邑朝对，然首稍向外。其上有石蟀，大旱不竭。其下有豪山庙，朱文公、真西山尝祷雨立应。一支为宝盖山，圆秀可爱，即今美人山。①

> 豪山庙：在马鞍山之麓。朱文公、真西山祈雨于此，有王明叟为记。明成化丙申夏旱，令张逊修二先生故事，甘雨立至。庙废坠。戊戌年，张逊修之。后复废。里人粗茸二座，然庙貌大不称前，今亦如之。②

嘉庆三年（1798）续修的《同安县志》，又增加相关词条：

> 豪山龙潭：在从顺里四五都，距县城南二十余里。宋崇宁三年摄令赵文仲奉诏建庙于山之西麓，朱文公、真西山尝祷雨于此。淳熙十一年春夏旱，邑令郑公显祭祈求于潭，雷雨交作。潭上三百余步有石镌"祈雨道场"四字。③

农耕社会，靠天吃饭。风调雨顺，是黎民百姓最切身的祈求。一旦雨旸失时，旱魃作祟，不仅农人焦虑，有责任心的官吏也以"失职"罪己，并祈求上天饶恕。于是，就有了祈雨活动。

豪山祈雨由来，宋时王明叟述说最详。其《豪山庙碑记》记曰：同安县

---

① 康熙《大同志》卷1"山川"，海峡书局2018年版，第19页。
② 康熙《大同志》卷10"丛祠志"，第240页。
③ 嘉庆《同安县志》卷12"古迹"，第8页，光绪十二年（1886）刻本。祭，祈求。

城东南20余里有豪山，豪山之上有龙潭。龙潭有神异，"天将雨，龙击水，声如钟磬，时有蟹五色出"。龙潭边上，旧有祠，常祈雨祈晴。宋崇宁二年（1104），朝廷昭告天下，凡"天下名山大川有功于民者"，都可由所在县邑立庙祭祀。代理县令赵文仲接得诏书，就令属吏在龙潭边"筑刹"，名之为"豪山庙"。朱熹任同安主簿时，曾到庙里祷雨。淳熙十一年（1184），春夏天旱，知县郑公显在龙潭边祈雨。绍定六年（1233），"四月不雨"，泉州知府真德秀（号西山）派遣属吏拜谒豪山庙祈雨。端平元年（1234），"六月不雨"，知府李竹湖效仿真德秀祈雨。故王明叟的碑记有赞曰：

> 龙之居兮山之湫，湫之水兮幽幽。
> 迟龙君兮未来，嗟愁予兮悠悠。
> 龙之来兮山下，挟风雷兮慕雨。
> 神功兮无迹，田多稼兮原多黍。
> 驱厉鬼兮山阿，蝗不入境兮虎渡河。
> 牛羊兮满野，戴白兮不识干戈。
> 新宫兮孔硕，湛清酤兮瑶席。
> 神欣欣兮忘归，庇我民兮罔极。[①]

朱熹等人祈雨，属政府行为。而乡贤蔡献臣祈雨，则是民间动作。

明万历四十一年（1613），同邑数月不雨。"禾焦泉枯，鱼鳖蛙鳝之属尽矣"。然而，官府正事不做，整日只会"催科敲扑"，要债不止。官员最多也只是早晚到朝元观里烧个香、拜个礼，敷衍人和神。百姓们只能各自设置神坛，祈求本地神灵显神通。市面上米价一日日上涨，钱一天天贬值，众人巨困巨愁。[②]

退休回乡的蔡献臣，以民意代表的身份也在南街设立道场，祈求过路神灵大发冥力，能"大旱作霖"，"易灾为稔"。[③] 蔡献臣翻查县志，发现豪山上有神庙，于是动员亲友，备好香烛供果，冒暑跋涉来到豪山。蔡献臣在庙前展读"青词"，道：

> 呜呼！同人之望雨三阅月矣。肃霜届节，晚禾多栝，泉脉涸于重渊，飞埃封于密室，矧此羸者。同也，地狭民稠，三时不害，犹资粤粟，一

---

① 康熙《大同志》卷11"征文志（下）"，第309页。

② （明）蔡献臣：《豪山祷雨纪事》，蔡献臣撰：《清白堂稿》卷16，厦门大学出版社2012年版，第787页。

③ 蔡献臣：《癸丑秋南街祷雨文》，《清白堂稿》卷16，第786页。

旦告侵，山毛海藻，其足食乎？呜呼！禾之未秀而稿者，无冀也已，其一溉后枯者犹可救也。谨按县志，豪山之神，朱紫阳先生祷焉而应、真文忠公祷焉而应、及我明张令公逊祷焉而又应，故土人称是庙曰"雨神"。感通之理，今昔岂异？意者有司未及讨故实以修三公之政，故神也，屯其膏耳。不然，桔槔露祷之众筋力竭矣。而神能兴云雨以泽此一方民者，将愁焉，安受其烬乎？必不尔也。某退而稼穑，力民代食，岁一不稔，将与嗷嗷之子遗同槁，然不暇自忧而忧同民。谨以芹诚，为有众请命：今日不雨至明日，明日不雨至又日，神其再炳灵异，不殊于旧志所称，则雨神之名于今为烈，而庙貌于兹土者，亦将起颓废而拓新之如昔日也。惟无诿之造物以为神羞，无任逼切吁祷之至。[1]

拜祷完毕，一行人再登山到龙潭"请水"。蔡献臣写道：

　　已乃陟马山求所谓龙池者。山陡绝，用小兜舆由中仑登，然两人翼而扳跻者。半之山间，清潭瀑布，沁人肠胃，而石嵌小池，则涸已久矣。至绝顶，疲甚，渴不可得水。余偃卧石上，顾见海数环在衣带间，而风日微茫，四盼不甚了了。乃缘旧径，扶翼而下。比至邑漏下二鼓矣，而碧落颇作云气。诘朝日乍阴乍明，其夜遂以霹雳，越三日乃止。邑人大悦，犹恨其未足也。[2]

此次祈雨，蔡献臣有诗曰：

　　（序）庙在马山之麓，而名豪神，乃知天马即豪山之宗也。
　　马鞍山是邑朝山，千丈崚嶒不可扳。
　　嵌下小池秋底涸，望中碧海几层环。
　　倦来峰顶披云卧，暮到岭头带月还。
　　却喜天容忽惨淡，明神疑已诉民艰。[3]

崇祯三年（1630）春，同安再遭大旱。68 岁的蔡献臣再度上豪山为民祈雨，再作《豪山祈雨文》。雨至，蔡献臣再作《豪神谢雨文》：

---

①　蔡献臣：《癸丑秋豪神庙祷雨文》，《清白堂稿》卷 16，第 786 页

②　蔡献臣：《豪山祷雨纪事（癸丑）》，《清白堂稿》卷 16，第 787 页。

③　蔡献臣：《癸丑季秋祷雨豪神庙遂陟天马山请水》，《清白堂稿》卷 12，第 599 页。

> 惟春之暮，原湿如炎。惟日之霖，东西均沾。
> 霡霖滂沱，灵功赫焉。人悦于市，农力于田。
> 其终相之，雨旸罔怼。以耘以耔，奄观有年。
> 惟神应祈，如桴鼓然。欲奢操狭，鉴此精禋。①

同邑众神中，"豪神"恐怕是存在感最差的一类。当需求侧有需求时，供给侧才被人想起。绝大部分时间，连神带庙被遗忘在荒山僻野中。无怪乎，豪山庙修了毁，毁了修……修修毁毁几百年，到最后庙宇荡然无存，龙潭无迹可寻。所幸还有"祈雨道场"诸方石刻，偶尔会刷新旧日记忆。

> 祈雨道场石刻，位于同安县新民镇宋厝村以西的豪岭山山麓。石刻摩崖高2.8米，南面镌刻"祈雨道场"楷书4字，每字高0.23米，宽0.19米。西面镌刻"维岳出云"楷书4字，每字高0.24米，宽0.21米。其下镌刻清乾隆乙丑年（1745）仲秋同安县文武官员步行来此祷天祈雨的经过。由县令张荃、同安营参将黄正纲、守备陈朝行等6人署名。②

"祈雨道场"一刻，左侧题"康介福等为"，右侧署"僧人惠经敬立"，年款莫辨。

"维岳出云"一刻，无署款，或云康熙时知县唐孝本所刻，或云乾隆时知县张荃所勒。"维岳出云"一语，源出《礼记·祭法》，意谓山川能"出云为风雨"者，皆可称"神"。

"维岳出云"刻下，另有张荃等所勒碑文：

> 秋成在望，灵雨未零。遍伸奠瘗之文，未叶滂沱之应。闻昔紫阳祈雨，遗迹犹存，比乎唐令踵行，甘霖立沛。乃偕营属，用衣神明，步行而去，戴雨而归。遂使大有兴歌，丰年志庆，洵山灵之苏兆姓，爰勒石以铭千秋。
>
> 时乾隆乙丑年仲秋月谷旦，同安营参将黄正纲、守备陈朝行、千总施凤、同安县知县张荃、教谕赵鹏蜚、典吏沈济世同立。③

---

① 蔡献臣：《豪神谢雨文》，《清白堂稿》卷12，第788页。
② 《厦门市志》第四册卷41"文物"，方志出版社2004年版，第3198页。
③ 厦门市政协文史和学习宣传委员会编：《厦门摩崖石刻》，福建美术出版社2001年版，第201页。

求神办事，讲究礼仪，谢神必不可免。张荃得雨谢神，除豪山勒石外，亦在北辰山勒石"膏泽下民"。

祈雨的形式多样，"祈天"是最隆重的仪式。祈天时，必须斋戒沐浴、赤足步行。明嘉靖三十九年（1560）夏旱，知县谭维鼎"斋戒沐浴，率属虔祷"；万历二十二年（1594），知县曾如海"遇旱，步赤日，拜泥涂中，为民请命"；万历二十九年（1601）旱，知县洪世俊"步行烈日中，往返数十里"，折腾整月；清康熙二十二年（1683），"天旱苗槁"，知县杨芳声"跣足祷乞，甘霖立沛"……①

在闽南，"祈天"用于旱情严重的时期。在较普通的天旱时节，则采用"许神愿"。

> 由官绅或社长发起"许神愿"的祈雨。他们预先贴出告白，提前斋戒三天。大家衣冠整齐排列队伍，队伍前头鼓乐喧天，一阵阵的，挑着三牲、酒醴、纸帛、楮仪等，蜂拥到城隍庙里去。官绅或社长们在庙里，民众在庙外，大家一字儿排开，向神叩跪礼拜。三跪九叩后，由主祭者读"许愿文"，或申述祈雨的理由，然后向神问杯许愿，谓若天降甘露，决定某月日酬演什么戏几台（先由一台许起，然后二台、三台……许下去，直至问出圣杯为止）、三牲或五牲若干副、纸帛几百万，或打醮几天。祭毕，大家齐声大喊"天下雨了"，然后散去。②

其他的祈雨仪式，还有"请神""游神""晒神""杀旱魃""烧木屐"等等。虽诚心可悯，然事益虚诞了。

---

① 嘉庆《同安县志》卷 19 "名宦"，第 10、13、14、21 页。
② 欧阳飞云：《闽南祈雨的风俗》，《中央日报》1946 年 5 月 5 日。

榕林别墅王仁堪诗刻

"百人石"是黄日纪榕林别墅"二十四景"之一，有诗赞之：

> 绿榕影里数青螺，爱此云根顶似磨。
> 四面环视方觉醒，百人齐上未云多。
> 江山望里三杯酒，风云佳时一曲歌。
> 乘兴徘徊情已适，虎丘十倍欲如何。①

百人石最可称道的，还是石上镌刻的闽侯人王仁堪（字可庄）诗作。

清光绪三年（1878），王仁堪以殿试一甲一名进士的优异成绩，荣登状元榜，授翰林修撰。次年夏，王仁堪乞假还乡，并"游于鹭江，侨寓榕林数月，一时绅商多与盘桓筵宴"。传说此时的新科状元，"悦一女校书，名曰红玉，乃溉诗一绝于壁"。诗曰：

> 忧乐斯民百感并，尊前丝竹且陶情。
> 愿倾四海合欢酒，只学文山前半生。②

后有好事者，将状元题诗镌刻于"百人石"上，其后有署款："戊寅夏客鹭江，小集榕林，醉后口占。吉甫先生属书之以志鸿爪。王仁堪识。"③

"榕林题诗"本只是风雅场上的应景之作，不料传入京城，竟引发一场大讨论。舆论认为，文天祥扶持南宋末帝，最后身灭国亡。一个新科状元，竟以文天祥自许，暗指的岂不是大清江山岌岌可危？如此"亡国之音"，谁能忍之。王状元见惹下大祸，赶忙自解道："臣只学文山前半生，至后半生

---

① 黄彬：《百人石》，黄日纪：《荔崖诗集》，厦门大学出版社 2020 年版，第 196 页。

② （民国）天台野叟：《记王仁堪》，《大清见闻录》，中州古籍出版社 2000 年版，第 618 页。

③ 《厦门摩崖石刻》，福建美术出版社 2001 年版，第 59 页。

则臣不敢言矣。"① 据说文天祥年轻时生活奢靡，锦衣玉食，声色犬马。直至宋室败亡，文天祥痛心疾首，捐出全部家财作为军费，并领军抗敌。后来王仁堪卒于知府任上，年龄47，正与文天祥殉国时同龄。众人恍悟，惊呼诗能成谶。

大多的国人都拥有"状元梦"，厦地一年一度的"博饼"狂欢便是明证。为一虚拟"状元"，全厦能狂热多日，何况现实版的状元郎光临海隅，并在"百人石"上留诗题刻，瞬时状元题刻成为全岛荣耀。

光绪十六年（1890），南安举子戴凤仪游榕林，随王状元和诗一首：

> （序）榕林，鹭门胜景也。余将北上，路由于此。邀友一游，见王殿撰有"愿倾四海合欢酒，且学文山前半生"之句勒于石。余以为，文山可学者在后半生，前半生声妓满前而已。因反其意如此：
> 风卷榕林万感并，河山俯仰不胜情。
> 痴人未解耻丝竹，只学文山后半生。②

王状元说要学文天祥的"前半生"，风光尽享；戴举人却主张学习文天祥的后半生，忧国忧民。"反其意"是也。

世人眼中的状元光环四射，现实版的王仁堪也就是个不幸中之偶幸之人。为争这功名，王仁堪三度赴试，三次不中，遭受着科考战车的反覆碾压。最后刻了一方私章"落第状元"来自我消遣。谁料命运逆转，咸鱼翻身，"落第状元"竟成了"正版状元"。

及第后的王仁堪，先入翰林院，按例授予"修撰"官职，因此也被尊称为"王殿撰"。此后十来年，王仁堪忽而在上书房行走，或在会典馆、武英殿任职；忽而外放任山西学政，或是充任贵州、江南、广东的乡试副考官，为朝廷网罗人才。

王仁堪也是个不甘寂寞的人。光绪五年（1879）时串联24名京官，弹劾对俄使臣崇厚擅自签约、割地辱国；光绪十四年（1888），京城太和门火灾，上谕重新修建。王仁堪又联名上疏，借题发挥，请求罢颐和园工程，不要再干劳民伤财之事。书生论政，火力猛烈，注定伤及有辜之人。

光绪十六年（1890）时有人提议，皇上身边的那些翰林们生活清苦不堪，不如外放，让他们自找一条致富道路。外放名单中，王仁堪名列榜首。

---

① （民国）天台野叟：《记王仁堪》，《大清见闻录》，第618页。

② 戴凤仪：《游榕林次王可庄殿撰韵七绝并序》，《松村诗文集（补编）》，中国文联出版社2003年版，第208页。

王仁堪的祖父王庆云，曾任两广总督、工部尚书，家境优渥，并不差钱。王仁堪本心只想安静地当个京官，待在皇帝身边，时不时还能得些貂皮、荷包、扇笔、花瓶、果盘、燕窝等小礼品，抽空陪着皇族听个戏、赴个宴。不想竟遭外放，别人的美差却成自己的苦差。

王仁堪先在镇江府当知府，任上勘办"丹阳教案"，协调中外矛盾；同时又办些开塘修渠、兴学倡教、募赈救灾等诸项民生大事。三年任满，政绩考核全省第一，遂调任苏州。

到苏州后，王仁堪首先遭遇"周福清案"。这年乡试，居丧乡间的内阁中书周福清，暗通关节，想用银两贿买主考官。不想行迹败露，反遭其辱。其中情节复杂，大致情况是，周家仆人行贿时，主考官碍于太守王仁堪在场，即当场缉拿送礼人，遂成大案。其后，王仁堪有没有亲自查办"周案"，王仁堪查办"周案"是敷衍还是严办……版本多多。不过周中书就此被逮入狱，周家就此中落，却是事实。周福清的长孙后来成了著名作家，写有一段说辞："到我十三四岁时，我家忽而遭了一场很大的变故，几乎什么也没有了；我寄住在一个亲戚家，有时被称为乞食者。"讲的就是这事的余波。[1]

在苏州，王太守本可以大有作为一番。不料才满三个月，文魁却败给了病魔。王原本患有疝气，镇江任上劳累过度，体力透支，病情一步步加重。寻医问药，却遇见医者诊疗错误，用药不当，导致病情恶化，不治而殁。时为光绪十九年（1893）十月。如此这般，其实王仁堪所学的，何止是文天祥的前半生。难怪南安戴凤仪的儿子戴绍箕也有和诗道：

> 榕林览胜兴交并，义气风流两动情。
> 领取文山前后意，眼前妓女亦苍生。[2]

王仁堪死讯传入镇江，广大民众悲痛不已，生活秩序全被打乱。士废业，商罢市，野辍耕，无不长叹流泪，家家设灵位拜祭。镇江士民胪列王太守的种种政绩，吁请朝廷表彰。两江总督刘坤一，经核查后奏报朝廷，称王仁堪"在镇江府任内治狱惩奸、讲求水利、赈恤灾黎、振兴文教，以实心行实政，卓然有古循吏之风"，请求将其先进事迹呈报国史馆，为其立传。光绪批复："王仁堪于地方一切要政，实心经理，遗爱在民"，准许国史馆为其立传，"以表循良而如激劝。"[3] 王仁堪遂成为《清史稿》的《循吏传》中最后

---

① 鲁迅：《俄文译本〈阿 Q 正传〉序及著者自叙传略》，《鲁迅杂文全集》，群言出版社 2016 年版，第 324 页。

② 戴绍箕：《榕林观妓次殿撰王可庄韵》，《松村诗文集（补编）》，第 360 页。

③ 《清实录·德宗实录》卷 337，中华书局 1987 年版，第 320 页。

一人。

民国 12 年（1923）榕林别墅沦没，厦士陈桂琛记曰：

……癸亥八月，（榕林）归基督徒改建青年会，凿山毁石，以建洋楼，无复曩时面目矣。故予有诗云："骚坛绝响古榕林，白雪无闻唱福音。何必山邱才陨涕？韩陵石化广陵琴。"①

自"榕林题壁"去后，厦岛罕有可庄消息。偶有莅境，却已是匆匆过客：

广东副主考王可庄殿撰乞假回籍省墓，十月十三日道出厦门，暂住金广隆行内，遣人祖婆庙拈香。旋于十八日已乘琛航官轮遄赴闽垣珂里。②

状元家族与厦门再结因缘的，在王的文孙。1930 年报称：

厦门市公安局秘书长王孝征，为故状元王仁堪之孙，现年 59 岁，为人和易。其在公安局，故能上下融洽。王与警备司令林国赓氏，有姻亲之谊，以具有相当资望。是以凡欲包办捐税者，莫不拉扯王氏以为靠。王氏因是遂得坐领各捐税之干薪三数年，因得以拥资至 10 万左右。然以长子不肖，未能继承其志。王氏近因患病，而忧后起无人，致病势加重，竟于 1 月 19 日，卒于其家。③

此讯另有小标题曰，"状元有后，箕绍无人"。"箕绍"者，继承之意也。王仁堪的词作传世不多，《闽词钞 闽词征》收录其《金缕曲》一首：

金碧湖山好，又天然，锦屏韵友，冷吟同调。似此年华孤负惯，一例香奁颠倒。都付与、羁游草草。闲煞樵青无宅泛，老头皮、准备新诗诮。雏鹤怨，野鸥笑。

望云首向舻棱矫。那能忘，净湖湖畔，白莲风晓。忽唱归田江水句，

① 陈桂琛选评：《近代七言绝句初续集》，"同文书库·厦门文献系列"第三辑（10），厦门大学出版社 2018 年版，第 94 页。
② 《厦岛探琛》，《申报》1889 年 11 月 23 日。
③ 《一个秘书长家财十余万》，《南洋商报》1930 年 2 月 10 日。

唤醒梦婆多少？早料理、烟蓑雨棹。螺女洲清香荢熟，十年来、打就丹青稿。尘土债，几时了。①

一副才子怀抱，满腔名士情调。就不知"几时了"的"尘土债"中，鹭江情愫也在其中？

---

① （清）叶申芗，林葆恒辑：《闽词钞　闽词征》，福建人民出版社 2014 年版，第 883 页。

日光岩"鹭江第一"题刻 ▮

晃岩石壁，有巨幅题刻"鹭江第一"。其字"大径尺，能使人在一里外见之，亦此屿佳胜处也"。[①] 据地志载，清道光年间，日光岩莲花庵"楼亭倒塌，寺宇倾危"。有林鍼者，"发心重修寺宇，又翻建东西两厢房，并在石室前建一座拜亭"，又"亲笔题刻'鹭江第一'四个大字"。[②]

林鍼，字景周，号留轩，祖籍闽县。祖父早逝，遗下孀妻弱子，家产为族人侵吞。祖母以女红供食全家。儿子长成后，"寄食厦门，遂侨寓焉"。林鍼"少时颇不好学"，祖母恒以"荡子回头金不换"劝诫之。祖母亡后，林鍼荡迹天涯，以"天荡子"自号，以示"不敢忘先祖妣之德"。[③]

林鍼生长于厦，"素习番语，能译文，尤不失其诚信，是以为各国推重，即奉委通商事务"。[④] 道光二十七年（1847）春，因家贫"上有祖母，无以为养"，林鍼受美商聘请，"乘风破浪为海外之行"，[⑤] 抵花旗之国，教习洋人中文。

道光二十九年（1849）二月，林鍼归国，先后在厦门洋关、外国领事馆等处任通事（翻译）。

同治三年（1864），太平天国侍王李世贤攻占漳州府城。李欲与驻厦洋人修好，派把兄弟陈金龙携带信函，秘密潜入厦门：

> 1865年1月14日傍晚6点钟左右，一个住在海关的通事，注意到海关的仆从们都很兴奋。盘问之后，他发现与一个看起来很有派头的老头有关，他名叫陈金龙，带着拜把兄弟，即侍王、漳州太平军的首领李世

---

① 陈去病：《参观美国兵舰游厦门欢迎事杂记》，《陈去病全集》第3册，上海古籍出版社2009年版，第1174页。

② 厦门市佛教协会编：《厦门佛教志》卷1，厦门大学出版社2006年版，第77页。

③ 林鍼：《记先祖妣节孝事略》，林鍼：《西海纪游草》，钟叔河主编："走向世界丛书"第一辑，岳麓书社1985年版，第49页。

④ 英桂：《序》，林鍼：《西海纪游草》，第29页。

⑤ 王广业：《序》，林鍼：《西海纪游草》，第32页。

贤给厦门海关的一封信，普通人都把大不列颠女皇陛下的领事馆和海关税务司这两个地方称作"番关"，他弄糊涂了，把海关税务司当作领事馆。这个通事没有惊动他，而是像平时对待知书识礼的中国人那样殷勤地接待他，最后还邀请他到厦门城中的家里吃饭。这个老头年纪大了，诱捕他就像请英国乡巴佬玩九柱戏或纸牌那样小菜一碟。陈金龙接受了邀请，半个小时以后他就走到道台衙门送死去了。道台把海防厅招呼过去，经过简单的审问后，漏夜就把陈金龙杀了。①

这名海关"通事"，就是林鍼。事件发生的时间，即同治三年十二月十七日。次年正月初四日，领军攻剿李世贤的闽浙总督左宗棠上书朝廷，专题为休士和林鍼请功，言休士"究出逆情后，即抄稿申呈，实属情殷报效，深明大义"，建议皇上能"开天恩"，予以嘉奖。经同治批准、总理衙门合议，赏给休士"一等金功牌一面、大荷包一对、小刀一柄、火镰一把"。而林鍼在陈金龙"递信时细心盘诘"，使人信两获。建议将其原有官衔"蓝翎提举衔指分江苏试用"，提升为"以同知仍归江苏尽先补用，并赏换花翎"。② 大概就这时候，左宗棠认识了林鍼，并于该年的闰五月，在林鍼的《西海纪游草》一书留有题记。

《西海纪游草》脱稿于道光二十九年（1849），收有《西海纪游自序》与《西海纪游诗》（另附《救回被诱潮人记》《记先祖妣节孝事略》两篇），写游美事。福州将军兼管海关事务的英桂为书作序，称其书"详究其风土人情、天时物理，使阅者了然于目"③。而时任兴泉永道的周揆源，则称林为徐霞客之后"游之远而且壮者"。④

《西海纪游诗》为五言古诗，50韵。记录国门初开时，国人眼中的西方世界。诗云：

> 足迹半天下，闻观景颇奇。因贫思远客，觅侣往花旗。
> 初发闽南棹，长教徼外驰。星霜帆作帐，冻馁饼充饥。
> 游子思亲际，原亲忆子时。思亲虞老迈，忆子惠凄其。

① 〔英〕乔治·休士：《厦门及周边地区》，何丙仲辑译：《近代西人眼中的鼓浪屿》，厦门大学出版社2010年版，第31页。

② 左宗棠：《厦门税务司等盘获递书逆犯请奖片》，《左宗棠全集·奏稿2》，岳麓书社1987年版，第8页；李鸿章：《奖赏厦门税务司休士等片》，《李鸿章全集2·奏议2》，安徽教育出版社2008年版，第35页。

③ 英桂：《序》，林鍼：《西海纪游草》，第30页。

④ 周揆源：《序》，林鍼：《西海纪游草》，第31页。

妻对牛衣泣，夫从斗柄移。舆图看背向，道路怅多歧。
鳞甲争飞舞，风涛奏鼓吹。蜃台藏雾社，蛟壑起云螭。
谩喷船牢久，须怜绝域羁。岸由山数转，春出夏来兹。①

林鍼自号"天荡子"，其浪迹天涯，既因家贫无以养亲（因贫思远客），又因欲开拓眼界（闻观景颇奇）。此次出洋远离双亲（思亲虞老迈）和新婚妻子（妻对牛衣泣），一路上披星戴月（星霜帆作帐）、忍饥受渴（冻馁饼充饥），也阅尽海上"鳞甲争飞舞，风涛奏鼓吹；蜃台藏雾社，蛟壑起云螭"等种种奇观。

自古国人以为天圆地方，而中国居世界中央。此次远行，林鍼亲身感受到地球的圆形。在《自序》中感叹道"东西华夏，球地相悬；南北舆图，身家背面"，又注曰"大地旋转不息，中国昼即西洋之夜"。"球地"一说，影响了金门学子林树梅。他为《西海纪游草》题诗道：

西极舟航古未通，壮游似子有谁同。
足心相对一球地，海面长乘万里风。
留意所收皆药石，搜奇多识到鱼虫。
此行不负平生学，历尽波涛悟化工。②

登陆纽约后的林鍼，在《西海纪游诗》中继续道：

宫阙嵯峨现，桅樯错杂随。激波掀火舶，载货运牲骑。
巧驿传千里，公私刻共知。泉桥承远溜，利用济居夷。
战舰连城炮，浑天测海蠡。女男分贵贱，白黑辨尊卑。
俗奉耶稣教，人遵礼拜规。联邦情既洽，统领法犹垂。
国以勤农富，官从荐举宜。穷招孤寡院，瞽读揣摩碑。
断狱除刑具，屯军肃令仪。暑寒针示兆，机织火先施。
土广民仍少，售昂物只斯。南方宽沃壤，北省善谋赀。③

林立的高楼（宫阙嵯峨现），错杂的舰船（桅樯错杂随），使人目不暇给。林鍼不择巨细，尽将其纳入诗中。如汽船（激波掀火舶）、车辆（载货运牲骑）、电报（巧驿传千里）、航海浑天仪（浑天测海蠡）、温度计（暑寒

---

① 林鍼：《西海纪游诗》，第43页。
② 林树梅：《题诗》，林鍼：《西海纪游草》，第51页。
③ 林鍼：《西海纪游诗》，林鍼：《西海纪游草》，第43页。

针示兆）、织布机（机织火先施）……新的世界、新的技术，带给林鍼异常的刺激。

历史上的厦门城饮用水严重缺乏，故纽约的城市用水格外受林鍼关注，"泉桥承远溜，利用济居夷"。在《自序》中，林鍼有更详细介绍："用大铁管为水筒，藏于地中，以承河溜。兼筑石室以蓄水，高与楼齐，且积水可供四亿人民四月之需。各家楼台暗藏铜管于壁上，以承放清浊之水，极工尽巧。而平地喷水高出数丈，如天花乱坠。"①

新架设的电报线也让他叹为观止："巧驿传千里，公私刻共知"。他在《自序》中又介绍道："每百步竖两木，木上横架铁线，以胆矾、磁石、水银等物，兼用活轨，将廿六字母为暗号，首尾各有人以任其职。如首一动，尾即知之，不论政务商情，顷刻可通万里。"②

吸引林鍼的，还有大不相同的世风民俗。如黑白悬殊的种族差异（白黑辨尊卑）、虔诚恭敬的宗教礼俗（俗奉耶稣教，人遵礼拜规），以及合众联邦（联邦情既洽，统领法犹垂）、官由民选（官从荐举宜）、驻军管理（屯军肃令仪）、社会救济（穷招孤寡院，瞽读揣摩碑）和南北经济差异（南方宽沃壤，北省善谋赀）等等，都入其诗中。

在大洋彼岸的林鍼，不是单纯的游客观众。初抵纽约时，林鍼正遇一艘来自广州的船只停泊港口。船上载有 26 名潮州人。最初英国船主以爪哇贸易引诱这批潮人上船，船却驶往英国。途中遇风，遂寄碇美国。船主将船只供人观奇以牟利，"欲观之人，与英人银钱半枚，始得上船遍览"，船主能"日得银钱数千"。这群潮人，长途海运已吃尽苦头，"数受鞭笞之惨，求死不能"。在纽约请求归国，被诬谋乱，7 人被关牢中。③ 林鍼闻讯，特意聘请美国律师打官司，潮人得以申冤。

在救助潮人的过程中，林鍼亲身体验了美国的司法制度。在《救回被诱潮人记》中，他再现了异国的法庭审判：

> 至第四日，其官（指法官）会审，而鲁姓（聘请的鲁姓律师）适归，于是并集台前。首座一官，即按词讯问："尔等何故谋杀船主？从实招来，法不容诈！"时余坐于旁列，遂向前代译始末情由，并于十九人中择一为证，即将文凭（指出国协议）当堂译明。而鲁姓亦坐于堂右，指驳英人，井井有条。只见英人战兢汗下，莫措一词。而土官究知其弊，遂当堂释放七人，观者欣声雷动。

---

① 林鍼：《西海纪游自序》，《西海纪游草》，第 37 页。
② 林鍼：《西海纪游自序》，《西海纪游草》，第 37 页。
③ 林鍼：《救回被诱潮人记》，《西海纪游草》，第 45 页。

......

　　既而托鲁姓代众伸冤，转告英人。呈入，船封。察院不日判云："拐带汉人，船无执照，而众有文凭，其伪可知。况鞭挞平民，罪不容逭。姑念众等贫无依倚，罚英人以金作赎刑，即日配船，送众归国，使游子无冻馁之悲，室家无悬望之苦。虽一切工资，亦不许白吞。毋违！特示。"至是一一如判，众得于八月二十六日附舶返棹。①

　　在《自序》中，林鍼亦有"郡邑有司，置刑不用"等语，并注解道："其法：准原被告各携状师，并廿四耆老当堂证驳，负者金作赎刑，槛作罪刑。"考证者以为，这里的"状师"，即"律师"；"廿四耆老当堂证驳"即英美法中的陪审制度；"负者"为败诉者；"金作赎刑"当为"罚金"，而"槛"则指"监狱"。全句意为：败诉者处以罚金、监禁。这段记录被视为"目前所见史料中，有关中国人接触英美近代律师制度、辩论式法庭审理制度、取保候审制度以及西方废除死刑热潮的最早记载"。②

　　由于救助潮人，林鍼结识了"各国水手之会主"雷即声，以及雷的女儿，由此陷入一段跨国情感纠葛中。

> 少蓄遨游志，今开凤昔疑。玉堂铺锦绣，琼宇衬玻璃。
> 秋月弹湘怨，苍松绘雪姿。才追谢道蕴，慧媲蔡文姬。
> 走笔笼鹅帖，迎锋探虎棋。楼头灯变幻，镜里影迷离。
> 算贯毫厘末，谈忘辩驳疲。嫦娥辞碧落，大士渡银湄。
> 为释潮澄祸，俄兴楚卞悲。雷陈交缱绻，缥练结相思。
> 被捏曾穿牖，爰提至有司。亥初遭禁系，午末脱拘縻。
> 红袖援双手，良朋助一夔。③

　　败诉后的英商，衔恨串通照相师诬陷林鍼偷窃照相机。雷女奋臂相助，劝说其父出300元保释林鍼出狱。再经鲁律师辩护，乃得脱罪（红袖援双手，良朋助一夔）。

　　"番女"雷女，才艺双绝（才追谢道蕴，慧媲蔡文姬）。于是异国男女"并肩把臂于月下花前"，或弹琴（秋月弹湘怨）、作画（苍松绘雪姿），或临帖（走笔笼鹅帖）、斗弈（迎锋探虎棋）；又是数理推演，又是辩驳交锋

---

　　① 林鍼：《救回被诱潮人记》，《西海纪游草》，第46页。
　　② 李栋著：《鸦片战争前后英美法知识在中国的输入与影响》，中国政法大学出版社2013年版，第159页。
　　③ 林鍼：《西海纪游诗》，《西海纪游草》，第43页。

（算贯毫厘末，谈忘辩驳疲）。飘飘然如入仙境（嫦娥辞碧落，大士渡银湄）。

> 黎明伤祖饯，甜黑绕塘池。睹画卿频唤，回书望素丝。
> 箪衾余泪晕，面目瘦憔鬟。纂译聊巢裘，耕锄藉砚菑。
> 残篇鱼蠹蚀，牙轴秃囊锥。九月栖鸿鹔，周年傍柏篱。
> 龙门登印度，猪涸锁麟儿。磨炼曾如许，头颅叹殆而。
> 归程欢迅速，家庆乐醐嬉。萍梗何为者，刍荛或采之。
> 不才无所用，即事偶成诗。①

　　"美国梦"总有做完的时候，接下来就是饯别（黎明伤祖饯），留恋（甜黑绕塘池），怀念（睹画卿频唤）、等待（回书望素丝）……寝食难安、为伊憔悴。日日只能"译英书以解闷"。

　　归国后的林鍼，把心思放在做善事上。修莲花庵，镌"鹭江第一"于日光岩上，就是其中之一。

　　所谓的"鹭江第一"，自然是赞美日光岩为"鹭江第一峰"。然而，其中未尝没有自诩的成分。后人评论林鍼及其《西海纪游草》，便有诸多类同"第一"的语词，如：

　　近代第一部中国人的游西笔记；

　　近代中国最早对美国进行社会调查的中国人；

　　不仅是在厦门史上有文字记载的最早走向世界的人，而且在中美关系史上也是最早进行民间交往的使者之一；

　　近代最早接触西洋乐器的中国人；

　　中国最早的摄影者……

　　当代学人钟叔河编辑《走向世界：近代中国知识分子考察西方的历史》时，将林鍼的《西海纪游草》列在丛书第一辑第一种，并称道："我们指数1840年以来'走向世界'的记述，只能从林缄的《西海纪游草》算起。"②

　　光绪十一年（1885）夏，林鍼"忽染时症逝世"。③ 两年后出殡，殡礼隆盛，虽未必为"鹭江第一"，却也风光十足。有消息曰：

> 林景周太守，讳鍼，闽人也。早年曾游美国，后回厦门办理交涉事宜。为左文襄所倚重，迭经保奏，分发江苏。而太守淡于宦情，退归林

---

　　① 林鍼：《西海纪游诗》，《西海纪游草》，第44页。

　　② 钟叔河：《从坐井观天到以蠡测海》；钟叔河主编："走向世界丛书"，岳麓书社1985年版，第11页。

　　③ 《鹭江谈屑》，《申报》1885年7月29日。

下，著书以自娱。前岁作古，舆论惜之。至本月初七日，择牛眠地卜葬。灵舆当发引时，有执事衔牌数十对，魂轿、诰命亭、钦旌亭，均请本地茂才穿蓝衫扶送。其亲友所送鼓吹、彩绣亭，有六十余座，路祭筵席数十处。厦防分府唐司马、海关监督明佐戎，均在码头设奠。此外，衣冠执绋而送者数十人，麻衣白袍而送者数以百计。一时士女空巷而出，啧啧称道不置。咸谓厦门出殡，未有如此之盛者也。①

---

① 《出殡志盛》，《申报》1887 年 12 月 5 日。

南普陀寺王蕴章词刻

南普陀寺藏经阁东侧，有王蕴章词刻在焉。其词云：

> 云气欲成龙，霞吐长虹，夕阳红下最高峰。我自摩崖书奇句，不要纱笼。
>
> 高唱大江东，海阔天空，古今凭吊几英雄。明日扁舟春水涨，万里长风。
>
> 沈君缦云有南洋之行，信宿鹭门，庄君希泉导游南普陀山，余填此词，以志鸿雪。时民国纪元五月七日也。同游者为粤东冯君旨明，浙东王君为新，沪江徐君景祥，鹭江庄君有才、叶君克昌、林君双珠。
>
> 无锡王蕴章莼农识，晋安苏淞书

王蕴章，本名莼农，号蕴章，别号西神、西神残客，江苏无锡人。王氏擅词章，有"词章名手"之誉。

1912 年，王蕴章任《小说月报》笔政。是年，应其戚沈缦云之邀，去职南行。沈缦云者，本名懋昭，同盟会会员。辛亥革命时，入陈其美帐下，任沪军都督府财政总长。时经济匮乏，沈缦云受命筹办"中华银行"，发行军用钞票、公债等，以解经济危机。1912 年中华民国成立，沈氏再被孙中山委为驻沪理财政特派员，后又委为劝业特派员。4 月，孙中山辞临时大总统职，研究实业建国计划，便拟组"中华实业银行"，自任名誉总董，沈缦云为筹备主任。5 月，沈缦云以"劝业特派员"名义赴南洋，向南洋华侨招募"中华实业银行"股份。沈氏临行前，邀王蕴章、庄希泉同往。

庄希泉，厦门人。时在上海负责"庄春成商号"（申号）业务，得与沈缦云相识。1911 年上海光复之后，沈缦云组织"南洋募饷队"，约庄希泉赴南洋动员华侨认购公债。

> 沪上光复以来，军费浩繁，经财政总长情愿往南洋一带招募款项，现已整成南洋募饷队，定礼拜一（即 21 日）出发，计队员名目、人数列下：队长沈缦云，书记徐久成，会计庄希泉，庶务兼翻译孔文相，职

员张益冈、宋仲雄、宋子佩，女职员宋太太，另有职员黄少岩、何永亨二君，已于17日启行矣。①

临行，沈缦云却因公务缠身，改由庄希泉率队南募。此行招募甚是成功，也就让庄希泉有了"二下南洋"的机会。

1912年5月，沈缦云再组人马下南洋，途中逗留厦门，以邀约庄希泉。在厦门，庄希泉尽地主之谊，于是有了南普陀登临留刻一节。沈缦云等人在厦行止，报刊载曰：

> 5月10日午后4时，厦门商会总理叶心镜、黄世金二君暨议董诸君，特开茶会，欢迎劝业特派员沈君缦云。先由商会郑坐办起立致词，继由庄君希泉报告沈君历史，最后沈君起立演说，略谓：共和既成，建设尤为重要，而建设之中，尤以振兴实业为第一要着。故与中山先生等集议，先组织一实业银行，以补助实业界之不足，并承中山先生允为银行名誉总董，更绍介至南洋各埠招募股份。此次道出厦门，得与诸君聚处一堂，既得畅聆教益，复蒙开会欢迎，感谢之忱，匪可言喻。惟鄙人更有所要求者，实业不兴，富强不著。值兹共和初步，疮痍未复之际，民力既急须休养；财政亦急待扩充，舍振兴实业外，别无扼要之策。诸君子皆热心爱国之士，伏恳共襄盛举，合力进行。此日众擎易举，共为实业银行尽一分子之义务，他日国利民福悉基于此，即共享实业银行之权利，中华民国之前途实嘉赖之。演说毕，阖座均鼓掌赞成。沈君遂将实业银行招股章程分赠商会诸君，茗谈良久，筹商一切招股办法，始握手言欢而别。②

在厦门，沈缦云等收获不浅：商会总协理叶心镜、黄世金，坐办郑霁林等认股50万元，庄赞周（庄春成行主）认股10万元，卢用川认股10万元，庄银安认股5万元，共75万元。

其后，沈庄等人继续南下。庄希泉记录了此次南洋之旅。

在南北议和时期，孙中山先生主持的南京临时政府为了振兴实业，充实国库，责成沈缦云出面组织"中华实业银行"，招股1000万元，并决定其中的500万元向海外华侨招募。沈缦云受命之后，即乘船专程到

---

① 《南洋募饷队之出发》，《辛亥革命在上海史料选辑》，上海人民出版社1966年版，第620页。

② 《厦门欢迎劝业员》，《申报》1912年5月21日。

厦门邀我同他前往。我因此得二下南洋，于民国元年2月初来到新加坡。新加坡华侨陈楚楠，在孙中山先生组织多次武装起义的时候，曾从经济上给予接济。当我们一行人到达新加坡以后，他又和张永福、陈金伟等人多方奔走，帮助宣传、劝募。在吉隆坡、槟榔屿、仰光等地，各阶层华侨踊跃认股。其中在组织筹款方面最有力的有陆秋杰、陆秋泰、吴世荣、陈新政、邱明昶、庄银安、徐赞周等。当时，由于当地殖民政府有不准华侨捐钱汇款援助国内革命的规定，华侨就以"赈济家乡父老""维持故乡治安"等名义来捐资。所以筹款支持祖国革命的机构有的名叫"保安会"，有的称作"救济会"，正如抗日战争时期华侨筹款支持祖国抗战的机构一般名叫"筹赈祖国难民会"。我们为"中华实业银行"招募股款仅仅几个月，各地华侨就认股500万元，并且按要求先付股款的十分之一（即50万元）。华侨支持祖国革命的爱国热情，给我留下了难忘的印象。[①]

此行成绩，上海报章有详细报道：

> 沈缦云君以现在南北统一、共和建设，首重实业，因发起中华实业银行，以振兴实业为目的。适奉孙中山先生委任为劝业特派员，遂于本年三月间前往南洋劝导侨民兴办实业，并招募中华实业银行股份。先自厦门、汕头、香港，以至星加坡。适星埠新旧商会合并问题相持未决，故未招股，先往槟榔屿，由黄金庆、陈新政诸君欢迎招待，并由商会诸君认定股份30万元。继往缅甸仰光，该处对于祖国实业非常热心，同盟会长杨子贞君、商会协理林君振宗、李君春荣等，尤竭诚赞助，不及三日，即认定股份70万元。沈君自仰返槟，因患小恙养疴鹤山极乐寺数日，始再出发。先至太平（即小霹雳），由黄务美君自认代招共20万元左右。继至怡保（即大霹雳），由区慎刚、郑螺生、杨寿楠、王源水君等开大会欢迎，当认股之日有数资本家均适他往，在座不满10人，而所认已得30万元。继至吉隆坡，由陆秋杰、陆秋泰、叶隆兴、杨达三诸君踊跃赞助，沈君抵埠次日，即由商会认定50万元。继至芙蓉，虽地方较小，甲必丹谭杨君甚抱热忱，既自认巨股，并代招数万元。继至马六甲，有曾江水、沈鸿柏、吴万里、曾混清、梁朗文诸君，会同全埠商界认股20万元以外。嗣复由马六甲返星加坡，适奉工部局电，委调停新旧商会事。沈君一面调停，一面招股，由该埠热心诸君子，如沈子琴、陈

---

① 庄希泉：《赴南洋为孙中山革命政府募捐忆述》；《文史资料存稿选编》25 "社会"，中国文史出版社2002年版，第209页。

桢祥、曹寿山及留鸿石、邱国瓦、黄和水、黄则叙、蔡禀种、王金鍊诸君认定60余万元。留邱黄蔡黄王六君，于荷属各埠均有分行，更签字认定荷属各埠股份60万元。其余南洋各埠个人所认并代招者，如吴世荣10万，吴显禄12万，庄银安5万，庄赞周10万，卢用川10万，以及廖正兴、林秉祥、薛中华、张永福诸君，无不争认巨股。现统计英属如星加坡、槟榔屿、仰光、马六甲、大小霹雳、吉隆坡、芙蓉等埠，荷属如泗水、巴达维亚、三宝垄等埠，均各认有中华实业银行之股。而英属吧生一埠函来续认者，亦有五六万左右，余如暹罗日里，均各函询认股情形。业由沈君派员前往接洽。且以南洋各埠对于中华实业银行既具如许热忱，现股份业已逾额，拟再扩充，以谋普及。特在星加坡设立南洋总机关一处，公请陆秋杰君董理其事。沈君则以出游已久，且须组织股东大会，已于本月念一号返沪云。[①]

所列乐捐侨商中，多为同厦乡贤，如郑螺生，同安高浦人；陈新政，禾山岭兜人；林振宗，同安灌口人；曾江水，禾山曾厝垵人；陈桢祥，厦门人；薛中华，厦门人；林振宗，祖籍同安灌口；留鸿石，同安人；邱国瓦，海澄（今海沧）新垵人；庄银安，东孚祥露人；黄金庆，祖籍灌口；沈鸿柏，祖籍安海，寓居禾山……

沈缦云等满载而归，10月29日上海方面开会欢迎。12月2日，南侨代表陆秋杰等抵沪。4日，实业银行再开欢迎会。

沈缦云君起述欢迎之意，并谓实业银行成立在即，一切进行手续繁重，深望陆沈诸君及在座各同志竭力赞助以促进行云云。陆秋杰君起言，海外华侨在前清时代，每不肯以巨资辅助各种事业，有二原因：一商界诚信未孚，二政府保护不力。今民国肇基，商界须先灌输诚意，回复信用，政府须尽保护之责，使投资者无亏损之虑，则各埠侨商自肯以巨大资本辅助之。沈君缦云之创办实业银行，特其起点耳。鄙人亦华侨一分子，有此机会，敢不尽力赞助，以冀于实业前途放一异彩云云。孙中山君起言，吾国政府与六国银行团磋商借款，受种种之挟制，要求非分之权利。其原因亦因国中无极大银行担任借款之能力耳。鄙人调查六国银行团中出资，惟法国为最巨，几几乎占十之七八。鄙意更拟联合多数银行，与法国资本家合资，创一极大银行。盖分则魄力小，于全国无甚影响。倘合中外为一家，将国中数银行联合而成一巨大之银行，发行债票，

---

① 《劝业特派员南洋招股记》，《时事新报》1912年10月27日。

任外资之输入，则全国金融枢纽操之于己，即政府借款亦可担任，不致受非法之要挟，而利益亦不致入外人之手矣。前沈君缦云等有筹创实业银行之举，曾由鄙人介绍至南洋各岛招集股份，已见溢额，可谓美满之结果。将来矿产、铁路、机厂诸大政，自可次第举行，而我国富强可与美国相抗衡矣云云。①

1913 年 5 月 15 日，实业银行正式开幕。

中国实业素不讲求，以致日形贫弱。自沈缦云君至南洋星加坡一带，联合华侨各巨商集资，创办中华实业银行，刻已成立。聘定前道胜银行买办席君为经理，定于 5 月 15 号在英界 B 字 9 号开幕。从此振兴实业，民国赖以富强。在事诸君当与该银行并垂不朽。愿海内有资本家相与赞成，俾实业蒸蒸日上，何幸如之。②

南洋之行后，庄希泉被委为南洋总分行副经理之职。庄希泉回忆道：

实业银行终于开业了，国内总行设于上海，南洋派出吴世荣到上海担任副经理；南洋总分行设在新加坡怒米之律街，我担任该行副经理，那年我才 24 岁。实业银行南洋总行的工作初步就绪之后，我即回国述职，时正值袁世凯破坏革命，拒绝到南京出任临时大总统；孙中山采取退让政策，把临时大总统的职位让给袁世凯，并派宋教仁北上当总理，宋还未上任却在上海火车站遇刺身亡。袁世凯下令以武力镇压革命，上海陷于一片恐怖之中。沈缦云被通缉，逃往大连。我赶至大连，找到沈缦云，商议实业银行的出路问题。鉴于袁世凯勾结帝国主义，反动气焰甚嚣尘上，银行不得不解散。待至将股金一一发还各股东之后，我重又回到新加坡，另寻救国之道。③

沈缦云的人生结局，让人沮丧。"二次革命"时期，沈氏因有"助逆"之嫌，被袁政府缉拿。沈逃亡至大连，在沪家产亦被抄封。1915 年 7 月 24 日沈缦云"病故"大连。外界猜测纷纷，沈亡之故在于"毒杀"。

---

① 《实业银行进行之规画》，《申报》1912 年 12 月 6 日。
② 《中华实业银行开幕》，《新闻报》1913 年 5 月 16 日。
③ 庄希泉：《怀念陈嘉庚先生》，《文史资料选辑（合订本）》第 27 卷第 78~80 辑，中国文史出版社 2000 年版，第 2 页。

沈缦云氏之死，闻确系因毒毙命。前日灵枢迁移至南山大庙时，送殡者中外人士甚多。此殆所谓虽死犹生者焉。①

而沈氏生前惨淡经营的中华实业银行，也歇业关张。直至 1930 年，沈氏冤屈方得申明。国民政府颁发嘉奖令，曰：

沈缦云先生在满清末季倾向三民主义，捐资赞助宣传，致力地方倡行自治。辛亥参与革命，光复上海之役，厥功甚著。癸丑而后，又复奔走运动，不避艰辛，志事未偿，卒遭诱杀。追怀遗烈，悼惜良深。除由中央饬将生前事迹调查纪载，备作党史史料，并派员筹备建立纪念碑外，特予明令表彰，用纪前勋，昭示来许。此令。②

沈氏之亡，王蕴章有词悼之：

西园谁念休又瘦，伤心酒边春断。泪眼问朵凤，有啼鹃红泫，玉箫吹梦，短其萧瑟。关河吟倦，壮志如云；俊游如水，赋情难遣。絃柱喑尘侵，知音绝愁听。怨琴凄黯，夜窀苦悲秋。奈曲终人远，题襟心绪嬾。漫分付乱蛩，新雁醉魂，杏荐醋重招剪，吴淞江半。③

此曲哀怨，与昔日之"高唱大江东"，情调相去甚远。

---

① 《沈缦云出殡》，《盛京时报》1915 年 8 月 5 日。
② 《国民政府令（民国 19 年 7 月 28 日）》，《行政院公报》1930 年第 173 期。
③ 王蕴章：《哀缦云兄》，《钟声》1923 年 7 月 19 日。

万石山"殪虎处"题刻

万石植物园"百花厅"后山，有题刻：

中华民国十四年十二月警察队殪虎于此。杨遂识。

厦岛本是海中孤屿，四面沧波，原不该有虎，却偏偏有虎。且不说岛上以"虎"冠名者，有虎头山、虎仔山、虎溪岩、伏虎洞、虎牙洞、虎屿、虎巷之类，单是晚清报章刊载厦岛虎消息者，亦不稀见。

同治十一年（1872），沪地即有厦门虎消息：

厦门向有虎患，而不若此际之多也。近山居者，受害匪浅。迩来皆迁他处避之矣。有一农人，正在耕作间，背面来母虎一只、雏虎两只，距农人仅丈余，而农人不知也。忽闻人喊云有虎，农人回顾，惊吓非常，欲待奔逃，已无及矣。遂拼一死，立而不动，手执铁锄以待。虎跃起，用力过猛，越过农人之头。农即以铁锄击其额，虎遂毙。农可称有勇矣。又一家妇在室而夫出外。及夫回入室，不见其妻，怪之。睹室中有血迹，疑遭虎患。屋后寻觅，见妻遗骸尚有存焉者，大放悲声。是时虎犹在室，经众人毙之。[1]

此类爆料，其后亦有接续。

兹接厦门来信，知该处之虎尚在为暴，日出攫乡人之犬豕及羊以为食，间有噬人者。有一人膀子为虎所伤，已舁至医院。闻须将膀截去，否则恐致伤命也。又一日，有德国兵船过此停泊，兵弁等皆上岸有事至晚，见虎至，群放枪以击之。奈夜黑见不甚明。虎受伤而未死，遂被逸去。数日后，有一少年负虎皮求售，不知是否即此枪伤之虎。嗣又有西

---

[1] 《厦门虎患》，《上海新报》1872 年 7 月 11 日。

人至该处搜索，则未见虎之踪迹也。①

之前消息只言"厦门"，是否厦岛尚可商榷。但亦有标明事发"狮山"等者，地点就无疑义矣。

现在厦门狮山、白鹿洞、虎溪岩各山麓，时有山君出入，竟于初十日傍晚阑入街市，在青山头（靖山头）地方将某姓之母猪一头衔去。至白鹿洞山下花园墙外，饱食头蹄并腹中五脏等物，仅余中段半截及后腿一段而已。细察虎之脚迹，乃在狮山后东边山麓一带，并有狮山乡民亲见山君往来白鹿洞、虎溪岩山间。②

厦门狮山一带，常有猛虎出外。居人所豢牲畜常为所噬，而伤人则未之闻也。某日忽至东边山将某姓牧童攫去，牧童与某姓有葭莩谊，自海澄来此，以牧牛为事。是日虎出，见一小牛，遂伺于山麓，欲待无人时扑食。适为甲所见，即将小牛牵匿。有童复出，至夜半尚未回家。某姓甚忧虑。次日分赴山中寻觅。至山后溪边，觅得头颅一个，而全身已丈葬于虎腹矣，惨哉。③

厦地虽为滨海口岸，然环围皆山，以致时有虎患。近日闻沙坡尾有一男子被噬其半。未几又连食一13岁及一15岁之男孩，仅留一手一足。该处居民均经目见，以致咸有戒心云。④

谈虎能让人色变，也能催人荷尔蒙飙升。

该处内地近出一虎，其大如牛。计厦门见虎已非一次，曾有德国兵船上之兵官在内地打毙一虎。刻有华人某姓胆气颇壮，志欲灭此以除害。遂携洋枪前往，见虎施放，虎仅受微伤，而负痛发威，跃至某前，以爪抓之。某则受重伤，幸而得脱。回家延医敷治，未知能无恙否。⑤

迩日厦门虎患频仍，居民多被其厄。……有某甲者，蔗园之工役

---

① 《厦门虎患》，《申报》1882年1月18日。
② 《厦门有虎》，《申报》1894年4月2日。
③ 《谈虎色变》，《申报》1894年7月20日。
④ 《山君为患》，《新闻报》1900年6月19日。
⑤ 《打虎被伤》，《申报》1882年7月5日。

也。日前方当抱甓出汲，猝见山君咆哮而至，张口欲吞。某疾声呼救。闻者齐来解救。虎畏而逸，某遂得免。然一目一手已为虎所伤矣。当即就医于厦门西人处。西医亚连固喜猎者也，闻有其事，猎心怦动，约同伴携械而往，冀斩白额以除民害。至则三虎成群，驰骋旷野，西人击之。三虎皆伤，逸其二而获其一。被获之虎，身长7尺，舁以归。食其肉而寝其皮，虎患藉以消杀。①

猎虎者，亦有贩卖幼虎。

闻各土人时或捕获乳虎入市售卖，亦有购回豢养者，然不久即死，断难望其长成，只供一时之玩弄耳。②

厦门近来颇多虎患，闻前两月街上小虎甚伙，人多购之。业药铺之华人，购者甚众。西人亦有买以供玩者。③

乡民每于仲春入山捕虎售与西人。日前有乡人获小虎两头，售与洋关西人。嗣又有同安人某甲，携一小虎，仅生三四日，售与宝记洋行，令犬哺之。犬以非类也，啮而毙之。④

民国时期，厦岛仍传虎消息。1919年（己未年），家居曾厝垵仓里的黄瀚，因"近村连夜虎出攫豚豕"，作《一虎二首》诗：

尊以山君性乃贪，百村一虎究奚堪。
东邻西舍犹无尽，昼伏宵行鼠亦甘。
政到刘昆原寡二，患加周处怕为三。
馋蛟莫再赀笞匦，父老朝朝变色谈。

一虎何难揽百村，村村萧索早扃门。
世无卜士头谁捉？居在深山势自尊。
以杀为嬉缘性忍，因饥求食可情原。

---

① 《山君就擒》，《益闻录》1888年第744期。
② 《连获二虎》，《呴报》1893年5月22日。
③ 《厦门多虎》，《申报》1881年7月3日。
④ 《鹭岛春波》，《申报》1894年4月3日。

如何饕餮妖鸱辈，腐鼠贪馋竟吓鹓。①

不过，最具轰动效应的，当数 1925 年 12 月的狮山猎虎。是月 16 日，上海消息：

> 厦门电：删（15）晨，警察在仙洞刺毙一虎，重 300 余斤，将煎膏分赠各界。②

月后，海外媒体详细报道此事：

> ……近以仙洞公生辰，各处妇女男子往彼祷祝者，络绎于途。警厅为维持安宁计，令武警数辈不时到彼保护，以防匪徒乘机肆劫。15 日，武警复至仙洞，后值狮山樵子放火焚草，以至火势蔓延，而虎适匿于该山石窟，被火所迫，不能安居，遂窜至紫（云）岩山上。武警见之，即发枪射击，虎后腿中弹，不能行走，为武警所获，乃抬至警厅，各处居民往观者门为之塞。该虎长五六尺，遂令屠户宰杀之。至 12 时半，而虎肉已变为肉碎。各处人民多欲购肉及血。但警厅尚未发售，未知有无发售否。③

一向关注厦埠动静的《南洋商报》，其后又更新报道：

> ……查该（仙洞）花园为杨阿郡所灌植。是早因郡伙名兰采办瓶花一束，以停工用膳，将花暂置园傍。及饭讫回取，不见花蕊，疑系同伴戏藏，乃且寻且骂。比抵石穴，先触高丽菜三粒，残弃塗沟。正自骇异，迫探首窥穴，而山君仰立相向。始展步奔归，喊虎之声，不能脱口。郡闻信偕往复探，虎仍伫立不动。……随转报侦探队长黄焜火（即白毛火）。火将情达吴科长，檄令陈巡官带武装警察 7 名往击。适谭吴两科员到，俱抱好奇心，即共同出发。抵地后，由兰等引导，指明穴处。武警遵陈口令，用排枪扫射。当虎初饮二弹，尚复返躯跳逃，奈弹伤要部，仅越丈余，便死于石夹中。武警跟踪追至，又发十数枪，伤虎六七弹。

---

① 黄瀚：《一虎二首》，《禾山诗钞》，"同文书库·厦门文献系列"第二辑（2），厦门大学出版社 2017 年版，第 139 页。"㹜"，本作豚，豕子也。

② 《本馆专电》，《时报》1925 年 12 月 16 日。

③ 《虎溪岩发现猛虎》，《南洋商报》1926 年 1 月 16 日。

嗣见生息毫无，方上前拖归园内，绳缚杠挑，奏凯复命云。①

殪虎消息，惊动全厦，吃瓜群众纷纷出动。

　　厦人素未睹虎，一闻此事，纷纷驰视，不片刻间，有四五百人。虽门警加以制止，其奈愈聚愈众，前退后进，旋散旋聚。吴科长目睹情状，乃饬将虎绳挂道尹公署边大树上，于是往观男女，尽得饱其眼福。据禾山乡民云，此次山君计有 3 只，一雄一雌一子，今所毙为雄，缘负病月余，故易打击，惟余患未除，恐仍遗害云。……杨警厅长对于毙虎之处置，定 16 号割取其肉，分犒军警（虎约重 200 左右觔），所遗虎骨，拟赠厦门大学制充博物。陈科长经与医官林醒民妥商，林亦承认担负制作工云。②

厦大方面也有相关记录：

　　本月 15 日上午 10 时许，厦门虎溪岩方面发现山君一头。附近居民骇极，亟往警署报告。由警署派出武装警察数名，携枪驰往射击。虎饮弹立毙。旋即抬赴警厅。该虎身长 6 尺余，重 200 余斤，皮作黄灰色，满布黑斑，毛已脱落大半。本大学闻讯，即派人赴厅恳请赠与本校作标本。当时警厅即允将骨骼赠与，唯其齿牙仍须索回。本校方面以虎齿被其索去，则骨骼不得完全，乃复派人再向情商，愿另购虎齿一副，为交换条件。闻警厅尚未之允。结果如何，容后探报。据动物学系主任秉农山博士云。该虎甚老，且已染病。此物在生物学中名 Fells Tigrls L.。其骨骼及内部构造，与猫 Felis Domestiea L. 相似，故在动物学中虎实与猫同为一属，并无特别研究之价值云云。③

警察厅长杨遂，为此事题书 "警察队殪虎于此"，并镌刻于狮山岩壁。岩壁下石洞穴，亦被命名 "打虎洞"。
20 世纪 40 年代厦门的虎消息，已日见稀少。

　　厦门一月以来，时有猛虎一头出没市内，伤害人畜。当地日军以该

---

① 《打虎余闻》，《南洋商报》1926 年 1 月 19、20 日。
② 《打虎余闻》，《南洋商报》1926 年 1 月 19、20 日。
③ 《警厅赠虎纪实》，《厦大周刊》1925 年第 133 期。

虎若不除去，则为害尤烈，乃日夜从事兜捕，不遗余力。近卒由井出大久保西勇士，于市内靖山路掘一陷阱，将该虎活擒。该虎为一猛虎，身长6尺，体重300余斤，似由大陆渡海来厦。日来陈列市内，市民前来参观者不绝于途。①

禾山金林保东宅社农民日来因在田间工作，途经虎山山麓园地，突发现有虎迹甚多，疑信交半。讵至黄昏又闻山上虎啸，遂互相传告。以是入晚不约而同咸关门闭户，不敢外出。据禾山人称，在战时该山曾出猛虎噬死马厝社人，后被敌军枪毙，即告绝迹。此次又发现有虎，是必自海澄之南太武山泗水而来，藏身该岩洞。一般猎户闻讯已在该处探踪猎虎云。②

本市禾山殿前保后浦社，农民陈猪母家里养有小猪一头，约50余斤，于23日夜忽然听见猪叫，不知何故。第二天早晨去看猪栏内有虎脚迹，才知道是虎越栏而入，把小猪咬去了。立即四出寻找，在该社深沟内，只发现虎吃剩下的猪肚猪肠。③

此时的虎迹，也渐次由城郊转向远乡。市民想见识山君威仪，只能从市场屠砧上寻觅。

昨天下午1时许，大同路千人围观大老虎及瞻仰打虎人朱艺，曾哄动厦市，交通为之拥塞。……9时许（虎）由南太武由船载至大同路462号金庆安行前剥杀。一时哄动左右，哄传全市。该虎计重250市斤，连皮带骨及肉约可售250万元以上。现虎皮挂于513号复兴行檐前，楼上设临时虎肉铺，8000元1斤。计拔虎须、摸虎皮、看虎肉、谈虎之掌故者甚多云。④

昨有猎户在同安马巷，猎获老虎一头，约重200余斤。即日运载来厦。先在海后路陈列多时，供众参观。然后抬往屠宰场宰割，以其陈肉，售之市上，购者颇多。虎皮、虎骨，则携归炼药并硝干，备制铺垫

① 《厦门市区捕获巨虎》，《时事公报》1944年3月1日。
② 《禾山虎山麓发现虎踪》，《星光日报》1948年12月12日。
③ 《禾山殿前保发现虎患》，《厦门日报》1949年12月26日。
④ 《大同路人山人海争看大虫》，《星光日报》1946年9月24日。

之用。①

鼓浪屿龙头街中南银行边，今日上午有南太武人许延陵等4人，假该处张一虎皮，并排虎肉一担零售，每斤售24万元，求者如市。惟因价格过贵，每人购买最多半斤，余以三四两为多。按该虎系3日前猎获，重100余斤，曾在厦市以角车游街，昨晚始在厦港开刀云。②

欲观瞻活态虎者，还可到中山公园的动物场去。

中山公园之动物场，在园东妙释寺旁，建筑尚未十分完备。近已由槟城世界动物园主人释法空与堤工处订约，运到动物多种，已于（1931年12月）13日开幕。现参观者，每人须纳券资4角，军政学界减半，盖属营业性质也。③

从槟城运来的百数十种动物中，列于名单首席的是猛兽类，有"虎一、斑豹二、黑豹一、狗熊一、猪熊一"。④

南社诗人潘希逸游中山公园，有诗句咏道："动物居然别有园，珍禽异兽萃奇观；可怜失却林间性，总为周围护铁栏……"⑤

---

① 《老虎运厦寝皮食肉》，《江声报》1946年11月12日。
② 《龙头虎肉趋者如市》，《厦门大报》1947年12月23日。
③ 《纪公园动物场》，《江声报》1931年12月24日。
④ 《纪公园动物场》，《江声报》1931年12月24日。
⑤ 潘希逸：《越五日天晴再游厦门中山公园》，《孟晋斋诗存》，泉州市曙光印刷厂1985年7月版，第23页。

中山医院 "纪念碑" ▮

　　厦门早期的公共医疗系统，极其薄弱。1925 年 12 月，厦门大学校长林文庆访问新加坡，曾告于媒体：

　　　　厦门为闽南最大通商口岸，人口众多，而无一公立免费医院（只鼓浪屿二公立医院，一为日本人所设立者，一属美国人)，故居住厦门之贫民及往来于厦门与南洋间之同胞，若不幸身体染病，无处求助，其苦痛实甚。常见有等同胞，在航海中染病，一抵厦门时，客栈见其有病，而拒绝其住宿。又有等同胞，由厦门搭船欲往南洋，在轮船出发前，经检查为有病，被逐上岸，其时客栈知其有病，即不肯容允寄寓。如斯种种悲惨情形，皆因无一慈善免费的公立医院所致。[①]

　　林文庆倡议，在厦建设公立免费医院，院名称"厦门大学公医院"，并呼吁侨胞为"公医院"募捐筹款。倡议一出，立获回应。

　　　　林校长以厦门为通商巨埠，人烟稠密，不可不设一公医院。故此次赴新加坡即竭力提倡，闻风乐从者颇不乏人。而陈（嘉庚）校董尤极赞同，慨然捐助 18 万元；陈敬贤校董亦慨捐 2 万元。余如林秉祥、林秉忠两先生及该埠各大商家皆有捐助。不数日间，总计已集得捐款 40 余万元。现已着手筹备，地点拟择于本大学附近，俾便照料。将来成立，裨益厦人，良非浅鲜。此未始非厦门社会之一大福音也。[②]

上海媒体对此事也有报道：

　　　　又闻该校长于去年亲莅南洋，与陈嘉庚协商该校要政时，曾与知交

---

　　① 《林文庆先生对于创设厦门公立医院之计划》，《南洋商报》1926 年 1 月 9 日。
　　② 《厦门大学公医院之进行》，《厦大周刊》1926 年第 143 期。

诸友，捐得款项 40 余万，为添设厦大医院之用，使厦大医科学生，得以实地练习。黄奕住亦拟于厦门户口繁盛之处，独力负担，增设厦大医院分所，务使厦大医院经费充足，设置完备。现觅定医院地址，所聘许雨阶医士，亦已至校，由渠延聘各处名医担任该院各科进行事宜云。①

厦大公医院拟于厦港澳水许村先设"分诊所"，留英博士章茂林兼任主任。绅商黄奕住搭车开办的"厦大公医院"分院，地点则选在草仔垵。黄氏向市政会申请说：

> 兹查滨海地方有龙泉宫一座，系属地方庙产，空气适宜，来往亦便。该庙有 48 丈，又前面海滩，有 290 方丈，以之折卸，改建作医院场所，尚能敷用。查凡地方公有土地产业，均归贵会管辖，合应恳乞贵会准将龙泉宫全座，并庙前海滩，给归医院所有，以便招匠填筑拆卸，改建医院。并请贵会分函地方官署，立案给照，暨出示保护。又查该地水路交通甚为利便，惟陆路尚有缺点，曾于日前托王工程师履勘给图，能于该处辟一小马路，以通后路头，则来往行人较为便利。付图一纸，敢乞查照。并请贵会负担建设。想医院为地方慈善事业，定为贵会及地方公民所乐予赞同助助也。②

报告迅速获批，市政督办公署并专此通告该地附近居民。地民闻讯，却立表反对。张后保保民宣称，龙泉宫地处草仔垵，"为该保人民所公有，又为古迹所在，决不许他人处分"。该保现正计划在此办"义学"。义学与医院"同属公用事业"，然"义学非此地不可，医院则随处可图"。更有激进分子主张，"市政会如敢拆卸该宫，决以武力对付"。③ 黄奕住办院之议遂寝。

1928 年 7 月，"厦门卫生会"成立，筹设公共医院又成重要议题。在卫生会特别会议上，公举出林谨生、章茂林、周贤育、程水源、林醒民及叶苔痕等，"组织厦门中山医院筹备委员会"；又敦请林国赓、林文庆、黄奕住、黄大辟、章永顺、陈天恩、吴金声、陈希佐、方芝英、马育骐、黄明智等加入筹备，"藉以集思广益，而冀厥众擎易举"。④

创设公共医院，首先是经费和院址的问题。卫生会派代表与当政者洽谈。

---

① 《厦门大学最近之发展》，《时事新报》1926 年 8 月 4 日。
② 《厦门龙泉宫附近居民反对建设分医院》，《南洋商报》1926 年 8 月 25 日。
③ 《厦门龙泉宫附近居民反对建设分医院》，《南洋商报》1926 年 8 月 25 日。
④ 叶苔痕：《筹创厦门中山医院之经过》，《厦门中山医院计划书》，厦门卫生会印行，1929 年 6 月。

昨晨 8 时半，卫生会代表吴清淞、林谨生、林醒民、章茂林等，晋谒林司令，同座并有司令部彭参谋长、公安局林局长、卫生办事处赖处长等七八人。林司令即谓厦市系通商口岸，无大规模医院之设立，实感不便，亟应从事创设。诸位如有高见请随意发款。次林谨生等先后陈述筹办公共医院之意见。林氏极端赞成，并主张定名为"中山医院"，以纪念革命元勋，经一致通过。次谈及经费一层，决向热心侨商捐募 20 万元。鼓屿健社林文庆君，前曾在南洋募得 20 余万元，亦可拨充此用。司令部允自 8 月份起，逐月津贴 300 元为筹备费。开办时可拨 5 万元，地点可任随勘定拨中。或谓接近厦市过于繁闹不宜，无人之静养宜在禾山偏僻之处，有天然风景者较为合宜。预计建筑新式院址约需 10 万元，设备费数亦相埒，总较厦鼓医院为完善。①

院址的选择，另有说法。

该院地点经漳厦海军警备司命部指定本市顶大人、蟾蜍公岭一带山地，面积 800 余方丈。全体筹委赴该地察勘，佥谓空气、地质均不适建筑医院，而交通亦未便利。乃公举吴君清淞、林君谨生，与国赓司令接洽，请其另指他处。时路政处周主任亦在座参与磋商，再定宏汉路北部新辟山地（原名六仙公），面积 2000 余方丈。诸筹委复行履勘，皆认为满意。由周君贤育到该地测量，计全部面积 2824 方丈 42 方呎。当局即发给该地执照，付本会掌管。②

1930 年，中山医院董事会成立。《厦大周刊》消息：

厦门为通商巨埠，但地狭人众，卫生方面自多妨碍。即有中外医院数家，然均属私立，时感不足负全埠卫生之责。故当地热心人士，特邀集名医，组织厦门中山医院，且得南洋侨胞捐助建筑费约 6 万元，闻该工程近将兴工。特于日前推举本校林校长为董事长，及董事数人。又本校廖超照、章茂林二先生，亦为该医院董事云。③

---

① 《筹备中山医院之佳音》，《南洋商报》1928 年 8 月 8 日。
② 叶苔痕：《筹创厦门中山医院之经过》。
③ 《林校长被推为厦门中山医院董事长》，《厦大周刊》第 10 卷第 4 期，1930 年。

1931 年 3 月 3 日，举行中山医院奠基礼。

> 昨（3）日下午 2 时，中山医院举行奠基礼。来宾到者……共约 60 余人。3 时许举行开会议式，由吴金声主席（代表林文庆），韦廷钧司仪。行礼如仪后，主席致开幕词，次林谨生报告筹备经过及将来计划，次杨廷枢读林司令祝词。文曰："鹭江之滨，攘攘熙熙，活人寿世，功在良医。乃度楹宇，经之营之，杏林橘井，永奠丕基。"次关监督代表陈钧禹演说，次邵贞茂、吴清淞、戴擎宇演说，次夏礼文医生演说。夏演词用厦语，未演前先向总理遗像行一鞠躬礼，谓孙中山先生是中国人好模范，今中山先生精神万岁，愿中山医院也千秋万岁，同垂不朽等语。次唐继华、陈极星演说。最后，主席致答词毕，举行奠基礼。基刻"中山医院奠基纪念" 8 字，上署"中华民国廿年三月三日"，下署"林国赓题"，16 字。①

经三年的惨淡经营，院舍一部业已筑成。为提前服务社会，1933 年 5 月 15 日，中山医院门诊部先期开诊。

> 厦门中山医院，自院舍建筑完成，即着手布置内部。现因自来水及厨房建造尚未竣工，特订本 15 日起，门诊先行开诊。并积极筹备，冀于两个月后收治住院病人。该院董事会现聘定林文庆为院长，吴金声为院务主任。儿科主任医师为林文庆、陈希佐，内科吴金声、白施恩，外科林谨生、林全盛，产妇科方芝英、林碧凤，皮肤花柳科廖超照、章茂林，眼耳鼻喉科叶全泰、张秋涛，检验部叶安仁。②

中山医院的正式开办，则延至该年 8 月。

> 厦门中山医院原定 8 月 1 日正式开幕，现因内部设置未周，拟改定 8 月 15 日为正式开幕之期。现该院正积极筹备一切云。③

医院定位慈善机构，诊疗收费分为三等。

> 甲、特别：在规定时间内，得随到随诊，又可指定当值医生诊治。

---

① 《厦门中山医院奠基典礼》，《南洋商报》1931 年 3 月 21 日。
② 《厦门中山医院开始门诊》，《江声报》1933 年 5 月 10 日。
③ 《中山医院正式开幕改订八月十五日》，《江声报》1933 年 7 月 27 日。

就诊券小洋 4 角，有效期间 4 个月。挂号费小洋 4 角，药费照纳。

乙、普通：按先后到院顺序，照号数就诊，就诊券小洋 2 角，有效期 4 个月。挂号费小洋 2 角，药费廉价优待。

丙、免费：确实贫寒无力者，先向办事处请求优恤完全免费。花柳病不在优恤之列。①

提倡"廉价""免费"容易，筹集经费却难。1933 年 7 月，"万金油大王"胡文虎拟捐资 20 万元，在厦创办"平民医院"和"平民工艺厂"。正为钱发愁的中山医院思忖，现医院规模已具，"不足者为设备未周耳，如能将胡氏拨充平民医院之一部分捐款，移用于中山医院，则建筑设备均完全，岂不一举而两善"。② 这种将平民医院与中山医院合办的想法，遭到胡氏的明确拒绝，理由是以前捐款中山医院者，"未必概表同情于合并也"。③

然而，平民医院筹建进度缓慢，胡氏的满腔热忱逐渐归零。1933 年 11 月，胡文虎函告厦门当局：

关于厦门中山平民两医院合办事，在鄙意一切计划，可由平民医院筹备会开会解决之。如委员会一致赞成与中山合办，文虎亦乐表同情，总期平民得沾实益，公款不致虚糜，私衷即引为至慰。④

中山医院董事会闻讯大喜，遂会议决定：

推举黄幼垣、丁玉树、林文庆、林谨生等 4 人为代表，于平民工厂开会时，向该会筹备委员请求，对于胡氏所赞助大洋 8 万元项下，拨出一部分建筑一免费病室，购置爱克司光、升降机，及医料应具设备，并拨一部分款项购置不动产，以资永远基金。⑤

1934 年 7 日，两院合办计划终于见报。此时中山医院原余款 2 万元，"合胡氏兄弟捐款 8 万元，计 10 万元。除拨出 4 万元为添置费，余 6 万元为永久基金"。⑥

---

① 《厦门中山医院开始门诊》，《江声报》1933 年 5 月 10 日。
② 《许友超等昨勘察凤屿》，《江声报》1933 年 7 月 30 日。
③ 《平民医院工厂，胡文虎捐款先汇五万》，《江声报》1933 年 8 月 21 日。
④ 《中山与平民医院合办》，《江声报》1933 年 11 月 21 日。
⑤ 《中山与平民医院合办》，《江声报》1933 年 11 月 21 日。
⑥ 《中山平民两医院合并办法》，《江声报》1934 年 4 月 7 日。

为感谢胡氏兄弟的慷慨捐助，董事会决定"在本院大楼立石纪念，文曰'胡文虎胡文豹二先生建筑'"。[①] 立石之"纪念碑文"至今犹存。

　　厦门为通商巨步，公众卫生关系匪轻，而私立医院稍具规模者，概由外人设立，识者憾焉。本步热心家遂于民国17年发起创设厦门中山医院，荷海军林向今司令之嘉许，命堤工办事处拨公地2千余方丈，估价8万元，以为院址，而建筑费尚无从出。适厦门大学校长林文庆博士自星洲归，募得大学附属医院捐款79644元8角3分，彼此以事属公益，目的相同，不妨合办。经捐款人之赞成，拨充本院建筑费，并在本步邀集同志组织募捐委员会，募集67570元2角1分，于21年1月兴工，年终落成，翌年5月先设门诊部。承黄奕住先生捐助开办费1万元。8月正式开幕，收容病家。时胡文虎、文豹两先生拟在本市独建平民医院暨工艺厂，商得胡先生昆仲同意，拨出8万元充院舍建筑费，而以前捐款项改为设备经常等费及基金，院务及获顺利进行。念斯院之得以观成，良由官民之共同提倡，而得诸侨界捐助之力为尤多。爰立碑纪念，用垂久远，庶院内外人士咸知缔造之艰，必能合力促进，使之日起有功。则市民之得以同登寿宇，皆出自诸公之赐也。是为序。

中华民国24年1月　日

　　合办后的中山医院，依然坚持慈善，"凡贫苦病者得入免费病室治疗，完全免费"[②]。1935年6月，医院添设平民病室，"病人赴院就诊比前增加"。于是，"该院二等病室，拟再扩设10间"[③]。医院因此更为经费短绌所困。1936年，医院的收支相较，"全年不敷15074元1角8分"[④]。

　　1937年5月，国府卫生署长刘瑞恒观察厦地，倡言"本市为通商口岸，人烟稠密，应设规模较大之公立地方医院。苟就中山医院收归市立，每月只须由市府拨给1500元，认真办理，则造福于厦地民众，当非浅鲜"[⑤]。此项建议，直至1938年3月才有回应：

　　福州7日夜12时电　省卫生处决将厦门私立中山医院改为厦门市立

---

①《中山平民两医院合并办法》，《江声报》1934年4日7日。
②《中山平民两亿元合并办法》，《江声报》1934年4月7日。
③《中山医院六月份诊病统计》，《江声报》1935年7月18日。
④《中山医院去年不敷五千元》，《江声报》1937年3月29日。
⑤《中山医院收为市立医院》，《江声报》1937年5月31日。

中山医院，即委原院长章茂林为院长，并计划在鼓屿设市立医院一所。①

林文庆倡办"公医院"时的慈善、免费、公立之初衷，终于成为现实。

---

① 《中山医院决收为市立》，《江声报》1938 年 3 月 8 日。

参考书目

■志　书

（明）何乔远：《闽书》，福建人民出版社 1994 年版。

（清）怀荫布等：乾隆《泉州府志》，《中国地方志集成　福建府县志辑》22，上海书店出版社 2000 年版。

（清）朱奇珍修：康熙《同安县志·大同志》，厦门市同安区地方志编纂委员会办公室整理，海峡书局 2018 年版。

（清）吴堂主纂：嘉庆《同安县志》，光绪十二年（1886）刻本。

（清）薛起凤主纂；江林宣，李熙泰整理：《鹭江志（整理本）》，鹭江出版社 1998 年版。

（清）道光《厦门志》，鹭江出版社 1996 年版。

（民国）吴锡璜纂：《同安县志》，台湾成文出版社 1967 年版。

（民国）陈衍总纂：《福建通志》，1938 年刻本。

民国《厦门市志》，鹭江出版社 2021 年版。

厦门市地方志编纂委员会编：《厦门市志》，方志出版社 2004 年版。

厦门市文物管理委员会，厦门市文化局编：《厦门文物志》，文物出版社 2003 年版。

厦门市民政局编：《厦门市地名志》，福建省地图出版社 2013 年版。

厦门市佛教协会编：《厦门佛教志》，厦门大学出版社 2006 年版。

陈佩真，苏警予，谢云声编：《厦门指南》，厦门新民书社 1931 年版。

陈秉璋编：《厦门述略》，倍文印书馆 1924 年版。

吴雅纯编：《厦门大观》，新绿书店 1947 年版。

厦门市城市建设志编纂委员会：《厦门市城市建设志》，中国统计出版社 2000 年版。

厦门市政志编纂委员会：《厦门市政志》，厦门大学出版社 1991 年版。

厦门市房地产志编纂委员会：《厦门市房地产志》，厦门大学出版社 1988 年版。

厦门交通志编纂委员会：《厦门交通志》，人民交通出版社 1989 年版。

厦门市图书馆编，何丙仲、曾舒怡整理：《民国〈厦门市志〉余稿》，鹭江出版社 2021 年版。

丛　书

沈云龙主编：《近代中国史料丛刊》，文海出版社 1966 年版。

沈云龙主编：《近代中国史料丛刊续编》，文海出版社 1982 年版。

孔昭明主编：《台湾文献丛刊》，台湾大通书局 1984 年版。

《文渊阁四库全书》，台湾商务印书馆 1982 年版。

《四库禁毁书丛刊》，北京出版社 1997 年版。

陈支平主编：《台湾文献汇刊》，九州出版社、厦门大学出版社 2004 年版。

《续修四库全书》，上海古籍出版社 2013 年版。

资　料

厦门市志编纂委员会，《厦门海关志》编委会编：《近代厦门社会经济概况》，鹭江出版社 1990 年版。

厦门档案局，厦门总商会编：《厦门商会档案史料选编》，鹭江出版社 1993 年版。

李禧：《紫燕金鱼堂笔记》，北京广播学院出版社 1995 年版。

何丙仲编：《厦门碑志汇编》，厦门大学出版社 2004 年版。

何丙仲等编：《厦门墓志铭汇粹》，厦门大学出版社 2011 年版。

何丙仲主撰：《厦门摩崖石刻》，福建美术出版社 2001 年版。

厦门海关档案室编：《厦门海关历史档案选编（1911—1949）》第一辑，厦门大学出版社 1997 年版。

厦门图书馆编：《厦门轶事》，厦门大学出版社 2004 年版。

方文图：《厦门路路通》，香港人民出版社 2005 年版。

诗文集

厦门图书馆校注：《嘉禾名胜记 鹭江名胜诗钞　校注》，厦门大学出版社 2005 年版。

《清代诗文集汇编》编纂委员会编：《清代诗文集汇编》，上海古籍出版社 2010 年版。

我苦苦地寻找（代跋）

我苦苦地寻找——
歌谣漫布的河流，
传说滋养的田地。
荒祠古厝，斑驳着的渔樵耕读；
断碑残碣，漶漫着的岁月印记。
历经轮回，总也无法抹除的记忆。

我久久地倾听——
驿道上回风哽咽，
空巷间暮雨啜泣。
烟波江上，画角声断欸乃声续；
青灯影里，呗音低诵杯茭互击。
横亘古今，无数陌生而熟悉的欢戚。

我深深地祝祈——
望高山顶，不再有盼归怨女；
走马路上，不再有飞骑流镝。
避风坞外，舳舻相接云帆待举；
百家村中，四时月明五方团集。
古老海隅，永远地春意蔚然生生不息。